美日博弈

TRADING PLACES

美国如何将未来给予日本，又该如何索回

[美]
克莱德·普雷斯托维茨
（Clyde Prestowitz）
|
著

于杰 冯佳 张健 — 译

于杰 — 校译

中信出版集团 | 北京

图书在版编目（CIP）数据

美日博弈：美国如何将未来给予日本，又该如何索回 / (美) 克莱德·普雷斯托维茨著；于杰, 冯佳, 张健译. -- 北京：中信出版社, 2021.9

书名原文: Trading Places：How We Are Giving Our Future to Japan and How to Reclaim It

ISBN 978-7-5217-3215-3

Ⅰ. ①美… Ⅱ. ①克… ②于… ③冯… ④张… Ⅲ. ①日美关系－双边贸易－研究 Ⅳ. ①F753.13②F757.12

中国版本图书馆CIP数据核字(2021)第116090号

美日博弈——美国如何将未来给予日本，又该如何索回
著者：［美］克莱德·普雷斯托维茨
译者：于杰　冯佳　张健
出版发行：中信出版集团股份有限公司
（北京市朝阳区惠新东街甲 4 号富盛大厦 2 座　邮编　100029）
承印者：北京通州皇家印刷厂

开本：787mm×1092mm 1/16　印张：29.25　字数：435 千字
版次：2021 年 9 月第 1 版　印次：2021 年 9 月第 1 次印刷
京权图字：01–2021–3584　书号：ISBN 978–7–5217–3215–3
定价：88.00 元

服务热线：400–600–8099
投稿邮箱：author@citicpub.com

目录

Contents

第二部分

什么使日本腾飞

第三部分

是什么让美国逐渐衰落

第四部分

展望未来

译者序

不确定的年代

一

里根担任美国总统期间，更准确地说，他第一届任期所处的20世纪80年代前半段，是日美经贸关系的转折时期——美国从容忍来自日本的巨额贸易逆差，到通过贸易制裁扼制日本产品在美国市场的占有率，进而挑战日本的产业政策和市场体制。

这一转变并非美国出于日本在经济总量上追赶的顾虑（按相对比重计，美国经济总量自马歇尔计划便开始下降）。尼克松1971年8月15日黄金—美元脱钩讲话之后，日元兑美元不断升值，以美元计价的日本GDP（国内生产总值）快速增加，于1978年突破1万亿美元（现值美元），占美国当年GDP的比重超过40%，占比达到战后最高水平；1980年之后，随着美元阶段性升值，这一比例又逐年下降；在1985年9月的广场会议之后，因日元兑美元再度升值，该比例转而走高，到1985年底上升到34%，不及1978年的水平，更没有到70%（70%要到1995年日元兑美元升破80之后了）。包括本书作者普雷斯托维茨先生在内的一线谈判官员和美国产业界人士就美国产业所面临的威胁不断发出警示所产生影响的后续结果包括：美国政界和学界对日经贸问题的思想转变、美国对日本经贸政策的转变，以及更重要的，美国相应立法的加强，尤其是1988年出台、影响至今的综合贸易法案，有研究者就将该法案视为美国自1934年对等贸易法案之后的重大转向。

日美两国间的经贸摩擦可追溯至20世纪50年代后期，恰是美国通过开放本国市场拉动日本经济增长之初。迄至里根第一届任期，两国间的贸易摩擦多聚焦于日本不断扩大的对美顺差，谈判内容是就贸易论贸易、如何通过贸易手段降低美国的贸易赤字。冷战及美国政界和学界对本国经济实力和产业的自信，是决定这种谈判格局的主要因素。到20世纪80年代初，对于不断上升的对美顺差，日方甚至比美方自己更担心由此在美国国内引发的不满。这些不满主要来自美国民间，原因简单——美国市场上日本商品份额的增加，导致了美国相关产业所在地的锈带化扩大、失业加剧。但美国产业工人的不满，最初并没有在美国政府那里带来他们预期的效果，即便有其代理人——国会议员参与了传播至今的砸日本电视、汽车等活动。在继续此前二十多年的谈判模式之余，出于对国内不满引发的国会保护主义的担忧，里根政府希望借助短期见效的手段，降低对外（日）贸易赤字，汇率调整因此被其第二任财政部长詹姆斯·贝克选中，这迎合了日本的考虑，1985年9月22日的广场会议应时而生。

二

广场会议是以贝克和沃尔克为代表的财政金融系统的努力，他们同本书作者所在的对外经贸系统几无交流，两个系统针对解决美国对外贸易失衡问题的策略也大相径庭。广场会议之前，作者所在经贸系统的力量已经逐渐加强，并主导了1986年之后美国的对日经济政策走向。

普雷斯托维茨早年留学日本，在日本营商多年，并以不同身份同日本政、产、学界打交道，自卡特政府时期即参与美日贸易谈判，历经三届美国政府，深谙日本文化，是深刻理解东亚模式的美国一线贸易官员代表，更是其中的佼佼者。在美国本土，他是著名的知日派，被称为“日本通”；在日本，他则被视为美国对日经贸政策的“鹰派”，《日本经济新闻》甚至在头版称他为“造成日美经贸关系紧张的罪魁祸首”。当时，普雷斯托维茨比美国学界、军方和其他行政官员更清楚美日两国在国内、国际经贸政策上的巨大差异，即两国政府在产业发展中角色不同、两国对市场经济的理解不同；清楚这些差异给美国相关产业已经造成和即将造成的巨大威胁；清楚美国对日本不断攀升的贸易赤字，原因在美国人理解的贸易之外。在他所代表的群体看来，对付日本、免于被日本超越，要做的事情很多，首当为以对等为基础的政策和贸易关系、强化美国贸易立法和执法，这是两国间的制度和体制问题，非一日之策可以解决，广场会议仅仅是一个政策选项。

这些看法，迎合了美国民间的不满，同时得到 IBM（国际商业机器公司）和摩托罗拉等美国大公司的认同，使普雷斯托维茨会同查莫斯·约翰逊等另外三位专家一起，被称为美国对外经济政策上的“修正者”，进而成为改变 20 世纪 80 年代中后期美国对外经济政策的关键力量，也影响了美国后续的政策走向。本书英文原版甫一出版，即登上当年美国《商业周刊》年度十大畅销书书榜；克林顿入主白宫后，便让其内阁熟读本书。本书也有利于理解美国时下为什么实行强硬的对外贸易政策。

三

因为是作者亲历，所以涉及的产业历程和谈判细节尤其可读，比如，作为当年美日半导体谈判美方牵头人，普雷斯托维茨描述的半导体产业在两国的发展路径及两国谈判过程；貌似无关贸易事务却对贸易谈判有决定性作用的军方态度变化；以及日本谈判官员直言的“美国就像一头老狮子”对他这样的一线官员的影响等。

作者就对外贸易实务中美国相关各方（国会、国务院、白宫办公厅、商务部、贸易代表办公室以及财政部）间的信息壁垒、博弈甚至互相拆台的记录，颇有画面感，更有利于理清旁观者的认知。以广场会议为例，作者所在的商务部及贸易代表办公室从未参与，事前对会议安排更是一无所知。这同詹姆斯·贝克的说法一致。贝克在其回忆录《努力工作，学习，远离政治！》（*Work Hard，Study...and Keep out of Politics*!）的后记里简短提及了广场会议的经过。他说，包括里根总统在内，美国共有 8 人在 1985 年 9 月 22 日会议召开前了解会议安排，这 8 个人是：总统里根，白宫办公厅主任（唐纳德·里甘），美联储主席沃尔克及其高级助理，以及财政部里的四个人——理查德·达曼、戴维·马尔福德、负责公关事务的助理秘书玛格丽特·塔特怀勒和贝克本人。没有美国时任贸易代表，更没有 1985 年 6 月即离任贸易副代表的莱特希泽。贝克在回忆录里提及，关于广场会议，船桥洋一先生的《管理美元》是非常好的记录。

四

20 世纪 80 年代是世界的变革时期——两德即将统一、苏联快要解体、冷战走向尾声，这是美日经贸关系转变的重大国际背景。另一个重要背景是，美国主导的金融全球化开启，国际资本流动加速，华尔街话语权提升。当时，身为美联储主席的沃尔克倡导审慎和适度监管原则，这不受政府里的自由市场主义者欢迎。花旗银行前主席沃尔特·里斯特森当时称沃尔克为“大妈”（big nanny）——“监管之手妄图干涉金融创新业者的每个尝试”。20世纪90年代之后，资本话语逐渐占据上风。资本全球化和金融创新，推动了信息产业的发展，这进一步助长了资本的力量。本书中，美国主导产业（包括IBM）在20世纪80年代曾发挥支持保护主义的角色，而今的信息产业则是全球化的推动力量，同时获得了资本的支持。在此期间，中国成为全球经济的一员。

战后世界经济的发展模式不曾有根本性的改变（近80年来的全球化主线是，全球经济对美国的依赖，依赖不同方式形成的美元溢出效应，或者是其居民消费，或者是美联储的宽松货币政策，至今仍未出现可以替代美国的“火车头”），普雷斯托维茨在本书中谈到的问题和其焦虑，今天仍然存在。如果要说有什么不同，那就是随着经济全球化参与者的增加、贸易和金融业体量的扩大，美国在30多年后所面临的问题显然更多、更复杂。在国际贸易中，劳动力不能自由流动，但货币和信息及现代物流业的发展，最大限度上实现了劳动力事实上的自由流动，或者说是资本希望的劳动力全球化参与方式：资本收获劳动力红利，却不承担或让渡了其需要承担的责任；全球化正是资本在全球寻找廉价劳动力和生产基地的过程。

就如同一家公司的营收不可能维持十几年、几十年的高速增长，一个经济体的经济总量也是如此，无论是日本还是引领日本经济腾飞的美国。事后看，里根之后老布什总统的亚洲政策（其间斯考克罗夫特在美亚间的穿梭），已经预示了全球经济新格局的出现。只是，当事者也没有预见到后续的发展和时下的局面。在20世纪80年代，对于经济全球化，政府尚有拿捏的余地，或支持或抑制，均可见到效果。而今，信息技术和产业的发展伴随以资本全球流动，历史上的拿捏余地，即便有，也极其逼仄。全球化红利越发向资本和技术集中。利益的盘错，使得即使是解决贸易失衡，其难度也远超20世纪80年代，断不是砸几台电视、烧几辆车可以化解的，不论是对美国还是对其他经济体。唯一确定的是，未来是不确定的。

于杰

2021年3月

于青岛多悦酒店

前　言

1964 年 1 月一个寒冷的清晨，开往横滨的“威尔逊总统号”客轮驶入东京湾，我站在甲板上，日本第一次映入我的眼帘。我当时是夏威夷大学东西方中心的研究生，应学位要求赶赴日本完成日语课程，同行的还有我夫人和我们还在襁褓中的女儿安妮。

当时，对我们这些研究生来说，留学日本并非热门选择。尽管《经济学人》杂志就在不久前以“经济奇迹”这个词来描述日本的增长成绩，很多美国研究生对日本的认知仍然停留在是一个有点异域风情的小国，语言难懂，让他们相当不解的是，日本正全力追赶美国。对于那些对地缘政治感兴趣的学生来说，欧洲才是广阔天地，很多人对那里心生向往。并不是什么先见之明把我引向了日本，一个冒险尝试的心态加上一个新手父亲的务实精神，仅此而已。高中时，我曾作为交换生短暂游历欧洲，本科毕业之后，我想，转道神秘的东方不失为一个有趣选择。

美国当时认为，中国仍然是仅次于苏联的国家公敌。越战还在打。我对外交政策感兴趣，且预感亚洲在美国未来国际事务中的分量会越来越重。东西方中心当时给研究生提供全额奖学金，先在夏威夷学习一年，之后去亚洲学习一年语言。获得这份奖学金对我来说很走运，起初我计划学习中文，但我务实的父亲（一位经验丰富的化学家，他开发出了用于不锈钢焊条的涂料）敦促我学习日语，因为“他们（日本人）在做事情”。就这样，他的建议让我在那个寒冷的 1 月清晨来到横滨，一生与日本结下不解之缘。

夫人和我对如何面对赴日后的生活一无所知。周围的朋友和亲戚都劝我们不要去。在他们眼里，日本还是一个落后国家，特别强调我们刚有了孩子，更不该去。对于这些建议，我们不予置评，但我们相信一点，日本人也有自己的孩子，而且这些孩子大部分都活了下来。我们因此坚持去了日本，结果很幸运有了很多难忘的经历。服部幸三夫妇是我们刚到日本时结交的朋友，他们经营着一家小烘焙店，一句英文也不会说，日语我也只会几句，但我们很快成了朋友。他们帮我们找到了一处公寓，并时时照应我们。我们全新“奢华”公寓中的自来水没有热水，没有集中供暖，没有烤火炉，也洗不了澡。我们做饭的灶具像一个本生灯，取暖用煤油炉。有一天晚上，卖煤油的经销商和他的家人登门致谢，我至今难忘。之后想来，我是他最好的客户。

公寓旁边的公共澡堂——钱汤——如今几乎找不到了，但当时，大部分人晚上睡觉之前都要去洗上一洗。我到现在还记得第一次去时的经历。尽管是男女分浴，但男池里有女服务员来帮忙收拾衣物、分送毛巾，这还是让我有点吃惊。我们一家三口同幸三君周游了日本，结下了深厚的友谊，这个友谊到如今已经有二十多年了。① 这是我有幸拥有并将永远珍藏的一段美妙经历。

从那之后，因商务及政府事务，我与日本之间交往频繁，其间经历了世事变迁。如今，广阔天地显然是在亚洲，而不是在欧洲。现在

① 本书完成于 20 世纪 80 年代末。——译者注

所有人都知道日本远不只是一个有着各种奇怪念头的异域小邦。然而，即便这一变化称得上颇具颠覆性，与我在 20 世纪 60 年代经历的日美两国间的误解相比，眼下彼此间的理解远谈不上有多少实质性的突破。就在二战结束 40 多年之后的今天[①]，由于同样的误解，两国再一次卷入日益激烈的对抗，并带来了同样的危险。这恰如历史重演，让人们忆起以往的敌对经历。我写本书的目的，在于希望为两国增进了解、避免摩擦升级做一点微小的贡献。另外，我希望以这种方式回报那些在我的求学过程中给予我极大帮助的人。

作家通常将其配偶和其他家人列在致谢名单前列，以感谢他们在写作过程中的耐心和理解。实话实说，我以前认为这种安排相当愚蠢，但我写第一本书的经历告诉我，这种安排并非作秀。这里我也要首先感谢我的夫人和孩子们，他们容忍了我写作时的情绪波动，按我的要求关掉电视或调低音量，不断地给我续上热茶。我另外要告诉我的儿子布莱恩，“爸爸的故事”终于写完了。

我非常感谢伍德罗·威尔逊国际学者中心和哈佛大学美日研究项目，在我写作本书过程中接受我为他们项目的研究员并提供资助。威尔逊中心的吉姆·比林顿和罗恩·莫尔斯以及哈佛大学的迪克·芬恩给初稿提出了宝贵建议。加州大学伯克利分校的查莫斯·约翰逊教授和哈佛大学的傅高义教授、布鲁斯·斯科特教授鼓励我撰写本书，我从他们那里受益良多，在此深表谢意。我同时要感谢华盛顿大学的山村耕造（Kozo Yamamura）教授、麻省理工学院的理查德·萨缪尔斯教授和东京大学的公文俊平（Shumpei Kumon）教授。

感谢曾与我共事于美国商务部的同事们，特别是已故前部长马尔科

---

① 指作者写作本书时的 20 世纪 80 年代末。为方便阅读，后文中类似表达在翻译时做了调整。有一些表达，出于行文原因，仍按作者原表述翻译，不再另行说明。——译者注

姆·鲍德里奇及前副部长莱昂内尔·奥尔默。感谢商务部日本办公室主任莫琳·史密斯，她是一位特别优秀的公务人员，没有她的建议、耐心和努力，就不可能有本书中提到的大部分细节和过程。感谢美国驻日本东京大使馆的商务参赞赫布·科克伦，他给予了很多支持，全天候地接我的电话。此间给我提供了很多帮助的人还有我的秘书、多洛雷斯·巴克利、弗兰克·瓦尔戈、菲尔·阿格雷斯、诺里洛·中野、格伦·福岛和约瑟夫·梅西。

亿康先达国际（Egon Zehnder International）聘请我在东京担任其远东地区办公室副主任，我有机会从商业角度更多地了解日本。另外，我要特别感谢数据控制公司的威廉·诺里斯①、摩托罗拉的罗伯特·诺伊斯②以及英特尔公司的安迪·格鲁夫③给予我的支持和鼓励。理查德·海姆利希（我们刚认识时他还是助理贸易代表，后来去了摩托罗拉）让我对华盛顿有了更深入的了解，并给了我持续不断的支持。给我提供类似帮助的还有比尔·克里斯特、特拉维斯·马歇尔和约翰·卡尔霍恩。在收集和分析半导体行业数据的过程中，华盛顿两位最聪明的贸易律师艾伦·沃尔夫和汤姆·豪厄尔功不可没；迪克·科帕肯则在机床领域的数据提供和分析上不可或缺。

日本方面，我要特别感谢通产省的 Kazuhiko Otsuka 和 Tomio Tsutsumi 以及大藏省的 Yo Takeuchi。1986 年和 1987 年，他们为我安排了赴日学习之旅。感谢 Linguabank 里 Ken Yokoya 领衔的翻译团队，他们是我非常好的老师和朋友；感谢给我提出了非常好建议的 Taiji Kohara、Yoshihisa Komori、卡雷尔·范沃尔夫伦和船桥洋一。另外我要感谢那些

① 美国商务计算机的开创者，于 2006 年去世。

② 被视为美国硅谷之父、半导体之父，仙童公司和英特尔公司的联合创始人，于 1990 年去世。

③ 英特尔公司前总裁，于 2016 年去世。

愿意接受我采访并慷慨地拿出时间告诉我他们所了解的情况的朋友们。

对以下几位朋友的帮助，我始终念记在心：本书几次修改，我的朋友威廉·菲南和亨利·马里尼都读过，给了很多建议；始终给予我精神上支持的好邻居、作家爱德华·比尔不仅付出了时间和智慧，偶尔还贡献了他的住处；我的好朋友、*Harper* 杂志驻东京记者亨利·斯科特·斯托克斯以及自始至终给予我建议的弗雷德·普雷格。在写作过程中，经常会急需某些信息和见解，每每咨询，总能得到友好回应。感谢此间对我保持耐心的朋友们，也感谢我的速记员苏济·迈贝和厄休拉·内比克尔。最后，我要特别感谢世界上最伟大的编辑之一的菲比·霍斯，她在很短的时间里教了我很多关于写作的知识。

引言

当今大国——日本

日本能够改变整个世界的权力平衡。

——盛田昭夫和石原慎太郎

傲慢的法国总统夏尔·戴高乐在其最后一个任期内，曾嘲笑日本人不过是兜售晶体管收音机的商贩。[①] 大概25年之后，1989年春天，这些商贩中最重要的一个——索尼公司，其联合创始人和会长盛田昭夫向世界展示了一个国家能够借助晶体管收音机发展到多么强大。盛田昭夫和日本国会议员石原慎太郎在他们合著的《日本可以说"不"》(*Japan That Can Say No*)[1]一书中写道，日本能够而且实际上已经一路发展成为世界强国。本篇题记是他们两位观点的最好诠释。他们在书中明确指出，不使用日本的半导体，弹道导弹就无法精确瞄准；如果日本不把半导体卖给美国，而是卖给苏联，日本便有可能改变世界的权力平衡。换句话说，凭借强大的经济实力和其他国家对它的依赖，日本已然成为具有政治、军事和经济影响力的超级大国。

---

① 参见《时运变迁：世界货币、美国地位与人民币的未来》。——译者注

尽管这一对终极权力赤裸裸的断言（由一位在西方人看来典型的日本代表说出来）只为表达经济雄心，有可能[①][*]会让很多美国人感到震惊，但这个断言完全合理，因为这只不过是确认美国世纪已经结束，以及本书中所描述的日美两国之间的座次调换这个事实。

正如我预言的，在本书问世后近两年里，日本已经成为无可争议的世界经济领跑者，地缘政治实力同步提升。恰如预期，旨在挽救美国地位的那些孤注一掷但经典的传统措施并未奏效。对“公平竞争环境”的强烈要求、对（日本）政府“决定企业生死”恶行的不满，都没有阻止人们越发依赖日本技术，技术被系统地列为日本国家优先发展事项。美元兑日元贬值一半，日本国内的经济刺激措施原本被寄望于减少美国的贸易赤字和日本的贸易盈余，但问题并没有得到解决。在520亿美元[②]的水平上徘徊了一段时间之后，数字又上升了。与此同时，日本庞大的资本积累，使其成为世界上最大的援助提供者，日本的主要金融机构、美国财政部、世界银行、国际货币基金组织以及第三世界均严重依赖于日本的资金。

这种不可避免的座次调换日益显示出传统智慧的破产，美国因此出现了一种反应和一定程度的再思考。这在1989年和1990年之交的那个冬天表现得尤为突出。当时围绕日本新型战斗机FSX的争端，成为老布什政府的第一场外交政策危机，紧随其后的是根据美国新贸易法案中的“特殊301条款”，将日本正式列为主要不公平贸易国，这一做法不同寻常。

FSX争端因一项拟议中的美日合作开发新战斗机协议而起。接下来的记录，我给出了我认为迄今为止对FSX事件最全面的描述。我这

---

① 此处我用“有可能”的原因在于，不会有太多美国人读盛田昭夫的这本书。目前还没有英文版，向索尼日本公司索要几本日文版至今无果。东京方面的消息说，这本书只为日本读者准备。

* 本书在1990年推出了英文版。——译者注

② 指美国对日本的贸易逆差。——译者注

样做有三个原因。其一，FSX 争端比其他任何单一事件都更全面、更好地展示了困扰美日关系的误解、多重动机、官僚斗争、相互冲突的目标和野心、谬见，以及不断演变的形势。特别值得一提的是，这场争端尤其突出了本书的一个重要主题，即美国国家安全与经济利益之间的冲突。

其二，作为这场争端的主要参与者，我经常被争端相关报道中的肤浅和无知所困扰。比如，媒体和美国主要官员不断重申，日本永远都不会购买美国的战斗机，而实际上，早在 20 世纪 80 年代初，日本就已经初步设计预算购买美国战斗机。新闻界对这个问题的报道就好像它没有发生过一般。争端的过程实际上是：最初一些日本人试图阻止他们的航空自卫队引入美国飞机，后续转变成美国的保护主义。我希望我的这番记录能使整个过程更完整。

其三，FSX 争端之所以重要，是因为它表明美国直接应对日本挑战方面的态度和政策可能发生革命性的变化。

“特殊 301 条款”似乎证实了这种改变正在发生。长期以来，美国一直避免根据美国贸易法案对日本做出任何强硬回应，担心这会破坏双方整体关系，因此宁愿进行无休止的谈判。无奈之下，美国国会加强了针对不公平贸易的“301 条款”，使其成为 1988 年贸易法案中的“特殊 301 条款”。美国贸易代表利用新的权力对日本的某些贸易做法采取行动，这种转变前所未有。然而，无论是 FSX 争端还是“特殊 301 条款”，最终都不过是面对美日地位明显无法改变的历史关口的最后一次努力。事实证明，旧的习惯和态度很难改变。地缘政治利益优先于经济关切似乎是不可改变的。用纽约扬基棒球队著名捕手尤吉·贝拉的话来说，这“一切似曾相识”。

除此之外，还有一个更重要的事实。到目前为止，形势已经发生了很大变化，美国严重依赖日本，任何以旧关系为前提的行动注定是徒劳。日本已成为当代拥有创造财富机器的迈达斯，这赋予了它资本的力量。这一变化是划时代的。资本作为其他能力不可或缺的源泉，代表着一种终极力量，而日本获封世界银行家则标志着一个分水岭。日本再也不必靠廉价劳动力、拼命获得外国技术许可或模仿外国技术来谋生存，也不必担心外国保护主义会对其庞大的制成品关闭市场。它现在控制着财富的来源，其他国家必有求于它，恰如以往有求于美国。这一影响是深远的。尽管许多人一直坚持认为日本只是一个经济超级大国，不具备与美国匹敌的政治或军事实力，但盛田昭夫和石原慎太郎是正确的。没有地缘政治影响力，经济实力就无从谈起。产业和金融的领导地位就是国家安全。

这一切都让美国人面临历史性的问题。他们对未来的愿景是什么？他们会满足于美国变成二流国家吗？国家领导力真的重要吗？美国必须是第一吗？如果不是第一呢？对于这些大问题，在本篇最后一部分，我试着基于过去两年我在全美各地演讲时从听众那里听到的回应来作答。

外交政策危机：FSX 战斗机

就武器而言，F-16 战斗机几乎没有对手，其价格上的优势更是无与伦比。从启动发动机到起飞仅需 52 秒，雷达在 40 秒后开始工作，28 秒之后飞机就已经飞到 3 万英尺的高空，以音速飞行，速度可以超过 2 马赫。它可以在低至树梢和高至 6 万英尺的高空作战，可以负载 9 倍重力机动。到 20 世纪末，美国空军将装备近 3 000 架 F-16，盟国空军将另外装备 2 000 架。F-16 每架售价 1 500 万美元，比其他所有型号的战斗机都划算，后续的升级机型将成为美国和盟国空防的主力机型，一直持续到 21 世纪。

F-16 这种美国技术仍然领先的战斗机不适合用来装备日本航空自

卫队，所有美国其他飞机也被视为不适合，这触发了FSX危机，并在1988年和1989年之交的那个冬天引发了一场影响深远的全国性争论。眼前的问题是，老布什政府和国会是否应该实施里根政府在任期快结束时与日本签署的谅解备忘录，将F-16作为共同开发FSX的基础。该备忘录的签署被誉为两国在追求共同目标方面合作的胜利，其中反映的共识，实际上是日本国内那些希望通过开发本土飞机来促进其本土产业发展的人同某些美国官员之间的政治妥协，后者担心，如果日本不以某种方式采用美国机型，可能会带来政治影响。在公众的密切关注下，该备忘录迅速引发了一系列严重问题。

尽管理论上是共同开发，但在许多观察家看来，工作和技术将主要流向日本。新机型的成本将是F-16或其他美国可选替代品的两到三倍，而且投入服役的时间要晚得多，性能也谈不上有明显优势。鉴于美国对日本的巨额贸易逆差、美国对日本防卫的责任，以及美国在飞机技术方面毋庸置疑的领先地位，美国官员的疑问越来越多：为什么日本不直接购买美国飞机，或者至少可以通过取得许可，生产美国飞机。与国防安全或自由贸易和比较优势原则相比，日本是不是更看重建立其产业和实现技术自主？如果是这样的话，做出这次安排和签订类似协议，美国是否在帮助创造一个最终的产业竞争对手？这些问题带来了切实关注和针锋相对的争论。

在过去45年的大部分时间里，美国的主要国际目标一直是遏制苏联和中国。早在20世纪60年代，美国在经济上相对于其他国家非常强大，它没有必要担心在国际市场上的竞争力。这种情况导致美国人产生了一种心态，将美国的经济实力归因于美国人特有的品质。大家认为，美国将一直保持这种领先优势。支撑这一观点的是这样一种信念（在战后早期当然是正确的）：军事技术引领民用技术；凭借其庞大的军事研发支出，美国将永远保持遥遥领先的地位。因此，专注于大战略和重要政治事务的美国外交政策领导人开始相信，可以让经济为其目的服务，而不需要付出任何代价。为了实现地缘政治目标，他们可以在经济上做出让步，而美国体制特有的优势和创造力可以被用来维持美国经济的竞争力。由此诞生了贸易与防务脱钩的“美式和平”基本原则，即美国的防务供应安排完全独立于其他贸易谈判，且由不同的人负责。

在这种情况下，作为推动世界贸易向更自由方向发展的主导力量，美国很少坚持出售军用飞机（与世界其他国家相比，美国在这一领域的比较优势无疑最大）。相反，美国实际上塑造了一个体系，在该体系内，所有交易的标准操作程序，都是就平衡贸易（我们同意进口与军售价值相当的货物）、技术转让和合作生产进行谈判。美国这样做，一方面是因为美国的盟友坚持让其公民获得与国防事务有关的工作，另一方面是美国自身的考虑，即盟国的国防关乎美国的利益，盟国应该拥有最先进的国防装备。美国盟国就利用美国的这种考虑来获得工作和技术，因为他们知道，国防军事事务最终将压倒美国对此类协议可能产生的所有不利经济后果的担忧。最好的例子是英国从美国购买 AWACS（空中预警和控制系统）飞机后，美国自英国进口了 1.25 倍于飞机价值的商品。实际上，美国把工作机会出口到英国，目的是说服英国购买其需要的且比其现有或能制造的都更好的飞机。

随着人员在产业界和五角大楼之间流动，这个体系孕育的对美国技术转让的随意态度充斥着美国军工复合体。美国认为，作为私人公司，美国公司同外国政府打交道时就应该相互竞争，这加剧了这种随意的态度。这样一来，美国公司之间经常相互竞标，看谁能提供最多的技术，并在政府的祝福——不，是积极鼓励下——提供更多的技术。

当然，所有这一切都是基于这样一个假设，即美国盟友的国防重点同美国的大致相同，同时认同美国“安全问题优先于经济事项”的观点。FSX 事件一方面表明美国的这种假设站不住脚，另一方面也可能预示着一种新心态和新政策。

日本重建其飞机产业

经过5年战争和7年占领期，到1952年，日本已经没有了飞机产业，它在这一领域的技术能力要落后于美国。用西方经济学家的话说，日本在飞机制造方面没有比较优势。但日本在5年内重新奠定了该行业的基础。

占领期刚一结束，日本政府领导人即着手制订重返飞机产业的计划。1953年7月，日本通产省指示日本四大重工业公司——三菱、川崎、富士和石川岛播磨——成立日本喷气发动机财团，开始自主研发喷气发动机。1954年，通产省起草并经由日本国会通过第一部飞机产业促进法。这部法律及其后续政策为日本通产省制订更进一步的“升级计划”、提供补贴、暂停反垄断法以及以其他方式促进产业发展提供了法律依据。[2]

1957年，日本成立了日本飞机制造公司，这是一个由四大重工业公司及相关零部件制造商组成的财团，日本政府持有该公司50%的股权，并保证补贴开发成本（当时日本的国民生产总值约为美国的1/10，大多数观察家认为，日本能作为一个廉价纺织品制造者生存下来就相当不错了）。

为什么如此关注飞机产业？正如禁止战后德国和日本发展该产业的同盟国政府认识到的那样，飞机产业属于尖端战略领域。在军事上，飞机可以实现制空权；从经济上讲，它们是开发材料、电子、制造和系统集成方面一些最先进技术的载体。航空航天器是知识密集型、高附加值的产品，可以提供高薪工作机会。从一开始，这就是战后日本的关注重点，日本视产业发展为战略问题，而不是消费事务。当西方经济学家喋喋不休地讲贸易是各国资源禀赋自然产生的比较优势结果时，没有明显资源优势的日本，正全力以赴为造就一个有竞争的产业创造条件。

在发展飞机产业时，日本的规划者专注于军用飞机（这方面的赢利能力不是考虑因素），以及作为更重要的供应商和最终合作伙伴，参与美国和欧洲制造商的商用飞机项目。在接下来的数十年里，日本公司通过合作生产①和参与外国生产商项目，以及通过国内开发相对简单的机型（如教练机），获得了知识和经验。在美国国防部提高日本防务能力愿望的推动下，美国的合作与这一战略相吻合，以帮助其取得成功。美国向日本飞机制造商提供了大量的专业知识和核心技术，这大大加快了日本在学习上的进步速度。[3]

日本 1980 年出版的《20 世纪 80 年代通产省政策展望》强调了将日本整个产业结构转移到最高技术水平的重要性（见该展望第 105 页）。考虑到日本对外国石油供应的依赖——20 世纪 70 年代的石油危机使得这一弱点更加明显——这一展望强调技术领先是通往经济独立的路径，并提出“技术自主”是日本在国际社会中获得谈判能力的一种方式。十年来，日本一直强调航空航天技术是打开这些目标大门的最重要的钥匙之一，各种新项目层出不穷。军方仍然是这一行业的支柱，购买了超过 80% 的产品，但日本开始越来越重视商业项目。通产省组织并资助日本企业参与国际航空发动机协会，同劳斯莱斯公司共同开发新款喷气发动机，同时投入 10 亿到 20 亿美元，以确保日本企业不仅可以参与波音的下一代 7J7（J 代表日本）机型，而且日本飞机产业将会被波音公司视为全面承担风险的合作伙伴，参与自最初设计到售后服务的项目全过程。最后，在 20 世纪 80 年代中期到后期，日本政府建立了与美国类似的项目，开发航天飞机和被称为“东方快车”的超音速飞机，两到三个

① 在合作生产模式下，原始制造商许可外国生产商组装甚至制造飞机的部分或全部零件，但被委托方不参与其设计和开发。

小时能从华盛顿飞到东京。

这些项目的巨大成本并没有阻止日本致力于发展本国航空航天产业。到 20 世纪 80 年代前半期，日本产业界开始相信，通过合作生产的方式已经学不到多少新知识了。鉴于日本的能力不断增强，美国对技术转让的热情已经有所减弱，而且日本人认为，随着美国的领先优势继续缩小，美国将变得越来越小气。

上述这一看法适逢日本防务系统内部争论如何最终取代 F-1 的时期（F-1 是一种老化的日本国产支援战斗机，计划于 20 世纪 90 年代初退役①），关于 FSX 的讨论也随之而起。1981 年，日本防卫厅确定需要 24 架飞机，这些飞机必须在 1987 年年底之前列入预算。鉴于涉及的数量很少，考虑从外国公司（有可能选择美国公司）那里购买。日本防卫厅因此开始同美国飞机制造商讨论采购新飞机事宜，最有可能的机型是已经在美国空军日本三泽基地服役的通用动力 F-16 和麦道 F-18。

日本防卫厅的技术开发研究所、以三菱重工为首的日本飞机制造商以及通产省的有关部门之间，有一个非正式但联系紧密的官员和高管圈子（通产省一直决定着日本防卫厅的采购，对日本的军品采购也有审查权），前述那些计划在这个圈子中间引发了极大的不安。1982 年冬天，这些人开始考虑如何用完全国产的飞机来替代 F-1。他们的这一考虑，部分是因为通产省在其 20 世纪 80 年代的政策展望中刚刚发出的呼吁——实现技术自主和在航空航天领域占据领导地位，部分原因是三菱重工和其他日本生产商的诸多重大项目即将结束，需要新项目来维持运

① 尽管 F-1 理论上是一种全天候战斗机，但其在恶劣天气或夜间的表现不尽如人意：存在盲点、机动性较差，被认为不太可能从任何空战中生还。[4] 日本飞行员不喜欢驾驶它，认为其优势不明显。[5] 鉴于过去 10 年苏联在亚洲大规模部署先进飞机，这种劣势就更加突出了。尽管日本 1976 年的防务计划最终要求投入 100 架 F-1，但在 1977 年到 20 世纪 80 年代中期实际只生产了 80 架。按照计划，这些飞机的使用寿命为 3 500 小时，到 20 世纪 80 年代末陆续退役。

转。与此同时，日本电子行业公司的成功激发了人们对日本技术的民族自豪感，也建立了“日本在任何产业领域都能取得成功”的信心。与这种态度相关的是日本曾经对西方的自卑感，因此需要证明“所有美国能做的事情，日本也能做到”。最后一点，日本人骨子里就不愿意依赖外国供应商。

1982—1985 年期间，本土发展派的战略家们巧妙而坚韧地克服了几个令人生畏的障碍。其中最重要的是，航空业以外的人，特别是空军人员，普遍对日本制造商能否制造出世界级战斗机缺乏信心。还有时间问题，即争取在用 24 架外国飞机取代即将退役的 F-1 之前完成制造 FSX 是不可能的，外国飞机相对较低的成本，无疑会让精明的大藏省对未来日本国内所有高成本项目均持不利态度。而美国肯定会认为日本国内的战斗机开发是重复建设，间接增加了美国的国防负担，并会施压出售或联合生产另一款美国飞机。

为解决这些问题，这些战略家试图利用一项美国技术延长 F-1 的服役期，从而赢得开发日本国内机型的时间。的确，这场旨在克服反对意见、证明日本本土产业可以独立发展的运动，带有一种为日本未来而战的意味。据报道，日本航空自卫队司令大村仁（Hitoshi Omura）将军本人曾表示，而今被称为 FSX 机型的任务要求和设计是刻意制定的，目的是让现有的美国飞机无法满足这些要求。[6] 双引擎的要求显然排除了单引擎的 F-16，长作战半径的要求似乎排除了作战半径相对较短的 F-18。

到 1984 年秋天，日本赢了第一场博弈。日方告知美国制造商，日本不会采购外国飞机整机，但可能继续购买某些关键部件。当年 12 月，《翼》杂志报道称，F-1 的服役寿命将保证延长 550 小时。[7]1985 年 1 月，日本防卫厅的航空自卫队工作人员（他们一直对 F-1 不满，但仍然对日本生产 FSX 持怀疑态度）对日本生产 FSX 的可行性提出了正式询问。由于日本防卫厅是日本全本土派的核心，其中期报告以肯定的方式在四月份给出结论，没有人感到惊讶。

那个时候，日本国内的整个辩论中，没有真正讨论苏联的威胁，没有讨论与美国军队的协调，没有讨论与美国飞机互操作的磨合问题，也没有讨论在苏联日益强大的国力面前，让航空兵继续驾驶原本就缺乏竞争力的飞机再服役 4 年是否可行的问题。对比美国，对日本来说，与建造日本飞机和产业相比，防卫似乎是次要的事情。

美国霸权的动摇

到 1983 年，五角大楼的一些官员开始质疑军事技术引领民用技术的传统观念，他们越来越意识到，相当数量的高科技部件，美国正越来越依赖日本。日本已经通过军品合作生产的模式获得了美国技术，而美国要获得日本的技术则不那么容易，因为日本禁止武器和军事相关技术出口。为了扭转这种不对等的局面，日美两国在 1983 年的大部分时间里展开谈判，希望建立一种机制，从而将所谓的双重用途技术从日本引进到美国。经过极其艰苦的谈判（通产省和日本大部分产业不情愿转让），双方最终达成了一项协议。尽管商定的技术转让安排要面对日本官僚体系中的各种障碍（至今，还没有一项日本技术通过这种方式进入美国），但对美国来说很重要，这为其后续 FSX 系列沟通做了思想上的准备；再者，这种安排支持了日本日益增长的对其自身技术领先优势的信心，从而也助长了时下日本人广泛接受的观点，即美国有求于日本，日本正在帮助美国。

FSX 事件中有一个背景因素同样重要，即在美国对日本的贸易逆差飙升至 500 亿美元之际，两国在通信卫星、超级计算机和半导体等高科技领域的贸易摩擦日益加剧。因此，就在美国战后轻易获得的产业优势基础及因此建立的心态开始动摇时，它第一次意识到共同开发 FSX

是个问题。尽管在这一事务上的态度没有发生根本变化，但美国人开始提出问题，并提出与过去截然不同的新操作模式。例如，1983 年续签了一份谅解备忘录，根据该备忘录，日本与美国共同生产 F-15 战斗机。在该备忘录里，美国对日本第一次坚持技术回流条款（与其他盟国的谅解备忘录中的标准要求），美国可以自由获得基于美方提供技术而研发出的所有新技术。另一个例子是 SH-60 直升机：美国坚持要求日本防卫厅签署谅解备忘录，要求日方必须在美国的许可下制造，而不只是购买关键部件，装配日本的航空电子设备和武器。

之后不久的 1984 年初，随着 F-1 延期服役的话题越发热络，美国官员中间也第一次开始讨论 FSX。其中的关键人物是东京的格雷格·鲁宾斯坦和五角大楼官员詹姆斯·奥尔腾，他们两位日语流利，都曾在日本学习多年。鲁宾斯坦是东京共同防卫支持办公室的职业外交官，负责关于 F-15 新谅解备忘录中的技术回流条款以及 SH-60 的合作安排。奥尔腾现已从海军退役，是范德堡大学日本研究所所长，在过去 15 年里，他一直是美日间所有安全谈判的核心人物。鲁宾斯坦和奥尔腾开始从日本媒体、与防卫厅和其他日本省厅官员的会谈、美国飞机公司高管（这些高管现在被告知，日本外购 24 架战斗机的可能性越来越小；值得注意的是，商务部和美国贸易代表均未被告知这一情况，也不了解这一情况）那里收集的信息中了解 FSX 的情况。

这两个人的反应展示了美国思维的转变。鲁宾斯坦认为 FSX 是直升机事件的重演。他不相信日本产业界能制造出完全国产的飞机，从而得出结论，在本土开发的口号之下，日本人将从美国公司协议购买关键零部件和技术。他认为可以出售，但不希望在不提供更广泛的双向合作、不讨论可能在同一战区作战的日美飞机间互操作性的磨合度的情况下，简单地授予技术许可。就像直升机一事上的安排一样，鲁宾斯坦希望有一份政府间的谅解备忘录。他将 FSX 视为刚刚完成的军事技术协议基础上的合作概念的机会。奥尔腾同意这些观点，但他担心该项目可能成为他说的“政治灾难”。他提出了一个问题，“如果日本在对美贸易顺差飙升的同时利用美国的技术来开发自己的飞机、发展其产业，（美国）国会会怎么看?”[8]

这里既有旧观点，也有新观点。一方面，美国之于日本产业，除了糖果店的角色之外，还有其他作用的考虑，代表了过往做法的一种改变，这种改变是因为认识到时下的美国需要考虑经济竞争；另一方面，在对政治灾难的恐惧背后，是更为传统的态度，即努力使贸易和国防脱钩，而颇具讽刺意味的是，如今第一次将贸易和国防联系在一起。国防部更希望日本拥有有限军力，以确保美国在太平洋地区的主导地位，并通过安抚其他仍对日本持怀疑态度的亚洲国家来简化维和行动。此外，只要日本的军力有限，美国国防部就享受着同日本间的师徒关系。我们愿意强调与日本间的安全关系，同时淡化对经济竞争的担忧，从而维持这一格局，但这一意愿因那些认为日本在美国安全保护伞下利用美国经济优势的看法而动摇。而要更快地产生这类看法，没有什么比日本利用国防建设，考虑在战斗机制造领域（美国大国领导地位无可争议的堡垒）追上美国的努力更合适的了。这两种顾虑均对日本国内开发（新机型）持反对态度，进而推动达成一些合作协议，但协议背后的考虑却不相同。一方希望借助合作有所得；另一方并不反对合作中的“得”，但更主要是为了面子不惜一切代价进行合作，以避免干扰原有基础上的全面、和谐的关系。

这些考虑引发了一系列官方和民间的讨论。美国官员在讨论中向日本同行建议，日本国内开发并非一个好选项，以美国飞机为基础的某种替代方案会更合适。至于这种替代方案是传统的联合生产还是其他安排则不清楚，甚至没有太多讨论。

事后看，人们很可能会奇怪，美国当时为什么没有更坚定，它是有理由在这一事务上采取坚定立场的。日本的 F-1 在空战中已经处于劣势，但为了证明其技术实力和在飞机工业中取得竞争地位，面对苏联的强大威胁，日本考虑延长 F-1 的服役时间。这将进一步加重美军本已沉重的负担。此外，当日本设想制造的飞机最终投入使用时，很可能会逊于美国的替代机型。再者，FSX 的成本将是从美国直接采购的两到三倍。鉴于日本对自由贸易和美国防御体系的依赖，以及日本不断增加的对美贸易顺差，美国应该很早便坚定要求日本只购买美国飞机，或者出于历史考虑，至少应该共同生产美国飞机。一些日本高级官员表示，如果美国的态度坚定，日本当时会同意的①。

美国当时的态度之所以并不坚定，有几个原因。与当时急需解决的其他事项相比，FSX 并非大事。美国以往的做法是接受（贸易）补偿、合作生产和技术转让，不曾把贸易和国防事务联系起来。事实上，人们担心，如果美国国防部被视为美国国防工业的幌子，那这种联系可能会损害（两国）安全关系。日本是一个主权国家，美国不能对其发号施令。的确，任何类似操作的尝试都很容易被证明适得其反，特别是因为美国对欧洲的态度并不那么坚定。为什么要把日本单独挑出来特别对待？在各自本土防务的工作上，欧洲人确实比日本人贡献大得多（但那也不是区别对待的理由）。奥尔腾因此认为，如何选择最终将是一个政治决定。他认为，尽管日本低级别官员有强大的动力去实现本土化开发生产，但问题一旦上升到政策层面，头脑冷静的人就会占上风。他知道，美国对安全关系的重视对日本官员来说事关重大。只要美国把主要精力放在地缘政治关系而不是贸易问题上，那就可以确保美国继续维持让日本受益匪浅的开放市场和自由贸易政策。因此，日本官员希望让美

---

① 我在东京和华盛顿采访日本通产省和外务省高官时得到的回复。

国关注安全和整体关系，避免拿经济问题说事。当然，许多日本官员只是真诚地希望与美国建立更多的合作关系。奥尔腾认为，这些官员的考虑可以用来克服那些低级别官员的狭隘观点。

实际上，在奥尔腾看来，最有效的压力是不给压力。为避免（美方）采取可能招致麻烦的行动，日本官员经常以他们不能被视为屈从于外国压力为借口。如果（美方）不施加压力，（日方）就没有借口；那么（日方）所采取的政策将被视为反映了日本的本意，如果与美国发生冲突，后果就可能会非常严重。虽然这种观点有一定道理，但忽略了一个事实，即日本人经常把缺少压力解释为缺少关心。这种观点还基于这样一种假设，即日本政策层面的官员会控制下属。这种假设忽视了一个事实，即日本一些有权势的政客和政策制定层面的官员正在背后支持日本全本土派系①。

尽管如此，在1984年和1985年的其他时间里，美国的政策均是基于奥尔腾的“不施压的压力”理念，采取温和说服。此间，日本航空自卫队向美国空军提出了许多关于F-16和F-18机型的问题，以及这两种机型如何满足FSX的开发设计要求。日本问及的那些要求并不明确，且至少部分出发点是源自放弃外国飞机的设想，但美国空军给出了积极且具体的回应。美国分析人士认为，日本的要求在一定程度上是为了证明其国内发展（战斗机）的合理性，因此，一些未来不信任的种子就此埋下。

正如鲁宾斯坦后来回忆的那样：“他们（日本）不想听到美国新机型的性能，他们一心想制造自己的战斗机，只想听到美国既有型号不符合他们要求的说法，对其他所有关于战斗机的信息都充耳不闻。”[9] 在东

① 指支持日本本土开发战斗机的一方。——译者注

京的鲁宾斯坦对此有所耳闻，忧心忡忡。但在华盛顿，奥尔腾仍然相信日本政策制定层面的官员能够解决这个问题，而且在日本全本土派取得进展之际，（美国）没有采取任何特别行动。

华盛顿的其他人则不那么确定。在 1985 年 4 月日本防卫厅的中期报告中强调（日本）国内开发的可行性之后，五角大楼要求中央情报局就此进行分析。后者得出的结论是，日本人决心自己单干，但除非美国愿意提供技术，否则他们这样做的结果是心有余而力不足。中情局的报告认为日本的这一项目并不明智，指出如果没有美国大量的技术转让，其成本将是天文数字。中情局同时建议不要进行这样的技术转移，因为这将极大地抬升日本工业的学习曲线。这份报告当时收效甚微，正如中情局一位主要官员后来向我解释的那样：五角大楼希望日本拥有一架操控性能强的新型战斗机，同时并不担心（日本做法）对美国和日本之间产业竞争的影响。这一解释在当年夏末得到证实，时任美国副贸易代表的迈克尔·史密斯给国防部长卡斯帕·温伯格和国务卿乔治·舒尔茨写了一封信，表达了他对美国商业利益没有得到充分考虑的担忧。这封信似乎从未得到回复。此间，美国飞机制造商联合致信商务部长、国防部长和国务卿，寻求帮助，这封信引发了行业和政府间的一些讨论，但美国的总体风向并没有因此有太大变化。

1985 年 9 月，日本内阁通过了新的中期防御计划，其中包括 FSX 本土化开发的选项，这让美国人感受到了些许震惊，也的确刺激了他们的神经。鲁宾斯坦 10 月初从东京发来电报，指出日本人不想简单地共同生产一架美国既有的战斗机型，改装现有的 F-4E（这一安排曾被视为有理论上的可能性）也不可能。那就只剩下国内制造了，而日本国内制造可能导致日本生产出另一款像 F-1 那样低性能飞机的风险。为了避免这种情况发生，同时也为了让美国能够参与，鲁宾斯坦建议美国以其性能更好的飞机向日本展示同美国继续合作的可能性。

这一重要信息提示，反映了那些主导美国政策思维的各种深层考虑。特别是，五角大楼和国务院都认为日本人不会购买或联合生产美国飞机，这不是什么秘密。事实上，这（日本不购买、不联合生产）是否是明面上的事，本身就值得怀疑。不仅美国总统大肆宣扬他与日本首相之间“罗—康友谊”的好处，据报道，美国驻日本大使迈克·曼斯菲尔德也受到日本人的尊敬。如果他们两位和美国其他高官尝试让日本理解购买美国飞机的意义所在，日本会准备购买吗？我们永远都不会知道这一假设的结果，因为这些官员都不曾尝试过。但日本外务省的高官表示，美国高官如果在这一问题上向日方表达了意图，那会改变日本的决策过程[①]。

没错，在接下来的两年里，美日两国在这一问题上上演了一出大戏：日本全本土派在努力推动日本国内开发战斗机的同时，摆出理性权衡各种选择的样子；五角大楼则一再在政策层面“解决”问题，结果球又回到了日本全本土派的技术人员手中，而他们从来就没有动摇过日本本土开发的路线。与此同时，在美国国内，球在那些关心保持美国产业、技术领先地位的人同那些为了美日两国关系而强调合作的人之间来回踢。

战鹰胜券在握

尽管日本防卫厅在 1985 年 12 月根据内阁指令向麦道和通用动力公司邮寄了一份问卷，要求在 1986 年夏天之前完成对各种开发选项的研究，似乎表明美国公司开始重新参与日本新战机的开发，但几乎所有的观察家都认为，日本防卫厅的函件只是一种形式上的努力，它还是强烈

① 出于众所周知的原因，这些官员希望此处匿名。他们均曾深度参与整个讨论过程。

支持日本国内开发，这一观点后来得到了大村司令的证实。

事实上，1986年4月初，日本5名高级防卫官员，包括日本防卫厅长官，在市谷会馆的一个房间里秘密碰面，讨论如何制定预算。时间紧迫。如果要继续FSX的国内开发，那就必须马上纳入预算。日本全本土派当时就想这么做。但西广整辉在1月份与美国国防部助理部长理查德·阿米蒂奇和奥尔腾于夏威夷举行的一次会议上曾被警告，美国对日本的国内开发计划感到关切，并希望达成某种合作安排。于是，西广向其同事们解释说，事情不再那么简单了，他进而指出，如果航空自卫队能获得美国同意，那么他本人肯定会同意继续本土开发。鉴于西广深知美国人不会同意，这一表态暗合了五角大楼的观点，即美国将在政策层面理顺同日本间的所有关系。另一方面，西广肯定不是强烈反对本土开发。在另一个典型的日本谈判风格例子中，他将外压解释为本土开发派面临的强大阻力，从而避免了本土开发派对他的攻击。不管怎样，奥尔腾和其他五角大楼官员认为这是一个巨大的胜利，（日本）决定将FSX开发预算推迟一年。

这在日本国内引发了一种猜测，即中曾根康弘将同意共同开发，以此作为他即将访美时给里根总统的一个礼物。但事实上中曾根康弘并没有做出承诺，可能是因为他没有被问及。日本官员之间的态度原本就五花八门，他们感到震惊的是，竟然没有美国官员敦促中曾根康弘做出购买美国飞机的决定。在这种情况下，“不施压的压力”策略似乎在日本一方又引发了一种看法，即美国人对“政策层面”真的不感兴趣，或者充其量就是矛盾的。

在美国国防部长温伯格于1986年晚春时节访问日本时，这种概念显然被强化了。《日本经济新闻》援引他的话说，虽然美国欢迎共同开发，但反对将贸易和防务挂钩。[10]温伯格强调，日本采购美国战斗机虽然是不错的选项，但对日本来说，最重要的是获得最现代化、最具成本收益的战斗机来满足其需求。他指出战斗机的操控性能很重要，同时表示美国的目的不是通过出售武器来减少贸易逆差。一些五角大楼官员认为，他的这一表态增加了日本选择美国飞机的压力，因为操控性能和成本效益都指向做出这样的决定。但当时的日本官员表示，这一声明让他们认为，无论日本做什么，美国高官都会高兴；再者，这一表态将需求的定义和成本效益的计算完全放在了日本人自己手中，也就是说，这成为日本国内开发事实上最有力的推手。

日本全本土派因此主动出击。为了安抚美国，日本接受了“共同开发”这一概念，但开始从“自我开发”的角度对其进行定义，日本从美国供应商那里采购发动机和所有其他日本本土不能制造的零部件。与此同时，这一派再次强调开发美国现有战斗机无法满足的特殊任务要求和规格。5 月，日本防卫厅的一个团队访问了华盛顿，向五角大楼官员简要介绍了这些要求，这些要求当时已经细化为众所周知的“64 个参数”。美国团队感到既好笑又沮丧。这些设计要求是基于某种作战任务和战术原则，美国官员认为，要是真的与苏联发生冲突，日本将剩不了几架飞机。另外，许多设计要求非常极端，主要目的明显是将美国战机排除在考虑范围之外。在离开之前，日本团队显然为了给美国制造商制造更多麻烦，叮嘱五角大楼不要将 64 个参数告知那些制造商。

在这一过程中，长期困扰美日关系的贸易摩擦愈演愈烈。尽管有几个开放市场的一揽子计划，但美国对日本的贸易逆差仍接近 600 亿美元。1985 年的电信协议据称打开了日本市场，但日本市场上几乎没有新的美国设备销售。美国的超级计算机继续被日本政府采购拒之门外，美国的车载电话也被排除在利润丰厚的东京市场之外。日本没有按两国 1983 年间的协议安排向美国转让任何技术；由于日本要求获得美国的敏感技术，加上日本不愿向美国转让本国技术，有关日本参与“星球大战”技术开发的讨论进展缓慢。最激烈的争端，也是象征后来贸易摩擦的争端，是在半导体领域。

在这个节骨眼上，后来在FSX争端中发挥重要作用的凯文·卡恩斯于1986年8月到美国驻东京大使馆的共同防御援助办公室赴任，接替被轮换回华盛顿的鲁宾斯坦。作为一名职业外交官，卡恩斯在政治、军事事务方面经验丰富，曾在拉丁美洲、菲律宾、韩国和美国国务院政治军事局处理军事援助问题。他抵达日本时恰逢系列事件接连发生，这些事件将（FSX）这个问题在1987年春天的时候推到了一个关键节点。

一是日本报纸刊登了一系列质疑FSX动机、政策选择是否明智的文章，文章强调该项目的主要动机是工业目的，而不是国防，并指出，日本完全可以用国内研制成本的一半购买美国飞机，为什么还要研制国产战斗机，这很让人费解。大藏省、外务省以及通产省的一些部门也提出了类似问题。意识到必须克服这些疑虑，并至少在某种程度上获得美国人的默许，日本全本土派开始采取措施，证明没有美国飞机能满足日本的要求。

10月，日本全本土派邀请通用动力公司和麦道公司的人员到东京，就这两家公司提出的飞机方案做正式介绍。①12月，日本防卫厅顾问、日本全本土派领导人筒井被派往华盛顿，希望就日本为什么要本土研制战斗机的问题取得五角大楼的理解。在对所有在场美国核心官员的介绍

---

① 这是卡恩斯在FSX博弈中经历的一次洗礼，他对自己所看到的一切感到震惊。美国公司似乎没有被告知对他们的期望，只是刚刚了解了防卫厅的64个参数，且被要求连夜给出详细回应。尽管其他与会者对这些会议的记忆略有不同——有些人认为会议有用、有建设性，另一些人则说他们不同意或不完全理解日本方面的要求，但有一点是无异议的，即通用动力刚拿出其单引擎的F-16战机资料，展示就进行不下去了，因为日本已经明确要求是双引擎机型。好在通用动力的查尔斯·安德森及时赶到，他是F-16双引擎机型的首席工程师，他即兴介绍了这种新机型，给通用动力的展示救了场。几乎所有与会者都表示，感觉这次展示会只是走走过场，日本与会者对美国飞机事实上不感兴趣。这种感受得到了媒体Sekai Orai的证实，它事后报道称，日本航空自卫队已决定在国内研制FSX。[11]

中，筒井进行了成本效益分析，他说，10 月份在东京展示的候选飞机中，没有一架能像国产 FSX 那样既符合日本的要求，成本也低廉。会议气氛随即激烈起来。虽然在场的日本人将此归因于美国人对筒井近乎完美的英语演示的恼火，但在场的所有美国人都表示，问题很简单，即筒井的解释毫无意义。他们指出，筒井根本没有讲清楚防卫厅为什么要选择本土研制，而且对美国团队提出的技术问题不屑一顾。

时任五角大楼 FSX 工作组负责人的菲尔·加斯特将军对此感到震惊。筒井表示，日本可以用 12 亿美元开发研制 FSX，而美国或欧洲类似项目的成本将是 30 亿至 40 亿美元。在加斯特和其他美国人看来，这些数据显然有问题。另外，加斯特很清楚，新 F-15E 是完美机型，出于当时尚不清楚的原因，日本从未将其作为候选机型。该机型在不做任何改装的情况下，可以很容易地满足日本 64 个参数中的 61 个，稍做调整又可以进一步满足余下的 3 个参数，而在美国人看来，这 3 个参数谈不上有多重要。加斯特因此建议整个讨论重回原点，阿米蒂奇建议成立一个由两国军方和产业界代表组成的政府联合指导小组，以全面分析目标、要求和选项。但筒井对美国的所有反对和建议一概拒绝，并表示事已至此，随即返回东京。

根据鲁宾斯坦的说法，正是在这次会议上，美国官员终于充分认识到日本本土开发研制的决心，进而坚定了（美方）自己的态度。卡恩斯在东京报告中提到，筒井在返回东京后宣布，他已经获得了西广近一年前在秘密会议上提到的美方许可，这让美国官员越发警觉。

1987 年 1 月，阿米蒂奇和奥尔腾在夏威夷与西广会面时，试图纠正筒井错误的沟通信息。奥尔腾说，他和阿米蒂奇在会面后确信，西广将确保日本要么获得许可生产（美国机型），要么在现有美国机型的基础上改进。

但双方很快又在东京再次展开谈判。卡恩斯亲自去见西广，西广告知他说华盛顿（对日本本土开发战斗机）没有意见；在推迟一年的决定之后，日本防卫厅正着手将本土的 FSX 开发计划列入预算。卡恩斯随即给华盛顿起草了一份措辞强硬的电报，指出他在东京听到的情况与五角大楼内部流传的乐观报告之间的差异。这在大使馆内部引发了一场关于是否发送该电报的争论。一名官员表示，“该不该让温伯格看到电报？我们应该处理好美国的反应”。这是他对（日美两国）整体关系的担忧。但最终电报还是如期发回了华盛顿。

因为认为日本方面并没有真正的兴趣，美国的公司在回答 1986 年 10 月交予他们的问题方面并不积极。此时，日本防卫厅要求他们回复，五角大楼也要求他们给出最终建议。因此，通用动力公司和麦道公司的团队于 1987 年 3 月再次前往东京，解释如何对他们的飞机——麦道的双引擎 F-18 和通用动力的 F-16——进行改装、改进，以达到 64 项参数要求。这一次会面进行得很顺利，两家公司全面回答了日方所有问题。通用动力感觉自己又举办了一次高级航空学研讨会。如果美国公司知道他们的演示文稿被转给了三菱重工，以帮助后者向日本防卫厅做最后演示，那他们必定会更加恼火。

很明显，误解正在加深。刚刚开始意识到问题的五角大楼决定采取最后行动，安排沙利文访日，即事后所称的沙利文任务。这个由国防部助理副部长杰拉尔德·沙利文领导的小组，集合了五角大楼所有有关部门的官员，但同往常一样，没有来自美国政府其他部门的代表。该任务试图就 FSX 的目标、要求和开发基础达成一致意见，同时也为了评估日本方面的技术。三菱重工和防卫厅一直公开辩称，日本的技术优于美国。媒体大量报道称，三菱重工生产的 F-15s 战机的维修率比从美国进口的同类机型的维修率要低。特别是，据称，FSX 将集成日本航空电子设备、相控阵雷达和整体共固化复合材料机翼，这些都不能在美国完成。沙利文要查明这一说法的真实性。因此，尽管仍然采用奥尔腾“不施压的压力”策略，但这次与态度一直模糊的西广协调的访问，表明美国施压力度在大幅增加。

FSX 的特殊要求源于对战争任务和战术的要求。在两天的交流中，沙利文团队同意日本提出的基本战斗任务，即通过使用 FSX 攻击苏联导弹发射舰和运兵舰，确保萨哈林岛和日本北部岛屿北海道之间的拉彼鲁兹海峡的安全。但双方在飞机战术作用上的观点分歧很大。日本人考虑的是针对入侵日本 12 海里海域为限的舰只，而美国的原则则是更远距离的攻击。日本防卫厅几乎完全专注于飞机的反舰作用，为此计划中的 FSX 尽可能多地挂弹载油（料）。美方团队指出，这类战斗机的次级作用可能极为重要，FSX 除了反舰能力外，同样需要具备空战、防空和空中支援能力。美方团队一名官员指出，FSX 最艰巨的任务可能是对抗米格 -29。美国考虑，须以同步考虑最艰巨的任务及主要任务作为战斗机的设计原则。两国间这种战术考虑上的差异对飞机的要求有很大影响。沙利文团队为此表示，日方对 FSX 考虑的基础作用过于狭窄，防卫厅的许多要求是多余的，有一些要求根本就没有考虑到。

除了战争任务和战术问题之外，沙利文团队还强调了本土研制生产成本、快速交付能力以及驻日美军同日本自卫队武器装备间互操作性的重要性。沙利文在会议总结及随后提交给五角大楼的报告中强调，美国的四种可选战机（F-15、F-14、F-18 或 F-16）中的任何一种，都能比日本本土研制生产 FSX 更快、更便宜、更好地满足日本的战机战备需要。他自己最喜欢的是 F-15E，同加斯特的观点一样，他也认为该机型是完成日本战争任务最好的飞机。沙利文指出，日本应该尽快选择一个型号的美国战斗机，然后与美国制造商合作对其“稍做调整”。他对精心设计的共同开发提案没有兴趣，主要是因为时间问题，再者是他的团队总体上没有看到日本在飞机技术领域有什么亮点。总之，结论是日本要设计一款全新战斗机毫无必要。沙利文就此结论向日本外务省和大藏省做了说明，两省非常感兴趣，因为他们此前从防卫厅得到的分析评估与之完全不同。但这两省都表示，最终的决定权实际上掌握在防卫厅手中。

尤为重要的是，这些讨论揭示了日本和美国的国防计划状态。在日本，很少有人在如何最好地防卫日本或同美国防御努力相结合的背景下讨论 FSX。事实上，延长战力不足的 F-1 战机服役期的决定恰恰与这些考虑背道而驰。沙利文访问期间对作战任务和战术的讨论显示，日本航空自卫队没有同日本海军和陆军就作战协调和 FSX 的任务进行过讨论。日本外务省的一位高级官员对这种局面做了最好的描述，他说，防卫厅（在战斗机问题上）没有战略，由企业主导，另外担心日本错过了这个机会也就错过了技术。因此，美日两国军队之间不仅几乎没有协调，而且也没有任何协调的意愿。美军已经在三泽布防 F-16 保卫日本，并执行与设计中的 FSX 相同的任务。众所周知，这些飞机让那些可怜的 F-1 飞行员很是羡慕，没有人抱怨 F-16 不能胜任作战任务。然而，美国和日本空军之间并没有就作战任务或飞机进行过坦诚的讨论。

沙利文后来说，他离开东京时，认为日本不会选择本土制造飞机。他还有这种乐观情绪，很难说是合理的。[12] 沙利文在东京时，中曾根康弘首相正在华盛顿。总统没有向首相提及 FSX 问题，这不仅让后者感到惊讶，还让一些日本官员认为美国高级官员并不关心 FSX 事务。日本媒体不断地对本土研制生产 FSX 施加压力。三菱重工表示，日元的快速升值应该不会影响这一决定，因为每架飞机的成本在 50 亿至 60 亿日元（这对几乎所有专家来说都是一个令人难以置信的数字），这与进口机型相比具有竞争力。防卫厅完成的长期评估结论是，美国的飞机满足不了需求。西广匆忙访问华盛顿，做出了被称为最后努力的努力，以说服美国官员支持日本本土生产。这一次，阿米蒂奇公开放弃了奥尔腾的“不施压的压力”策略，告诉西广，无论日本是国内研制生产还是联合开发全新飞机，美国都是不能接受的。阿米蒂奇的态度坐实了日本那些犬儒的观点。

阿米蒂奇别无选择。到这个时候，尽管专业人士和各领域都真诚呼吁谨慎处置，但国防和贸易还是被挂了钩。1987 年 1 月，美国一个高级别谈判代表团希望打开日本超级计算机市场，但遭到日方拒绝，据美方一些参与者说，他们被告知，如果美国想要拯救其主要生产商克雷研究公司，可能只能将其国有化。3 月，美国总统宣布因日本不遵守 1986 年的半导体协议而对其实施制裁。一系列其他贸易问题仍然没有解决，其时美元迅速贬值，但对外赤字仍在飙升。国会知道 FSX 一事，无法理解为什么日本不能通过购买美国制造的飞机来为改善两国关系和贸易失衡做出贡献，因为权威专家现在均认为，与拟议中的日本制造的 FSX 相比，美国制造的飞机更好、更便宜，更适合日本的国防需求。除此之外，最近揭露的东芝机械事件无疑是雪上加霜，对美国海军而言是个重大打击，在美国国内制造了更大的怨气，因为国会本来就对日本的不公平贸易感到不满。

6 月，美国国防部长温伯格访问日本，对日本防卫大臣栗原祐幸说，FSX 这件事“直指美日关系的核心”，从而使其成为首要问题。[13] 温伯格提议共同开发，他说，美国的飞机非常好，美国最好的技术应该与日本最好的技术结合，从而尽可能地研制出最好的战斗机。所有美国与会者都认为，温伯格对如何共同开发并没有具体的想法。他的提议笼统，实际上是重申美国早先的立场。但日本官员开始相信，美国现在对 FSX 一事是认真的，特别是外务省，他们一致认为，由于美日安保条约第二条要求在军事安排之外进行经济合作，这一问题已成为两国关系的核心。美国会不会提出日本没有遵守条约？

8 月，因东芝机械事件，以及美国参议院以 96 票：0 票通过日本应从美国生产商那里购买下一批战斗机的决议，三菱重工和日本财团组成的一个代表团被派往通用动力和麦道，讨论未来可能的合作。这是一次奇怪的访问。日本人告诉东道主，他们并不清楚为什么要来访问。他们说，是政府要求他们来的。在访问通用动力期间，日方继续坚持必须要双引擎。通用动力直言不讳地回复说，该公司已经决定不生产双引擎F-16，如果日方一定要双引擎，他们应该去找麦道。那一刻，通用动力认为自己已经同FSX一事无缘了。

但形势变化很快。9月，日本决定采行改装美国战机的安排。10月2日，日本防卫大臣栗原祐幸在访问华盛顿期间向温伯格通报了这一决定；10月5日，中曾根康弘首相发表了公开声明；10月12日，通用动力和麦道被告知派遣小组到东京就合作条件进行商谈；10月22日，通用动力惊讶地获悉日本选择其F-16作为FSX改装和研制的基础机型。一直以来，日本提出的双引擎及其他许多要求似乎是不容商量的，但就像美国官员一直说的那样，实际上结果并非如此。日本的这一决定在国内被认为是为了同美国保持良好关系而做出的重大让步；在美国，这一声明则被誉为一个伟大的胜利，美国得以出售飞机和装备，这将有助于减少贸易逆差，同时通过增强美日军队的协同作战能力来加强威慑政策。奥尔腾和阿米蒂奇认为，这证实了他们的信念，即政策层面会解决问题，尽管最终是“不施压的压力”让位于巨大的压力。卡恩斯很高兴，因为在他看来，任何将两国在飞机行业的最佳技术整合在一起的安排，最终都将以美国公司为主。

美国沉浸于乐观氛围之时，忽略了日本选择F-16的原因。所有观察家都认为，相比其他可选机型，F-16最不符合日本的要求。这至今仍是一个谜。一些日本人说F-16比较便宜。其他人则认为是麦道的傲慢和过于自信，煽动美国国会介入这一问题，从而激怒了防卫厅。还有一种观点说，与麦道在F-15上有过合作经验的三菱重工，希望获得另一家美国制造商的经验。最后一个与随后发生的事情密切相关的解释是，F-16 更适合全面改装、重新设计，从而使得 FSX 实现日本本土研制开发。

功败垂成

在将近 4 年有关各种改装和共同开发方案的辩论中，五角大楼内部和美国政府有关部门从来没有分析过美国究竟想要什么。没有人认真考虑过核心问题：改装的程度和可取性，联合设计工作的方式、方法和地点，如何获得美国感兴趣的日本技术，研制和生产成果的共享，美国设计及新材料和系统技术转让给日本生产商的程度，或所有此类问题对美国竞争力的影响。美国关注的重点几乎完全放在让日本表明将使用美国飞机，以避免美国国会发现因日本寻求自主研发而引发的“政治灾难”。交易的实际内容远没有只是达成一项交易来得重要。

事实上，美国的整体做法都与实质性的有利安排背道而驰。从美国的角度来看，改装最小显然是最好的交易。但麦道和通用动力这两家美国生产商被鼓励相互竞争，去争取希望最大限度改装的客户的订单。只有美国政府才能协调或制定美国方面的指导方针，以防止竞标变成一场竞赛，从而找到尽可能帮助日本实现最大化本土研制目标的那家公司。但美国政府并不这么想。在大多数美国官员看来，一旦日本做出了基本决定，剩下的就是私营企业间竞争的问题了。

当然，现代战斗机从诞生之日起就在不断地被改进、改装。而今的 F-16 就已经经历了两个系列的几次改装，现在正处于第三个系列的第四个改进阶段。在同日本谈判期间，通用动力还在计划一个名为“灵敏战隼”的高端机型，计划于 20 世纪 90 年代末推出。作为对日本拒绝这些机型的回应，通用动力提出了几个不同的建议，包括进一步改装。所有这些提议都是想法，不是基于具体型号的战斗机，而且都可以继续调整。在 10 月 12 日被招至日本时，通用动力决定使用其大幅改装的 SX-3 战机作为建议机型。五角大楼里没人反对这一提议，这实际上保证了一定程度的改装和技术转让，这对美国来说并不是最优选项。当然，可以争辩说，客户总是有权得到他想要的东西。但在这一谈判过程中，美国此前是向客户施压，让后者拿到了他实际上不想要的东西。因此，美国官员这个时候犹豫不决，没有进一步努力以获得对美国最有利的协议，这让人费解。他们在 10 月下旬没有任何动作，这使得“胜利”刚宣布，即被一些专家认为空无一物。

站在美国的角度，宣布选择 F-16 机型之前在东京进行的讨论只能用混乱来描述。基于简单的商业逻辑，在美国公司同防卫厅展开谈判之前，美日两国政府应该就技术转让、工作量以及改装的程度达成一个谅解备忘录，这个备忘录当然也应该在竞标之前就完成。否则，处在压力之下且对指引毫无概念的公司将处于极度弱势。当然，这些总可以让步，但要以美国政府未来的批准为条件，为了避免破坏与日本的和谐关系，政府自身将承受让步带来的压力。与上述逻辑相反，五角大楼在没有备忘录的情况下安排这两家公司同日本防卫厅谈判，同行的是由安德鲁·巴顿上尉领导的一个低级别五角大楼小组，巴顿是前海军飞行员，对日本没有任何谈判经验。

日本方面，这件事已经从政策层面又回到了技术层面，他们非常清楚自己想要什么——最大限度地改装，并向日本转让技术。到 10 月 22 日宣布时，双方已经达成一致：加长机身，新的更大的机头，由共固化碳纤维整体铸制的更大机翼，垂直前翼，闭路电子控制能力，新座舱，隐形技术，更强大的引擎，全新的航空电子设备和新武器。因此，称其为 F-16 的确是用词不当，而是非常接近一架全新机型。如果日本人能把所有工作都做好，那对他们来说，就如同是本土研制，甚至比完全的本土研制还要好。他们将能够跟上他们期望的所有技术，获得他们想要的系统集成经验，同时还有通用动力帮助他们解决中间遇到的难题。

两国之间的谅解备忘录以及通用动力、麦道分别同日本防卫厅间的条款、条件讨论同步进行。人手不足的美国团队成员周转于不同的会议之间。当时负责防卫厅采购工作的通产省官员山本雅二明确表示，日本想要参与所有工作。山本曾参与美日半导体谈判。他立即抛出了一份拟议的谅解备忘录大纲，除其他事项外，大纲要求：所有资金都在日本支出；防卫厅保留所有专利；一家日本公司作为总承包商；根据 1983 年协议安排，所有流向美国的技术都要逐项谈判；所有的开发和生产都在日本进行；F-16 现有及未来的所有技术都不受限制地转让给日本；指派几名美国公司的工程师参与该项目。为此，日本同意按每架飞机 50 万美元（120 架飞机共 6 000 万美元）的价格支付授权费，这与其他国家在没有技术转让的情况下共同生产 F-16 支付的费用相同。

因此，巴顿的团队（包括卡恩斯和一位名叫克雷格·理查德森的年轻国务院官员）被迫在毫无准备的情况下进行讨论，他们一边临场应对，一边不断地向华盛顿发传真请示。通用动力代表查尔斯·安德森一度像是要向日本的坚定立场让步，同意接受 6 000 万美元，并派遣 12 名工程师，提供蓝图。当卡恩斯问他怎么能同意这样糟糕的交易时，安德森说他已经给通用动力在圣路易斯的总部打了电话，这是总部给的指示。通用动力后来否认了这一点，称安德森的言论只是出于无奈，公司一直坚持要承担相当大的工作量。卡恩斯和理查德森反对的根据是，无论如何，即使通用动力准备接受这种协议，美国政府也不会答应。他们认为安德森没法给出决定，致电华盛顿寻求帮助，结果得到华盛顿彻夜决策后的指示——要求承担项目开发阶段 40%~60% 的工作量，生产阶段 30%~70% 的工作量。次日，在介绍这一点时，美国领队告诉日方，虽然美国给出的范围是 40%~60%，但他相信美国会接受 40% 的工作量。这一态度在不经意间造就了后来政治论战的重点。

事情就是这样。日方仍然非常强势，美方团队最终中止了会谈，回国重新部署。10 月底，日本著名航空航天分析师关川永一郎说：“日本产业界争取到了 80% 的目标。未来飞机 80% 的工作量将是日本人的。”[14]

这也正是卡恩斯和理查德森在与日本产业界高管和防卫厅官员进行了一系列对话后得出的结论。他们两位随即从美国驻东京大使馆向华盛顿发回警告电报，称日本人正试图将 FSX 共同开发项目重新转变为事实上的国内开发项目，且通用动力当时似乎愿意配合。这些电报必须经由大使馆的高级官员过目，使馆政治军事处处长克里斯托弗·拉弗勒的举动反映了这些高级官员的观点。理查德森曾在一封电报中指出，日本产业界决心走本土开发之路，而不是共同开发。拉弗勒的妻子是日本大藏相的女儿，拉弗勒命令删掉了理查德森的这句话。据报道，拉弗勒说：“双方都有敌意。我们的工作是尽可能客观地审视两国间的进程。”这意味着大使馆某种程度上背离了美国政府和美国的利益。

理查德森结束大使馆的临时任务返回美国后，越过巴顿，向国防安全援助机构负责人查尔斯·布朗将军和他的副手格伦·路德简要通报了情况。在这次重要会议上，理查德森在整个过程中第一次全面阐述了美国的目标，并评估了当时的形势。他指出，美国想要或应该想要最大限度的互操作性、成本效益、新战机的迅速投入使用，以及尽可能小地对日本发展具有竞争力的飞机产业给予帮助。他接着解释说，按照眼下的情况，新机型互操作性很小、成本很高，新战机的推出速度很慢，美国对日本的产业努力做出了重大贡献。布朗在简报会上睡着了，路德显然很不高兴，对着懊恼的巴顿尖叫道：“我们不能这么笨。”

这次通报的结果是，路德决定亲自承担起领导美国谈判小组的责任，并在 11 月下旬接下来的谈判中直接对阵山本。路德的立场是，美国必须获得 40% 的开发工作量及同等体量的制造份额。他明确指出，必须区分基于美国技术衍生开发的技术和完全是日本本土开发的技术。根据前述协议，后一种新技术可以通过许可回流美国，他坚持说，前一种必须自动免费回流美国。这是美国与盟国达成的所有谅解备忘录的标准条款，实际上，也包含在鲁宾斯坦与日本谈判的 F-15 谅解备忘录中。尽管如此，日本人还是对这一技术要求和工作量分配要求感到震惊。路德的立场被认为极其强硬，山本的回应是坚持日本原来的立场。

在接下来的一年里，两国政府举行了多次会议，试图完成谅解备忘录。与此同时，三菱重工和通用动力谈判不断，以完成两公司间的授权协议。会谈艰难，但立场基本上没有变化。1987 年 1 月，美国国防部副部长史蒂夫·布莱恩写了一份备忘录，敦促美国采取更强有力的立场：

> 虽然目前的计划被称为联合开发，但它给了日本设计和配置决策上完全的主导权。日方已经决定大多数核心部件将由日本人负责（显然忘记了美国多年来的工业援助），我们的国防工业可能发挥不了什么作用。[15]

他敦促美国在设计和配置方面拥有更强的话语权，以实现更好的互操作性。但五角大楼的其他人认为为时已晚。美国国防部长弗兰克·卡卢奇在 6 月份会见了日本防卫大臣瓦力，试图解决这些问题。他们达成口头协议，美国的开发工作量应为 35%~45%。原本预计谅解备忘录将很快正式达成，但事实上又拖了 5 个月。

在此期间，发生了三件在后来产生重大影响的事件。本书中提到 1986 年的半导体协议有一个秘密附件。日本通产省否认存在附件。直到一家日本杂志最终得到这个副本并予以公开后，通产省才承认其存在，但随即又表示，那个附件实际上没有做出任何承诺。[16] 这一事件极大地损害了与日本谈判达成协议的可信度。

第二个事件是卡恩斯被重新任命为参议院外交关系委员会工作人员。卡恩斯对谅解备忘录谈判的进程非常不满，他清楚所有谅解备忘录最终都必须要国会通过，因此以国会工作人员身份获得了一个国务院实习生的职位，目的是对 FSX 协议施加国会压力。与此同时，商务部的莫琳 · 史密斯、美国贸易代表办公室的约瑟夫 · 梅西和中央情报局的官员们越来越警惕 FSX 的进展。他们被排除在会谈之外，从外围观察，并将 FSX 会谈与其他正在进行的关于日本参与“星球大战”、空间站和其他武器开发的会谈联系在一起。他们越来越担心美国国防部正成为向日本转移美国最先进技术的通道。

最终在 11 月下旬达成了谅解备忘录。约定到 1993 年研制 4 个 FSX 原型机。如果测试结果令人满意，将于 1997 年开始生产 120 架飞机。美国公司将负担 4.4 亿美元的开发支出，占 12 亿美元预算成本约 40%。在批量生产期间，将就第二份谅解备忘录进行谈判，美国将获得与开发阶段相当的工作量。双方还同意，“本质上”源自美国的技术将免费回流美国，而根据烦琐的 1983 年协议程序，日本原创技术可以被授权给美国公司（这意味着，如果日本公司想要对美国许可技术，他们可以给予授权，但并不是硬性要求）。即使在谅解备忘录签署之后，关于样机机翼工作量的争议还是将公司间的许可协议签署时间推迟到了 1989 年 1 月 12 日。

美国国务院此时准备通知国会，国会可以在 30 天的时间里投票反对。如果不反对，备忘录就会生效。假使日本此前的态度不是那么强硬，并在 1988 年夏季同美国达成协议，那备忘录无疑会在国会顺利通过，毫无障碍。表决时间推迟到 1989 年 1 月底，就意味着这件事要提交给美国新一届政府和新国会。

新一届政府的危机

美国 1988 年国防授权法规定，自 1988 年 10 月起，五角大楼应向商务部提供比过去更多的关于联合生产和共同开发安排的信息。谅解备忘录在1988年秋季接近签署日期，中情局、商务部和美国贸易代表办公室的担忧与日俱增。这些官员认为，该协议将极大地帮助日本在飞机和相关技术方面走向世界领先，但不会实现理查德森所阐述的任何美国目标。莫琳·史密斯和商务部战略产业事务主管约翰·理查德兹开始根据新法案向五角大楼索要谅解备忘录草案和相关文件的副本，但一直遭到拒绝。

10月份，史密斯打电话已转赴国务院情报研究局任职的理查德森，他们回顾了FSX的发展过程。史密斯越来越担心，开始在她的办公室不断召开会议，会上中央情报局和美国国家航空航天局（NASA）的相关官员向商务部、能源部、劳工部和财政部以及总统科学顾问办公室、美国贸易代表办公室的主要代表通报了情况。这些会议是对梅西在美国贸易代表办公室内组织的类似内部会议的补充。中情局和NASA均表示，他们相信FSX协议安排将极大地帮助日本成为美国在商用和军用飞机及相关技术领域的竞争对手，而对美国的贡献则微乎其微。他们对日本飞机技术的评估与沙利文任务的判断相同：虽然有一些亮点，但总体上意义不大；因此，任何共同开发的安排几乎不可避免地会带来技术的单向转让（即美国转向日本）。介绍情况的官员同时指出了军用和民用技术之间的联系，同时提醒，虽然军用和民用飞机有很大不同，但两者的关键是系统集成知识和设计理念，这些知识和设计理念很容易被传播、学习。此外，还有一些衍生产品进入电子、材料等领域。

与此同时，卡恩斯正在国会山私下里向所有愿意倾听的工作人员、国会议员和记者解释他的疑虑。他发现多数人对此事毫无概念，只有参议员丹福斯和伯德似乎很有见地，只是他们在宣布F-16战机的前一年就不关注这一领域了。情况逐渐起了变化：伊利诺伊州参议员艾伦·迪克森的关键幕僚查尔斯·史密斯开始感兴趣，新墨西哥州参议员杰夫·

宾加曼的幕僚埃德·麦加菲根、参议员杰西·赫尔姆斯团队的吉姆·卢瑟和参议院军事委员会成员马乔里·乔林斯也参与进来。鉴于五角大楼的简报不可避免地对合作协议发挥了积极作用，卡恩斯召集通用动力的代表说明了形势，同时向其他人士提示了谈判的真正困难所在。

在1988年11月下旬谅解备忘录签署后，商务部终于成功拿到一份副本，其内容证实了这些部门最担心的事情。在外行看来，这份谅解备忘录看起来是平衡、无害的，但在一位与日本谈判经验丰富的官员看来却是充满了陷阱。美国此前提出的目标是40%的工作量，谅解备忘录的表述是，美国将在开发阶段获得这一比例，在生产阶段争取实现类似的比例目标，但能否获得将取决于另一次谈判。对附件和其他协议有经验的对日谈判老手，通常对诸如目标和类似这种不确定的字眼感到畏惧，因为这意味着修改和重新解释。有40%的工作量目标与拥有40%的工作量不是一个概念。在该备忘录中，一旦开发阶段结束，美国谈判代表在为生产阶段进行的第二轮谈判中将明显处于弱势，因此不太可能获得40%的工作量。另外，美国谈判代表同意了开发阶段12亿美元中40%的份额，但大多数分析师认为日本的预算太低了。如果实际成本是30亿美元呢？似乎没有人知道确定的数额。呼吁将“本质上”源自美国的技术回流到美国的条款也令人担忧。“本质上”这个词可能会成为无休止的辩论和谈判的诱因，特别是考虑到整个谅解备忘录谈判过程的不友好和不合作。最后，谅解备忘录要求，美国将提供一切必要手段以确保项目取得成功。一些观察人士认为，三菱重工可以利用这一点，通过利用美国的技术来帮助自己解决所有困难，同时保持其自身领先的假象。

谅解备忘录达成后，公司间的协议却迟迟没有签署，这不能不说令人沮丧。公司间的争议涉及飞机机翼的开发工作。虽然双方同意通用动力将参与机翼的共同开发，但日方坚持所有试验机翼都得在日本制造。

通用动力则强调，14 个测试部件，它要完成 6 个，以确保能真正转让日本可能拥有的有价值的碳纤维技术。当时供职于美国国家安全委员会的卡尔·杰克逊专程前往日本，接受了通用动力生产四个部件的妥协安排。在华盛顿的许多日本通看来，此前的谅解备忘录甚至在生效之前就已经失效了。1989 年 1 月 12 日，三菱重工和通用动力之间的协议终于签署并公布，这大大加剧了他们的顾虑。协议规定通用动力转移其拥有的几乎所有技术，包括核心的软件源代码。要知道，即使是英国这样的美国亲密盟友也从来没有得到过这些源代码，而美国几乎是与英国共享所有信息资源。正如一些人后来所言，尽管五角大楼后来取消了协议中的敏感项目，但五角大楼当时并没有组织任何审查，而且数据资源几乎是在协议签署后便开始转移。

美国国务院、五角大楼和日本方面都急于美国国会尽快通过这项协议，以免反对派达成一致，形成阻力。但美国国会要到总统就职典礼之后才开会，这因此也成了后半部分剧情的关键所在。为了尽快让新政府运转起来，当选总统老布什已要求参议院为他提名的国务卿詹姆斯·贝克举行特别听证会。杰西·赫尔姆斯是贝克问询小组成员之一，赫尔姆斯团队的成员卡恩斯为贝克事先准备了一个问题。听证会即将结束时，身为资深参议员的赫尔姆斯突然提出：贝克是否会推迟向国会通报 FSX 谅解备忘录，并在新政府内对备忘录的条款进行彻底评估？贝克显然不了解这个问题的细节，他说，他必须与当选总统商议，然后再回复赫尔姆斯。这是一个职业政治家的回答，通融但不明确。但贝克敏感的政治触角告诉他，这是一个需要小心对待的问题，这个反应本身就是一个担当。

这个问题出人意料地快速发酵。老布什提名的商务部长罗伯特·莫斯巴赫继贝克之后不久出现在参议院听证会上。他已经通过政府交接简报意识到了这个问题，他在听证会上表示将进一步调查。不久之后，约翰·巴里在《新闻周刊》上发表了一篇小文，指出FSX是新政府的第一次外交政策危机[17]。几天之内，我于1月29日在《华盛顿邮报》上发表了一篇文章[18]。在警告美国航空业可能步电视和录像机后尘的同时，我敦促国会仔细审查FSX合作安排。我在文章中提到了沙利文任务的报告，以及所有支持和反对的观察员的一致意见，即在满足国防、成本和互操作性目标方面，FSX不如一架轻改装的美国战机。我进一步解释说，美国将拿出开发成本为40亿~80亿美元的技术，而获得的回报可能只有4.4亿美元。虽然支持者声称日本的技术，如共固化机翼和相控阵雷达将提供给美国，但我提醒，五角大楼从未向本国那些认为美国在这些技术领域处于领先地位的专家核实过日本的这些技术水平到底如何。我说，FSX项目的唯一作用是促进日本飞机工业的发展。美国同意该协议的唯一原因，是想避免两国整体关系出现困难。我不是在谴责日本，而是建议美国应该像日本一样关心本国产业，美国不应该比日本更关心外交关系是否和谐。我最后建议，如果日本立即购买50架轻改装的美国战机，同时将FSX共同开发基于各占50%工作量进行安排，所有目标都可以更好地实现。这篇文章引起了很多关注，FSX随即成为一项重大议题。

在就任国务卿的第一天，贝克就在其办公桌上看到了助理国务卿加斯顿·西格尔、副助理国务卿威廉·克拉克和国务院日本事务办公室拟就的一份关于FSX项目的评估报告。不出所料，该报告称该项目是一笔不错的交易。其后不久，莫斯巴赫举行了他就任商务部长后的第一次简报会，FSX问题也包括在内，史密斯和理查德森警告称，该协议对美国不利，敦促对其进行评估并做出修改。贝克、莫斯巴赫和总统在1月下旬就该事项谈了什么不得而知，但其后发生了一件事情：1月30日，负责情报研究局的助理国务卿阿布拉莫维茨打电话给理查德森，要求后者写一份报告，就日本对美方开展评估并推迟协议的反应进行分析。理查德森开始以为这项任务是应国务卿的要求，但后来才发现这一要求来自副国务卿迈克尔·阿马科斯特。阿马科斯特后来出任美国驻日本大使，他当时提出这个要求，是应贝克的要求，还是出于自己的目的，也不得而知。

不管是谁要求的，理查德森在第二天向阿布拉莫维茨递交了一份报告。阿布拉莫维茨就此向国务卿贝克做了转述。理查德森在报告里说，日本人会不高兴，但会保持克制，（评估和推迟）对日本人来说风险太大，他们非常熟悉美国国会批准程序的特点。报告中特别指出，因防卫厅和外务省在法律细节问题上于1988年夏天争论不休，日本人是自己将事情耽搁了4个月之久（他们将来会为此后悔）。报告最后表示，美国可能需要3~6个月的时间进行评估，但不会有真正的风险[19]。

阿布拉莫维茨是带着这份报告的复印件去找阿马科斯特的，将原件留给了其工作助手。这些工作人员没有意识到这份报告不必寄给国务卿，但知道国务卿是经由转述得知内容的，就发出去了，大概是以为阿布拉莫维茨只是给阿马科斯特看了一份样本。所有有关东亚的部门文件均要经由东亚局递交给国务卿，只有情报研究局的文件是直接送达国务卿办公室。如果理查德森的报告经由东亚局，那肯定会被推迟、修改。但这份文件没有走这条线。让毫不知情的国务院官员们感到惊讶的是，贝克因此在当天下午把报告带到白宫的一个会议上并交给了总统。贝克意识到了来自国会山的压力，强调3~6个月（的评估）不成问题，老布什随即指示进行评估。

用一名观察家的话说，东亚局得知此事后，整个办公室“炸了锅”，负责东亚事务的副助理国务卿威胁要“拿下”理查德森。日本事务办公室打爆了理查德森的电话，要求理查德森给出解释。日本事务办公室和五角大楼的阿米蒂奇一直在告诉日本人不要担心，该办公室最担心的就是长时间的评估。为了避免评估，它考虑尝试一次巧妙的官僚手段。

日本首相竹下登原定于2月2—3日在华盛顿与美国总统会晤。类似会晤需要国务院日本事务办公室提前准备建议的谈话要点简报。对于这次会晤，该办公室建议美国总统告知日本首相他支持FSX协议且承诺推动批准该协议。这种谈话要点很可能会顺利地传到总统手中，他通常会在正式会议过程中下意识地发表这样的声明。这样一来就变成了一种承诺。实际上，该办公室给总统暗设了一个陷阱。在这件事情上，负责审查这些递交给总统的文件的美国国家安全委员会，似乎愿意接受这种安排，因为其东亚事务高级职员杰克逊在五角大楼任职期间曾就该协议参与过谈判。为了防止事态这样发展下去，卡恩斯代表参议员艾伦·迪克森起草了一封致总统的信，建议总统在评估同日本的合作之前不要做出任何承诺。这封信很快就得到了12个参议员的签名，并于2月2日送到总统手中。与此同时，商务部长莫斯巴赫已经得知国务院的这一举动，他打电话给国家安全顾问布伦特·斯考克罗夫特，建议总统阻止日本事务办公室的做法。最后，2月3日，斯考克罗夫特接到参议员杰夫·宾格曼的电话，警告他国会在这一问题上的怒火越来越大，并敦促进行全面评估。就这样，国务院起草的这一谈话要点从未传到总统那里，政府内部也到了全面摊牌的时候。

一方是史密斯和梅西于秋季在美国商务部、能源部、劳工部和财政部与NASA、贸易代表办公室和总统科学顾问办公室间结成的联盟，他们现在得到莫斯巴赫的有力领导，莫斯巴赫是总统的朋友兼首席竞选筹款人。这部分官员和专家认为，该协议将增强日本的飞机制造能力，但不能给美国带来多少回报，同时也不利于日本和美国的军事防御。事实上，这将间接增加美国的国防负担。这些机构不相信日本在这一领域的技术可以比肩美国技术，对日本提出的愿意合作进行真正的共同开发或向美国转让技术没有信心。他们的直接目标是推迟向国会通报这项合作，同时进行严格的评估。长远来看，他们希望至少应该严格制定协议条款，使其更具可执行性。他们中的一些人认为，日本实际上应该购买和（或）联合生产一款轻改装的美国飞机。

该协议的主要支持者则是国防部，国防部得到了国务院一些部门和国家安全委员会的支持。当然，美国各届政府内部斗争的重要参与者——美国驻日本大使馆一直都在支持五角大楼。这一部分人群——当然，他们从未认真关注这个合作安排对产业和贸易方面的影响——一直以来的主要目的就是避免两国关系中可能出现的政治灾难，这也是奥尔腾长久以来认为的首要问题。鉴于华盛顿当时的气氛，他们不能承认那么多，所以不得不试图表明这项安排从贸易的角度来看也是有利的。他们因此强调日本共固化碳纤维机翼、相控阵雷达和其他先进技术的重要性，并认为这些技术的转让将极大地提高美国产业的能力。与此同时，支持者还淡化了美国技术的价值，认为后者已经有20年的历史了，军用飞机的技术不能轻易转用到民用飞机上。这个团队的目标是避免评估；或者，如果需要评估，务必尽可能简短，然后快速推动国会通过该协议，以避免日本怀疑新政府试图退出而对两国关系造成任何可能的损害。日方提出，该协议必须在3月31日之前完成，以便日本国会能及时将其纳入下一年度预算，这让他们更加迫切地希望尽快达成协议。

第一次小规模冲突发生在2月3日星期五，当时西格尔召开了一次跨部门会议，讨论根据总统对贝克的评论进行什么样的评估。国务院希望将这次会议视为评估，或达成一致意见进行快速评估，但这一希望很快就破灭了，因为五角大楼还是不愿向其他机构提供秘密谅解备忘录的副本（虽然与其他盟国的谅解备忘录是公开的，但与日本的谅解备忘录应日方要求被列为机密）。反对者因此说，不能指望他们评估他们没有看到的东西。五角大楼后来同意发送副本，并安排在接下来的一周再开一次会。

接下来的周一，国家安全委员会的杰克逊传真了一份问题清单给与会部门，同时要求必须在2月10日星期五举行的下一次会议之前同步回答这些问题。这种安排只会激怒许多尚未收到谅解备忘录副本的部门。此外，在商务部团队看来，这些问题有倾向性，会导致产生有利于协议安排的结论。就在商务部团队准备回应的时候，参议院再次介入，2月9日，迪克森起草了一份反映参议院意见的决议，要求对这项交易进行全面评估。次日早上，贝克打来电话，希望迪克森在参议院休会之前（参议院马上休会）不要提出这项决议，并说："我正在调查这件事。"迪克森起初同意了，但后来又打电话说，已经有21个支持者，他压力很大，不能往后拖了[20]。此时贝克知道麻烦已经不可避免。几个小时后，在第二次跨部门会议之后，所有疑虑都消除了。

这次所谓的代表会议，本该是一个副内阁级别的跨部门协调小组讨论。但由于新政府刚就任，很多高级别职位空缺，所以会议由副助理国务卿克拉克主持，出席者主要是副助理国务卿和办公室主任级别的职业官员，包括商务部的史密斯和理查德兹，以及贸易代表办公室的梅西。会议还是讨论要做什么。所有参会者都说，这次会议绝对是吵了一架，在几个问题上则骤然变成了争吵比赛。国防安全援助机构副手格伦·路德由十几名身着制服的官员陪同参会，他的陈述显然有些糟糕。他承认，五角大楼没有阅读通用动力和三菱重工之间的许可协议，因此对通用动力提出转让哪些技术没有明确的态度。当五角大楼试图争辩说日本的碳纤维技术对通用动力非常有价值时，总统科学顾问办公室的杰克·西蒙站了出来。作为一名复合材料专家，西蒙解释说，在飞机复合材料方面，美国产业远远领先于日本。他进一步指出，五角大楼的谅解备忘录谈判代表从未与空军材料专家讨论过这一问题，这些专家了解日本的技术，评价不高。当五角大楼辩称F-16是旧技术时，反对者指出，这款飞机一直在升级。他们同时表示，该机型在美国可能显得老旧，但在日本则未必。会议结束时就争议的问题做了明确，但没有就如何处理这些问题达成一致。商务部想开展一个为期 90 天的完整产业评估，但五角大楼不想这样做。

据报道，在接下来的周一，杰克逊和斯考克罗夫特去见了总统，并建议他推进这项协议。莫斯巴赫是否参加了会议不得而知，但总统的回应显然反映了莫斯巴赫的影响力，总统希望进行评估。第二天，又召开了一次跨部门代表会议，会议由副国家安全顾问威廉·盖茨主持。会议的结论是，应该在 3 月 10 日之前完成一项研究，由五角大楼牵头，其他部门提供帮助。考虑到国家安全委员会和盖茨的倾向，这个结论并不令人惊讶。尽管莫斯巴赫可能是华盛顿的新人，但他显然不是新手。他打电话给斯考克罗夫特，说研究应该联合领导，否则商务部就会自己开展研究。在总统和贝克的支持下，莫斯巴赫如愿以偿，评估终于开始了。

与此同时，贝克和总统准备前往东京参加昭和天皇的葬礼。在为可能的谅解备忘录讨论做准备时，贝克说，“这个合作可能是好政策，也可能不是好政策，但它真的是一笔糟糕的交易”（没有记录的是，他被告知新提名的东亚事务助理国务卿理查德·阿米蒂奇对此负有主要责任；阿米蒂奇后来失去了被提名人身份）。在东京，贝克在与日本外务大臣宇野宗佑会晤时提出了这个问题，并要求日本承诺将生产和开发阶段 40% 的工作分配给美国生产商。贝克显然希望通过能够向美国参议院报告他在东京期间得到了这样的承诺，来快速且顺利地处理这一问题。由于谅解备忘录已经提及采取类似行动，贝克想当然地认为，对宇野来说，该承诺只不过是让基本上已经做出让步的措辞更严密。因此，当宇野坚定地拒绝这一请求时，贝克显然感到惊讶和愤怒。在场的日本官员说，宇野的回答是出于惊讶，而不是出于愤怒。不管日方的反应是出于何种原因，从那一刻起，贝克就开始坚持美国 40% 工作份额的条件。

在商务部和五角大楼的研究过程中，中情局提交了两份文件，巧妙地分析了政府的两难处境。在谈到FSX协议破裂对日本的影响时，一份文件认为，有导致首相竹下登下台的危险，有加强日本反对党反对美日安保条约的危险，同时也给希望日本再军事化的极右翼分子提供了弹药。这份文件有危言耸听之嫌，因为它是为应对世界末日精心设计的，但它强调了这样一个事实，即在这一当口修改协议将要付出外交上的代价。

第二份文件分析了FSX不同开发方案的技术和竞争影响。其结论是，FSX的合作安排将显著增强日本自主开发军用飞机的能力，并使其成为美国商用飞机行业的重要竞争对手。文件证实了西蒙斯的观点，即日本在飞机相关复合材料方面比美国制造商落后10年，并指出大多数日本部件是非结构化的，日本所用材料是较旧的热固性树脂，但美国制造商已经转向热塑性塑料。中情局驳斥了日本在相控阵雷达领域处于领先地位的说法，指出三菱电气公司正遭遇严重困难。中情局还报告说，三菱电气雷达的发射/接收模块数量约为美国雷达的1/3，三菱的工程师正在与美国公司接洽寻求帮助。该文件解释说，通过FSX合作，日本希望在设计和开发、系统集成、复合材料和发动机方面获得美国技术。文件怀疑在没有美国帮助的情况下，日本是否有能力及时或以负担得起的成本开发飞机[21]。

当政府各部门进行私下辩论时，国会在举行听证会，媒体则进行着公开辩论。前国防部部长卡卢奇和温伯格被他们的老东家推出来，为这笔合作辩护。卡卢奇告诉参议院军事委员会，贸易不应该影响国防，并对美国将从日本获得的技术夸夸其谈。也许五角大楼此前没将中情局的报告告知任何一位前国务卿，就算是有，前国务卿们也没有给予重视。最有趣的表态来自贸易代表卡拉·希尔斯。她说，美国官员总是担心损害美日关系，如果日本只是从美国采购一些战斗机，将会对两国关系起到非常大的推动作用。她指出，这样的举措非但没有伤害日本，反而会立即提高其防御能力，同时降低成本，改善与唯一盟友的关系。她反问道，还有比这更好的交易吗？

一些日本人也有同样的想法。事实上，外务省的高级官员敦促日本政府考虑采购二三十架战斗机。由于首相竹下登正被严重的国内丑闻缠身，领导日本应对 FSX 危机的责任落在了内阁官房副长官小泽一郎身上。据报道，一段时间以来，小泽一直在认真考虑听从建议，直接采购几架飞机。

具有讽刺意味的是，就在小泽这样考虑的时候，美国却在朝着相反的方向转变。五角大楼、国务院和该协议的支持者一再重申的一个论点是，日本永远不会采购美国战斗机，甚至也不会简单地联合生产。他们对日本动议购买 24 架外国飞机的计划一无所知。他们得到的信息是，日本将更加坚持本土开发战斗机，而美国所能希望的最好情况是从日本的项目中分一杯羹。如果美国不接受这种安排，日本随即便会转向欧洲寻求所有它需要的帮助。这一观点隐含着一个值得怀疑的假设，即对美国来说,任何协议都比没有协议要好。这些争论还忽略了这样一个事实，即美国的防御伞和从日本的大量进口使美国有权争取一定程度的对等要求。尽管如此，它还是有一些效果。再加上对日本取消协议的政治影响的担忧，以及商务部希望被视为团队成员而不是极端主义者的政治愿望，莫斯巴赫的观点开始改变，倾向于细化谅解备忘录，而不是大幅改变它。

商务部没有向总统提交那两份文件，而是提出了一项五角大楼也接受的联合努力提议。具体操作方式是，商务部将推动改善现有协议，但不会要求做出重大改变。作为交换，五角大楼必须同意在这次谈判及未来所有共同开发谅解备忘录中发挥重要的商务作用。这将商务部从此前的部门联盟中分离了出来，并在贸易代表办公室和其他部门间引起了不满，认为是商务部屈从于五角大楼的诱惑。但示好不一定就有好结果。3 月 4—5 日那个周末，一份表达共同努力的文件好不容易拼凑了出来，但在接下来的一周却被阿米蒂奇给否了，他当时已经由助理国务卿转为陆军部长候选人，他反对五角大楼事务中掺入过多的商业因素。由于这两个部门间的争执，原定于 3 月 10 日进行讨论的最后期限也就错过了。

最后，各相关部门联合提交了一份文件，总统于 3 月 15 日全程主持了国家安全委员会的讨论。讨论有三个选项：合作协议不做任何改变；废除谅解备忘录，谈判达成新协议；保有谅解备忘录，并增加相应保障条款。希尔斯和白宫办公厅主任约翰·苏努努支持作废，而五角大楼和斯考克罗夫特则主张不做改变，贝克和莫斯巴赫是中间立场。所有过往的理由、依据又重复了一遍。特别重要的是苏努努的态度。作为麻省理工学院的工程师，他对这项安排中涉及的美国技术转让感到担忧已有时日。当空军参谋长拉里·韦尔奇将军说 F-16 是旧技术，辩称技术转让没有危险时，苏努努打断了他的话："我们每年都要花费数百万美元来升级这款飞机，如果只是旧技术，你把这些钱都花到哪里去了？"

老布什总统并没有当场给出结论，周末之前又接连开了几次会议。3 月 20 日，总统最终决定要求日方就谅解备忘录进行"说明"，虽然这是对协议的确认，但这实际上是要求重新谈判。贝克打电话给日本驻美国大使松永信雄，要松永到美国国务院取一份外交函件。松永当时做出了极不寻常的举动，起初他拒绝去，称自己没有做好准备。贝克还是在 3 月 21 日把函件交给了松永。函件的内容是：禁止向日本转让关键软件源代码和其他一些技术；就向美国回流技术的条款做明确说明；承诺美国在生产和开发阶段的工作份额均为 40%。结局就在眼前。

老布什政府对 FSX 安排的处理，让日本人一方面陷入分裂和混乱，另一方面也感到困惑和被伤害。长期以来，防卫厅和媒体一直在向日本公众、高级官员和政界宣扬日本优越领先的技术水平。日本在录像机和电视方面的优势世人皆知，因此人们很容易接受三菱重工和防卫厅的断言，即日本在飞机方面同样更胜一筹。事实上，许多日本人认为，美国坚持这项合作就是为了窃取日本的先进技术。从这个角度来看，屈从于美国压力、以 F-16 作为 FSX 开发基础的协议，被日本领导人和公众视为为了与美国建立良好关系而做出的巨大让步。美方支持者的断言强化了这一观点，他们强调美国将会从该合作中获得很多技术。许多日本人为此感到愤愤不平。在日本做出巨大让步之后，美国现在似乎正在退出一项日本本来就不想要的协议，目的是安抚一些持异见的美国参议员，并以牺牲日本产业为代价促进美国产业的发展。所有日本人都认为真正的问题是贸易逆差，日本再次成为美国竞争力失势的替罪羊。

包括著名的国会议员石原慎太郎在内的很多人，呼吁日本政府取消这项协议，继续本土开发；防卫厅新长官田泽吉郎则对美国的态度感到愤怒，坚称日本不会接受对谅解备忘录或公司间协议的任何修改。另一方面，日本杰出外交官之一的松永大使和外务省其他官员则担心日本在这个问题上与美国决裂的政治后果。他们知道，日本可能会出现在希尔斯 5 月初向美国国会提交的关于不公平贸易壁垒的报告中。他们知道美国国会正在酝酿的大动作，因此敦促各方做出妥协。但东京的政治局势并不利于轻松解决这一问题，因为竹下首相的支持率降至约 3%，他的政府很快要下野了。

西广被派往华盛顿，试图获得美国的理解。在与贝克、莫斯巴赫和斯考克罗夫特的一次会面中，他坚持保持合作方式不变。在会谈过程中，几位美国官员意识到，日本从来没有在生产阶段对美国的工作量做出具体承诺，他们的态度随即变得强硬起来。与此同时，美国参议院对这项协议的反对声音越来越大，在卡恩斯的努力下，有 35 名共同发起人支持否决这项合作决议。在3月31日过后，合同被授予三菱重工时，日本人和美方合作支持者的信誉进一步受损。显然，所有关于预算截止日期的言论都只是一种战术安排。西广怀着受虐的心态空手而归。

在东京，防卫厅和外务省之间仍在对峙。但在4月初，由于飞鸟（Asuka）项目的取消，防卫厅关于国内开发的声音受到了打击：飞鸟项目中，日本开发的垂直起飞战机样机明显令人失望，同时成本不断上升。《经济学人》不久后估计，FSX的开发将花费4 000亿日元，而不是此前预算的1 650亿日元[22]。最后，小泽和外务省迫使防卫厅做出妥协，日本驻华盛顿大使馆的加藤良三开始与贝克的高级助手罗伯特·金米特进行一系列紧张的沟通。虽然日方长期以来一直辩称，在对战斗机样机进行评估之前，他们不能承诺生产期间的工作量，但众所周知，日本公司之间已经就生产期间的工作量达成了协议。而今加藤表示，日本可以向美国承诺35%左右的工作量。贝克通过金米特回复，坚持要求40%的工作量，但在技术问题上有一些进展。

到4月中，双方的谈判已取得了足够进展，山本前往华盛顿试图了结这件事。他明确表示日方可以就生产环节的工作量做出承诺，但他仍然没有给出40%的保证。他还提出了一个新问题：希望美国承诺日本可以共同生产大部分发动机。当然，这是日本最大的技术弱点，而山本的策略是为了改进这一方面。贝克对掺杂进一个政治麻烦因素感到恼火，于是越发坚定他最初的要求。

看起来山本也要空手而归了。接着，在4月24日，竹下登宣布他将辞去首相一职。具有讽刺意味的是，此举反而增加了日方的谈判筹码。美国官员意识到，在日本当时政治混乱的情况下，新首相几乎没有能力来做这一问题的收尾，因此可能会真正发展成为两国之间严重的裂痕。他们在某种程度上软化了自己的立场，同意接受承担生产阶段大约40%工作量的承诺，也接受了一些令人费解的措辞，即“联合生产发动机是可行的生产方式”[23]。同意转让火控系统的软件源代码，但限制转让其他关键系统的代码。美国转让经批准、升级的技术期限是到1990年，日方同时保证美国获得所有日本技术，双方同时明确和严格规范了衍生技术的回流条款。4月28日，老布什总统宣布，他对这些“澄清”感到满意，并准备提请国会批准这项协议。

在国会山，卡恩斯及其盟友认为新协议有改进，但仍不理想，他们加倍努力以期在参议院挫败它。此前，应参议院军事委员会的要求，审计署发布了一份报告，这帮到了卡恩斯他们。报告的结论是，美国在飞机复合技术和相控阵雷达方面领先于日本，并进一步坚持认为，美日拟议的合作协议将有助于提升日本成为美国航空航天领域重要竞争对手的能力。这篇报道与《日本经济新闻》一篇关于日本飞机产业战略的文章不谋而合，该文章指出，日本的目标是成为世界级的航空航天竞争者，这是它计划通过共同开发安排学习来实现的目标：“美国那些反对向日本转让技术的人已经一眼看穿了日本的真正意图。”[24]

在国会后续的听证会上，老布什政府建立了统一战线，商务部会同国防部及国务院一起辩称，“明确后”的协议最有利于美国。长时间的辩论之后，投票于5月16日进行。就在投票开始前，少数党领袖罗伯特·多尔在走出衣帽间时表示他认为投票将对政府不利。投票结果接近，三票的变化就会挫败这项合作协议，但结果是52∶47，决议通过了。但博弈并没有就此完结。参议员罗伯特·伯德的一项呼吁美国须获得不低于40%的生产量及零部件供应的决议，得到了很多参议员的支持，且随后在众议院获得通过。老布什被迫投了否决票，以避免再次与日本重新谈判。老布什的这一否决后来在参议院以多出一票的优势获得支持。

就这样，美国早前的态度最终再次胜出。两国共同开发FSX，日本的产业将因此得到提升，如果没有此番明确细节的过程，提升可能会更快更好。事实上，东京方面已经有报道称，由于三菱重工无法从美国获得其需要的技术，该项目将再推迟两年。尽管如此，卡恩斯连同史密斯、梅西、理查德兹和其他意识到该协议对美国利益有潜在不利影响的人，已经在迫使美国和日本以前所未有的方式面对两国关系中的事实和长期存在的矛盾。日本的产业政策驱动与其国防需求和自由贸易原则之间的根本冲突，比以往任何时候都更加清楚地显现了出来。美国国家安全、地缘政治关切同对产业实力迫切要求之间的冲突也同样显现了出来。具有重大意义的是，这一事实首次表明，美国的日本问题专家常常通过误导日本人，使他们对现实状况产生误解，以避免被视为强硬派或攻击者，这种做法最终恶化了两国关系。最后，尽管一直以来极力否认，但始终是美日两国关系背景的贸易—国防间的联系被共知于天下，而这种公开的方式在未来也不可能被遗忘。

1989 年夏天，关于 FSX 的争论就已经产生了深远影响。效仿日本的模式，韩国一直在就新战斗机同美国进行谈判。F-16 和 F-18 又一次成为候选机型，通用动力和麦道互相竞争，比着谁给的让步更多。韩国的提议是先直接采购 12 架，然后再用美国产组件在韩国组装 36 架，接着是韩国联合生产 72 架战机。此外，这两家美国公司还提出了 150% 的补偿安排，即美国将向韩国提供相当于后者从美国生产商那里购买的飞机和零部件价值 150% 的工作机会。1989 年夏天，当这一提议公之于众时，新任国防部长立即表示，他宁愿直接向韩国人出售飞机。

FSX 事件中，贸易和国防联系在一起，标志着美国将在美日关系上采取一种新态度。

将日本列为“不公平（贸易伙伴）”：特殊 301 条款

在“明确了的”FSX 合作协议达成后，看上去没完没了的美日贸易摩擦随即白热化。1988 年的新贸易法案要求美国贸易代表在 1989 年 5 月初之前向国会提交一份关于美国主要贸易伙伴贸易壁垒的深度报告。根据该法律所称的特殊 301 条款，贸易代表随后被授权确定主要国家及其做法，这些国家和做法将成为美国市场开放谈判的目标，如果在 18 个月后谈判不成功则进行报复。与此同时，另有条款要求审查之前电信贸易协议下的市场开放进展，如果发现没有足够的进展[①]，也可能进行报复。因此，就在老布什总统通知国会他希望推进 FSX 的时候，贸易代表正在准备报告。这对日本来说不是好消息。

关于贸易壁垒的综合报告显示，阻碍外国进入日本市场的障碍比任何其他国家都要多（超过 30 条引文），而且更为普遍。此外，报告还指出日本的产业政策对进口的抑制作用，这些政策的目标是在半导体、超级计算机和卫星等关键行业占据世界领先地位。报告同时提到，日本的财阀关系、多层次的由制造商控制的分销体系和其他日常商业做法存在不公平的贸易壁垒，这是真正大胆的态度转变。日本经济体系第一次受到广泛的（外国）官方批评，美国的贸易政策有可能要彻底改变了。

贸易代表公布的壁垒报告将 5 月底设定为决定时间：任何被特殊 301 条款列为不公平贸易伙伴的国家，如果在规定的谈判后不取消违规做法，最终可能会遭到美国的报复。对华盛顿所有参与贸易事务的人来说，是否将日本列为“不公平贸易伙伴”，成了一个试金石。所有人都知道，这项法律是国会专门针对日本制定的。因此，不把日本列上只会在国会给总统制造麻烦。另一方面，把日本列上，又不可避免地会被日

① 虽然旨在开放日本电信、无线电设备及服务市场的 MOSS（以市场为导向，针对不同行业）谈判在 1985 年已经宣布取得重大成功，但据报道，美国公司在努力参与日本市场的过程中仍面临诸多障碍。

本视为一记耳光，从而可能损害两国的盟友关系。此外，这可能导致限制日本产品进入美国市场，这在许多经济学家看来是保护主义。最后，还有其他国家设置与日本类似的壁垒的问题。如果韩国或法国被列入，很难不把日本列入，反之亦然。但是，美国不能同时与 10 个或 20 个国家开战，尤其是在努力推动关贸总协定（GATT）乌拉圭回合谈判的当口。然而，鉴于贸易壁垒报告的内容，一个国家都不列显然等同于颠覆法律，会导致国会采取更严厉的措施。

争吵还是老套路。来自日本、韩国、中国台湾等国家或地区的大批官员突然齐聚美国贸易代表办公室,他们希望在最后一刻的忙乱谈判中，美国贸易代表办公室能发表一份声明，称鉴于最近的进展，没有必要将其列入名单，否则结果可能适得其反。与此同时，强大的日本游说团体向官员和媒体解释，美国在日本市场发现的壁垒是一种误解。游说团还指出，美国在金融和技术上对日本的依赖日益加深，要看到日本报复的危险、两国政治和安保关系的风险，当然还有猖獗的保护主义和经济民族主义的危险。

政府内部此前的分歧还在。国务院和国防部反对“列名单”，以免损害整体关系；管理和预算办公室、经济顾问委员会和财政部这些经济学家密集的部门，均将美国所有类似行为视为保护主义；而美国贸易代表办公室和商务部则倾向于列名单。但即便是后两类机构，态度也谈不上坚定、明确，贸易代表办公室内部也存在严重分歧。5 月下旬，当政府表现出对待“列名单”的犹豫态度时，包括西弗吉尼亚州的罗伯特·伯德、密苏里州的约翰·丹福斯和得克萨斯州的劳埃德·本特森在内的几名关键参议员，把贸易代表卡拉·希尔斯叫到办公室警告说，如果她不把日本列入不公平贸易名单，政府将面对暴怒的国会。从这一刻开始，政府内部的争论从是否“列名单”转向如何以最不具攻击性的方式“列名单”。在这方面，法律发挥了作用，因为其要求罗列出各个违规国家或地区不公平做法的清单并进行谈判。如果政府列出了日本的结构性障碍（其此前的报告中列出的现象，如财阀、捆绑分销、基于关联关系的商业交易和产业政策），那它实际上就点破了日本经济组织的本质。另一方面，如果政府将罗列的现象仅限于对关贸总协定规则或早先贸易协定的技术违规行为，那便更容易界定讨论基础，且认为可以减少对两国关系的潜在伤害。美国贸易代表办公室因此于5月底列出了日本的三种“不公平”做法：一种限制性政策，即如果购买外国制造的卫星扰乱了“本土开发目标”，则禁止政府实体采购；尽管1987年达成的协议中称“不得禁止美国制造的超级计算机进入日本公共部门市场”，但美国产品还是被排除在外；日本利用与材料性能无关的高关税和技术标准，违反关贸总协定关于“技术性贸易壁垒”的协议，禁止美国木材产品进入日本市场。

美国政府正在努力应对美国贸易法案道德框架带来的困境。301条款赋予总统广泛的权力来处理贸易问题，但前提是这些问题被认为是由“其他国家的不公平做法”引起的。因为法律假定美国式资本主义和自由放任的国际贸易不仅是好的，而且在道德上是正确的，它将偏离这样的制度默认为“不公平”。相关法案并没有规定不同制度的可能性，也没有为处理并非出于不公平而是由于各种制度相互交织而产生的问题做出规定。但是正如我在本书中描述的那样，日本的制度非常不同，不一定不公平，但不同。面对给整个日本体制贴上不公平标签的深刻影响，美国政府采取了回避的方式，且拘于技术细节中寻找应对策略。但它意识到，这种腾挪并不会真正改变美日贸易的扭曲结构，而很可能招致那些认识到这一策略的人的批评——这是一种试图解决问题的政治手段，而不是解决问题本身。

为摆脱这一困境，政府提出了一项具有潜在革命性的建议，如果执行得当，有可能摆脱美国贸易法案死胡同般的道德主义。在将日本列上名单的同时，美国政府还宣布，正提议与日本就贸易的结构性障碍进行谈判，例如串通投标、分销和定价系统的僵化，以及市场划分。这是一次在公平—不公平的二分法之外务实地处理日本问题的尝试。许多经验丰富的贸易谈判代表说，他们感觉到了真正的新起点。

要改掉习惯谈何容易。日本宣布，在美国可能报复的威胁下，拒绝就木材产品、卫星和超级计算机进行谈判，但私下却告诉美国谈判代表，日方一直愿意讨论问题，但只能在特殊301条款的框架外进行谈判。结果如何尚不清楚，但整个过程更像是美日前几年的贸易谈判。

这一点在结构性障碍谈判中表现得最为突出。日方表示将乐于谈论结构性障碍，但前提是也要讨论美国一方贸易调整的结构性障碍。这种制造伪对等的做法是日本的一种古老而有力的策略。美国的主要问题是日本经济体系的不同特点，如何应对这种特点，特别是如何合理地参与日本经济。虽然两国经常草草地讨论贸易逆差，但问题并不在于贸易逆差大小，逆差只是一个表征，问题是如何在不对美国不利的基础上对接日本和美国的制度。通过指向削减赤字问题，并要求讨论美国的结构性问题表征，日本改变了辩论的性质。这场新讨论建立在那个旧有的隐含假设基础上，即两个制度是相似的，于是问题就又变成了双方应该如何减少赤字。这也就意味着，责任、指责以及结构性问题都是等同的。因此，美国政府预算赤字被视为贸易的结构性障碍，与串通投标、捆绑分销和产业政策没有什么两样。一个拥有1 200亿美元贸易逆差的国家不可能存在有效的市场进入壁垒，这一点在试图找到双方如何合作减少赤字的目标中被忽略了，而这正是美国对这两个体系不同特点的根本关切。毫不意外，结果是达成一项协议——日方必须刺激国内经济，而美国要削减预算赤字。换句话说，纯粹是空谈。

但谈判显然要公平，这一要求使得美国很难挫败日本的策略。没有一个美国人愿意坚持说全是日本的问题，或者说美国没有一点问题。因此，美国通常是接受日本的提议，接着便马上输掉这场博弈。新的结构性问题讨论也已经有了前两轮鲜为人知的会谈的特点，1983—1984年的一系列双边谈判被称为产业政策对话，是在政府拒绝乌达耶请愿书[①]的背景下进行的。由于对日本产业政策导致的贸易阻碍效应的担忧，这次对话变成了一场关于美国和日本经济政策异同的辩论。其后便是所谓的结构性对话，后者是在1986年MOSS谈判结束后举行的。旨在解决不同体制问题的结构性对话，最终也沦落为对宏观经济学的枯燥讨论。时下[②]的谈判代表认为，如今的情况不同，接受日本提出的要求，即讨论美国的障碍问题，只是为了掩盖谈判的真正要点。很有可能是这样。但是，会谈是副内阁级别，参与者或多或少与前几轮讨论的参与者相同，这很难让人感到乐观。如果美国有严肃的目标，就需要内阁官员和国会资深议员的参与，可能还应该将商界和劳工领袖纳入进来。目前的情况与之前的MOSS谈判非常相似。

新金主：日本的资本

美国的贸易逆差

美国竭力通过推动美元贬值和开放日本金融市场的方式来减少美国的贸易逆差，最终的结果是极大地提升了日本的实力。美国的努力始于1984年，当时美国预算和贸易赤字双双飙升。为提高日元在国际储备货币中的份额进而推高日元汇率，同时也为美国金融机构在日本获得更多业务，美国财政部向日本施压，要求日本放松对金融市场的监管。

---

① 乌达耶是美国一家数控设备和冲压机制造商。1982年，该公司通过美国贸易谈判代表办公室要求总统里根动用1971年的税收法案的部分条款，免除那些购买日本数控设备和冲压机械的美国公司的税收优惠。其建议里根动用的那些税收法案条款，在此前未曾使用过。——译者注

② 指作者写作本书时。——译者注

其背后的考虑是利用新的资金流为美国巨额预算赤字融资。鉴于美国的压力适逢日本金融界的变化，包括日本金融界需要将越来越多的资本积累投资到国外，日本顺应了美国的愿望，当然是以日本自身的方式。但结果是日元没有马上走强，美国金融机构在日本市场的参与度也没有大幅增加，不过越来越多的日本资本开始流向美国。1985 年，双赤字状况没有任何改观，甚至恶化了，美国新任财政部长詹姆斯·贝克又做了一番努力。前财政部长唐纳德·里甘早先的断言毫无意义，他认为到 20 世纪末美元都将坚挺，因为这反映了美国经济的强势。贝克呼吁全球主要国家协调美元贬值。事实上，因为美国庞大的贸易逆差，美元汇率在 1985 年 2 月就已经开始下跌。但当年 9 月，贝克和其外国同行们还是顺势而为，在纽约广场饭店抛出新政策[①]，目的是通过支持美元继续下跌来减少美国贸易逆差。

当然，所有这些努力均基于新古典主义经济学理论，即货币对外贬值将通过提高价格来减少美国的进口，并通过降低价格来刺激美国商品出口。正如我和其他人当时预测的那样，这一理论在五年里显然没有发挥作用，或者至少不适用于日本和亚洲新兴工业经济体。美国贸易逆差从 1 500 亿美元短暂降至 1 200 亿美元后，现在又开始上升。虽然贬值将美国对欧洲 300 亿美元的逆差变成了顺差，但对日本几乎没有影响，美国对日本的贸易逆差仅从 550 亿美元降至 510 亿美元，现在正迅速回升至 550 亿美元。这一理论的应用实际降低了美国的实力，提升了日本的实力。随着美元汇率从 1985 年的 240 日元兑 1 美元跌至 1988 年初的最低点 120 日元兑 1 美元，美国所有资产的价值相对于日本减半，而相对于美国，所有日本资产的价值则翻了一番。

---

① 请参阅译者翻译的《时运变迁》和《管理美元》。——译者注

美国积极作为，结果却同预期差距甚远，之所以如此，是因为对新古典主义经济学的巨大误解。认为美元贬值会抬高日本出口品价格，从而在促进美国出口的同时减少来自日本的进口品，这一预期没有考虑到几个因素：首先，日本虽然放松了对金融市场的许多管制，但并没有允许日元成为真正的国际储备货币。这意味着日本的大部分原材料购买，尤其是石油，都仍然是以美元计价。因此，美元贬值实际上降低了日本的成本。例如，在 20 世纪 70 年代末石油危机最严重的时候，石油进口占日本国民生产总值的 5%。到 1989 年，油价下跌和美元贬值两个因素综合，使这一比例降至其国民生产总值的 1%。

其次，我们低估了日本产业做出合理反应的速度。为了应对如战争般的汇率调整，日本产业发起了疯狂的成本削减努力，并将许多劳动密集型、低附加值零部件生产转移到东南亚。当然，之所以能够进行这种对外投资，是因为相对于以美元核算的世界其他地区，日元换算的日本资本价值自动增加，这是由美元贬值造成的。再者，虽然日本进口增加，但其国内市场几乎不受廉价外国商品破坏性入侵的影响，而外国商品原本是有可能挑战日本国内制造商主导地位的。这主要是因为日本生产商控制了本国市场。日本通产省最近的一份报告给出了最好的证明，该报告显示，1985 年至 1988 年间，日本的消费者物价指数上涨了约 5%，而批发、进口和出口价格分别下降了 15%、25% 和 50%。同一份报告显示，日本知名商品在海外主要市场的价格比日本本土便宜 30%~60%，日本对国内市场的控制意味着超级计算机、卫星、通信设备等有竞争力的美国商品的销售没有丝毫增长。最后一点是，美国已经不再大量生产录像机、陶瓷半导体封装、收音机和照相机等产品。对日本人来说,这些产品的价格同美元汇率关系不大。如果美国人想要它们，那就必须进口。事实上，货币贬值只是导致了美国人为这些商品支付更高的价格。

日本在美国的投资

就这样，面对越来越多相反的证据，美国政策制定者却坚持认为，这两个经济体是相似的，新古典主义经济理论处方的效果也是相同的，这催生了一个实实在在的庞然大物。日本目前每年的经常账户盈余超过 900 亿美元，比石油输出国组织（OPEC）最高峰时还要多。这些资金都掌握在日本企业界手中，日本的金融机构则组织这些资金在世界各地投资。1989 年，在东京证券交易所挂牌的所有股票市值超过了纽约证券交易所挂牌股票市值，前者占全球股票市值近 60%。日本国土面积相当于加利福尼亚州，但其所有房地产的价值则超过了美国所有房地产价值。一家名为 NTT（日本电信电话株式会社）的日本公司，以超过 2 500 亿美元的市值成为世界上最有价值的公司，遥遥领先于追随者。相比之下，市值最高的美国公司 IBM 还不到 NTT 的 1/10①。全球库存现金超过 10 亿美元的 26 家公司中，日本占 19 家，它们共持有 600 亿美元，正在寻找海外收购标的；按资产价值计，全球最大的 100 家银行中，有 28 家是日本的；如果按存款规模计，日本则占到了 30 家。事实上，日本前 20 家银行的资产总值超过了整个美国银行体系。同样，与日本相比，美国公司、写字楼、酒店、乡村俱乐部和技术的价值都在缩水；美国的政策本意在提高本国竞争力，但其竞争力反而被这些政策给削弱了。

日本深谙美国的新思路。在日本，大藏省国际金融司长内海诚警告说，美元贬值并不会增加日本市场上的美国商品，只会使得日本购买更多的美国资产。一波日资浪潮正席卷美国东西海岸。1988 年，日本公司花费约 100 亿美元收购了 80 多家美国公司；此外，他们花了

---

① 1988—1989 年间，IBM 股票市值在 500 亿～800 亿美元之间。此处疑为作者笔误。——译者注

40 亿 ~60 亿美元建新工厂；在美国房地产上的投资则达到近 170 亿美元。日本投资者如今持有曼哈顿 20 多处优质物业，包括花旗中心、埃克森大厦、美国广播公司大楼、蒂芙尼大楼和 49 号大厦。再加上他们持有的洛杉矶市中心约 50% 的商业地产和华盛顿特区及其他主要大都市中心的大量建筑，日本实际上拥有美国主要市场的大部分优质物业。鉴于这些收购活动在 1989 年还在持续，日本已超越荷兰，成为仅次于英国的赴美第二大外国直接投资者。如果目前的趋势持续下去，日本将在未来三年内超越英国。日本也是纽约证券交易所中的主要参与者，但其主要领域是政府债券。美国财政部严重依赖日本资本流入，日本资金购买了财政部近 40% 的债券。总而言之，每年流入美国的日本资本约为 700 亿美元。

这种资本的力量压倒了美元贬值的阻滞效应，实际上加速了日本对美国市场的渗透。美国 10% 的制造业基地已经被日本制造商控制。到 1990 年年底，美国和加拿大的日本制造商将通过其直接投资新厂生产 100 多万辆汽车。加上每年大约 200 万辆的进口车，日本在北美汽车市场的份额将从目前的 23% 扩大到接近 30%。类似的现象也出现在建筑业。英国雷丁大学建筑战略研究中心的一项研究指出，日本的发展将改变全球建筑业的整体格局[25]。研究指出，从为项目融资到为业主运营完工后的项目，日本建筑公司无所不能。除此之外，他们可以将销售额的 1% 用于研发，这在世界其他国家的建筑业闻所未闻。鉴于日本制造商倾向于依赖日本建筑公司在海外建立新工厂，研究预测日本建筑业的世界市场份额将大幅扩大。这种趋势在美国已经很明显，在过去几年里，日本承建项目已经从几乎为零发展到超过 60 亿美元。

也许更重要的是，这一资金实力促使日本继续渗透到大多数国家认为是 21 世纪经济活力的两个核心领域——金融和技术。日本的银行目前占美国银行业总资产的 10% 以上，占美国贷款市场的 13% 左右，预计未来几年这一比例将翻一番。在目前日本商业活动的中心加州，这一比例更高。该州最大的10家银行中有5家由日本利益相关方控制，而且这个比例可能会增加，因为加州法律目前允许外资银行与加州当地的银行合并，但加州之外的美国银行在1991年之前被禁止这样做。不过，就未来而言，我认为最重要的信息，是我1989年冬同美国三大银行之一的主要高管午餐聊天时获得的，他们说，他们的资金成本和总资本成本高于其日本竞争对手，并承认他们在常规信贷业务领域无法与日本的银行竞争，而且不能通过收购一家日本的银行来弥补这一劣势。在我问及他们未来将如何竞争时，他们说会通过加快新产品和服务的研发和创新来竞争。他们说，他们会在复杂的竞争领域取得成功。

我认为这不是一个令人放心的答案，因为在美国竞争对手的大力帮助下，日本人也正朝着这个方向迈进。资金管理是最复杂的金融领域之一，《华尔街日报》1989年8月报道称，“日本人想要在投资上取得他们在汽车领域的成绩”[26]。作为开始，现在日本的银行、证券公司和美国资金管理公司之间至少有8家合资企业。在投资银行界，没有日本资金就越来越难达成交易。投资机构KKR在完成对雷诺兹－纳贝斯克的杠杆收购后，立即转向东京兜售占其发行量三分之一的垃圾债券。但日本想做的不仅仅是购买垃圾债券，还要学习华尔街的做法。日本公司买入了高盛、雷曼、潘恩·韦伯和瓦塞尔施泰因－佩雷拉公司的股票。这些交易总是需要派遣一批年轻、聪明的日本高管去学习新技术。与之前的硅谷企业家一样，华尔街的明星们往往对日本人的能力不屑一顾。约瑟夫·佩雷拉在1989年春天告诉《纽约时报》，并购是一项高利润率、高智力的业务[27]。这种服务不是批量生产，而是基于一套神秘的规则。他的结论是，在世界范围内，这将永远按照盎格鲁－撒克逊的标准进行。但三井的原田浩树持不同观点。在谈到他是如何学习时，他强调了对美国同事的开放感到惊讶，美国同事可以随意地提供在日本被认为是机密的信息。日本生命保险公司的中谷幸司提出了另一个重要观点，他指出，他的美国同事似乎主要为自己工作，而日本人则为他们的组织工作。金融分析师、长期居住在东京的西蒙·普沃尔简要地概述了这些事态发展的可能走向。鉴于日本人已经是美国国债的大买家，在被问及日本能否通过在其他关键领域取得主导地位来主导美国资本市场时，普沃尔说，“能，两年之内”[28]。

融资支持高科技

日本的资金实力已经很强大，这一点在高科技领域的影响力甚至大过在金融领域。长期以来，人们一直认为，日本在技术上的弱点是缺乏创造力，这可能会减缓其在取得领先优势时的快速发展。虽然这一观点尚待商榷，但最近的事态发展使争论失去了意义。日本并不真的需要创造力，因为它可以买到美国的创造力。如今，日本资金正以惊人的速度涌入美国大学和高科技初创企业。据最新统计，日本产业界资助了麻省理工学院的 16 位教授，是某研究项目的主要资助者，该项目在科研成果发布前向资助者反馈成果信息。事实上，日本的资助对麻省理工学院来说是非常重要的，以至于该校有一个负责日本捐赠的主管；而媒体实验室这一个项目，即从日本那里获得了 25% 的资助。类似的，斯坦福大学计算机方面的主要研究资助来自日本，普林斯顿大学获得了日本给予的柴油发动机研究资助，亚利桑那大学则获得了数字化放射学的资助。佐治亚理工学院已经与日商岩井签订了在日本销售其技术的协议；杜兰大学的吉恩·德阿穆尔说：“我们希望日本采用我们的技术，并将其转化为产品。”[29]

出于同样的原因，拥有日本感兴趣的技术且有现金需求的美国小公司，也成为不断向日本输出技术的源头。久保田就是一个很好的例子，这是一家日本老牌拖拉机制造商，考虑将业务多元化，进入超级计算机和工程操作平台领域。通过收购德纳（Dana）公司 25% 的股份，久保田获得了德纳公司的所有技术以及在亚洲的营销权和生产工艺。在 Ardent、MIPS 和 Akashic Memory 等公司的进一步投资，使其获得了微型计算机显卡、高速精简指令集和薄膜磁盘技术。该公司已经快速进入这一领域，总投资 1 亿美元多一点。京瓷则已经进行了 19 次这样的投资，而佳能已经成为史蒂夫·乔布斯创办的 NeXT 的主要投资者。随着类似交易每天都在激增，这份名单也在增加。对于那些见证过美国行业在过去的知识产权交易中失去宝贵技术领先地位的人来说，这种新的股权投资方式影响极为深远。美国电子工业协会东京办事处副总裁约翰·斯特恩说，“日本的投资被当作吸尘器，用来获取技术并将其带回其国内。如果美国打算以创新赢得这场竞赛，它必须停止向竞争对手出售跑鞋”。[30]

日本造富

事实上，日本这个庞然大物背后的力量比大多数美国人想象的要强大得多，而且这个庞然大物无法自行停止，因为日本已经有了自动创富机器，或许是国王迈达斯之后的第一个。在战后的大部分时间里，日本都没有足够的资本来支持它所期望的快速增长。为了弥补这一缺陷，日本政府指示银行过度放贷，即发放没有资本基础的贷款。这些银行获得了一个隐性保证，如果出现问题，政府将为它们纾困。日本政府实际上是通过一纸法令来创造资本。后来，随着日本产业的发展和繁荣，随着日本储蓄向银行提供更多的资本，这些措施就不再有必要了，银行也停止了过度放贷。

但就在这时，股市开始发挥作用。在 20 世纪 70 年代早期，东京第一次牛市使日经指数翻了一番。自那以后，日本股市连续飙升，中间只有几次温和回调。即使在 1987 年 10 月 19 日的崩盘期间，东京市场的下跌也比世界其他市场少得多，反弹也快得多。原因是，日本政府与大产业机构和金融界一道，继续通过政令创造财富——1988 年 7 月 25 日的《商业周刊》记录了这一过程：“事实上，东京只不过是一个运作顺畅的私人俱乐部，为‘公司日本’（Japan Inc.）服务。大经纪商、银行、公司和政府官僚之间形成的庞大联盟盘根错节，互相帮衬，致力于三个目标：高储蓄率、高股价和廉价的经济增长资金。”[31] 西蒙·普沃尔指出，除了这些目标之外，还有一个就是阻止外国竞争者进入日本市场。[32] 他指出，股价上涨的一个主要因素是，上市公司股票中，只有 20%~30% 曾有过交易，因为在股东交叉持股的财阀体系中，股东从不买卖其股票。这一制度最初源自日本政府的推动，作为禁止外国投资进入日本产业的一种手段。而今，它又发挥了禁止日本企业进入的作用，原因在于，大量投资资金涌入日本，相比之下，日本企业（股票）供应便显得稀缺，价格因而走高。政府官员还通过适当的税收和货币政策调整，以及广泛的“行政指导”来确保股价上涨，各省厅和主要金融机构之间员工的常规借调推动了这些“行政指导”。

房地产市场的运作方式与股票市场相似，也有重叠之处，因为日本的房地产价值不断上涨，日本如今的亿万富翁比其他任何国家都多。尽管人们通常认为这是一个小国人口过多造成的，但事实并非如此。土地价格上涨是由于可用土地稀缺，而这种稀缺性是人为造成的。日本的土地使用法和税法，以及对水稻种植的补贴和保护，结果都是将大部分土地拒之门外，因此导致的价格螺旋式上涨则丰肥了政府和大公司。例如，札幌啤酒厂在东京市中心有一块地，账面价值 250 万美元，而目前的市值为 90 亿美元。这种市价远高于账面价值的资产，催生了大量借贷并投资于不断上涨的股票。这类投资推动股价持续走高，进而降低了已经是世界上最低的资金成本，同时也吸引了更多推高房地产价格的投资，以及更多用于扩大外国市场份额的投资。

一些观察人士认为，日本执政党自民党最近的败选可能会给日本带来政治变革，从而改变日本的体系，使其更像美国的体系。但在日本1955年以来政治动荡最严重的这一年里，其股市和房地产市场并没有起什么波澜。这一体系似乎不太可能发生重大变化，因为日本所有的主要权力中心都与之有利害关系，而这又显然放大了日本的财富和权力。因此，世界其他国家与日本交往的前景也不会有什么变化。日本最近达成的取消牛肉进口配额的协议，本可以带来美国对日本牛肉出口的激增。但事实上，结果是日本进口商和批发商购买了大量的美国牧场和包装厂。出口是增加了，但还是由同一拨人继续控制着，这些人是一直在控制（美国牛肉的出口）。这个庞然大物依然故我，因为它是成功的；在日本，没有人有能力或愿望去改变它。

从外部引发变革似乎也不太可能，而且越来越不可能，这是日本资本实力日益增强的另一个结果。而今又有了庞大的政治支持来捍卫日本的这一体系。美国各州州长之间相互竞争，看谁能让渡最多的利益来吸引日本投资。肯塔基州甚至为日本员工和家人提供驾驶课程；而密歇根州州长詹姆斯·布兰查德在自己家的后院，和美国三大汽车制造商一起，告诉有意向的日本投资者，在美国中西部投资的策略可以减轻美国国会的贸易压力。在华盛顿特区，为日本利益游说和咨询的名单更长，现在又加上了两名美国前贸易代表和一众前高级贸易官员。一位对贸易颇有怨言的美国公司总裁最近告诉我，出于日本客户的原因，很难找到没有利益冲突的法律顾问。

更微妙但从长远来看更具影响力的是对美国舆论的影响越来越大。目前的估计是，日本企业每年花费约3.1亿美元通过企业慈善活动、游说、公关和其他推广活动来影响美国舆论。其效果可以从国际战略研究中心一名高管的言论中看出。该中心是华盛顿首屈一指的外交政策智库之一。在研究人员构成上，这位人士表示，中心不会雇用任何可能被视为批评日本的人。我在最近参加的一个研讨会上，也看到了类似的影响。在研讨会的三位主讲人中，有两位是在华盛顿为日本利益服务的顾问。但听众并未被告知他们的真正角色，这些人是作为贸易专家被邀请参会的。因此，美国的事务正受到一个基本上看不见的外国势力的影响。

给美国带来的后果

长期以来，美国产业因无力与日本竞争而备受指责。这些批评当然很有道理。但事实是，美国产业的处境极其困难。打个比方，假设您是世界上最大的轮胎公司固特异的总裁。贵公司是一家历史悠久、令人尊敬的公司，长期主导着它所开创的世界轮胎行业。最近，您背负了巨额债务，一年中的大部分时间都在努力避免被英国竞争者兼并。现在，在疲于应付的状态下，您的公司面临着日本轮胎制造商普利司通的冲击。凭借超过一半的日本市场，普利司通刚刚收购了凡士通，从而在美国市场取得了重要地位。您的公司不能进入日本市场，即便您有钱，去收购日本公司也不现实；而且以目前日本公司的股价，您也负担不起。直接向日本汽车制造商销售轮胎也难如人意，因为日本汽车制造商与传统的日本供应商关系密切。实际上，您的主要竞争对手有一个受保护的国内市场。对方的资金成本和利润要求比您要低得多。他有能力投资新工厂和流水线，您没钱。随着日本汽车制造商在世界市场的份额增加，您的竞争对手在轮胎业务中的份额随之自动增加，而您的份额在下降，这样他的成本会降低，您的就高了。他可以收购更多您的国内竞争对手，甚至一些您的批发商。事实上，他可能会收购您——对您的员工和股东来说，这可能是最好的结果。一旦落入日本人手中，您的员工可能会有稳定的工作，而股东的股票将获得溢价。您在国内得不到任何帮助。您所在的州将为您的竞争对手提供金融支持，让他们投入新工厂与您竞争。

当然，他们说会给您同样的条件，但由于竞争对手的恶性竞争，您不太可能开设工厂，相反却不得不关闭几家，而对手的竞争将加速这一过程。联邦政府只会让事情变得更糟，它要求您每季度提交一次报告。您的日本竞争对手不必向其政府提交类似报告。所有的人都指责您目光短浅，但事实是，如果您公司的季度收益没有达到分析师认可的水平，您公司的股价就会下跌。您的资金成本将因此比竞争对手更高，长期投资能力将进一步被削弱。您甚至可能在另一场削弱公司实力的收购战中变得脆弱。如果竞争对手真想让您的日子不好过，他可以降价向美国市场倾销一些轮胎，让您赔钱。美国政府可能不会帮助您，或者如果它真的想帮时，也太晚了。事实上，想要收购您公司的聪明的竞争对手可能会倾销，以迫使您公司的收入和股价下跌，从而以更低的价格收购。做这行真的没什么意义。为什么不趁现在收成好的时候卖给他呢？

事实是，美国的许多行业真的没有什么机会。但那又如何？许多人认为没有必要惊慌，因为日本和其他外国投资将通过创造新的就业机会、带来新的技术和更好的管理来填补缺口。这被视为一剂补药，将使美国的一切重新恢复正常，而我们最好是什么都不需要做，静观其变就可以了。这个观点的问题在于事实是否真的如此。当然，只要美国不愿意或没有能力产生自己的资本，有外国资本总比没有资本好。显然，日本的竞争迫使许多美国行业变得更有效率、更注重质量。因此，日本的挑战本身并不一定是件坏事。事实上，一些观察人士曾表示，如果没有日本人的参与，也需要引入竞争，但不对竞争做出回应对美国来说代价高昂。

我在写本篇时，正好读到了夏威夷《檀香山广告报》上的一篇文章，标题是：岛上的外国投资备受争议。[33] 夏威夷超过 80% 的酒店、70% 的高尔夫球场（包括瓦胡岛上所有的 8 个非市政球场）、大量高档住宅和商业地产掌握在日本人手中，因此夏威夷受到日本投资的影响比其他任何地区都多。夏威夷发现，虽然这些投资的确创造了就业机会，但也有不利的影响。其一是本书中提到的闭环效应，日本游客仅选择日本酒店、航空公司、旅游大巴等。另一个是房地产价格快速上涨，这往往会将当地居民赶出市场，同时也会增加当地所有企业的租金和税负。实际上，夏威夷的房地产价格已经成为东京人为造成的房地产短缺的俘虏，并间接由日本官僚决定。此外，因为土地将变成日本的高尔夫球场，从土地上被逐出的夏威夷原住民在当地组成了几个抗议者协会；对当地高尔夫会员来说，不仅费用大幅上涨，反映出日本本土不切实际的高价格，而且有些球场只对日本人开放。让公众知道“谁在投资什么”这类简单的信息披露问题，也已经变得很麻烦。再就是钱的问题。与其他任何地方相比，金钱在日本政治中有着更大的话语权；在夏威夷，竞选地方公职的政客已经成为日本人捐款的目标，日本人希望在房地产和商业事务上得到这些政客的帮助。总而言之，许多夏威夷人感觉这些岛屿正在被殖民，而且已经有人提议立法禁止或严格管制外国投资。

在（夏威夷）岛屿之外，房地产问题就不那么紧迫了，因为投资不那么集中。当然，当房产价格上涨时，卖家和业主通常也会很高兴。但大都会的黄金地段一直以来都是保险公司和信托公司投入重金的地段。由于这些资产的很大一部分掌握在外国手中，国内保险公司的高质量投资将会减少，投资组合的风险也将因此加大，这意味着它们以及它们所承保的资产的成本将会上升。

至于就业，也有问题，日本的投资可能会创造就业，但也只是可能。州长或市长们看到本地工厂的就业数据可能会感到高兴，但唯一合理的衡量标准是全国范围内的净就业状况。诺曼·格利克曼和道格拉斯·伍德沃德在1989年出版的《新竞争者：外国投资者正在如何改变美国的经济》一书中解释说，在过去的十年里，外国投资在美国带来了约56 000个工作岗位的净损失。[34]许多外国投资都是收购原有企业，创造的新就业机会即便有，也少得可怜。

随着日本在美国的生产迅速扩张，汽车业将成为两国 20 世纪 90 年代的主战场。这些新工厂将在其所在地创造就业机会，但美国审计署估计，美国生产日本汽车的净影响将是损失 4.5 万个就业岗位。[35] 全美汽车工人联合会计算的结果是，这一数字可能高达 20 万。[36] 之所以如此，是因为这些新的生产可能不会取代目前的进口日本车，而这些在美国的日本汽车工厂生产的汽车中，美国的国产化率只有 38% 左右。值得注意的是，产业结构反映了其塑造者的价值观。日本人精于深谋远虑和关系的力量，也确实是这样做的。美国的这种失业也与这些价值观有关，正如审计署指出的那样，日本汽车制造商与其汽车供应商财团之间的联系，使得美国供应商极难叩开新投资者的大门。

看一下就业中的一些特点。格利克曼和伍德沃德在研究中发现，在美外国公司从事研发的人员大约是美国公司的一半，外国公司进口的高科技零部件和工艺是美国公司的两倍。[37] 日本通产省的一项调查显示，在美日资公司的高级管理职位几乎全部由日本人担任。[38] 事实上，即便是大多数外资公司中通常由美国本地人担任的销售和人事经理职位，在美日资公司中也是一半以上由日本人担任。相比之下，美国公司在日本分支机构的员工几乎全都是日本人。此外，道格拉斯·弗兰茨和凯瑟琳·柯林斯在其合著的《销售一空》一书中提到了日本公司在其美国分部安设顾问的做法。[39] 表面上是为了帮助当地的美国经理，实际上顾问们掌握着真正的决定权，且在晚间同东京之间电话不断。罗伯特·赖克发表在《新共和》杂志上的一篇文章中描述了美国新兴的生产和就业模式: 美国的大学和风险公司开发技术，然后将技术带到日本转化为产品，再由美国人在美国市场组装和销售。[40] 正如一位日本高管最近告诉我的那样，一段时间之后，甚至连推动技术进步的能力都丧失了。他说，你从放弃小事开始，最后也失去了大事。

再就是贸易逆差。尽管美元贬值，日本对美国工厂进行了大量投资，但密歇根大学最近完成的一项研究表明，由于零部件、高价汽车以及车厂使用的资本设备的进口不断增加，美国的汽车贸易逆差在未来五年可能会翻一番。[41] 这与审计署的预测一致。这种结构性赤字的一个很好的例子是机床产业：尽管过去几年资本支出激增，但该行业 1988 年的国内订单仅为 1979 年水平的 1/3，1979 年也是个繁荣年景。随着世界进入新的电子时代，高清电视、平板显示器和光纤通信将创造出全新产业。就像录像机市场没有美国产品一样，这些新市场上可能也见不到美国产品。因此，尽管美元疲软和外国投资流动，电子产品的赤字也将上升。

今天，由于其强大且不断提升的经济实力，日本已成为世界上最大的对外援助国。相比之下，美国在履行了对以色列和埃及的义务之后，几乎无力援助世界其他国家了。美国在世界上的影响力越来越基于单纯的军事力量。在这方面，美国越来越像苏联。随着这一趋势的发展，美国敦促日本采取行动，并与日本讨论角色分工问题。但最终的结果是，日本正在成为世界的好叔叔，而美国是它的警察。人们往往喜欢善良有钱的叔叔，不喜欢警察。美国真的想放弃经济实力带来的外交上的灵活性吗？

对未来的展望

本书问世近两年来，我在全美各地演讲。我经常被问及美国可以或应该对日本做些什么。当然，我可以提出很多具体的建议，但关键是要改变态度。虽然 FSX 和特殊 301 条款表明美国的思维发生了一些变化，但总的来说，我们的对日政策源于与现实关系不大的假设。因此，在我们认清现实之前，一切新的倡议和重新安排都不会奏效。

但我最终坚信，问题既不是日本的问题，也不是美日关系的问题，而是美国的问题。我们遇到了敌人，那个敌人就是我们自己。我们与日本的问题只是更大规模逃避现实的征兆。归根结底，我们的贸易逆差和无力与日本竞争，与我们中心城市的衰败、社会毒品泛滥、教育制度衰落一样，都是有意无视现实和自欺欺人的结果。

我相信，今天的美国人面临着一个他们在历史上只遇到过两次的问题，一次是在1776年，另一次是在1860年：我们是什么样的社会，我们是什么样的人，我们想成为什么样的人？这一问题在今天并没有像以前那样引人注目地提出，但这只会使问题更加紧迫，因为我们只有先认识到问题，才能处理它。

人们不断地讲日本的独特之处。没错，日本是独一无二。所有国家都可以被视为独一无二的，但最独特的国家不是日本，而是美国。从建国之日起，这个国家就是一个特殊存在。今天美国面临的问题是，它在21世纪会一如既往，还是会成为另一类国家。

在研讨会和高端聚会上，我经常被问道（有些人是居高临下地问我），为什么美国必须是第一，或者美国是否能够在所有事情上都是第一？问这个问题的人通常都有些沾沾自喜，想通过暗示自己对极端民族主义的不屑来显示自己的国际主义。当然，这是一个刁钻的问题，因为如果我的回答是肯定的，我马上就会在提问者和在场的世界主义者眼中，给自己贴上仇外或沙文主义的标签。听到这个问题我总是很难过，因为在我看来，它不仅没有面向世俗，反而暴露了那些自称是精英和领导人的无聊、漫无目的和自我怀疑。

答案很简单。我通常用我们大多数人与孩子相处的经历来说明。当我的孩子把成绩单带回家时，有时成绩并没有我想的那么好。我问：“你为什么物理得了C？”有两个可能的答案。一个是：“爸爸，我已经尽力了。我每天晚上学习到很晚，星期六也不出去，因为我要准备考试。但是你知道物理不是我学得最好的科目。还有，老师真的很严厉，班上其他同学都是全国的尖子。”如果我相信他的话，这是一个可以接受的回答。他尽力了，我不能要求更多。但另一种可能的回答是：“爸爸，你知道我得到了那把新吉他，我参加了篮球队，有了新女友，我只是没有时间学习。”这不是一个可以接受的答案。我不能接受，他也不应该接受，因为从根本上说，一个人或一个社会有某种不诚实的地方，没有做出最大的努力。那么，美国一定要成为世界第一吗？它能在各个领域都是第一吗？当然不能。但它必须尝试，因为不去尝试就是否定自己的价值。

这会带来什么后果呢？今天美国的主要城市都依托于其中心区。从拉瓜迪亚机场驱车进入曼哈顿，一路所见的像是在孟加拉国。纽约市的城市维护资金缺口高达数十亿美元，再加上底特律、芝加哥、洛杉矶、圣路易斯和数百个其他城市，美国的城市维护费用缺口高达数万亿美元。以华盛顿特区为例，我们国家首都一半——没错，一半的孩子不能从高中毕业。在过去的二十年里，我们是唯一一个识字率下降的大国。全国范围内，我们实际上把 1/4 的孩子抛进了历史垃圾堆。日本人不会这么做，德国人不这样做，韩国人或我们任何其他竞争对手都不会这样做。最终，美国的竞争力取决于贫民区。

再来看看华盛顿特区。到了晚上，至少有一半的城市处于毒枭控制之下。在这个世界上最强大的国家的首都，距白宫仅 8 个街区的地方，总统也力所不及。

或者让我们转向国家的西南部，这里有大量移民涌入。到 2000 年，加州一半以上的人口将是少数族裔。该州大部分区域，人们说的不是英语，而是西班牙语、越南语或其他一些语言。美国是否有能力消纳这些移民，并为他们提供机会，让这些新移民像那些老移民前辈那样融入社会主流呢？

不尝试的后果是什么？作为一个步履蹒跚、日渐衰落、对自身价值观失去信心的社会，我们将无法重建破烂不堪的基础设施，无法在中心城市教育孩子，无法铲除毒枭，无法提供避难所、希望和机会。

有趣的是，美国老百姓都知道这一点。全美国的观众都告诉我，尽管政治领袖们口口声声地说美国回来了，昂首于世界，但当电视机、收音机、电话、手表、照相机、录像机和许多其他产品都是由非美国公司制造的时候，他们就知道有些不对劲。他们担心自己将是第一代传承的财富少于获得的财富的美国人。他们问我，他们能做什么。

只有两种解决方案。一种是剧烈的危机，比如战争或大萧条；另一种是领导力——领导力不只是每天跟着民意调查转。当今政界的普遍看法是，你不能要求美国人民做出牺牲。我骨子里认为这种看法是错误的。肯尼迪敦促我们不要问国家能为我们做什么，而要问我们能为国家做什么，他因此成为最受欢迎的总统之一。在国父们的书籍和文章里，“后人”这个词一再出现。今天你很难看到这个词，我们国家的缔造者们都是忠诚于其价值观的领导人，并努力使这个国家成为子孙后代所能拥有的最好的国家。

如果总统或总统候选人站出来告诉美国人，他们不打算成为一个正在衰落的国家的领导人；他们将把实现产业和技术的领导地位作为他们的首要任务，比戈尔巴乔夫、“星球大战”更重要，因为其他一切都取决于这样的领导地位；他们需要美国人的帮助；是的，他们为子孙后代做出了牺牲，那么他们会得到巨大的回应。

但要实现这一目标，他们必须对未来有超乎常规政治的远见。

第一部分

沉睡的巨人

Part 1

第一章

美国世纪的终结

与消除军事征服的后果相比，消除经济征服的后果要困难得多。

——高桥是清，1936 年

1945 年 9 月 2 日，“密苏里”号战列舰上的隆重仪式宣告了第二次世界大战的结束，护航的第三舰队挤满了东京湾。桅顶的旗帜就是 1941 年 12 月 7 日日本偷袭珍珠港时华盛顿特区国会大厦上飘扬的那一面；铺在船尾炮塔上的旗帜，则是 90 年前美国海军准将马休 · 佩里首次成功迫使日本放弃近 300 年的闭关锁国政策并向世界贸易敞开大门时挥舞的那面。9 月 2 日那天乌云密布，但当投降书上最后一个签名落笔时，突然出太阳了。随后战斗机低空来回呼啸的场景则让现场所有的参与者铭记在心。当道格拉斯 · 麦克阿瑟将军宣布仪式结束时，400 架从关岛和塞班岛起飞的 B-29 轰炸机准时到达东京湾上空，1 500 架舰载机则在前者临近时起飞迎接。[1]

这是美国力量的巅峰时刻，用舰队的规模和上千架遮天蔽日的战斗机来证明这一点恰如其分。日本战败并不是因为它的士兵缺乏勇气。相反，与日本人作战的美国人，对日本人在战斗中表现出的勇气和精神满怀敬意。没错，美国获胜源于它雄厚的工业基础和高科技生产力。在双方开战之前，山本五十六曾警告说，日本如果攻击美国，那将是疯狂之举。美国当时的经济规模令日本相形见绌。山本的说法事后被证明是正确的。从 20 世纪早期开始，美国就已经崛起为一个大国，即使在“大萧条”时期，美国的工业实力也远胜其他国家；二战的爆发，给美国带来了新一轮投资和生产热潮，这不仅让美国获得了战场上的胜利，而且确立了美国作为世界主导力量的地位。1945 年，当麦克阿瑟在日本大藏省低矮的砖房里设立其占领机构总部时，人们开始说 20 世纪是美国的世纪，很少有人能想到美国也有不能主宰世界经济的时候。

1987 年 10 月 19 日，星期一，这种乐观情绪破灭了。同往常一样，纽约证券交易所在上午 9 点 20 分开盘交易。美国商务部公布的 8 月份美国对外贸易统计数据显示，尽管近三年来美元一直在贬值，但美国的进口，尤其是来自日本的进口，继续以创纪录的数量超过出口。股市一开盘，市场就被卖单淹没了。因为股价自动收报机数据延后，电脑和经纪人根本来不及跟随市场行情。到收盘时，道琼斯工业平均指数下跌 508 点，市值抹掉了近 1/4，远远超过 1929 年黑色星期五当天 31 点的下跌（13% 的跌幅），而后者标志着“大萧条”的开始。10 月 19 日一天之内，投资者损失了 5 000 亿美元，再加上此前的损失，1987 年 8 月以来的总损失达到了 1 万亿美元。恐慌不仅限于华尔街，东京、中国香港和伦敦市场同样遭遇暴跌。

黑色星期一，金融市场血流成河。事后，美国从总统到各路专家都试图解释发生了什么、为什么会发生，以及如何应对。里根总统说他不理解有什么好大惊小怪的，因为所有经济指标都在向好（当然，股市除外），美国经济基本面没问题。这种表态有点像胡佛总统。其他国家的领导人和评论人士则没有这么乐观，许多人预测经济会出现衰退，有人甚至担心全球经济会陷入萧条。他们普遍认为，问题主要出在美国的预算赤字、美元高估，以及欧洲和日本经济增长缓慢。专家们说，在德国和日本刺激经济的同时，如果美国让美元贬值、提高税收、削减开支，那么世界将再次变得美好。几乎没有人认识到这一事件的实质——美国世纪的终结，比早前预期的时间早了 12 年。

凭借运气和眼花缭乱的金融工具，市场可能会像 1929—1930 年那样复苏。但这次股市暴跌，使得很多人开始关注此前未曾重视的一个局面。英国前国防大臣丹尼斯·希利总结道："美国自二战以来扮演的那种世界角色可能不复存在。"[2] 法国政治战略家弗朗索瓦·弗洛芒–默里斯甚至更加坚定地表示："战后世界的整个基础可能被颠覆。"[3]

此次暴跌事件之所以引发如此多的讨论，也因为它代表了其他系列事件的集中爆发。

· 到 20 世纪 70 年代中期，美国事实上已经失去了其消费电子产业，并被迫保护其纺织和钢铁产业。1981 年，美国恳求日本限制汽车出口。

· 1984 年，美国国防科学委员会警告说，在高科技领域美国正在走下坡路。

· 1985 年 11 月 5 日，总统内阁成员在白宫举行会议，讨论半导体产业危机。半导体产业作为支撑国家繁荣和国防的高科技的核心，正在被日本的竞争摧毁。然而，大多数与会者反对采取任何行动，他们相信，正如总统的一位高级顾问所说，"如果我们的人竞争不过日本人，那就顺其自然吧"。

· 1986 年 6 月，罗伯特·诺伊斯在国防科学委员会作证。他是两家著名半导体公司的创始人，也是现代电子工业的基础——集成电路的共同发明者。诺伊斯就是前述我们的人中的一员，如果有人能竞争过日本人的话，那非他莫属。他警告说，如果美国政府不改变政策，美国的半导体产业肯定完蛋。

· 1986 年 10 月 24 日，日本领先的计算机制造商富士通公司提出收购仙童半导体公司，但在美国商务部长马尔科姆·鲍德里奇和国防部长卡斯帕·温伯格表示反对后撤回了收购要约，两位官员的理由是美国在关键技术方面过于依赖日本。

· 1987 年 3 月 27 日，里根总统自就任以来第一次宣布对日本不公平的半导体贸易采取报复措施。就在宣布的次日，股市大幅下跌，下跌点数之高位居单日跌幅历史前列，随着投资者（尤其是日本投资者）因担心贸易战而退出市场，利率上升。

· 1987 年夏天，随着美国成为世界上最大的债务国，利率持续上升，因为外国投资者，主要是日本人，要求在风险持续升高的美国市场获得更高的投资回报。一位法国领导人称，美国现在有两个中央银行，美国联邦储备系统和日本保险公司。[4]

· 也是在 1987 年夏天，有消息透露，由于静音效果更好的潜水艇的出现，美国海军在北大西洋的潜艇猎手突然成了猎物。东芝机械公司向苏联出售精密设备，这帮助了苏联制造噪声极小的螺旋桨。这笔交易发生在 1983 年，几乎就在同一时间，美国总统拒绝了美国产业界针对东芝机械和其他日本公司在机床领域不公平贸易活动提出的请愿——这一拒绝导致日本控制了美国机床市场的核心。

· 1987 年末，美国的国际债务超过了墨西哥和巴西的国际债务总和，美国对海外投资者的偿付额 50 年来第一次超过了美国在海外资产的收入，同时日本成为世界上最大的债权国，人均国民生产总值超过美国。

事实上，1987 年黑色星期一的股市收市钟声，正是美国有史以来遭受的最严重失败的信号。钟声在交易大厅由通常被认为很普通的贸易统计数字触发，这在某种程度上是恰当的，因为这次失败是最不寻常的一次。既没有动用军事武器，也没有军队参与。损失严重，但没有流血；有眼泪，但没有人失踪。这是一次经济上的失败，而不是军事上的失败，一部分是美国自己造成的，一部分是败在朋友和盟军手中，日本冲在最前面。这听上去很难理解，却恰恰证明了战前日本大藏相高桥是清在 1936 年便清楚意识到的问题，（经济上的）战败将更加难以克服。

对我个人来说，这些动荡是我一生大部分时间经历的史诗般逆转故事的顶峰。我第一次去日本是在 1964 年，当时我还是一名研究生，在庆应义塾大学和东京塔语言学校学习日语。虽然当时日本的活力已经显现，但只有少数观察家预测到了它后期的发展，我不在这些人之列。不过，当我在 20 世纪 70 年代中期再次来到日本时，未来的格局变得更加清晰了。作为日本几家公司的顾问和董事，我得以看到两个现象：一是日本社会不同寻常的凝聚力如何促使企业、劳动力、政府、学术界及媒体之间的合作，从而证明“公司日本”这个标签的正当性；二是日本公司的活力结合现成可得的美国技术，配合以当时的国际环境，创造了一股不可抗拒的经济力量。

1981 年，这股力量与美国产业的冲突日益加剧，我应邀作为部长顾问加入了美国商务部。其间，我是半导体、机床、电信和其他行业一系列关键谈判的领导者之一，这些谈判在本书中做了详细记录。我曾希望能努力缓和一段时间以来持续升温的美日紧张关系，但双方的误解、错觉和无知似乎使情况变得更糟了。

1986 年中期我辞去政府部门的职位。基于之后一年的观察，我意识到我目睹了一个真正的历史性转折。在过去的 6 年里，美国在国防上花费了将近 2 万亿美元，以保持世界军事主导地位和政治领导者的角色。它几乎拍摄了苏联的每一寸土地，花费了数十亿美元来监听苏联船只上每一颗螺丝的转动声。然而这个国家非但没有变得更安全、更强大，反而更不安全了。尽管社会的呼声是放眼长远，但美国毫无朝气，如果说有什么特征的话，那就是暮气沉沉。1981 年，商务部长和国防部长都不会注意到富士通要竞购仙童公司，更不要说去反对了。如今他们知道了。1981 年，虽然美国的主导地位相比以前有所下降，但在产业、技术、金融和军力方面，仍然是世界的领导者。到 1987 年，其领先优势仅存于军力，即使在这一方面，也有必要减少一些防卫承诺。在其他地区，先是作为占领者，而后则是保护者和导师身份的美国，已经与昔日的被保护者日本调换了角色。

日本的开放

日本的开放过程，既有诗性的正义，也有历史的反讽。当海军准将马休·佩里于 1853 年抵达东京湾时，他面对的是一个仍处于封建发展阶段的国家。该国极力试图将本土与世界隔绝，甚至不允许被外国船只在海上救起的遭遇海难的本国渔民回国。事后看，美国一直希望按照自身想象改造日本，佩里一到日本就提出了一个萦绕日本后续 130 年的要求：“开放市场，否则后果自负”——后果可能就是被他的船只封锁。他随后带队离开，并称一年内回来看日本的答复。

日本面临一个痛苦的选择。统治并锁国超过 250 年的德川幕府，并不急于开放，但是佩里的蒸汽护卫舰代表了远超日本的技术水平。因此，即使佩里的舰队只有四艘船，他仍有可能封锁并饿死依赖海洋给养的东京。在国门关闭期间，日本人通过居于长崎的荷兰商人进行对外贸易，并将贸易活动限制在一个叫出岛的港口。由于这个窗口角色以及其他信息往来，日复一日，出岛当地的日本人对外部世界的了解要远胜于对本国的了解。出岛当地的日本人发现，由于西方技术的发展，他们小心翼翼地建立的防止外国侵犯的屏障，可能会被先进的技术打破。

日本对佩里的反应可谓经典。对于拥有武士传统和民族自豪感的日本人来说，国家无疑会抵制外来者的入侵。但他们也明白，在技术水平不对等或没有绝对优势的条件下进行对抗是愚蠢的，因此随即决定采取策略来获取技术，同时尽量减少外国的渗透。当佩里再度来到日本时，他得到了肯定的回复，即日本将会开放市场。当然不可能一步到位。外国人可以在两个区域开展贸易，一个是距离东京150英里的伊豆半岛的下田小港，另一个是日本北部的小渔业码头函馆港。这是后来被称为“市场开放方案”中的第一个方案。在尝试限制外国影响广度和深度的同时，日本立即展开了密集而富有历史意义的努力，以追赶西方的产业和技术。

日本向欧洲和美国派遣使团，聘请外国专家到日本传授技术和技能，而正是技术和技能显现了日本的落后。照相机在当时还不常用，但记录者仍努力拍摄记录下了全貌和细节，为后人所熟知。日本在被迫接受不平等贸易条约的同时，仍就这些条约进行了谈判，以阻止外国人将生意触角延伸至腹地。鉴于外资给土耳其和埃及带来的灾难性影响，日本当时也不接受外国投资。日本渴望西方的技术，不是为了西化，而是为了保持其社会自主性和纯粹性。

所有产业和经济的发展努力，都是在政府的指令和指导下进行的。这项任务极其重要，不能留给被西方称为“企业家”的群体。这样一来，发展速度惊人。到1900年，尽管规模上与西方还有一定差距，但日本的工业领域已经具备了一定的技术水平。日本的努力成果在1905年震惊了世界：日本当年在对马海峡围堵并击败了俄国海军。这一战果在一定程度上弥补了佩里此前带来的耻辱。

二战之后的日本一片废墟，西方将其视为发展中国家。这种态度忽视了一个事实，即到 1938 年，日本已经是全球领先的工业和军事强国之一。在 20 世纪 30 年代，日本主导了亚洲的纺织品市场，在其他领域也取得了巨大进展，以至于西方国家谴责日本进行不公平竞争。也就在此前近 80 年，西方国家还要求日本与它们进行贸易往来。1938 年，日本的钢铁产量高于法国和意大利，几乎与英国相当，工业增长速度也快于美国。随着 1941 年美日两国开战，美国飞行员很快了解到，长期被轻视的日本人，制造出了世界上最好的战斗机——著名的零式战斗机。

日本战后经济奇迹而今已是家喻户晓。它再一次开始在全球范围内寻找技术，并再度倾力赶上失去的阵地。在又一次努力减少外国涉入本土市场的同时，日本快速重夺纺织业和造船业优势地位，同时转向钢铁和消费电子产品领域。多年来，美国带着一个优等生老师的骄傲和漠不关心的态度看着这些发展。美国人相信他们将永远领先。

美国霸权的瓦解

高科技危机

在这种背景下，富士通收购仙童半导体公司的要约具有重要的象征意义。仙童半导体公司是罗伯特·诺伊斯创立的第一家公司。投资银行家亚瑟·洛克同诺伊斯和其他 7 名年轻的工程师于 1957 年联合创办了仙童，它是旧金山湾南端谷地区第一家商业半导体公司。无论从字面上看还是从象征意义上讲，它都是硅谷之母。仙童半导体公司的成立引爆了创业和风险投资潮。在它成立后的 30 年里，由早先工作于仙童的工程师们创办的公司超过 25 家，不仅开创了一个全新行业，也开启了一种新文化。在这些新公司里见不到西装和领带，也没有命令链。管理是基于共识，就像在日本一样，公司向员工灌输公司自身价值观。在许多观察家看来，硅谷文化象征着美国的未来。

到20世纪70年代末，美国成熟的“烟囱”产业中那些众所周知的问题似乎难以解决。随着这些东部和中西部老工业在面对日本和其他亚洲国家的竞争中相继势微，硅谷的公司及其追随者成了被商人、政治家和经济学家们寄予厚望的明星。美国人在诸多产业上相继输给了日本人，他们安慰自己说，这些老旧脏乱的产业受困于落后的管理和强势的工会，不再适合未来依赖高科技的美国人。正经历衰退的北方工业州锈带上的市长和州长们竞相推出激励措施，期望激发出本地的硅谷。就连法国总统弗朗索瓦·密特朗也在1984年飞往旧金山，会见了苹果电脑公司29岁的联合创始人史蒂夫·乔布斯和其他企业家，努力学习如何重振法国经济。

但最用心的观察者是日本人。在仙童成立那年，就像在钢铁和其他行业做过的规划那样，他们开始组织起来争取电子产品领域的领先地位。在接下来的30年里，美国和日本半导体产业间的竞争日趋激烈。报纸上关于收购仙童的要约报价，显示出日本人占据优势。

但这一事件的意义远远不止收购仙童本身，甚至超出了半导体领域。它实际上几乎涵盖了所有的高科技产业。在磁盘驱动器、机器人、打印机、光纤电子、卫星地面站和先进的工业陶瓷这些领域，日本人都开始占据主导地位。诸如数字磁带录音机这样的新消费品首先出现在日本。虽然他们长期以来在计算机领域超越美国的努力还没有成功，但IBM和苹果个人电脑等许多与美国公司有关的产品的大部分零部件是由日本或亚洲其他国家制造的。甚至美国在飞机和生物技术等领域的领先优势，也在迅速被削弱。在被称为“空心化”的过程中，越来越多的美国制造商将工厂迁往亚洲，以便能够与日本竞争。结果，这些行业的美国工人逐渐失去了关键技能，而日本已经在推动其劳动力提高技能。更重要的是，美国正在失去科技领域的基础领导地位。在1987年的一份报告中，美国国家工程院回顾了34个关键领域（如人工智能、光电子学、系统工程和控制）的竞争情况，得出的结论是，日本在25个技术领域优于美国。[5]

华尔街的危机

问题不仅限于制造业。20世纪80年代早期流行的神话是，美国正带领世界进入“后工业时代”，并且，美国未来的竞争力将建立在服务业的基础上。这究竟意味着什么尚不清楚。很难想象美国理发师给法国女士烫发，任何在华盛顿打过出租车或招呼过美国服务员的人，一定想知道美国怎么在服务业上获得竞争力。事实上，当时的讨论主要指向金融服务业。美国的金融机构被认为是创新、积极进取和具有国际视野的。它们的想法是释放其全部力量，看着钱堆起来，而不必劳心费神地生产什么东西。

1986年11月，服务业的田园生活论调遭到了抨击。当时日本野村证券宣布，它完全独立处理了通用电气信贷公司的一笔大额债券发行业务。野村是第一家在美国独立完成这类业务的外国公司。

有关野村该笔业务的报道（被淹没于《纽约时报》的末版）[6]，只是表明世界金融权力结构版图发生重大变化的几个早期迹象之一：

· 1980年，世界十大银行中有两家美国银行和一家日本银行。[7]1986年变成了七家日本银行和一家美国银行。[8]

· 1986年夏天，住友银行收购了华尔街高盛公司15%的权益，引发媒体轰动。然而，很少有人知道，日本的银行收购了加州十大银行中的四家，占加州所有银行资产的比重已经超过了20%。[9]次年，华尔街的金融机构又接连宣布向日本人出售其部分权益。

· 1986年1月，日本在国际银行业务中的份额首次超过美国。有人预言“日本人正走在成为世界银行家的道路上”。[10]

· 1986 年，日本最大的四家投资银行在纽约证券交易所的交易量几乎为零。截至 1987 年年底，其交易量接近 10%，单是野村证券的交易量就接近美国最大交易商美林的水平。[11]

· 1987 年 8 月，境况不佳的美国银行得到了 9 家日本银行的救助，后者同意向前者注资 1.3 亿美元。而就在 40 年前，美国银行是第一家为重建饱受战争摧残的日本经济提供融资支持的美国的银行。观察家称救助协议为“日本乃世界金融市场翘楚的有力象征”。[12]

这一过程重复了此前制造业的经历。恰如制造业中的情势，日本人的资本成本和人力成本更低。尽管事实上将外国投资者拒之门外（1986 年，所有在日本的外国金融机构加起来只占不到 3% 的业务，尽管这些外资机构在日本已经存续了 10~20 年）[13]，日本人仍大举进军外国市场，不惜一切代价争取业务，不考虑短期利润。这看起来就像是把在硅谷或底特律的手法拿到了华尔街。对于遭受重创的美国半导体和汽车产业高管来说，听到多年来一直鄙视他们为无能的保护主义者的投资银行家们谈论“公平竞争环境”，就像音乐般悦耳。

其他服务行业的情况也一样。例如，到 1987 年，日本的建筑工程公司在美国市场的业绩，已经从三年前的几乎为零发展到近 20 亿美元的合同，而外国公司则被禁止参与日本本土项目投标。[14]

随着日本逐渐主导一个又一个行业，许多评论家指责美国公司的高管，敦促他们采用日本的管理技术。“质量圈”和“按时交货”成了当时的口号。这些观念当然很重要，而且还有很大的改进空间，但是糟糕的管理并非有说服力的解释。20 世纪 70 年代初，美国企业在欧洲蓬勃发展。我当时身在欧洲，之前在日本管理过公司，近距离接触过日本高管。虽然日本不乏优秀人才，但是其杰出经理人的比例并不比我在法国、比利时或意大利遇到的高，当然也不比美国高。

管理，无论好坏，都不是一个孤立现象，其执行取决于所在国家的环境。在日本认为重要的领域，几乎没有美国公司能与日本公司竞争。日本的社会和产业结构使渗透进其市场极为困难；此外，日本政府将产业绩效视同国家安全，并投入大量精力确保其产业成为世界领先。相比之下，进入美国市场要容易得多，美国社会的开放使得市场变得开放，欢迎外国商品和外国企业。但最重要的是，美国不像日本那样把产业视为国家安全问题。

问题的症结在于，美国和日本对国民经济的目的和运作方式有着根本不同的理解。美国信奉 17 世纪自由贸易先知亚当·斯密，并将消费作为主要经济引擎，日本则将重点放在可以提升日本战略地位的关键产业的生产和主导地位上。美国鼓励企业与政府、劳资间的对立关系，并将其写入法律，日本一直倡导的是努力实现合作。毫无疑问，管理能够而且应该做的事情很多，这些相互矛盾的观点分别是美国和日本历史不可或缺的一部分。正是这些观点，而不是管理的质量，导致了两国关系的根本转变。

在我看来，支撑美国经济和战略思维的简单假设和安抚人心的陈词滥调是错误的，并且对美国的衰落负有不可估量的责任。更重要的是美国的基本价值观。深深植根于美国精神的是个性的理念，这个理念最完整地体现在传说中：特立独行的牛仔勇往直前，凭借独创性、热忱和决心，在没有任何帮助的情况下战胜重重困难并取得成功。对美国人来说，这是一幅充满诱惑力的画面，但很容易发展成为每个人的道德准则，就像 20 世纪 80 年代“唯我的一代”那样。

在过去的 40 年里，美国商人一直是世界市场的牛仔，他们开拓边界、铺设道路、标记险境，然后继续前行。日本人更像我们早期的移民，正如大众媒体所描述的那样，移民很少具有吸引力。他们穿着如乡巴佬，忧心忡忡，而且反应迟钝。但数以百计的移民来到这里，团结在了一起。因为有孩子、牛和老人，他们走不快，但毅然一路向西，一起工作，一起修马车轮子，一起搭建谷仓，一起建立城镇。受到攻击时，他们会集结起来，对付所有来袭的人。最终，他们赢了。

日本在过去征服了纺织、钢铁和汽车等成熟产业，美国对自己说这些产业是可牺牲的，并且像牛仔一样，迈向高科技和服务业的未来。但现在日本人似乎也在征服这个未来。美国面临着过去曾被问及的关键问题：如果硅谷新的开明企业文化，连同服务业，都无法与日本及其远东的模仿者竞争，那么美国还有什么能与之竞争？如果美国没有竞争力，它的经济和地缘政治前景如何？如果美国的未来受到质疑，世界上谁还认同其领导地位呢？日本或者其他国家能否担负起美国的角色？还是随着美国实力的衰退，世界会变得更加危险？难道对美国来说如此神圣的个人主义观念也是其致命缺陷（与自己作对从而削弱其力量的主力）吗？美国能重拾移民的道德准则并重新恢复活力吗？如果没有战争或经济危机，它能做到这一点吗？

危机加剧

这些问题在日本已经讨论一段时间了。最先掂量美国并发现其不足的是天谷直弘，他是 1981 年限制日本汽车向美国出口协议的日方首席谈判代表。天谷个子不高，身形瘦削，举止得体，他友好的笑容掩盖了他那计算机般的反应速度和碳纤维般的韧性。他在 20 世纪 50 年代初进入通产省，成为日本产业快速发展的架构师。他是日本官僚机构中的个人主义者，以循规蹈矩著称，对历史和诗歌感兴趣，但他的长项是眼光长远。作为 20 世纪 60 年代日本蓬勃发展的纺织业的谈判代表，他意识到美国在纺织业上无法与日本竞争，并预见到未来几年美国其他多数领域同样将落后于日本。正是为了避免日本在与韩国、中国台湾和其他发展中国家或地区的竞争中遭遇同样的命运，天谷直弘成为日本进军高科技产业的拥护者。

到 1980 年，即美国出现巨额预算赤字和美元被高估之前（经济学家通常认为这两者是美国问题的根源），美国日益恶化的局势已经成为日本方面严肃对待的课题。在《20 世纪 80 年代通产省政策展望》中，通产省指出："虽然美国仍然是世界上最强大的国家，但其相对地位正在下降。"[15] 日兴研究中心 1981 年秋的一份报告指出，美国出现了"日益严重的危机"，并预测美日两国间的紧张关系将会加剧。[16] 然而，我于当年秋天加入商务部时，发现华盛顿对东京的了解，并不如东京对华盛顿的了解清楚。（我的）第一个任务是要说服周围的人，可能要出问题了。

我进入商务部时，莱昂内尔·奥尔默是负责国际贸易的副部长。他身材高大、头发花白，身形好似马拉松运动员，他经常晨跑上班，把 T 恤挂在办公室的窗户上晾干。奥尔默大部分的职业生涯是担任海军情报官，最终进入了里根政府中情局局长威廉·凯西的圈子。从海军退役后，奥尔默加入摩托罗拉公司，他在那里以其惯有的不懈精神，承担起了努力突破日本当时严格封闭的电信市场的任务。他的艰苦努力成功使摩托罗拉成为第一家向日本电信电话株式会社销售大量电信设备（一种袖珍寻呼机）的外国公司。

在这段经历中，奥尔默非常关心美国的未来，以及美国与日本的关系。他知道美国的国家安全战略建立在技术优势的假设上，并意识到这种优势正在快速消失，因此当凯西问及他是否有兴趣加入里根政府时，奥尔默主动要求到商务部，希望能提醒美国人注意日本及其追随者带来的挑战。奥尔默和我，会同商务部里另外两位经济学家威廉·菲南和弗兰克·瓦尔格，开始着手把这个问题作为政府部门优先考虑的事项。

蓄着胡须的瓦尔格是位资深专家，他长期以来持续关注美国同日本的贸易数据。他知道日本对美国的出口是美国对日本出口的两倍。要维持住当时约 100 亿美元的贸易逆差，就需要美国出口增长速度是日本出口增速的两倍，这在近代史上无迹可寻，毫无可能。事实上，趋势恰好相反。瓦尔格因此在 1981 年预测，到 1990 年美国对日贸易逆差将达到 500 亿美元。[17] 奥尔默和我在几次演讲中引用了瓦尔格的预测，并邀请其他观察家发表评论。大家的反应是一致的怀疑，瓦尔格的报告被嘲笑为危言耸听和简单的线性预测。白宫经济顾问委员会的经济学家表示，不用等到美国对日贸易赤字达到如此高的水平，美元兑日元汇率就会走软，贸易会更加平衡。

根据商务和贸易内阁委员会的一项研究要求，兼具电气工程师和经济学家身份的菲南在 1982 年完成了一份深度经济分析报告。报告显示，美国高科技产业的竞争能力已经全面下降；而且，除非美国的政策发生改变，否则这种下降还将继续，不管管理上有什么作为。[18]1982 年 11 月，为引起对这一问题的重视并尽可能多地了解详情，奥尔默、菲南和我共赴日本，拜访了许多高科技公司。

我们的访问从日本电气股份有限公司（NEC）的中央实验室开始。实验室主管带我们参观，他此前曾就职于贝尔实验室。他对公司设施和研究人员的强烈自豪感溢于言表，显然这种自豪也是可以理解的。午餐时，他不经意间提到每周同日本政府官员通三四次电话，这让我们意外地了解了日本成功的一个关键因素。他的话引起了我们的注意，因为贝尔实验室的负责人不会每周给商务部打三四次电话，而且实际上双方几乎不通电话。但对我们来说，很显然，这位日本电气公司的主管当然不能在不打电话给政府官员的情况下就开展工作。

我们参观了名古屋的山崎机床公司，那里的夜班只需要一个主管，机器人可以利用那段时间组装其他机器人。尽管当时被美国机床制造商投诉为不公平贸易，但作为东道主的山崎德幸对我们还是很客气。在他手上，这家家族企业从简易作坊成长为世界柔性制造系统市场的主要参与者。他的会议室看起来有点像电影《星际迷航》里的场景，与我们的午餐环境形成了强烈对比，午餐餐厅是工厂旁边修建的一处仿日本乡村农舍建筑。[①] 我们对山崎和其公司印象深刻。他是个强势、有能力的企业家，有着一流的工作人员。他们可能在任何地方都会取得成功，但公司的成功，部分得益于政府一系列旨在促进日本机床工业发展的举措。

我们又去了京瓷公司，该公司的故事和硅谷里的那些公司类似。稻盛和夫是一位有着新型工业陶瓷产业愿景的年轻企业家。京瓷最初也是个小公司，艰难度过了早期的困境，如今主导着全球半导体陶瓷包装市场。我们关注的重点是京瓷制造的作为试验模型的全陶瓷引擎汽车。陶瓷发动机的设想最早源于一位英国科学家，陶瓷发动机因为不需要冷却，将彻底改变汽车产业。京瓷在政府拨款的支持下开发了这辆车，当时可以测试。试车体验事实上并不好，但它的确证明了可行性。我们在京瓷学到了很多有趣的东西，例如，我们被告知，在 1979 年石油危机期间，京瓷公司工会建议冻结管理层工资，以保持竞争力。我们还了解到，生产线上的大多数女工都是所谓的兼职，每周工作 38 小时。“兼职”仅仅意味着她们没有获得公司福利或终身雇佣待遇。

奥尔默、菲南和我离开日本时，对日本的高科技印象更加深刻，与刚刚抵达日本时相比，我们对美国产业的未来更加担心。日本管理的活力，从业者的合作和灵活态度，以及政府的支持作用，都是日本令人敬畏的因素。

1982 年 12 月，在向里根总统及其内阁提出我们的观点时，奥尔

---

① 汽车是山崎德幸拥有的诸多奢侈品之一，他所有的车都是劳斯莱斯。这不影响“买日本货”的信仰。

默强调，美国独特的领导地位来源于军事、政治和经济力量，而这几项又取决于美国在先进技术方面的主导。他强调，高科技产业因为增长很快且对生产力提高贡献很大，对经济福祉的贡献被远远低估了。他解释说，不管用哪种标准衡量，美国都在失去优势，除非制定新的政策，否则美国失势的趋势将会继续。他对日本的成功做了评估，特别指出日本政府在有针对性地发展某些产业方面发挥的重要作用，他敦促美国政府评估本国的贸易和经济政策，以期扭转美国高科技产业领导地位的颓势。

奥尔默发言结束后，参会人员最初只是提出了几个无关主题的问题。许多内阁成员似乎并没有看过为他们准备的会议简报。接着，白宫管理和预算办公室主任戴维·斯托克曼抛出了反对奥尔默建议的观点。他说，（美国）相对地位的下降只是其他国家发展结果的反映，是预料得到的。他此前的建议之一便是关闭进出口银行。进出口银行为美国的重要出口产品提供金融支持，包括其最大的出口产品——商业客机。他认为这是给大企业的补贴。他现在拒绝所有对外国产业政策做出应对或采取各种措施支持本国产业的建议。

商务部长鲍德里奇试图反驳，但在场的经济学家们均表示同意斯托克曼的观点。讨论实际上并不重要。总统当时的表情表明他对这个问题不是很感兴趣，他有时似乎在打瞌睡，因为讨论没完没了。会议无果而终，后续的会议也大抵如此。

时间给出了答案，商务部的所有预测均成为现实。最终的数据事实上证明了一点，即我们的预测过于谨慎了。荒唐的巨额预算赤字，加上美国历史上最低的储蓄率和美元飙升的刺激，本已持续且不断上升的对日贸易逆差在 1985 年便达到 500 亿美元，比之前的预期提前了 5 年。1982 年，鲍德里奇曾呼吁内阁阻止美元汇率升得过高。但他被财政部副部长贝里尔·斯普林克尔反问：“谁说美元过高了？”而财政部长唐纳德·里甘则夸口说，美元在1990年之前都会保持强势，因为它反映了美国经济的强劲。

但到了1985年9月，庞大的整体贸易赤字和对日贸易赤字迫使财政部不得不改变立场：采取措施压低美元汇率，尝试通过提高进口商品价格抑制潮水般的进口，同时通过降低外币计算的美国商品价格来刺激出口。

经济学家几乎一致预测，如果美国能够将1美元：245日元的汇率水平下调至1美元：200日元，美国对日贸易逆差将开始缩小。但是这些预测背后的假设很快被证明漏洞百出。美元兑日元汇率在一年内保持了1：200的水平，但是美国对日本的贸易赤字仍在增加。经济学家又说1：180才是最理想的水平。到1987年12月，美元兑日元是1：133，这已经从高点贬值了近50%，但美国对日本贸易逆差比以往任何时候都要高，而且还在继续增加。

到目前为止，外国商品遍布美国市场，可谓无处不在，很多的商品美国本土已经不再生产，所以价格并不是很重要。例如，如果一个人想要买一台录像机，不管价格如何，只能买进口品（因为美国不生产了）。此外，为了抵消日元升值的影响，日本出口商实际上将其整体出口价格降低了20%。绝望之中，那些曾经预测200日元兑1美元就能解决贸易问题的经济学家们现在呼吁进一步让美元贬值，贬值到120日元兑1美元甚至100日元兑1美元。但这其中有一个不易察觉的陷阱。如果美元贬值的速度快于进口额的下降速度，那么即使进口额下降，贸易逆差还是会继续增加。此外，人们认为美元贬值会刺激美国出口，某种程度上没错，但对日本几乎没有影响，日本是美国最大的赤字来源国。最终，到1987年12月，一些经济学家开始怀疑货币贬值是否能拯救美国。他们指出，这种方法在过去对美国或者其他国家，比如英国，都不起作用。[20] 事实上，为实现佩里认为他在一个世纪前就已经完成的目标——日本的开放，美国正变得越来越穷。

疲软的美元没有显著增加美国对日出口，却导致了美国资产的抛售。美国资产便宜，从波士顿到休斯敦再到洛杉矶，海外资本一路购入地产、高科技和金融公司。从为美国经济创造新岗位、带来新资本的角度，这些投资广受欢迎，但有证据表明，有外国公司已经以威胁收购的方式迫使美国高科技公司参与没必要的合资企业、转让技术。在一些观察家看来，美国的贸易和投资模式开始像一个不发达国家。

斗转星移，美国人变得越来越穷。尽管人们对美国的就业机器大肆吹嘘，但有关家庭实际收入的统计数据显示，美国人的生活水平并没有提高。1986 年的实际工资水平与 1973 年持平，低于 1977 年的高点。家庭收入保持不变，但更多的家庭成员去工作了。就业机器似乎正以典型的不发达模式，以劳动力换取资本。1987 年 4 月，《商业周刊》刊发了一份 22 页的特别报告，介绍美国的经济困境。报告指出，美国的生活水平已经“达到极限”，并提出了一个不可回避的问题：“美国梦要结束了吗？”[21] 该杂志在 1987 年 11 月 16 日（即股市崩盘一个月后）这一期中，自己给出了答案。它在一篇题为“迎接荒年”（Say Hello to the Lean Year）的文章中指出，到 20 世纪末，美国的生活水平可能会下降 7%。[22]

快速累积的债务更值得警惕。到 1987 年，自负的美国财政部完全依赖于日本。巨额预算赤字不得不通过出售更多政府债券来弥补。有钱购买这些债券的是日本人，因为他们储蓄率高，且有庞大的贸易顺差。每次债券拍卖前，财政部的大厅里都有人紧张地小声问：“日本人还在市场上吧？”如果日本人不在，要么利率飙升，要么通胀水平飙升，进而对全球经济带来未知影响。野村证券高级经济学家辜朝明（Richard Koo）注意到了这一现象。他在 1987 年 9 月指出，由于日本不愿继续购买美国国债，美国的利率将大幅上升。他说，“把利率的跳升视为美国的学费。现在你知道美国是多么依赖外国资本了”。[23] 这种依赖的加深加剧了贸易赤字问题。《商业周刊》估计，美国外债在 20 世纪 90 年代初可能达到 1 万亿美元，为其支付的利息远远超过美元贬值带来的出口增加额或进口减少额。[24]

最后，还有国家安全问题。反对将仙童半导体出售给富士通，是因为菲南和奥尔默五年前预测的美国技术优势的丧失引发了越来越多的不安。到 1984 年，各种研究得出结论，五角大楼越来越依赖外国供应商，这不仅使其越来越容易受到供应中断的影响，更重要的是，也使它越来越容易受到美国技术能力衰退的影响。

这一担忧 1984—1985 年间在克雷研究公司变成了现实。该公司是超级计算机的开发商和最大的制造商，超级计算机被用于诸多国家安全核心领域，包括国家安全局的密码破解、国防工业的飞机和导弹设计。超级计算机所有组件中，克雷公司参与了大部分，但所需的关键半导体元件依赖于日本供应商。由于日本政府和制造商决定专注于超级计算机的开发，这些日本供应商最近成了克雷公司最大的竞争对手。有一次，一家主要的日本供应商延迟向克雷公司交付由后者实际设计的某新型部件，因此给了该供应商的计算机团队一年时间设计适用于自己公司机器的部件。作为应对，克雷同仙童半导体启动了一个特殊项目，以发展本土供应商。富士通收购仙童的要约令克雷感到惊讶且不快。但除了技术依赖问题，还有一个简单的事实，那就是衰退中的美国经济无法在继续维持一个庞大的军事机器的同时与日本竞争，而日本几乎没有承担世界领导者的什么责任。

对美国实力的真正挑战

1857 年，当美国和日本之间的竞争开始时，幕府的顾问堀田正睦记录了自己的观察：

我因此深信，我们的政策应该是尽全力抓住眼前的机会，缔结友好联盟，向世界各国派遣船只并开展贸易，学习外国的长处，弥补我们自己的不足，提升国力、完善军备，从而逐步使外国人受到我们的影响，直到世界各国均认识到安宁的好处，我们的霸权在全球范围内得到承认。[25]

霸权、实力，这些都是最终关系到相关国家并决定其公民生活状况的问题，正如美国在面对苏联挑战时投入大量资金和精力以维持其实力时所认识到的那样。但美国似乎只从军事和政治角度来理解实力和霸权，却没有像崛田一个世纪前意识到的那样，实力、霸权还有经济的一面。

眼下，对美国实力的真正挑战，是来自远东的友好挑战。面对苏联的竞争，美国的产业并没有萎缩，苏联也没有让美国的金融市场发生动荡。当然不能忽视苏联，美国也没有忽视与苏联相关的那些国家，作为应对，美国开发技术、发展产业、制定战略。美国深谙苏联的本质，而且以不同方式从多个层面来应对，有成功也有失误，但始终着眼于双方的交手将如何影响美国的实力，着眼于美国继续领导西方世界的能力。

但面对来自东方的友好挑战，美国的反应截然不同。我们竭力阻止苏联获得哪怕是过时的半导体、机床或其他技术，这些做法有时甚至损害了美国产业的竞争力。但当这些美国产业在日本政府旨在实现其产业领导地位的政策带来的日本竞争面前举步维艰时，美国的政府领导人在苦苦地寻找对策。即使是日本公司明显违反了美国贸易法，美国的领导人对是否执法也是犹豫不决。最终，就像富士通收购仙童半导体公司遭到反对一样，美国有时会采取行动，保留它所认为的关键能力。但这些行动往往显得不够理性，原因在于缺少充分的方案，很多情况下局势反而更糟了，因为美国看起来是在报复，并没有有效的目标。

这一问题并不局限于某一届政府。不愿采取有效行动是战后美国历届政府的特点。这些政府一直不能或者不愿承认其对日本经济和国民特点的假设与世界强国的需求之间的矛盾。实力需要特定产业和特定关键技术领域的能力。但美国这个国家的经济政策制定者假定，经济的唯一目的是满足消费者的需求，而最好的实现方法就是尽量减少政府对自由市场的干预。美国应对苏联，是因为防范军事威胁被视为合法的政府作用；但要应对日本的挑战则有难度，因为需要采取的措施似乎同经济效率的要求相悖。在同日本打交道时，美国政府似乎总是担心，如果介入经济实力中的一个战略要件，便会削弱美国的整体经济实力。指导日本的思维方式同美国的差别很大，而美国视而不见，这种情况下困难只会越发复杂。

美国的经济信条同世界领导者角色是冲突的，美国地位的日趋衰落加剧了这一冲突导致的两难，美国寻求通过谈判在日本内部实现变革。但由于缺乏战略经济目标，美国只是坚持总体开放日本所有市场，不考虑任何特定市场，也不关心任何具体结果。这种思路导致了一系列围绕对日本的诸多抱怨而展开的毫无协调作用的无休止的谈判。例如，日本人认为美国的棒球棒不安全，必须逐根查验才能进入日本市场；大阪新机场的管理部门事实上禁止美国工程公司参与投标；日本严格限制美国烟草的销售，甚至禁止牛精液进口。有些事项很重要，有些不重要。但在所有情况下，美国都在与深深植根于日本社会生活中的行为、态度和政策做斗争。围绕这些问题的谈判自然引发了激烈的争论，这日益损害了自 1977 年以来一直担任美国驻日大使的迈克·曼斯菲尔德所称的“美国最重要的双边关系”。

日本人很是沮丧，因为他们知道，美国商人和政府官员提出的问题并不是核心所在，虽然后两者没有意识到这一点。日本人越来越不满，因为他们认为那些非常愚蠢的美国谈判人员在一些无伤大雅的问题上做文章，这是在打扰他们。日本国内不满情绪在加剧，美国国内的挫败感也在上升，这形成了一个恶性循环：美国的要求引发日本的不满情绪，这进一步挫败了美国，从而再度激怒日本。

美国人的态度是基于对日本社会和经济思想本质的严重误解。在与日本打交道的过程中，美国的政策假设日本经济多少会以与美国经济相同的方式对刺激措施做出反应。美国还假设，日本的经济政策同美国的经济政策一样，目标都是消费导向，这个假设攸关美国的利益。日本是美国的门徒，是可宣示的成功案例。怀疑日本是否和美国一样，就是在暗示过去 40 年的政策存在不足。

此外，美国的政策制定者还没有理解产业结构战略的概念。美国的国家安全战略狭隘且以军事为导向，集中关注美国有多少航空母舰、飞机和导弹。美国政府并没有试图改变一个产业的整体结构，以获得主导该产业所带来的战略实力。虽然美国准备利用经济作为实力手段，对苏联或南非实施贸易制裁，以回应某些不受欢迎的具体政策，但美国认为，为维持或扩大美国实力而有意识地利用经济手段，是低效和不适当的政府干预。日本人过去和现在都不认同美国人的观点。对他们来说，促进关键产业发展于经济无害，相反，对于确保国家未来的繁荣是必要的，他们认为这与国家的实力有着千丝万缕的联系。

错误假设和无知的政策，导致美国的国力和美国人的生活质量在各个方面都快速下降。这些错误的假设和据此制定的政策，才是美国面临的真正挑战。我写作本书也正是要检讨这些假设和政策。我以美国重要的半导体产业险些被日本偷走为开篇（见第二章）。但“痛击”日本远非我的本意，我因此在第二部分转向其文化、历史及传统元素，这些元素促使日本抵制外来力量介入本土市场，而在不懈地开发海外市场的过程中，又成为其行事方式的内在逻辑：政府官僚机构、产业政策和公司在日本的经营方式，均遵守这一内在约束。观察了日本运转的动因之后，我在第三部分将目标转回美国，力图说明，作为美国伟大力量源泉的最本原的理想——个人（主义），如何也成为这个世界强国逐渐衰落的根源。由于缺乏凝聚力，美国的商业特点及其与政府的关系与日本非常不同，即便美国最好的公司也发现，很难与日本公司竞争，摩托罗拉公司的经历就是一个例子（见第七章）。此外，美国人还误解了经济与国家安全之间的关系，重要的机床产业的遭遇就是例证（见第八章）。美国国会和政府不同部门在与其他国家进行贸易和谈判中的角色极其重要，它们有不同的角度和利益，对美国的政策有推动作用。讨论这些议题之后，我在第三部分回顾了 1981—1987 年间我本人参与的一系列谈判，从而展示在无休止的讨论之外，美日两国之间的紧张关系是如何恶化的，原因在于，美日均越发纠结于各自对对方的判断，也都各自困扰于本国的国际地位以及对本国人的影响力，这些困扰和纠结也都是不可避免的。

未来已来。这一未来与我们对自己及他人长期抱有的美好期望中的所有设想都截然不同，也远没有那么安全和繁荣。例如，美国领导西方世界的能力，作为被压迫人群追求自由的避风港发挥历史性作用的能力，都受到了质疑。美国如果要改变现状、遏止衰落趋势，必须重新审视其假设及优先事项。这不仅是美国自己的需要，也是胜利的日本人的需要：日本也需要睁开眼睛，看到他们自身体系和他国体系的缺点，这样他们就同美国一样，可以在一个更好的新世界里，成为完全平等的伙伴。这就是第四部分的主旨，也是我这本书的结论。

在 1986 年秋天和 1987 年夏天访问日本时，我发现日本民众越来越不满，日本领导人则忧心忡忡。与我交流过的日本人中，有三位对日本战后的成功做出了重要贡献：天谷直弘，在西方享有盛名的索尼公司董事长盛田昭夫，以及前通产省副相（日本最有权势的职位之一）河永庆一，他还曾担任日本战后最有权势的首相田中角荣的助手和演讲稿起草人。他们三位对日本的成就均感到自豪，也似乎为自己的贡献感到自豪，尽管出于谦虚没有直接说出来。与此同时，他们也都克制且不乏担心。他们原本的目标是富强日本而不是削弱美国，他们对美国充满敬意和热爱。然而，似乎日本越成功，美国就越失败。他们没有因为努力使日本富强而道歉，这是他们的责任，也是对所有国家官员的期望。他们清楚地看到了美国政策的矛盾和失败，他们不能理解为什么美国允许自己继续衰落。他们和我一样担心，随着美国的力量不断减弱，两国的关系会变得更加紧张。

这些日本官员坦率地表示，日本不能也不想取代美国成为西方世界的领导人。事实上，天谷强调，一个强大的美国无可替代，他同时谈到了日本可以振兴美国的方法；盛田则想知道美国是否知道它正在摒弃其产业，是否理解这种随意行为的后果；而河永的问题是最让我震惊的，他向美国抛出的问题是："你们为什么还不觉醒？"

第二章

芯片败局——半导体产业

美国半导体产业正在失去商业量产方面的领导地位。美国的国防将很快依赖外国的半导体技术。这种形势不可接受。

——诺曼·奥古斯丁[①]，1987年2月11日

半导体被称为电子时代的大米和21世纪的原油，是现代电子产品的基本组成部分。这些由硅元素构成的小型矩形“芯片”——每一块都是指甲那么大，塞满了能够存储和处理大量信息的微型电路，运行着电子表、录像机、超级计算机和电话网络等各种产品，最近甚至成为儿童玩具和洗衣机的重要组成部分。此外，它们对于先进武器系统来说也不可或缺。在战略产业榜单上，半导体产业几近榜首。

富士通提出收购仙童半导体后不久，国防科学委员会半导体专责小组主席诺曼·奥古斯丁和马丁·马里塔公司向国防部长卡斯帕·温伯格做了汇报，并证实了竞购的象征意义。[1]奥古斯丁直言不讳地指出了美国面临的主要困境：面对来自日本残酷的压力，美国半导体产业步履蹒

① 曾担任洛克希德·马丁公司首席执行官和董事长。——译者注

跚，正迅速走上电视和汽车行业的老路（见图 2.1）。在目前情况下，这个行业在商业市场上无法与日本竞争。这种情况对国家安全有巨大影响：21 个美国至关重要的核心军事系统所用的芯片只能从外国（主要是日本）获得。更重要的是，产业发展趋势也与日本有关。在 25 项核心半导体技术中，日本领先 12 项，8 项同美国相当，5 项正迎头追上美国。

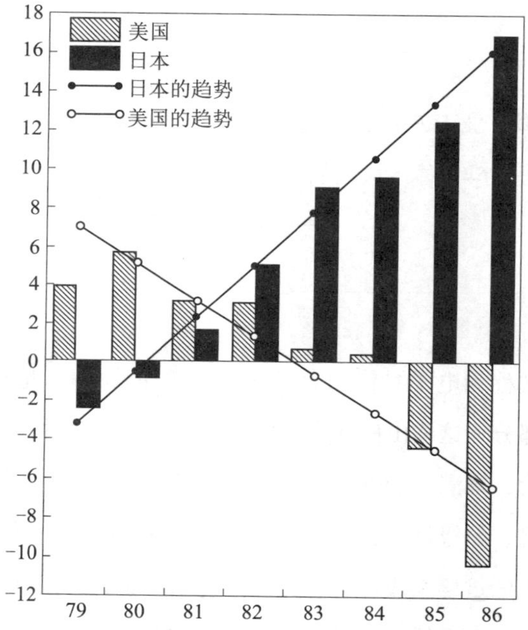

图 2.1　1978 年以来全球半导体市场份额的累计变化（百分点）

资料来源：Semiconductor Industry Association

此外，日本不仅正在半导体产业取代美国，而且正在取代供应半导体产品的关键设备和材料制造商。由于半导体技术的进步与设备和材料能力密切相关，这些供应商的减少意味着美国不仅遭受了生产损失（见图 2.2），实际上也正在失去保持领先地位的能力，并且在整个国防战略中越来越依赖日本的关键技术。

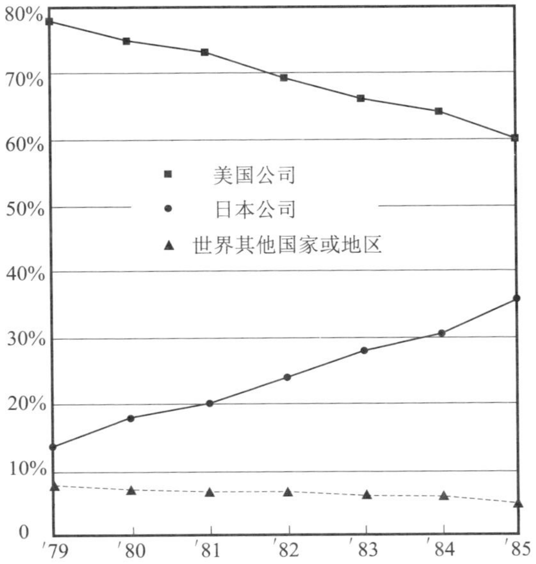

图 2.2 半导体制造设备全球市场占有率（全球出货量百分比）

资料来源：Semiconductor Industry Association

半导体产业诞生于美国，是美国活力的象征。它如何从一个国家未来的象征变成一个处于困境的产业，这既是日本崛起和美国衰落的代表，也是 20 世纪后半叶的一个大事件。接下来是一个幕后故事，在奥古斯丁的报告之前，这个大事件在将近 40 年的时间里几乎没有被人注意到。

早期的半导体产业

晶体管的发明

故事开始于 1948 年，当时美国电话电报公司（以下简称 AT&T）贝尔实验室的三位美国科学家约翰·巴丁、沃尔特·布拉顿和威廉·肖克利发明了晶体管。在此之前，增强和交换电子信号的真空管一直是电话系统以及无线电和其他电子设备的支柱。第一台计算机——1946 年在宾夕法尼亚大学完成的 ENIAC——有 18 800 个真空管，运行时室温达到 120 摄氏度。ENIAC 有一栋房子那么大，修理的时间比操作的时间还要长。真空管体积大，很快就会烧坏。随着电话网络的扩张和世界进入计算时代，真空管的尺寸和不可靠性成为制约因素。为解决这个问题，贝尔实验室组建了生产晶体管的团队，晶体管也是第一个半导体元器件。

晶体管体积比真空管小 99%，所需电力也只是后者的一小部分，这引发了电子革命，促进了电话网络扩张，同时也出现了很多创新产品，比如便携式助听器和小型便携式收音机。特别重要的是 AT&T 的授权政策，作为美国反垄断法约束的垄断企业，它的发明"来者可用"，不分国外、国内。① 日本的索尼公司是第一批获得授权的公司之一。很难相信 AT&T 愿意将这种开创性的技术提供给一家外国公司。换作 NTT，当时肯定不会这么做。事实上，这项政策在当时的各国之间是独一无二的，这使得 AT&T 的晶体管技术迅速传播，成为美国和日本半导体产业发展的基础。可以说，两国之间的这项竞争在 1956 年就开始了，当时技术开始走出实验室，太平洋两岸都建立了商业半导体产业。

美国的半导体产业

1956 年，肖克利和他的两个同事一起获得诺贝尔物理学奖后，回到他童年时的家乡加州帕洛奥托，建立了肖克利半导体实验室，实验室离李·德弗雷斯特于 1906 年发明第一个真空三极管的地方不远。肖克利决心建立世界领先的半导体公司，他招募了他能找到的最聪明的年轻的物理学家、化学家和工程师，其中包括罗伯特·诺伊斯。

---

① 如果当时放松（垄断）管制，AT&T 很可能不会对外授权这项技术，它可能会成为当今世界领先的半导体制造商，以及领先的计算机制造商。

诺伊斯在艾奥瓦州的格林诺长大，父亲是一位公理会牧师，他在格林诺继承了公理会创始人乔赛亚·格林内尔的精神。1854 年，霍勒斯·格里利[①]对格林内尔这位因反对奴隶制而被南方教会解雇的年轻教士给出了传诵至今的忠告："到西部去，年轻人，到西部去。"格林内尔去了西部，在艾奥瓦州买了 5 000 英亩的土地，着手创建理想的公理会社区。尽管这个新城镇有非常严格的约束——只有那些同意永不喝酒的人才能买到大量的土地，但所有人都认为自己在从事上帝的工作，这催生了一种朴素而热情的平等主义，这种平等主义回避了对等级和地位的关注。

诺伊斯在格林内尔学院主修物理，很幸运地在格兰特·盖尔的指导下学习。1948 年夏天，盖尔得知自己以前的大学室友约翰·巴丁和另外两个人共同发明了晶体管后，立即写信给巴丁，并很快收到了两个最早一批生产的晶体管，这使得他能够在诺伊斯大四时开设世界上第一门固体物理课程。

诺伊斯后来在麻省理工学院获得博士学位，并在费城的菲罗公司从事半导体工作，度过了不愉快的一年之后，也去了西部帕洛奥托和肖克利的实验室。他到旧金山湾区后的第一件事是买房子，之后他去和肖克利讨论他的新工作。这家新公司令人兴奋，但很快就在研究方向上产生了分歧。1957 年，肖克利的七个年轻高管（不包括诺伊斯），迈出了之后在硅谷里很常见的一步。他们和一位投资银行家会面，讨论开办自己的公司。这一团队被亚瑟·洛克介绍给了仙童摄影器材公司。鉴于诺伊斯天生的领导特质，他们说服诺伊斯以协调者身份加入，该团队遂成为仙童半导体公司的核心创始成员。

---

① 霍勒斯·格里利，美国著名报人，政治家，反对奴隶制。文中这句话是他的名言，影响了无数的美国人。——译者注

硅谷由此诞生。以诺伊斯为灵魂，仙童半导体公司不仅开创了半导体新时代，还定义了一种新的商业文化，其实质是一种朴素、平等的个人主义。这一新态势的特点是非正式性，因为它淡化了传统商业中的头衔和地位，倾向于基于专业知识而不是基于等级的共识管理和决策，企业努力让每个人都参与其中，期望每个人都能承担起责任，而不必等待指示。喜好这种风格的工程师是一个新的群体。他们着魔一般地工作，先人后己。最初几年，一些人找到风险投资后离开仙童，创办了自己的公司，他们多继承了这种新文化。这种创业模式并没有被诟病，而是被肯定。这是一个令人兴奋的时代：奖励那些积极进取的企业家，那些为未来开拓新道路的现代牛仔。

这一趋势不仅限于硅谷。在芝加哥，摩托罗拉创始人保罗·高尔文和儿子罗伯特·高尔文押注公司未来，在凤凰城大手笔投资新建了一座半导体工厂；在得克萨斯，一家名为德州仪器的小公司已经取得了重大突破。通用电气、美国无线电公司和 IBM 等大公司也十分活跃。结果到 1960 年，超过 100 家公司涌进这个总值只以百万美元计的新市场。这些公司冒着巨大风险，希望获得长期回报，因此没有任何保证。许多人预测巨头公司将占据主导地位，但巨头精心的投资分析和谨慎往往导致行为上的犹豫不决，这为小企业和快企业打开了机会之门。

1959 年，企业家们专注于日趋复杂的最新技术，诺伊斯和德州仪器公司的杰克·基尔比几乎同时发明了集成电路，他们将几个分立的元件组合成一个完整的电路，放在一个晶圆片上。这引发了第二次电子革命，带来了如手持计算器这一系列新产品以及制造这些产品的新公司。NASA 为阿波罗登月火箭选择了诺伊斯的芯片。到 1969 年，行业销售总额迅速增长超过 1 亿美元。诺伊斯在 1968 年离开仙童半导体，创立了英特尔公司。公司没有指挥链，但必须召开定期的企业文化会议，即使对诺伊斯来说也是如此。这家公司取得了非凡的成功，即推出了另一个革命性设备——动态随机存取存储器（DRAM，通常简称为 RAM，我在本书中称 RAM）。这种关键产品能够存储约 1 000 比特（1K）信息，可从外部访问，就像可以通过拨号联系到通信网络中的一部电话一样，成了所有电子产品的主存库，并确立了未来 20 年的基本技术方向，极大地提高了计算能力，降低了成本。

接着，英特尔的特德·霍夫在 1971 年发明了另一个革命性的设备——微处理器，或称作芯片上的计算机，它把一个房间大小的机器的所有算力，放在一个邮票大小的硅片上。1973 年，英特尔推出了新一代 4K 主存（主存容量总以 4 的倍数增加），它可以在与老式 1K 设备大小相同的空间内存储 4 000 比特的信息。1975 年，4K 芯片被 16K 主存取代，莫斯特克公司成为领头羊，英特尔、摩托罗拉、德州仪器和其他公司紧随其后。

在这段时间里，美国人实际上是独领潮头。欧洲人影响很小，而远远落在后面的日本人则采取行动，保护本土市场不受美国物美价廉产品的冲击。美国国内对此似乎很少在意。毕竟，美国是当时最大的市场，美国公司凭借其令人难以置信的创新精神占据了主导地位，推出了源源不断的革命性产品，似乎没有外国竞争者能追上他们，他们的文化和管理风格被誉为未来的潮流。

美国政府的角色重要，但并非核心。它与任何一项发明都没有任何关系，也没有参与任何一家公司的创建。在 20 世纪 60 年代，它确实资助了 NASA 的登月计划和民兵导弹计划，这两个计划都为新芯片创造了重要的市场，推动了业已扩大的产业的研发和扩张。然而，美国政府并不关心这个行业的结构，不关心谁有没有得到风险投资，不关心谁能不能扩大生产，也不考虑任何旨在特别促进这个行业的特殊税收或财政措施。此外，美国政府并没有保护美国公司免受外国竞争。政府的大项目开始减少时，它的采购和资金水平以及对行业能力的兴趣也随之降低。

硅谷没有人会考虑就商业上的战略性问题咨询政府，如果被问道，美国政府官员会目瞪口呆，无法回答。双方都认为提供这种建议不是政府在自由市场经济中应该起到的作用。

日本的产业

当诺伊斯同合伙人在一个开放房间刻蚀新企业的第一个硅片电路时，另一类企业家也在太平洋的另一边忙碌着。东京的房间也是开放的，没有隔断，但太平洋东西两岸的房间也只有这一个相似点。日本通产省官员接受的是法律培训，而不是工程学培训；他们的工具是钢笔，而不是千分尺，因为他们致力于制定《促进电子产业特别措施法》。

日本的电子产业在1957年开始起步，但与美国同行相比处于弱势，通产省决定缩小这个差距。新法宣示国民，电子产业将成为全国努力追赶美国的主要领域。根据法律，通产省要通过产业界协商，选择研发中的产品和项目进行特别推广，确定生产、数量和成本目标，通过提供补贴和指导银行信贷来确保足够的项目资金。简而言之，就是那些美国公司自己完成的所有事务。该法还授权在通产省认为有帮助的情况下创建卡特尔，并在通产省的控制下设立一个电子产业审议委员会，由产业界、学术界和新闻界的代表组成，负责制订计划、给予协调。[2]

日本电子产业的发展不仅仅是私营企业寻求有利可图的新领域的问题。当然，这个因素也存在，但日本政府认为电子产业太重要了，不能单由商界决定。特别措施法让发展成为合力之果，由通产省引导日本列车踏上新的产业领域之旅。

美日竞争

日本挑战 IBM

起初，计算机比半导体受到的关注更多。在诺伊斯和基尔比于

1959 年首次开发出集成电路时，IBM 推出了第二代 1401 计算机。日本人痛苦地发现，IBM 远远领先于本国的计算机制造商。被外国主导的恐惧所困扰的新审议委员会宣布，日本的首要任务必须是建立一个世界级的国内计算机产业，而 IBM 成了目标。

委员会的决定具有重大意义。1959 年，对比美国产品，日本的电子产品水平低、质量差、价格高。按照西方经济理论，日本应该进口这些产品，同时生产其他更具竞争优势的产品。基于前述决定，日本在瞄准 IBM 时暗中拒绝了西方的理论。日本表示，拥有强大国内产业的长期国家利益，要胜过购买更好、更便宜的美国电脑给消费者带来的短期好处。此外，日本认定自己可以后来居上，创造竞争优势，尽管本国几乎没有被认为是必需的资源。这种政策后来被美国专家称为“生杀大权”，他们认为这种做法不可能有效。但日本人解释说，市场已经选择了优胜产业，他们只是想确保日本与赢家并肩前行。

这种思维背后透露出日本维持自主性和同质性的强烈愿望。它认为，如果外国公司占据日本市场的大部分份额，那日本国将不国。对标 IBM 的决定因此被视为关乎国家安全的问题。其结果在许多方面都可以与美国的阿波罗计划相提并论。与之类似，日本的方案也以政府选定的几家大公司为中心，形成了支持这一努力的广泛共识和同样的国家目标意识。美国人后来指责日本人“买日本货”的心态，但正如美国不会用苏联火箭登月，日本人是想用自己的电脑和零件。事实上，当美国火箭和航天飞机因事故于 1987 年停飞时，美国政府即阻止美国公司用苏联火箭发射卫星，这与日本在半导体和计算机方面的行动没有太大区别。

通产省应对 IBM 的第一个措施是提高计算机关税。1960 年，IBM 试图通过在日本制造来规避关税，但通产省拒绝放行这种生产，直到 IBM 同意将其基本专利授权给 15 家日本公司。此外，时任通产省重工业局局长、日本战后产业政策关键设计者之一的佐桥滋说，如果IBM这头“大象”能不踩踏日本那些“蚊子”[3]，他将不胜感激，那IBM就得同意遵循通产省对其能在日本生产机型和数量的指引，且每次在日本引入一种新机型时必须获得通产省的批准。一位IBM的日本高管最近向我表示，这项安排至少持续到1979年，通产省得在一定程度上控制IBM的市场份额。想在日本做生意，IBM只能遵照执行，别无选择。

全球最大的半导体制造商德州仪器在20世纪60年代初申请投产日本时也是同样的待遇。谈判陷入僵局，直到德州仪器发现有几家日本公司侵犯其专利，德州仪器威胁起诉禁止后者产品进入美国市场时，情况才有改变。作为专利授权的回报，德州仪器随后被允许在日本制造，但附带条件是其在日本的市场份额不能超过10%。[4]摩托罗拉等其他公司没有德州仪器强大的专利地位，仍进入不了日本市场。

在束缚外国企业的同时，控制银行贷款的日本政府将日本当时稀缺的资本分配给其选择的计算机行业龙头企业——日立、东芝、富士通、日本电气、三菱电机和冲电气。政府还为这些公司提供各种税收优惠，并成立政府支持的租赁公司——日本电子计算机公司，前述几家公司一推出计算机，该租赁公司便立即购买并支付现金，解决了资金周转问题，也避免了价格战。最后，政府施压用户“买日本货”。如今已进阶通产省高职的一位官员，当时因将进口许可证申请扔进废纸篓而声名远播。另一位官员承认，通产省官员经常对电脑进口商说：“你们为什么要用外国电脑？”[5]

1982年9月，日本著名杂志《文艺春秋》对富士通董事长小林泰宇的采访证实了这些努力是有效的。小林泰宇承认，如果没有政府的帮助，日本计算机行业是不可能取得成功的。他解释说，“在我们还不知道公司是否能够运营之前，通产省就帮助我们，敦促汽车制造商和钢铁公司开始使用国产电脑”。[6]

竞赛 64K 存储器

20 世纪 70 年代初，有两件事使计算机战争转变成半导体战争。IBM 推出第三代 370 电脑，该机型基于新的主存芯片，这震惊了仍在努力追赶 IBM 二代电脑的日本。1972 年，在冲绳回归的谈判中，① 日本同意取消对外国进入其电子市场的正式限制。尽管这些限制违反了关贸总协定的规则，但对自己压倒性的经济实力信心十足的美国不曾提出过抗议。而今，美国对日本贸易赤字不断增长，美国也开始向日本施压，要求其开放市场，以换取冲绳回归。

日本对这些事件的反应揭示了他们的思维同美国经济观点之间的巨大差距。日本没有人谈论自由贸易对消费者的好处。相反，日本媒体将外国商品和投资的可能涌入比作佩里准将的到来；摩托罗拉宣布有意在日本建厂被视为“关系趋紧”[7] 的原因；而德州仪器则被称为对当地产业构成“重大威胁”[8]。大多数日本人认为开放市场是一个重大让步，是日本为了拿回冲绳并让美国保护者高兴而必须忍受的牺牲。

在要求继续保护的行业压力下，通产省设法将市场开放时间推迟了三年，直到 1975 年底，并利用这段时间组织起来了所谓的反自由化对策。日本这时的目标变成了美国的半导体产业（而不再是 IBM）。意识到 IBM 新机型中的新主存芯片是计算机性能优势的关键，通产省开始加强其半导体产业，日本这一产业当时远远落后于美国公司。1975 年初，与政府拥有的电话垄断企业 NTT 一道，通产省组织各大计算机公司组成财团，联合研究，旨在实现飞跃、超过美国。当时，最新一代的

---

① 1945 年，美国以高昂的代价从日本人手中夺取了这座岛，即使结束在日本其他地区的占领后，美国仍继续占领和管理该岛。

主存芯片是 4K，第三代 16K 主存预计将很快发布。日本人的目标是到 1980 年以 64K 主存击败美国。

这些举措再次表明了日本的决心，也表明了日本对西方经济学的排斥。挑战创新、低成本的美国厂商的领先地位是一项艰巨的任务，西方的贸易学说认为这么做适得其反。但日本人有理由相信他们能够成功。的确，美国人很有创新精神，他们率先推出新产品，从而主宰了世界多数市场。但日本人已经在收音机、立体声音响和电视上发现，从长远来看，这些优势其实并不重要：美国的技术很容易获得，转让技术可以作为进入日本市场的条件，美国的大学欢迎外国学生，美国的专业协会和行业协会对外国会员开放，以及美国的反垄断法禁止美国公司之间协调授权活动，可以在这些公司关系中做文章，挑起竞争，进而获取技术许可。此外，这些美国公司通常很快就会授权使用他们眼中的旧技术，并对能够始终保持领先极度自信。最后一招是，可以模仿美国产品。一旦有了技术，日本人就有信心通过其高超的提升技术拿下任一美国产品，且比美国公司生产的更便宜、更好。

当然，他们需要时间。因此，通产省让世界知道，开放日本市场是有限度的。在全面自由化前夕，通产相小本俊美表示："政府决心密切关注计算机市场的趋势，旨在防止对国内公司造成任何可能导致计算机市场混乱的不利影响。"[9]（"市场混乱"是日本人最爱用来表示不希望出现的结果的一个词。）小本俊美补充说，日本产业的未来取决于能否获得足够的国内市场份额，通产省将密切监测趋势，以确保取得理想的结果。

除了对西方经济学的排斥以外，这些举动似乎与关贸总协定对日本约定的义务相抵触。关贸总协定要求日本不得试图使谈判中所做的任何让步失去效力。然而，没有任何记录表明美国政府曾抗议过，甚至其驻东京大使馆也不曾报告过这些事态的发展——这是一个致命的疏漏。在官方限制期间，美国占日本半导体市场的份额在 10% 左右。[10] 鉴于美国行业的优势，其份额预期将在自由化之后扩大，但事实上几乎没有变化。这甚至都让日本人感到吃惊，他们将此归因于美国公司管理上的懈怠。但回过头看，很明显是日本的反制措施达到了预期效果。

日本电气公司的一名高管曾说：“如果风险太大，私人资本就无法承担投资。通产省给了我们信心。”[11] 这最好地诠释了日本那些努力的真正意义。虽然西方分析人士后来就日本产业获得补贴的多少展开辩论，但补贴只是附带项，关键是创造一个对日本公司有利的环境。日本政府有严重的问题。与后来的看法相反，日本的商界人士不是像硅谷企业家那样的长期风险承担者。但日本政府希望获得硅谷那样的成果。对于政府来说，唯一的选择就是降低（日本企业家的）风险。

日本政府这样安排之后，日本公司强大的工程、制造和财务方面的优势发挥了作用，取得了令人印象深刻的成果。第一批日本 16K 主存在 1978、1979 年进入世界市场，迅速占据了 40% 的份额。日本厂商进入国际市场较晚，其成功的背后有五个因素：第一，考虑到创建国内产业的动力，它们肯定会占领本国市场。第二，1979 年（美国）市场需求激增，美国厂商难以满足这一需求。日本进入开放的美国市场并填补了需求缺口，当然，美国不存在任何反进口制约措施，也没有任何向美国转让技术的要求限制。第三，日本人展示了如何把质量作为营销工具。1979 年，科学仪器和计算机大型制造商惠普公司宣布，日本芯片的故障率是美国芯片的 1/5。这并不是说美国产品质量差，它符合买方的规格，而是日本已经超出了要求。第四是作为“第二货源”。由于不太愿意在关键部件上只依赖一个供应商，客户经常要求供应商授权另一厂商生产该供应商的芯片作为第二货源。日本客户当然总是喜欢日本公司作为第二货源。此外，有史以来最大的讽刺之一是，美国厂商往往特意选择授权日本厂商作为第二货源，因为他们认为比起其他美国竞争对手，日本公司的威胁要小。

最后一个因素是倾销，即在国外市场以低于成本或低于本国市场售价销售的做法。美国是最大的市场，日本厂商要获得很大的市场份额，以便产量足够大，从而获得成本优势（成本随着产量的增加而下降），这至关重要。日本厂商是后来者，其生产成本高于美国，这反映在日本市场的高价格上。但日本公司的产品在美国市场上的价格远低于这两个国家本土市场上的主流价格。这一战略具有很好的商业意义。顾客通常喜欢便宜货。通过提供便宜货，日本公司可以获得降低成本所需的订单量。唯一的问题是，根据美国贸易法和关贸总协定的国际规则，倾销均系非法。原因是倾销可能是试图利用市场力量来输出失业，或者试图通过类似于美国反托拉斯法所禁止的掠夺性行动来获得市场地位。这些法律是在 19 世纪至 20 世纪之交由标准石油等公司类似倾销的价格歧视策略催生的，这些公司在一个市场获得垄断地位后，会提高价格，并利用由此产生的利润在新市场大幅降价，试图将竞争对手赶出市场。

这是美日贸易关系中的经典问题之一。美国法律不容忍顾客之间或市场之间的价格差异。但日本没有反垄断的传统，这是惯例。因此，虽然美国厂商指责日本人违法行事，但日本人认为他们只是在做好商人的本分而已。他们需要顾客，最简单的招揽顾客的方法就是降价。在他们看来，这并不是不公平。然而，美国厂商在 1980 年威胁对倾销提起诉讼，日本厂商最终降低了国内价格，同时把美国市场的价格提高了一点，以实现两个市场间平价。但到那时，它们已经取得了竞争所需的数量。

同样在 1980 年，日本人实现了他们五年前设定的目标，推出了第一批新 64K 主存商用样品。他们实际上并不是第一个使用该产品的，因为IBM早前已经开始在其计算机中使用新芯片。但是IBM和AT&T都被认为是自用生产者，生产只为自用。日本的竞争对手是像英特尔、摩托罗拉和德州仪器这样在市场上销售产品的商业公司。这些公司都曾致力于64K芯片的研发，并且都曾以典型的美国方式致力于尖端、创新的设计。通过专注于改进旧的标准设计，日本公司产品投放市场的时间比这些美国公司早了6个月到一年。接着在1980年底，NTT宣布它已经研制出世界上第一个256K主存样品。这是真正的第一个，表明日本在半导体技术最关键的领域已经超过美国。日本公司将其在主存技术方面的新优势与过去的激进定价策略结合起来，开始横扫全球主存市场。

《科学美国人》10月刊有点像是日本电子产业的公告栏，每年都会以一篇长文的形式刊登广告，介绍日本电子产业的发展思路。1981年10月的这则广告是所有行业组织有史以来发表的最有力的声明之一。该广告由包括东芝、富士通、松下、索尼、日立和三菱在内的17家日本公司安排投放——这是直接宣布胜利。

广告中提到日本在半导体领域的快速发展，其内容强调，1980年在旧金山举行的世界半导体大会上，当NTT和NEC已经展示了其256K产品的细节，而美国人还在苦苦挣扎于其64K芯片的商业化时，关于日本是否已经超越美国的疑虑就都已烟消云散。这则广告大篇幅地解释称，日本的成功归功于其优越的产业体系，指出了政府的主导作用，尤其是不把一切都交给自由市场支配的智慧。广告还指出日本基于大财团（战前财阀的继承者）的产业特殊财务结构，以及管理者同劳工之间的合作关系、日本高质量的教育制度和日本的管理技术等因素。文章最后强调，创新的中心正在移向日本，日本将成为世界电子产业的新“震中”。[12]

这就是1981年秋天东京眼中的世界格局。

统计数据背后的故事

不过，美国当时只有极少数人意识到这场战斗可能已经结束。如果你相信统计数字的话，战斗显然没有结束。1981年底，美国厂商在世界各类半导体市场占57%的份额，而日本竞争对手仅占33%。[13] 日本在主存方面领先，但美国在包括微处理器和逻辑器件在内的大多数其他主要产品上领先。半导体同计算机、飞机一样，看起来仍是美国公司主导的几个为数不多的行业之一。因此，问题是，日本人在1981年便已经知道的，美国为什么直到1987年诺曼向国防部长提交报告时才发现？

首先，日本人理解了关键环节或者说"技术驱动"的意义。他们知道主存是半导体产业的关键，因为，作为最畅销的设备，它不仅能带来收入，还保证了工厂经理用来测试、稳定和改进生产及质量控制过程的长期生产运行。与其他许多芯片相比，该产品相对简单，这使其成为开发新技术更有吸引力的工具。最新技术总是首先被整合到主存中，它的每一次升级都代表着新一代产品的出现。主存性能一旦提升，新一代的其他产品就会跟随。因此，64K主存后是64K EPROM（可擦除可编程只读存储器）、64K SRAM（静态随机存取存储器）等。日本人知道，如果他们能在主存中占据领先地位，他们在半导体领域就能获得很好的整体优势。

日本人也知道经验曲线的作用。对过去50年里数百个行业的观察表明，不管是半导体产品、石灰石还是鸡肉行业，任何一种产品的生产和销售只要翻一番，进入市场的产品总成本就会降低20%~30%。这种现象在以频繁推出新产品为特征的快速增长行业尤为明显（见图2.3）。

假设B公司的市场份额为50%，A公司的份额为10%，市场每年增长30%。另假设A公司的年增长率为40%，B公司的年增长率为20%。B公司时下可能是低成本厂商，股东对其20%的增长率感到满

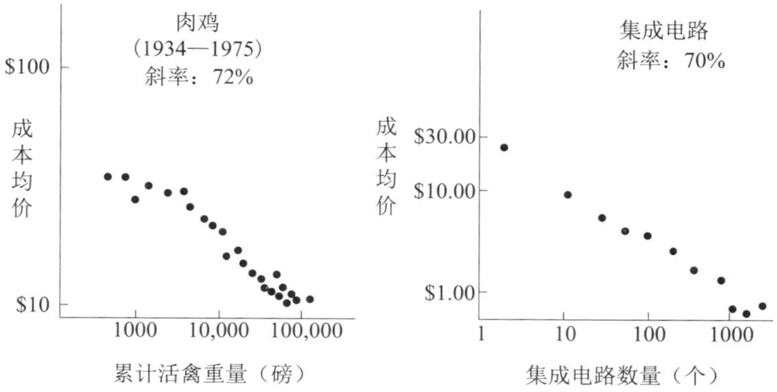

图 2.3　经验曲线的例子

来源：Braxton Associates

足，因与整体经济或其他增长较慢的行业进行比较（还不错），但它正面临着破产的命运。原因是 A 公司的增长速度是 B 公司的两倍。尽管目前 A 的市场份额较低，但它正在增加，而且 A 公司的成本下降得比 B 公司快。到某一时点，A 将拥有更大的市场份额，并将成为低成本厂商。到那时，B 公司的利润将被挤压，也将失去投资新工厂、新设备的兴趣。削减投资将导致工厂和实验室落伍，B 公司因此将进一步落后。股东们可能会向 B 公司的管理层施压，进行多元化改革，迫使其进入石油或其他毫不熟悉的领域。一个活生生的例子是 RCA，因为日本人蚕食其电子业务份额而转向地毯和租车领域。今天，在其曾开创的不同行业，RCA 均是失败者，而且已经不再是一个独立公司，就这般悄无声息地退出了舞台。B 公司将死却不自知，因为它在竞争初期便宣布了创纪录的利润，并向那些说“太高兴了”的股东派发了股息。即使在以后，B 也可能不会知道发生了什么，没能理性地认识到市场已经变成一个无产品差异化、对创新型公司没有吸引力的商品市场（见图 2.4 和图 2.5）。

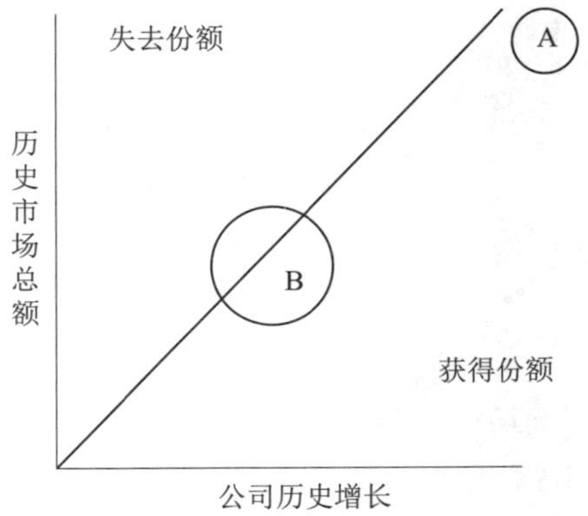

图 2.4　市场份额变化图

来源：Braxton Associates

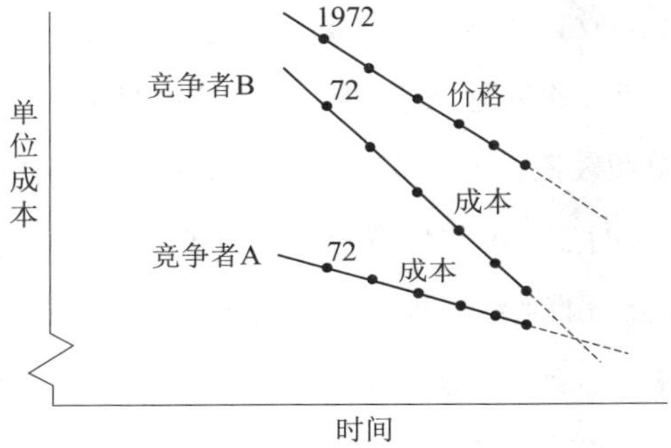

图 2.5　边际悖论

来源：Braxton Associates

日本人因此明白，如果他们在主存细分市场的增长速度比美国公司更快，他们就可以成为主存的低成本生产者。如果控制了主存，那他们就会向在其他半导体领域占据主导地位迈出一大步；如果他们掌控了半导体，那么半导体设备、材料以及计算机这些半导体涉及的各个领域，将会是下一个被控者。

看清楚了这一趋势，那深谙稳定、低成本且足够耐心的资本是支持快速增长的必要条件的日本人，就是这种结构变化中的主导者。《日本经济新闻》1980 年 5 月 6 日的一篇文章讨论了这种必要性："日本半导体制造商能够在相当长的时间内获得大量研究和投资资金。日本制造商享有的这种优势可能引发美国产业界提高攻击日本的调门。"[14]

每年 30%、40% 的增长幅度需要持续不断的投入。日本选择了六大多元化公司——富士通、日立、东芝、日本电气、三菱电气和冲电气，作为其行业的主要标准实施者。每个公司规模都很大，且均是住友和三菱这类日本主要工业集团或财团的成员，各公司都可以获得财团内其他公司的支持，这些财团的资金实力可能超过 3 000 亿美元。此外，鉴于这些公司的主要股东是财团其他成员和那些将支持半导体开发作为财团发展战略的银行，这些公司因此没有短期利润压力。日本的终身雇佣制（见 230—231 页），也使得这些公司没有关键员工突发创业热情，决意利用各自所学创办有竞争力公司的危险。

这一稳固的结构背后，是将尽一切努力确保这个行业成功的日本政府。政府政策降低了风险，并将日本公司的资本成本（半导体等资本密集型行业的关键成本）降低到美国同类公司的 1/3。日本公司因此可以从战略的角度来进行开发，即便在市场不景气时也大举投资，这样他们就有能力在下一轮的市场景气中获得更大份额。进入一个新市场时，他们可以不计代价获得业务。正如 NEC 的一位高管对我说的那样："当市场在增长而你正试图确立自己的市场地位，就没时间考虑利润了。"

而且，日本人知道能在哪里实现销售，从而使他们能继续扩大生产、降低成本。到目前为止，他们在美国有很多销售经验。因为进入美国市场畅通无阻，几年来日本公司一直在做大营销体系。他们知道美国是一个多元社会，因此是一个极易打入的市场。美国的法规和程序公开、透明，且并没有严格执行。此外，如果出现问题，日本在美业务将获得与所有美国国内公司相同的权利和保护。日本人因此肯定会大举进军美国市场。

日本人也知道他们会主导本土市场。此前在美国公司拥有明显优势时，日本禁止其在日本国内建立机构；而今即便他们付出了艰辛努力，也得耗上时间搭建机构。另外，日本芯片制造商同时也是最大的芯片用户，他们自然倾向于不用外国芯片而选择本公司芯片。再者，日本公司清楚其关联公司和财团成员公司也会从他们那里采购。最重要的是，日本公司知道，由于在美日两个市场上的强势地位，他们成了低成本生产者和主要供应商，已然没必要考虑外国供应商。最好的产品在日本，谁还指责他们想以最好的价格购买最好的商品？不再需要“买日本货”的政策，因为市场结构本身就会阻止外国商品的渗透。

最后，日本人了解对手。与日本芯片厂商相比，美国公司规模都相对较小，且对半导体销售的依赖程度更高。所有的美国公司，即便实力如 IBM 和 AT&T，都没有日本公司那样的财力和政府支持。美国公司虽然很有创新精神，但是也很脆弱：股东要求利润，最优秀的员工经常离职去创办自己的公司，后者有时宁愿与日本公司交换技术以换取急需的现金。美国的公司文化和美国法律都阻止美国本土公司之间的合作。这些美国公司谁也无法与日本巨头正面交锋。

获胜

日本广告主在 1981 年 10 月《科学美国人》上的预测很快变成现实。1981 年 7 月至 1982 年 8 月期间，日本 64K 主存产能从每年 900 万件增长到 6 600 万件；[15] 虽然美国公司按日本更简模式竭力重新设计芯片，但日本人还是拿走了 65% 的世界市场份额（见图 2.6）。1981—1985 年间，美国（半导体）公司的新工厂和设备投资额相当于其销售额的 22%，是美国工业平均水平的两倍多；但在日本，资本的可得性基本不是问题，也不需要获得高回报，（半导体行业的）这一投资比例接近 40%。结果，1983 年以后，日本半导体行业的绝对投资总额超过了美国。[16] 研发支出的情况与此类似。美国半导体公司研发支出一直占销售额的 8% 左右，而美国工业平均水平为 4%。但日本（半导体）公司此类开支占到 12%。[17] 最终，尽管美国公司使出浑身解数，日本公司仍继续在质量上保持领先，同时在生产率上跃居首位。

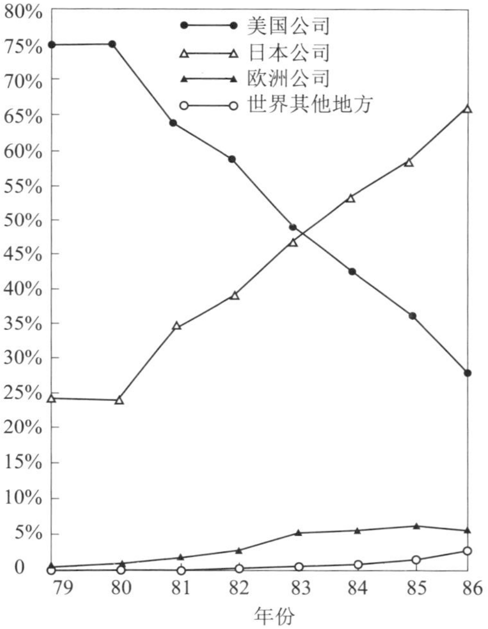

图 2.6　存储产品：世界市场份额（全球出货量的百分比）

来源：Dataquest

半导体生产有四个基本阶段。先是培育圆柱状硅晶体（晶棒），然后将其裁切成晶圆片。晶片设计制造是将几个芯片的电路蚀刻到一个大晶片上，然后将其切成单晶片，最终成为独立部件。单晶片经过测试，组装成封装的部件，并在发给客户前再进行测试。相对而言，封装属劳动密集型工作，为应对长期以来成本仅约美国 1/3 的日本劳动力优势，美国厂商将这部分业务转移到了东南亚。这一度给了美国公司整体的成本优势，但降低成本的关键在产出，即最终发到客户手中的芯片良品率。在生产过程中，哪怕是一粒灰尘或一丝烟雾都可能毁掉一个芯片，所以良品率的关键是要有一个清洁的环境，和由熟练、稳定劳动力控制的自动化且稳定的生产过程。由于没有工程师离职创业，日本公司的劳动力稳定。研发和资本设备上的巨额支出，使得日本公司得以安装超净车间和自动化设备，从而大幅提高了良品率。当美国最好公司的良品率达到 50%~60% 时，日本最好的公司则到了 70%~80%，后者的成本因此更低。这并不意味着所有日本厂商的成本都低于美国厂商，但有些日本厂商做到了，加上其质量好，市场地位越发稳固。

与日本公司大幅投资相对应的，是在 16K 主存中首次实施的激进定价策略。（半导体）价格如自由落体般下跌。NEC 一位资深高管预测，“没有公司会赢利”，“后来者会被淘汰”。[18] 后来者就是美国公司，他们的确正被淘汰。美国曾有 14 家 lK 芯片厂商、15 家 4K 芯片厂商、12 家 16K 芯片厂商，但最终只有两家留在了 64K 市场。[19] 日本公司则无一掉队。日本厂商的财力和产业结构力量逐渐显现。这正在成为投资和砍价游戏，而不再是创新主导，日本人胜出。

两国市场开放程度的相对不平衡越发严峻。争斗总是发生在美国土地上。一个错误，日本人可以一犯再犯，但美国人没有第二次机会。当美国人开始输给日本人的时候，倡导创新、敢于冒险的美国人不得不将美国政府视为唯一有能力重新平衡竞争格局的力量。

美日谈判

倾销问题

1981 年之后，美、日两国政府间的谈判就没断过。美国半导体公司抱怨不公平贸易，认为他们不仅是在同日本公司竞争，还在与日本政府竞争。日本人则不满于被称不公平，他们并无恶意，只是希望以对他们来说自然的方式建设一个更加繁荣、强大的国家。在日本人看来，美国人似乎在不合逻辑地敦促他们不要竭尽全力，从而维持美国人只靠自己已无法维持的地位。

但美国的法律和传统中，没有一个字眼指望将产业、贸易组织起来，作为实现特定国家目标的一种手段，相反，它依托的是西方个人主义模式。美国理解军事竞争、空间竞争，但不理解国家间的产业竞争。结果便是一系列从未聚焦主要问题，只讨论表象而不关注根本原因的谈判。

系列谈判的第一个议题是倾销。一开始，美国半导体行业价格也循着“成本随经验曲线下降”的规律每年降低 20%~30%。随着 1981 年日本研制出 64K 主存，这条曲线随即如尼亚加拉瀑布倾泻而下，价格在一年内下降了 80%。[20] 即便是日本公司也无法这么快地降低成本。1981 年 9 月 15 日,《日本经济新闻》在一篇文章中直言不讳——谁也没赚钱：“目前的市场……价格不一定反映了真实情况。”[21] 几个月后的 12 月 14 日，美国《商业周刊》报道称，“行业分析师质疑，包括日本企业在内的当今任何一家公司能否赢利”。[22]

正是 1981 年秋的这个当口，美国半导体行业的代表开始定期前往华盛顿。其中包括诺伊斯、查尔斯·斯波克和杰瑞·桑德斯。斯波克是康奈尔大学一名年轻的机械工程师，早年加入了仙童半导体公司，并一路成为公司生产部门的主管。正是看中斯波克控制成本的能力，举步维艰的国家半导体公司于 1967 年邀其担任总裁，期望拯救这家公司。到 1980 年，他已经把一个年销售额 700 万美元、濒临破产的公司，发展成为年销售额过 10 亿美元的美国第三大半导体公司。

桑德斯来自芝加哥，家境贫寒，兄弟姐妹 12 个，他排行老大。他靠奖学金获得伊利诺伊大学电气工程本科学位。奖学金由早年一位企业家乔治·普尔曼设立，普尔曼也是普尔曼式火车车厢的发明人。在升任仙童半导体营销主管后，桑德斯在 1969 年的一次公司重组中被解雇。他天性乐观，用仅剩的 1 000 美元遣散费中的 600 美元租了一幢马里布海景别墅，平静地筹划未来。这个未来就是 1969 年他同其他几位工程师在风险投资家朋友帮助下创立的高级微设备公司（以下简称 AMD）。在当时的一本高科技杂志上，AMD 入选最不可能成功的半导体公司，但它让所有预测者大跌眼镜，成为行业翘楚。该公司尤以强调质量和“不裁员”政策的日式风格而闻名。

对于这些人和业内像他们一样代表美国梦的人来说，向华盛顿求助并非易事。他们来自平民阶层，甚至出身贫穷。他们通过创意、灵感和汗水，成功地建立了一个大众眼中 21 世纪的关键产业。他们孤军奋战，没有政府帮助，事实上，有时还受到了政府的干扰。他们一直认为，政府能为他们做的最好的事情就是不要添乱。

他们从全球角度看待其产业，在欧洲、拉美地区和东南亚都设有工厂。他们崇尚自由贸易，对早些时候成群结队赶到华盛顿寻求保护的钢铁、汽车和纺织业高管不屑一顾。对硅谷人来说，向政府寻求帮助是承认自己弱势或无能，或是两者兼而有之。他们如今要求助于政府，只是因为，在他们看来，如果没有美国政府的援助，单个公司根本无法面对日本政府和产业的联合力量。

这些半导体行业代表拜访了美国商务部、国务院、财政部、贸易代表和国会议员。他们没有要求保护，而是要求结束日本的倾销，要求在日本拥有日本公司在美国市场所拥有的同等销售机会，以及要求日本公司停止对美国新设计芯片的抄袭。① 他们在华盛顿遭到冷遇，恰如当地

① 一个抄袭事件发生在 1982 年 8 月。英特尔公司的彼得 · 斯托尔在显微镜下检查芯片时，有一次发现两个晶体管断开了。他立刻意识到，这一缺陷是他在英特尔 8086 微处理器上所做的修复，这纠正了一个逻辑缺陷，并帮助芯片取得了巨大的成功。让斯托尔当时惊讶的是，他面前的那个芯片并不是英特尔的，而是 NEC 的产品。[23]

当时的气温。律师、学院派的经济学家以及诸多担任政府要职的职业官僚，均怀疑企业是保护主义者，在侵害消费者利益。在他们看来，半导体行业是健康的：虽然有一两个方面可能存在问题，但总体而言，其规模比日本大 50%，仍有盈利，且增速比美国大多数行业快得多。很少有官员了解经验曲线，也很少有人知道，即便是在快速增长过程中，如果市场份额被蚕食其技术优势且增速更快的竞争对手夺走，那这个行业同样可能死亡。事实上，许多美国官员附和日本人的说法，他们说，美国的企业管理层就是懒散，需要更努力地工作。现实就是如此：那些押上全部身家、经年忽视家庭、常年待在办公室、每天工作 18 个小时并开创了一个全新行业的硅谷工作狂们，却被那些按硅谷标准来看甚至还不知道努力为何物的人所批评。

在几次会面沟通过程中，代表商务部参加的奥尔默和我不同意其他大多数官员的意见。我们是官员代表中仅有的两个有商业经验的，我们清楚美国公司面临着不平等竞争，且陷入了严重困境。我们两个相信半导体行业的消失对美国没有好处，因此要努力遏制倾销行为从而避免行业消失的结果。因为业界并没有正式投诉，行政部门对此也没有任何政策，所以我们只能靠自己了（半导体界拒绝提起诉讼，因为法律程序经常是花钱、耗时却难有结果；在瞬息万变的市场中，产品生命周期可能在判决出来之前就结束了）。我们唯一的手段就是吓唬和游说。负责执行反倾销法的奥尔默警告在华盛顿的通产省官员，美国商务部可能会开始监控日本的芯片价格。实际上，即便这样做，我俩的能力也有限，但我们希望通过提示这种可能性让日本更加注意。

这一度发挥了作用。正如日本通产省警告日本企业的那样，64K 主存的价格开始稳定下来。有报道称，一家日本公司串通限制供应，从而推高美国市场价格，美国司法部据此义愤填膺地对日本公司可能存在的反垄断行为展开调查。后来证实，那是一个虚假报道。1982 年 7 月 22

日中午（东京时间凌晨 1 点），日本通产省一位官员打电话告诉我，通产省在要求日本公司就美国商务部的警告展开（自我）调查方面又为难又尴尬，因为这些警告是美国商务部敦促通产省向那些公司发出的。吓唬也就到这个份上了。

随着半导体行业形势的恶化，美国国会对不断上升的贸易逆差及他们眼中日本的不公平手段也越发不满。针对日本的报复威胁几乎是每天成倍增加。美国利益的捍卫者且深谙官场操作的助理贸易代表理查德·海姆利希在这种逆境中看到了机会。他认为，美国需要一种对日本施压的机制，但他清楚政府部门整体上不会同意，也不会提供这样的机制。日本人需要在巩固其产业地位的同时有一种方法安抚（美国）国会、牵制美国。海姆利希知道，在这种情况下，日本的正常策略是进行冗长的谈判，造就一个美国产业陷入停滞而日本产业继续发展的既定格局。但他还是期望美国一方的谈判参与者能将这些谈判转变为美国的机会。他建议日本人谈判。这不是一个理想的解决方案，但这是美国政府介入美国产业命运的唯一可能途径。作为回应，日本提议成立一个高技术工作组来解决高技术贸易问题。美国同意了这一提议，并任命助理贸易代表詹姆斯·墨菲和我为美国代表团的联合主席。

初期协议

那是一个关键时点。日本人在这一战略产业上占了上风，并且宣布取胜。但是还为时不晚。各产品线仍有美国产业的身影，美国公司也没有放弃主存的研发工作。如果美国当时仅要求将日本公司在美国市场的份额限制在美国公司在日本获得份额的水平，那美国产业的优势有可能会一直保持下去。没有美国市场的销量，日本公司的成本就会上升，从而失去竞争力。但对消费者来说，这样的政策可能会暂时抬高价格，这在美国的自由贸易原则下不可想象。为保持美国产业的健康态势，墨菲和我必须能够施加足够的压力来创造更加平等的竞争环境，在这个竞争环境中，价格与成本相关，两国的实际销售机会平等。这有可能做到，但毫无结果的谈判时间越长，美国的处境就越困难。因此，我俩的目标是速战速决，且有两个主要目标：阻止日本人在美国市场的倾销行为，同时大幅提高美国产品在日本市场的份额。

后一个目标至关重要，但尤为不易。美国公司在日本以外的市场占据一半以上的份额，但占日本国内市场仅 10% 左右。这个问题比关税和其他正式的贸易壁垒要隐蔽得多，后者基本上已经被取消了。这源于几个因素：日本制造商与其供应商和经销商之间的紧密联系，使其需要承担远远超出合同交易范围的社会义务；大公司之间环环相扣的关系，使他们忽视了欧美的财务制度；长期以来，日本政府事实上一直在鼓励取代外国产品，日本产业如今的做法是一种政策反应。总之，问题是结构性的。整个产业结构就是为了或多或少自动拒绝外来者或后来者的进入。

显然，降低关税和简化进口手续等标准措施不会改变这种局面。不过在 1982 年春天，针对美国国会要立法关上美国市场的威胁，日本首相铃木善幸曾承诺开放日本市场，并在电视上要求本国人购买更多外国货。墨菲和我希望用他的承诺说服通产省积极推动半导体进口。实际上，就像美国弱势的少数族裔一样，我们想要一个平权行动计划，通过（日本）积极增加芯片进口来抵消过去歧视性做法的影响；我们同时希望通过建立监控半导体出货量和价格的系统来阻止倾销；此外，我们希望通产省抑制其不考虑利润的产业投资偏好，这些投资源于通产省的诱导，且不可避免地导致生产远超需求及随后的价格跳水。

这是墨菲和我的目标，但这些会谈并非白宫的重点。几个忧心忡忡的官员把一个漠不关心的行政系统拉到了这些问题上。政府里的大多数核心人物都没有介入。在大多数内阁成员看来，贸易问题远没有军备控制和星球大战重要，我们中的一些人当然不这么想。这样一来，就没有实现什么具体目标的硬性要求。最终，我们不得不在由贸易代表办公室、经济顾问委员会、国家安全委员会、管理和预算办公室，以及国务院、劳工部、财政部、商务部和国防部的成员组成的美方谈判小组各机构间达成的共识范围内腾挪。

共识是，虽然宜要求更好的市场准入，但要求特定的市场份额或销量将违反自由贸易原则，因此不可接受。同样，关于倾销问题，收集发货量数据可以接受，但是收集价格数据则不可接受，因为在司法部看来，这可能违反了关于价格操控的反垄断法。任何试图让通产省限制半导体投资的尝试都被否定，因为那样做是反自由市场的。因此，在与日方谈判之前,我们的要求仅仅是一个更开放的市场（但没有界定其含义）和一个收集半导体出货量统计数据的系统。此外，在美国国务院和国家安全委员会的大力影响下，小组取得的另一个共识是，如果日本出于担心两国整体关系可能受损而不给予积极回应，那美方不能给出任何的报复暗示，即便是作为一种谈判手段也不可以。

1982 年 6 月，在美方的部门间沟通结束后，墨菲和我率领一个几乎包括政府所有部门的美国代表团与日方会面。在我们争论的过程中，我注意到日本通产省副局长石井健吾带领的团队成员几乎都是通产省官员，只有一位是外务省官员，他们似乎很容易就能达成共识。日本人抛出的第一个问题暴露了他们真正的担忧。美国司法部刚刚撤销了针对 IBM 公司垄断电脑市场长达 10 年的反垄断诉讼。日方问我们这是否表明美国政府正在考虑利用 IBM 来对抗日本在高科技产业的发展势头。我向石井保证情况并非如此。他不可能理解这样一个事实：在美国，甚至没有人会从这些角度思考问题，因为美国并不认为产业竞争是国家该关注的问题。

尽管耗时费力，但 1982 年 11 月达成的第一份半导体协议，除了具有文本上的先河价值之外，谈不上有什么其他意义。[24] 具体结果只有一个，就是收集芯片出货量统计数据的系统。我们仍然希望通过每月监测出货量来抑制倾销，但由于司法部禁止收集关键的价格数据，该系统的价值微乎其微。在市场准入方面，日方只同意“努力确保”（美国公司在日本获得）美国市场提供给日本公司的同等机会。这一立场不仅令人失望，而且牵涉了诸多关键问题。为什么日本不能保证机会平等？首相已经承诺的是开放市场，而不是“努力”去开放。那首相所说的“开放”是什么意思？他的官僚机构同意他的意见吗？如果这些机构不同意，那他能控制住官僚体系吗？

这项协议在华盛顿受到热烈欢迎（与日方的各类协议总是受到美国各届政府的欢迎），墨菲和我因谈判成功获得了赞扬，这次谈判帮助化解了国会的怒火。事实上，是我们被压制住了。就在我们热议是“确保”还是“努力确保”的时候，日本产业的经济征服还在继续。情况毫无改变。不到三个月，国会进一步行动的威胁，以及民间诉讼不公平贸易的可能性，迫使美国代表团进入第二轮谈判——一个完全集中于市场准入的谈判。大多数美国政府机构又一次援引自由贸易原则，谈判因此无法取得任何具体结果。但所有美方参与者都同意，市场开放最有说服力的证据是，（外来产品）卖得越多，市场越开放。因此，我们的任务是在不提增长要求的情况下实现可量化的销售额增长。

这一次，墨菲和我考虑用日方能理解的方式来表达诉求。美方提出，如果日本通产省能对本国公司给出限制出口的“指引”，就像在汽车行业的做法，那它或许也能在增加芯片进口或限制日本投资狂潮（正是过度投资导致了产能严重过剩和长期倾销）方面给出“指引”。作为一个确定的目标，而不是具体销售数字或市场份额，我们提出“长期关系”安排。我们知道日本供应商与其客户间有这样的关系。事实上，这些联系是我们所说的结构性问题的关键。一个长期关系意味着客户会提前知会供应商其发展计划，供应商清楚自己会得到未来的订单。日本人一直没把美国厂商视为稳定供应商，只在没有现货或没有日本公司生产某产品的情况下才向其采购。美国公司希望进入日本这种结构安排中。我们因此施压日本通产省同意引导日本公司同美国供应商建立长期合作关系。我们推断，这样安排必将自动产生更多销售，但并没有具体的销售数据，这样日本通产省和美国政府的同僚都能接受。

通产省新任谈判代表小玉幸春是省内一颗冉冉升起的新星。他见多识广、口风很严，是个精明的谈判对手，但我相信他是真想解决贸易问题，因为他认为疲弱的美国并不符合日本的利益。1983 年 11 月达成的第二轮半导体谈判协议，其关键内容是小玉给墨菲和我递的主持人便条，小玉在便条里说通产省将“鼓励”（“给予指导”的委婉说法）日本主要芯片用户购买更多美国芯片，并同美国供应商建立长期关系。[25]

全线溃败

这份协议在 1984 年似乎一度奏效。全球芯片需求骤然飙升，美、日两国厂商的客户都要排队等货。1984 年初，美国公司在日本市场的份额居然增加了几个百分点。在美方取得进展时，墨菲和我本应该退出牵头这事。但是当年年底形势剧变，市场全崩了。就在市场刚刚感受到日本大规模投资的全面影响之际，需求却在放缓，大量新芯片投放市场。日本市场需求下跌了 11%，美国市场销售更是大跌 30%。新“长期关系”维系了不足一年。

这些新芯片就是下一代 256K 主存。日本推出的这款芯片远远领先于包括 IBM 和 AT&T 在内的美国公司，要知道，这两家公司是美国公司中最早开发这款产品的。受市场将迅速回升的乐观预测鼓舞，加上没有任何实际的财务纪律约束，日本企业继续大举投资新工厂、新设备，而美国企业面对不断增加的亏损缩减了资本支出。市场回升预期落空后，日本公司仍然没有像美国企业那样缩减生产。相反，它们继续尽最大产能生产，试图弥补其高债务和终身雇用制导致的高昂的固定费用。生产过剩使得价格下跌的速度比以往任何时候都要快。除德州仪器和不起眼的美光外，所有美国企业均放弃了这一业务，日本公司因而迅速占据了全球主存市场 90% 的份额[26]。IBM 和 AT&T 继续生产自用，但即便这两家公司也开始大量采购日本产主存，以致高管们担心会过度依赖日本。

美国企业放弃主存产品后，开始专注于逻辑芯片和 EPROM 等更复杂的产品，在他们看来，这些领域更有赖于创新和创造力。1985 年，日本大幅降低 EPROM 的价格。日立美国子公司要求其销售人员紧盯英特尔和 AMD 的客户，并按 10% 的幅度逐步砍价，直到获得业务，同时给经销商承诺 25% 的利润[27]。到 1986 年，日本占据了这些更高端产品近一半的市场份额。唯一的例外是规模较小的专业市场。日本半导体产品市场总量超过了美国产品市场（见图 2.7）[28]。美国的消费电子产业很久以前就被日本公司抢走了，像录像机这样的产品（因使用大量芯片而被称为“半导体肥肉”）完全是日本制造。日本公司以往需要打入美国市场以获得竞争力，而今美国产业为了生存不得不把自己卖给日本公司，但还是解决不了生存问题。

美国半导体产业事实上正面临死亡。据报道，该产业在 1985 年和 1986 年总损失近 20 亿美元，同时有 2.5 万人失去工作[29]。日本公司在半导体上损失的资金是美国公司的两倍，但正如他们所预见的那样，在一场比谁更能砸钱的竞争中，他们的钱更多。也许他们的创新程度没有那么高，但他们的结构更有耐久性。由于美国公司放弃了越来越多的产业细分市场，日本扩大了他们的市场份额。

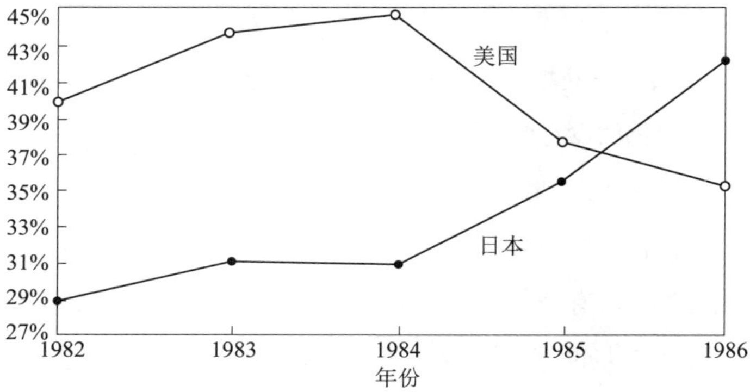

图 2.7　美国和日本（产品）的市场份额（全球市场的百分比）

来源：Semiconductor Industry Association

法律战

1985 年春夏之间，正值美国半导体类公司生死攸关之际，相关公司高管会同行业协会人员来到华盛顿。他们基于 1974 年美国贸易法案第 301 条，对 EPROM 提起了倾销诉讼，并提交了一份全面的不公平贸易申诉，指控日方有意识地采取反制措施以保护本国产业，非法取消两国谈判业已达成的关税和配额减让。[30] 申诉进一步提出，日方还违背了晚近谈判达成的两项高科技协议。为阻止或报复损害美国商业利益的外国不公平贸易行为，301 条款授权总统采取任何必要措施。但这些半导体公司并没有要求报复或保护。相反，他们再次要求里根总统与日本谈判，让日方承诺鼓励日本公司购买更多的美国芯片，并遵守美国及国际倾销方面的法律。

申诉提交之后，美国国防科学委员会和中情局开始就国防部对外国供应商快速增长的依赖性表示担忧。但华盛顿对这份申诉反应不一。尽管商务部和贸易代表办公室对此表示理解，但国务院、财政部、国家安全委员会甚至国防部等其他部门都认为，日本官方已经在 1975 年取消了关税和配额，开放了市场。他们对日本反自由市场的措施不屑一顾，认为那只是日本政府对其产业的劝勉，没有什么具体意义，同时再次将美国产业的问题归咎于行业公司管理不善，没有长远眼光，也没有真正努力进入日本市场。

301 条款要求总统根据外国正在从事不公平行为的证据做出正式裁决，然后通过谈判终止这些行为，或者对其进行报复，直至其停止。因为日本既是朋友又是盟友，且日本的问题源于多年来的系列相互关联政策，而不是某个具体贸易行动，华盛顿方面，特别是国务院和国家安全委员会，极不情愿给日本贴上不公平贸易的标签。这是美国法律的一个重大缺陷，要解决贸易问题就会在道义上伤及同盟友的关系，所以才有贸易代表被指示进行谈判却没有任何结果的事情发生。美国的目标依旧是更宽的市场准入并停止倾销。普遍认为，总统未来给出裁决的可能性将促使日方严肃地对待谈判。但日方清楚他们可以依靠国务院和国家安全委员会来阻止任何针对他们的行动。8 月开始谈判，但毫无进展。

峰回路转。1985 年 9 月 19 日，随着美国贸易赤字向 1 500 亿美元逼近，国会再次威胁收紧贸易立法。为抵挡国会的强势态度，里根总统发表了一个态度强硬的演讲，宣布他已经建立了一个工作组，坚决处理不公平贸易行为。演讲的当口，“工作组”只不过是讲稿撰写人的修辞。演讲之后，白宫匆忙任命贸易实务的强硬派、商务部部长鲍德里奇负责此事。这一行动完全是政治性的。没有事先计划，没人知道这个工作组该做什么，且大多数官员实际上都不愿意有这样一个工作组。但总统在公开场合大张旗鼓地宣布建立工作组，至少得有点动作。问题就此变成了在何时、于何地行动。鲍德里奇把问题抛给了我。

整个夏天，《日本经济新闻》连篇累牍的文章都在哀叹半导体价格的低廉、日本厂商在亏钱。1985 年 7 月 10 日，该报援引一家日本公司高管的话说：“如果我说我们赢利，那我就是在撒谎，生产 64K 主存已经没任何意义了。”[31]这一引述报道，适逢美国商务部掌握了美、日两国产业界证明 64K 和 256K 主存大规模倾销的证据，该报道进一步证明了日本公司产品的售价仅勉强和其原材料成本持平。最低生产成本为 3 美元的 256K 主存，市场售价却远低于 2 美元。[32]鉴于日本为获得市场份额而大举投资导致的天量过剩产能，这种定价做法并不令人意外，但却是非法的。

随着美国半导体产业的衰退，基于 301 条款申诉开展的谈判进展得缓慢且不确定。状态放松的日本人用他们惯有的技巧和沉着应对谈判。时间一天天过去，美国产业状况越发恶化。为获得谈判筹码，需要休克疗法，我因此建议美国政府做其法律上有权做但此前从未做过的事：不必等私营企业提起诉讼，政府自己启动针对 256k 主存芯片的反倾销案，从而将政府从居间角色转变为发起者。此外，考虑到日本产业将损失数十亿美元，日本也会愿意展开真正的谈判。虽然鲍德里奇和我经常被视为强硬派，但我俩对日本均无敌意。我们都曾在日本生活、工作过，都自认为是日本的朋友。我们不想伤害日本，但的确想拯救美国的一个关键产业。鲍德里奇接受了这个建议，并指示我们着手获得内阁的批准。

对于所有了解实情的观察人士来说，美国的半导体产业要考虑在美国市场没有保护的情况下健康发展，显然要具备两个条件：要达到有成本优势的产量；美国公司必须在日本市场获得大份额且市场决不能再是“谁亏钱最多谁就赢”，因为，明摆着是日本公司更亏得起。直到现在，所有的谈判都没有真正解决根本问题。美方并没有意识到日本市场的逻辑和结构同美国的背道而驰，却一直要求对方按照美国市场的理念，争取市场准入，当接连的协议毫无结果时，又一直感到上当受骗。倾销也是如此：美方对日本停止倾销的要求，并没有意识到日本的产业结构和竞争态势使倾销不可避免。为了避免重复过去的错误，需要全新的方法。认识到美、日两个市场完全不同的性质，以及两国这个产业的生存需要，我希望利用反倾销威慑，促进就问题的各个方面开展广泛谈判，并达成一揽子协议，从而为两国产业间竞争制定新的基本规则。目标可谓雄伟。

在获得内阁和总统批准之前，我们必须清除另一个意想不到的障碍：美国电子产业内的部分企业。虽然这些企业中的大多数都在担心对主要海外竞争对手的依赖日益加重，但不少公司已然完全依赖日本的主存和其他重要芯片。三年前，这些企业与日本产品没有依附关系，当时也不会反对我们考虑的行动方案。眼下，这种依赖性促使他们反对执行美国法律，并游说反对半导体领域的企业家同行们的利益诉求。

这类来自行业的反对几乎让我们的行动胎死腹中。刚接任奥尔默的新任商务部副部长布鲁斯·斯马特开始犹豫我们是否还向内阁提交建议。为了更好地了解半导体行业的立场，他和我给几个重要的电脑和电子行业高管打了电话。我前面提到的 AT&T 和 IBM，在芯片制造上自给自足，同时提供代工服务，都在我们电话沟通的几个最大芯片商之列。大多数经济学家和贸易专家曾经认为，只要这两个巨头继续留在这个领域，其他商业供应商的生死无关紧要。IBM 和 AT&T 过去甚至也持这种观点，他们为自己还能够与日本企业竞争而自豪。IBM 一位高管曾在一次会议上告诉我，硅谷的厂商都是爱哭的孩子。但我们现在的通话得到了一个全然不同的观点。几乎所有同我们通话的高管都表示，他们对美国半导体制造商的迅速衰退感到担忧。但关键反馈来自 IBM 的一位高管："你们不仅应该行动，而且你们必须为国家的利益行动。"他解释说，IBM 和 AT&T 两家无法维持所有的设备和材料供应商，而这些供应商是技术进步的关键。随着这些供应商和其美国客户一起衰落，巨头被迫一方面将更多资源转移到半导体开发上，一方面更加依赖他们的日本竞争对手。因此，即便强大如 IBM 和 AT&T，最终也感受到了日本蚕食战略的影响。我们此前的疑虑不存在了，因此决定进一步行动。

1985 年 10 月 24 日，内阁级别的工作小组在鲍德里奇的领导下开会，讨论是否提起反倾销。鲍德里奇出示了我们收集到的证据，并要求在场的人同意一项建议，要求总统指示他执行美国法律。以下是小组内各机构成员在随后的讨论中提出的关键主题：

> 贸易代表办公室：在我们和日本人的谈判中，有些事情的确是在幕后进行的。我们接到了各种各样的电话，应谨慎处理。在采取重大行动前，我们先看看后果。（这里涉及一些地盘的因素。没人知道接下来会有什么新进展。这位官员担心鲍德里奇可能会拿走贸易代表办公室的一些谈判权限。）
>
> 鲍德里奇：这会给你们更多的谈判筹码。
>
> 贸易代表办公室：可能不会。它可能会搞砸幕后谈判。
>
> 国家安全委员会：我们必须牢记 SDI（战略防御计划，即广为人知的“星球大战”计划）。我们认为日本会支持 SDI，我们不想有什么事情影响到它。而且，我们比日本人更有创造力。IBM 就比他们领先。（当然，IBM 刚刚告诉我们情况并非如此。）
>
> 国务院：这难道不是我们美国公司的问题吗？我听说他们是在产品开发上选错了方向。如果我们这么做，是不是会转向产业政策？[①]
>
> 财政部：没错。倾销有利于接受倾销品的社会民众。如果我们决定要这个行业，那无论做什么，我们都是在制定产业

① 美国国务院的态度是反对产业政策。在他们看来，鲍德里奇的行动计划就是让美国走上产业政策之路。——译者注

政策。

财政部Ⅱ：鲍德里奇部长说得对。我们知道日本是掠夺性的。关于我们更有创造力的论点，听起来就像英国对本国的评价。要注意，日本没有任何防御负担，而美国有。美国得应对日本。

商务部：我们必须从最广泛的意义上考虑国家安全，要考虑到美国产业基础的生存。美国必须表明自己是认真的。否则，总统关于打击不公平贸易的声明就是个笑话。

当鲍德里奇最后问是否有反对执行美国反倾销法的意见时，没有人愿意公开反对。鲍德里奇的决定备忘录因此就以工作组的名义提出，敦促美国政府采取行动以阻止主存芯片倾销。接下来的一个月是复杂的政府内部角力。贸易代表仍然相信他可以在幕后谈判中达成协议。他同不喜欢商务部建议的国家安全委员会和白宫人员沟通，支持他再尝试一次幕后谈判。为了阻止美方启动反倾销措施，日本给出了一个提议。通产省认为，它将制定一个最低出口价，同时安排把美国产品在日本市场1986年的销售额提高25%。虽然这是以拯救美国产业的考虑提出的，但最低出口价对日本公司来说非常重要。日本人制造的流行神话是，所有日本厂商的成本都低于所有美国厂商的成本。反倾销法要求每个厂商的售价覆盖全部成本。如果日本公司都必须这么做，那有一些就会被赶出这个行业。通产省因此提高了底价。另一个原因是它通盘考虑了日本产业，如果每家日本公司都必须按其成本而不是市场价格出售，日本（公司）的利益就会四分五裂。

贸易代表办公室最初认为这是一个不错的提议，但有人指出最低价格是反竞争，因为与成本无关，且25%的销售增长毫无意义，因为预期的整体市场增长也是这么多，通产省的提议被拒绝了。鲍德里奇的备忘录送到了总统那里，总统在 12 月 6 日签署命令继续推进。

美方看上去是做了最终决定。但日方在此案中雇用了有影响力的共和党人、美国前副贸易代表威廉 · 沃克和前国务院官员、共和党筹款人斯坦顿 · 安德森作为说客。在接下来的两天里，这两个人接触了国家安全委员会和白宫人员。这对他们来说很容易，因为这中间有些人员的工作就得益于与沃克和安德森关系密切的人的政治影响。他们游说这些工作人员称，商务部在倾销一案中的做法超出了总统的指示。在给《联邦公报》的通知中，商务部将标的货物确定为 256K 主存和所有后续主存新品。之所以加上后续新品，是因为考虑到不倾销 256K 主存但接着倾销下一代芯片，那反倾销就毫无意义。而从日本公司的角度，由于技术快速迭代，如果反倾销只限于 256K 主存，影响将非常有限。

沃克和安德森称，考虑到内阁的讨论集中在 256K 主存，总统的意思是反倾销行动仅限于这一产品。他俩是在暗示，他们清楚内阁讨论的内容和总统的命令。当时没有人问他们是如何获得这些信息的，因为这些说客很容易第一时间获知内阁闭门会议上发生了什么。而一名白宫工作人员命令商务部从《联邦公报》中撤回其行动方案通知，这名工作人员此前是财经编辑，9 个月的商务部部长助理经历让他成了白宫的常驻贸易专家。当时在莫斯科的鲍德里奇整个周末都在给白宫幕僚长唐纳德 · 里甘[①]打电话，以缓和局势。美国驻东京大使馆也发电报表示反对，称对商务部的行动计划表示遗憾；美国驻东京公使告诉我说他个人非常失望，因为他觉得美国政府对日本太苛刻了。

尽管有这些反对意见，美国政府还是在 1986 年 1 月提出了一项政府针对 256K 主存的倾销诉讼、一项企业对 64K 主存的倾销申诉、一项

---

① 关于唐纳德 · 里甘，请参见译者翻译的《时运变迁》和《管理美元》——译者注

企业针对 EPROM 的倾销申诉，以及一项针对日本半导体公司的 301 不公平贸易案。这是美国长期以来在与日本的贸易谈判中采取的最有力动作。如果操作得当，我认为有可能与日本产业界达成临时妥协，让美国产业有机会再获生机。当然，要取得这一结果，仅仅达成一项贸易协定远远不够，但如果连这样一份贸易协定都没有，那美国产业更无新生可能。在采取其他必要措施使其恢复活力之前，必须先给美国产业止血。

1986 年协定

美方的目标始终如一：更多的日本市场准入（意味着更多的销售）和停止日本产品倾销。表面上看这些目标很简单，但暗含着其他更复杂的安排。比如，美方希望日本公司停止在美国市场以低于日本产品的成本价销售芯片，从而提高市场价格，使高效厂商有可能获利。但半导体产业是国际化的，任何只在美国提高芯片价格的协议，都会促使芯片用户到海外寻找更便宜的产品，这有悖于我们的目标。因此，要有效地阻止日本公司在美国倾销，就必须阻止其在所有市场以低于其成本价销售，包括日本市场。换句话说，我们还得说服日本政府提高日本产品在其本国市场和第三国市场（即美国和日本以外的其他市场）的价格。这相当于让日本政府迫使本国企业赢利，甚至采取管控措施以避免产量过剩。简言之，就是一个政府主导的卡特尔。

对于美国的自由贸易者来说，要求日本将其产业卡特尔化是最大的讽刺。但这种安排是合乎逻辑的。通过系统性地降低本国产业风险，日本创造了一个无视西方市场和财务规则的庞然大物。对此有三种应对选择：美国让本国产业消失；通过无视本国反托拉斯法并摒弃对政府主导产业政策的厌恶，按日本模式重组该产业；让日本政府用市场规则替代其本国规则。美国政府不愿接受第一种应对方式的后果，也不愿执行第二项措施，因此选择了第三种安排。它后来因为这种选择而受到批评，但它别无选择。即使美国政府没有提起自己的倾销诉讼，那些私营企业的申诉也会导致征收反倾销税，这会使美国成为一个高价格的孤岛，促使美国芯片用户到海外寻找更便宜的零部件。日本政府最初对市场的干预造成了市场扭曲，那只能通过进一步干预才能纠正这种扭曲。除了达成全面协议，别无选择。

市场准入方面也差不多。只要美国公司的本土市场得不到保护，而它们又不能在日本市场上销售，那长期而言企业就只能关门。美国公司在日本以外世界市场的份额为 50%，而在日本市场份额只有 10%，这表明日本存在一些壁垒（见图 2.8）。但经验告诉我们，增加日本市场的销售占比不太可能通过签订消除壁垒的协议取得。再者，日本市场也没有按西方的模式做出调整。美方需要一份包括日本的平权行动（即非歧视做法）在内的全面协议，以实现具体市场份额或销售目标。

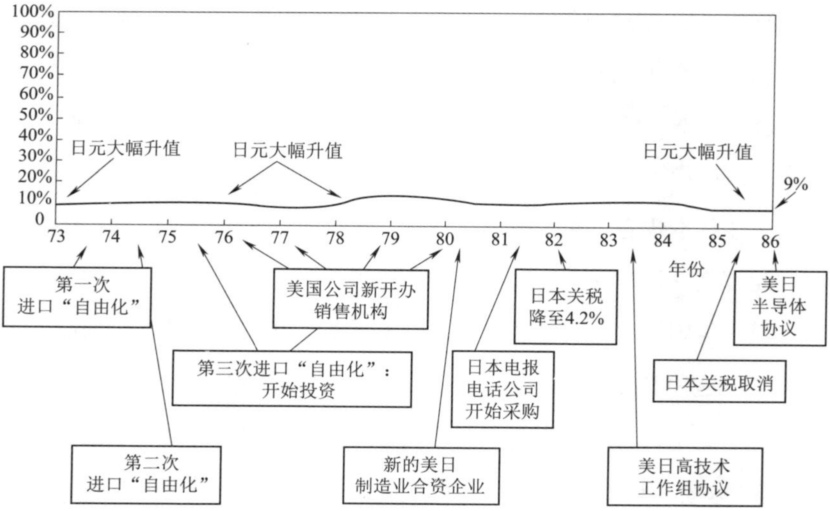

图 2.8　日本半导体市场上的美国产品份额

来源：Semiconductor Industry Association

我认为这些雄心勃勃的目标有可能通过施压和巧妙的谈判来实现。通产省这次也想取得一些进展。酝酿中的对日本企业征收的反倾销税会非常高。一个流行的说法是，所有的日本厂商都非常高效，但事实是，有一些效率不错，其他的实则是高成本生产者。美方的反倾销税可能会让其中一些企业破产。此外，尽管当时负责国际事务的通产省副相若须和夫是我见过的最精干的谈判对手之一，他也对美国产业颓势感到担忧。他同小玉和河永这些官员一样，更希望美国强大而不是衰弱。他们知道日本产业存在趋势性问题，即过度投资，通过疯狂出口来解决过剩产能。他们自认对这一问题负有一定的责任，而美国谈判代表可以巧妙地指出这种责任。

两国会谈持续了几个月，美方内部的沟通协调被再次证明更关键。尽管美元持续贬值，美国对日本贸易逆差却直奔 500 亿美元，国会因此要求采取具体行动，且再度考虑针对日本进行严厉贸易立法。作为对这一压力的回应，政府同意当时牵头同日方谈判的副贸易代表迈克尔 · 史密斯向日方暗示，美国厂商在日本的合理市场份额宜在 20%~30% 之间。这个数字基于经济学家威廉 · 菲南的一项研究，该研究表明，如果日本没有推行其产业目标政策，美国的产业就能占得这一份额。[33] 但美国国务院、财政部、国家安全委员会和其他关键机构对管理贸易的厌恶，使我们无法就具体份额进行谈判。这样一来，美方就处于一个伪善的境地：我们一直在讲，美方只想要市场准入，而不是有管理的贸易；但我们同时又在说，作为市场准入的结果，我们期待听到收银机的响声，而当日本人问这个响声得多大时，我们又说它声音得大。

与日方的各种谈判总是旷日持久，因为日本会静待美方因内部分歧或人事变动而弱化立场。本案中，倾销案的法律程序事实上将 1986 年 7 月 31 日确定为达成协议的最后期限，如果能达成一份协议的话。谈判将持续到最后一刻，这已成定局。不到最后一刻，不面临最大压力，日方是不可能给出答复的。这些谈判无疑是日本谈判策略的经典案例，比如他们努力各个击破。美国副贸易代表迈克尔·史密斯被日方视为强硬派，而后者的上司、美国贸易代表克莱顿·尤特则被视为态度较为温和。有一次，日方让其一位说客越过史密斯在晚上10点给尤特家打电话，要安排马上见面。对于一位低级别的外国官员来说，要求会见内阁官员极不寻常，更不要说在那个时间去内阁官员家里，但这并没有影响日方这样做。这一次没有成功，但有的时候就成了。

1986年3月17日和19日，美国商务部和国际贸易委员会对大规模倾销给出了官方的初步调查结论——部分日本半导体产品价格仅为生产成本的一半。[34]这意味着，如果双方不达成协议，日本公司可能会面临巨额罚款。5月21日，美国众议院以408∶5的投票结果敦促总统，如果不能很快达成令人满意的协议，就对日本进行报复。[35]6月下旬，史密斯通知日本，如果日方不能很快给出令人满意的协议，美国政府就准备对不公平贸易做出裁决。

这真是一个令人印象深刻的时刻。整个战后时期，为了维持全面友好关系这一更大利益，美国忽视了日本在贸易上的做法。经历多年的“狼来了”之后，美国政府第一次真切表明有可能给日本贴上不公平交易者的标签。美国国务院的态度变化最大，它多年来一直拒绝那些批评日本的声音。如今，在经过多次自由化努力之后，又多了清晰的倾销证据，通产省负责国际事务的副相在1月份表示美国可能不得不将超级计算机制造商克雷研究公司国有化以保护其免于日本公司的竞争，美国产品难以进入日本市场。最终美国国务院相信，日本存在的不只是一个自由贸易问题。事实上，没人知道内阁是否真的会投票反对日本人。在某种程度上，史密斯的做法意在吓唬日方，但接近成功。日本人担心这种不公平的标签，因为他们知道，如果这一领域被贴上了，其他数以百计的领域都免不了。他们不能冒险，于是在1986年7月30日的最后一刻达成了协议。

1986 年 9 月 2 日正式签署的第三份半导体协议有两个要点。[36] 第一点涉及市场准入，同时约定日本政府将提供销售援助，以帮助美国公司在日本销售，并鼓励日本用户和美国供应商之间建立长期关系。协议同时称，美日两国政府都预计，外国产品在日本的销售机会将有所改善。第二点，日方将负责监测出口到美国和第三方市场的日本产品成本和价格，以符合关贸总协定约定的国际规则并防止倾销。美国因此在 1986 年构建了一个监控系统，而司法部在 1982 年还阻止过这样的系统。作为回报，美国同意暂停倾销案和不公平贸易案。

这就是公开的协议文件内容，但同时还有一份机密的附件。这是日本官僚机构最喜欢的一种手段，公开文件条款里没有让步的字眼，但他们在附件里可以向美方官员让步。随着美方官员调整，附件这件事可能会被遗忘或重新解释为没有任何让步。这是一种维护官僚权力的模糊处理手段，必会带来后续问题。日方在这份附件中表示，他们理解、欢迎并将努力协助美国公司于 5 年内达到占日本市场 20% 份额的目标。美方谈判代表说，这一承诺意味着，美国产品在日本市场的份额肯定会增加。

这份协议被美方官员誉为向前迈出的重要一步，但却招致媒体、经济学家和许多依赖日本芯片的公司的批评和不满：新闻界和经济学家指责该协议为卡特尔，是对自由贸易的公然践踏；那些公司则表示，如果它们不得不高价购买日产芯片，其竞争力将受到损害。美国厂商十年前还被奉为美国管理新浪潮的引领者，而今已经在美国找不到认同感了。与日本人不同，美国没有人谈论“我们”的产业，也没有人讨论需要合作来帮助（半导体）这个产业。在他们眼里，实业家就是牛仔，如果美国企业家应付不了，那就给来自日本的定居者①让路，后者比世界上其

---

① 此处借指日本厂商。——译者注

他人都更懂得如何团结。

美国制裁

协议的初步结果微乎其微。到1987年1月底，低于成本的销售在第三国市场仍时有发生。更重要的是，尽管美元对日元汇率贬值了40%，但美国产品在日本市场的销售几乎没有变化。通产省在1986年11月向美国承诺，日本市场上的美国产品份额将从8.5%上升到1987年3月的10%。而今，通产省说其很难获得业界的合作。

对美方谈判代表来说，这是最后一根稻草。6年间协议不少，却毫无结果，即便是美国政府中最不情愿接受这个事实的机构也承认，日本市场实际上已经关闭。日本现在似乎又要退出另一项协议。通产省上述表态的时间尤其糟糕，因为面对总额高达1 500亿美元的贸易逆差，美国国会再次威胁要通过白宫认为糟糕的贸易保护主义立法。如果没有遵守与日本的协议，美国政府将无法阻止国会。美国因此于1987年1月27日这天，给日本60天时间来表明其完全遵守协议，并开始准备报复性措施。

双方的沟通一直持续到三月底。通产省辩称，它只是承诺鼓励日本公司从美国厂商那里采购，并没有保证他们会这么做。它说它在履行协议中的己方义务，同时指责美方谈判代表提出的日方承诺是子虚乌有。这就是协议附件的麻烦之处。美方是真的认为他们获得了一个承诺，即在日本市场上的销售份额会有大幅增长。谈判双方之间是真的存在误解，还是日方采行了一个巧妙策略，为了回避私下承诺而公开否认？日方认为是前者，即多方误解；美方则认为是后者。无论如何，60天里没有什么变化。

尽管日方马不停蹄地游说，且全天候地盯着美国国会，但美国总统还是于3月27日宣布对包括笔记本电脑、家用电动工具等在内的各种日本产品征收 300% 关税的制裁措施。[37] 这真是莫大的讽刺。1982 年，墨菲和我不被允许就市场份额或防止倾销所需的数据进行谈判。而今，在美国产业受到严重削弱的 5 年之后，总统又说日方是不公平的，因为没有给出（协议要求的）结果，也就是那些以往不允许我们去要求的结果。作为回应，通产省实施了严格的生产和出口控制措施，在美国产品销量小幅上升的同时，倾销停止了。通产省一位高级官员告诉我，通产省犯了一个错误，没有及早认真对待美国的态度。

总统的行动看上去像是在坚决捍卫美国的利益。在某些方面是这样，因为其迫使通产省最终采取坚定措施，停止了日本的倾销行为，并给了遭受重创的美国产业喘息之机。但另一方面，在制裁实施几个月后，美国产品在日本市场的份额实际上下降了。通产省一位高官对我讲，制裁实际上表明了美国的弱势。在解释原因时，他指出，制裁产品清单本就很难选择，没有重要商品，尤其是没有半导体产品。当时的设计是以这种加税的方式惩罚日本厂商，但不伤害美国消费者。为了寻找那种对日本公司非常重要但美国市场有许多替代供应商的商品，美国总统的贸易专家发现这类商品很难找：事实上，美国非常依赖日本，甚至连起草一份符合意图的清单都很困难。

此外，清单列好之后就得进行公开听证。在这些听证会上，许多美国消费者抗议任何针对日本产品的行动；而许多国会议员，尽管原则上支持制裁，但在写给美国贸易代表的信中则反对任何影响其选民的具体制裁。日本介入美国的程度一下子暴露无疑：蒙大拿州的警察局局长、大公司的高管以及籍籍无名的小企业主都站出来说，他们唯一的货源就是日本。甚至连总统的坚定立场也很快受到质疑。不到两个月，他在 1987 年 6 月的威尼斯峰会上宣布部分解除制裁，作为送给其朋友中曾根康弘首相的礼物。美国产品的销售没有任何变化，但倾销减少了；中曾根康弘就其工作进展要求回报，他得到了。华盛顿没有人想亏待朋友和盟友。

就在制裁之前，诺曼·奥古斯丁牵头的国防科学委员会工作组发布了一份研究报告，证实了通产省眼中美国弱势的看法，同时建议美国国防部在未来 6 年内投资 6 亿美元，以支持美国产业的集体复兴努力。这个被称为 Sematech① 的方案将由企业和政府共同努力，由 13 家美国公司（最重要的是，IBM 参与其中）承担一半的样机生产线开发成本，使美国的半导体制造业能够赶上日本。1957 年到 1987 年的 30 年间，美国和日本的产业位次调换。奥古斯丁牵头的委员会给美国的提议，是通产省在日本已实施模式的一种变体。一个不能回避的问题是：它会奏效吗？

到 1987 年夏天，即使是实力雄厚的 AT&T 也停止生产主存及所有其他存储产品。它现在的这些部件完全依赖于日本公司，IBM 之外的大多数其他美国主要计算机和电子公司也是如此。IBM 这个最后未被击败的美国巨人，如今深切地感受到了日本举国努力 30 年追赶它所带来的影响。IBM 清楚它是日本最后要超越的目标，而且美国其他电子行业对它的依赖会产生政治中和效应，同时把它变成日本商品在美国的分销渠道。IBM 对 Sematech 项目的强烈支持令人惊讶，这证明了其担忧。更有说服力的事实是，在 1987 年中期，IBM 接触了其最危险的国内竞争对手数字设备公司（DEC），并提出向后者转让某些关键技术。DEC 最初怀疑这是个陷阱，但它很快意识到 IBM 这样做的目的是防止 DEC 进一步落入日本人手里。

虽然有这些努力，但通产省才是时下世界半导体产业的决定者。通过控制日本公司的生产，它决定了世界半导体产品价格和关键设备的有无。这在 1987 年夏天变得尤其明显，一家美国大半导体制造商请我利

① Semiconductor Manufacturing Technology（半导体生产技术）的缩写。——译者注

用我在通产省的关系，帮助安排增加一款关键芯片的供应。一个美国半导体行业的先行者，也是代表美国产业界不满、迫使美日达成协议的一方主要力量，而今沦到向通产省乞讨芯片的地步，这既说明了通产省的权力，也体现了美国产业的惨状。

美国政府的立场弱势且颇有讽刺意味。尽管其长期以来一直试图说服通产省放弃产业政策，但美国政府现在却要求通产省以此前被美国政府视为令人反感的方式干预市场。这样一来，它实际上强化了通产省的影响力，这有悖于美国政府自己的愿望。美国的这种立场，部分原因在于其意识形态上的不愿、法律上的不能，但更主要的原因在于它别无选择。美国现在非常依赖日本，以至于即便美国考虑要采取必要措施加强其产业，也不能单方面行动，况且根本不清楚什么是必要措施。比如，美元大幅贬值肯定会有助于整个行业，但美国政府无法承受因此导致的后果，即那会引发美国所依赖的外资流动中断的危险。同时，许多国会议员对资助 Sematech 持怀疑态度。他们问，为什么政府要冒私营企业不愿承担的风险？他们仍然不像日本人那样明白，政府来降低风险是整个博弈的关键。

1987 年夏天，与我会面的日本半导体厂商负责人自信而放松。他们都不依赖任何美国供应商，他们告诉我说，鉴于日本市场的产业和市场结构，美国公司不可能在那里增加市场份额。当然，没有日本愿意改变这种结构，这种结构被视为日本文化的一部分。尽管日本在过去的几年里损失了 40 亿美元[38]，但是日本人不曾考虑放弃半导体产业。东京的股市也没有下跌①，对比来说实际上是上涨的，即使下跌也不会有什

① 此处指 1987 年 10 月 17 日“黑色星期一”引发的股市下跌中，东京日经指数跌幅较小，且在西方国家中最先反弹。——译者注

么大的问题。日本没有“绿骑士”或“白骑士”[①]，也不会有公司收购他们。日本人认为，半导体是一个战略产业，不管盈利还是亏损，他们都将继续留在其中。他们对美国的竞争对手不屑一顾，他们宣称后者在技术上落伍、财务上没有后劲。虽然双方协议帮助了美国公司，但也帮到了日本公司。现在他们基本上把美国公司赶出了主存业务，美国政府要求他们采取典型的垄断者行动，提高价格。日本的CEO们说，这是个不错的交易，他们预计下一场投资竞赛将是专用芯片，这是一个仍由美国厂商控制的高端领域，不在协议范围之内。日本公司相信自己在这一领域也能取得胜利，因为正如他们所言，他们长期以来一直致力于建设优势产业结构战略，认为这不仅是一种获取财富的手段，也是一种增强国家实力的工具。他们构建的比美国人的更坚固。

不久之后，我在硅谷见到了诺伊斯、桑德斯以及美国半导体领域的其他高管，他们认同日本人的看法。老一辈的企业家们正在努力推动Sematch计划启动，同时继续着他们一直以来的标志性创新。你不得不佩服他们，他们从未放弃。但他们承认独行侠的时代已经结束，未来取决于美国政府和整个国家。他们表示，美国厂商要自己应对的话，唯一可能的策略就是放弃日本厂商进入的市场，这意味着美国厂商将永远局限于相对较小的市场。那么，Sematech能发挥作用吗？美国产业能重获活力吗？当然可以，但只有当它明白日本社会、市场、政府和企业并不是按照西方逻辑规则和假设来运作的时候。

---

① “绿骑士”指的是不友好公司，他们通过“绿票欺诈”，即恶意收购一家公司的股票，迫使管理层回购或以升高的价格出售给另一家公司。“白骑士”是友好公司，可能会来拯救那些受到攻击的公司。

第二部分

什么使日本腾飞

Part 2

第三章

认知鸿沟："不公平"贸易与"开放"市场

美国的要求是不可能达到的。

——小野东彦，1987 年 8 月

1982 年 2 月下旬，日本执政党自民党的领导江崎正美坐在商务部部长马尔科姆·鲍德里奇办公室的长会议桌对面，有如一位慈祥的祖父（江崎像所有的日本访客一样，坐在里面靠墙的一侧，因为那是日本传统的尊位）。美国商务部刚刚公布了 1981 年的贸易数据，美国对日本的贸易逆差已经急升至 160 亿美元。

尼克松总统在 1972 年时曾表示，（美国对日本）20 亿美元的贸易逆差是不可接受的；这一数字于 1978 年达到 110 亿美元时，卡特政府曾警告日本，美国国会可能会出现强烈不满。如今，这个数字又增长了 50%，而且趋势还将持续。就在一年前，日本限制向美国出口汽车的协议似乎缓解了两国间日益紧张的关系，但现在情况比以前更糟了。随着越来越多的美国民众抱怨日本总是想着怎么向美国卖商品，却很少购买，美国政府敦促日本开放市场。在这一方面，鲍德里奇是对日本最严厉的批评者之一，江崎此番给出了一套新的日本市场开放措施，以便平息争端。如果他能使鲍德里奇的态度缓和，那就不虚此行。

两人在体型和个性上形成了鲜明对比。鲍德里奇身材高挑、瘦削、结实，他在59岁时还仍然是美国牛仔竞技协会的一名高级套绳手，几乎每个周末都会去斗牛。记者有一次问他牛仔和政客的区别，他回答说：“牛仔通常缄默不语，除非有话要说。”他在成为一名公司高管后来到华盛顿。江崎则又矮又胖，有着政治家的笑容和辞令。他在日本国会和自民党中间充当着协调人和共识建设者的角色。

尽管对比强烈，两人身上还是有许多共同之处，都各自经历了两国关系史上一些最重要的事件。珍珠港事件发生时，鲍德里奇已经18岁并入伍参战。他大部分时间在太平洋地区，并参与占领了会津若松地区。他曾向我描述那次经历：

> 我们师和日本人打了很长时间，最后一次是在冲绳。我有些担心我所在的部队如何完成占领任务。战后，我们看到大部分老人、妇女和儿童没有足够的食物。他们被长鼻子、大胡子的美国兵吓了个半死，因为日本海报宣称我们会抢劫、强奸和掠夺。但很快美国兵就将糖果递给孩子们。见鬼，那个镇上的人并不是敌人。我们尽力帮助他们。

他后来成为斯科维尔工业公司的首席执行官，将公司从一家小的黄铜制造厂打造成为一家多元化的大型产品制造商，产品从轮胎气门嘴到家用电器，一应俱全。除此以外，该公司在日本的经营赢利颇丰。

由于身体欠佳，江崎没有参加二战，但他并没有逃脱日本战败的衰颓。战争结束后，他立刻进入政界，在1946年他31岁时第一次当选为国会议员。作为一个初出茅庐的政客，他仔细揣摩美国占领日本的特点，并观察管理占领区的美国人。像所有日本人一样，一开始他不知道会发生什么，也同其他日本人一样害怕。但他很快意识到了美国人的慷慨和善意，这给了他对未来的希望。后来江崎跻身日本政坛高层，担任政府部门和党派的核心成员，他自始至终都是美国人的朋友。

二战时即已成年的两个人，来自交战国家，现在开始尊重和喜爱他们以前的对手，他们面对面坐着，试图找到一种方法来防止两国之间发生进一步的冲突。

"不公平"贸易问题

对日贸易问题一直伴随着不断膨胀的贸易逆差，且被解释为汇率、利率等宏观经济因素的结果。在大多数评论人士和公众眼中，两国的贸易赤字规模成为衡量问题严重程度的一个量尺。日本人尤其如此，他们坚信主要的问题在于数字。从某种意义上说这没错。的确，造成数字糟糕的部分原因在于基本的经济。但美国与加拿大等其他国家也存在巨额贸易逆差，并没有产生与对日逆差相同的感觉。实际上，围绕在日本问题上的非同寻常的情绪和潜在的冲突，与更深层次的因素有关，不仅仅是数字。这个因素就是美国人的公平竞争意识。

密苏里州参议员约翰·丹福斯最强烈地表达了对公平的关注。1982年2月，从东京回来后，他很快便提出对等立法，旨在拒绝日本货物进入美国市场，直到日本给予美国同等的本国市场进入机会。他解释说这样做的原因是，尽管日本做出了承诺，但他在过去几年中没有看到日本态度的转变和日本市场的真正开放。

这是问题的关键所在。美国人无疑早就希望降低贸易赤字。但与日本间的贸易不平衡导致的强烈情绪源于一种感觉，即日本没有公平竞争，日本市场对其他国家商品封闭，而日本的出口商品则更深入地销售到了外国市场。日本1960年进口的制成品占其国民生产总值的比率为

1.5%。1986 年，尽管日本进行了几轮似乎做出重大让步的贸易自由化谈判，但进口制成品占其国民生产总值的比率仍只有 1.6%。同期，美国的这一比例从不足 1% 上升到 4.4%，欧洲经济共同体（不包括欧洲内部贸易）的这一比例从 1.1% 上升到 4.5%。[1] 美国和欧共体在贸易自由化的推动下，进口量翻了两番，而日本几乎没有变化。另外，日本的贸易模式是：只要日本制造一种产品，那么该产品的进口量几乎为零。比如，法国和德国最大的进出口品类都是汽车，但日本的汽车进口量相对于其出口量微乎其微。美国既是电子设备的进口国，也是出口国。日本出口电子设备，但进口极少。

除了统计数字，有关不公平贸易的故事和抱怨充斥着华盛顿。几乎所有在日本做过生意的人都有这样的经历。用于玻璃和钢铁制造的美国纯碱比日本纯碱便宜 20%，但在日本找不到明显的市场机会。日本证券经纪商购买了纽约证券交易所的席位，而美国证券经纪商却被禁止进入东京证券交易所。虽然日本使用的血浆 70% 来自美国，但美国公司不能在日本从事血浆进口业务，也不能从事该业务的运输；美国轮胎气门嘴在世界市场上占有 60% 的份额，经过多年的路试后在日本还是找不到买家。尽管日本是美国原木的主要买家，但日本对美国出口的胶合板比进口的要多。

这些案例，加上贸易逆差的迅速增加，导致美国国会在 1981 年呼吁采取行动，并威胁如果日本不开放市场，将进行报复。作为自由贸易的坚定支持者，里根政府拒绝了国会谈判的要求，这是战后历届美国政府采取的立场。当然，进一步的谈判是必要的，因为先前的努力失败了，而且鲍德里奇和美国贸易代表威廉·布洛克在 1981 年看到自己促使日本市场开放的努力陷入困境，这带来了一种累积的挫败感。他们发现越来越难以在频繁的国会问询中解释，为什么在与日本的会谈中，除了更多的恐怖故事之外，没有任何进展。因此，他们和国会一样，对日本的公开评论变得越来越严厉。

整个夏秋两季，由日本驻华盛顿、纽约外交官以及日本聘请美国前政府官员为顾问组成的早期预警网络，越来越警觉地关注到局势变化，并不断向东京发出危险警报信号。正如华盛顿的气氛，东京的沮丧情绪也在上升。日本内阁和执政的自民党中的许多人认为，美国人永远不会满意。日本人厌倦了每次出国旅行都会因为不公平贸易而受到谴责，尤其是他们认为这种谴责毫无道理可言。他们认为，日本为了成功努力工作，现在却成了美国懒惰和无能的替罪羊。美国人连自己的国内市场都无法保卫，怎么能指望出口到日本呢？对于日本人而言，问题并不在于日本设置障碍，他们认为没有什么障碍，简单的原因就是美国人并没有努力，这种感觉在自民党的年轻成员中尤为强烈，他们对战争、占领和美国在日本经济复苏中所起作用的记忆，即便有，也是很模糊的。

美日关系这种周而复始的模式已然成了一种惯例。首先，美国会要求日本开放市场。经过漫长而乏味的讨价还价，日本将明显放宽条件限制，美国将不吝言辞地感谢日本，并称赞这些措施是巨大进步。然而，那些被派去执行新协议的人很快就发现，事情并不像预期的那样顺利。然后，他们会抱怨不公平和新的障碍，重新提出开放的要求。

这种模式的历史可以追溯到佩里抵达东京湾之时。在要求日本开放贸易后，他扬帆远航，承诺为了日本的答复将在一年内返回。1855 年，日本报以肯定的答复，佩里以英雄的姿态回到美国。除其他事项外，他认为他已获得交换领事代表的协议。但当汤森德·哈里斯于 1856 年 8 月到达日本，宣布自己为美国新任总领事时，他惊讶地发现日本人并没有期待他的到来。日本人说只有当双方都认为有必要时，他们才同意交换领事，但他们明确表示没有这个意愿。可怜的哈里斯第一个任务就是通过谈判下船，进入这个佩里告诉他已经开放贸易的国家。

而且，哈里斯一下船就发现自己处处受限。日本人不允许他直接从商人那里购买商品，甚至食品、杂货也不成，而是必须把钱交给政府，由政府为他购买。卫兵被指派“保护”他，但当他要求撤走卫兵时，情况就明了了，卫兵的真正任务是限制他的行动。佩里认为已经达成的所有协议都必须重新协商，协商内容并非是执行协议的原则，而是执行协议的确定方式。

到 1981 年秋，这种情况越发常态化，许多日本人变得像美国人一样不满。但江崎表示美国在日本败落时帮助日本重新站了起来；如果美国现在遇到麻烦，那就轮到日本帮忙了。1981 年秋，日本内阁确信日本应该提供另一批市场开放措施时，便自然转向江崎，由其负责制定后来的“江崎一揽子新市场开放措施”。1982 年冬，他来到华盛顿是为了介绍他的计划，并寻求鲍德里奇部长的支持。正如江崎向我们解释的那样，这套方案解决了外国曾经投诉的 99 个问题。其中，日本人说有 15 个是误解造成的，8 个是日本认为其政策正确的，9 个需要进一步研究。其余 67 个问题，日本将会采取行动解决投诉，此外还宣布了一项重大创新。1980 年，美日关系独立咨询委员会（又称“智者小组”）曾提议日本设立贸易监察员办公室。江崎表示将会设立这样一个办公室，听取外国对贸易的投诉，并通过消除误解和克服官僚主义的约束来重新解决这些问题。

这其中有两个问题，一是一揽子措施本身。在这 67 项条目中，19 项是之前宣布的，5 项被多次提及，5 项本应在之前的协议中解决。[2] 因此，一揽子措施的经济影响显然将微乎其微。设立监察员办公室的提议很有意思，但正如提议所示，该办公室似乎只是一个外国人发泄怨气的地方，没有独立的权力来进行变革。

另一个是关于一揽子措施基础的更基本的问题，这反映了日本人的观点，即他们的市场基本上与其他市场一样开放。他们没有看到有多少壁垒。外国的抱怨被视为小问题，通常是由对文化迥异的日本人的误解造成的，而且很容易通过技术和官僚体制措施加以解决。日本人不承认美国人所说的更广泛、系统性的壁垒，他们无法对此做出回应。

商务部长显然不会认同这些措施。至于我们的最终态度，真正重要的是江琦的诚意。他真的相信这些措施会解决问题吗，抑或他只是在行拖延之术？

一开始我便持怀疑态度，因为我怀疑会有人相信基于这 99 条或 67 条措施采取行动就能解决美日贸易关系中的问题。美国的一些人已经把一揽子措施称为一种侮辱，但当我听到江琦描述监察员办公室的计划时，他语气中饱含希望，我觉得他是真诚的。他必须迅速制定一揽子措施，因此某种程度上免不了成为日本官僚机构的俘虏，而他的工作人员正是从日本官僚机构中抽调出来的。他还受制于自民党的既得利益集团，这使得日本领导人很难兑现承诺。他知道这 99 项措施不会产生什么作用，但他希望监察员办公室能产生作用。我对此很高兴，但也有点难过。鲍德里奇也很诚恳，他和江琦一样想解决这个问题，但我知道江琦的解释听起来不会让鲍德里奇或美国方面的任何人信服。

日本人告诉鲍德里奇他们想得到他“坦诚”的意见，鲍德里奇没有让他们失望。言辞略显客套，鲍德里奇回复说一揽子措施不值得考虑。他说，除非日本尽快采取一些显著行动开放市场，否则丹福斯和国会其他议员提出的对等法案将获得通过，导致对日本出口美国商品的限制。鲍德里奇的态度给人的印象是，如果真是这个走向，他也不是完全不能接受。

我环视一圈，围坐桌边的日本人显然是大吃一惊。他们此前要求部长坦诚，但不是这般坦诚。在日本，省掉溢美之词就像打在脸上一记耳光；而在部长农场所在的美国新墨西哥州，他们就是这个风格。这两种风格很难混杂在一起。

江琦问鲍德里奇，除了这些已经在计划中的措施外，他还希望日方采取哪些具体措施。但鲍德里奇对这份措施清单不感兴趣。他回应说，他希望美国商人在日本境内拥有日本商人在美国已然拥有的同样的销售、生产和投资机会。

江琦看上去很困惑。他的一个助手问：“美国人到底想要什么？”这时，会议因时间原因结束了。江琦离开时，我能看出他的沮丧。我知道部长几乎要发火了，我很难过，因为我意识到两个怀有善意的人已经谈过了，但并没有沟通好。就在那一瞬间，我意识到问题所在：他们说的不是同一种语言。这不是把英语翻译成日语，或者把日语翻译成英语的问题，而是更深层次的问题。

在江崎返回日本后，双方的认知差距进一步拉大。除了鲍德里奇，江崎在美国遇到的所有人几乎都对他的一揽子措施报以冷眼——这一结果在东京引发愤怒，媒体将鲍德里奇描述成不讲道理的人。日本首相批评美国的要求过于抽象，缺乏具体细节。美国商务部副部长奥尔默则回应说，日本是在用障眼法，把注意力集中在具体问题上，而不是处理更大的根本性问题。

但双方都存在误解。战后，日本按照资本主义、民主的模式塑造了自己。它强烈地要求被接纳为工业民主国家的正式成员，因此向美国人展示自己的制度，使自己或多或少与美国的制度相似。由于形态相似，美国人倾向于认为日本（体制）从实质上来讲是在以（同美国）同样的方式起作用。美国官员要求日本“开放”市场时，没有考虑定义这个简单的词语，因为他们认为日本人能理解“开放”的意思。但日本人根本不知道美国人所说的“开放”为何意。

铃木首相沮丧地请求美方给出具体要求，那并非障眼法，而是衷心的恳求。他认为日本市场已经开放。尽管有一些重要的例外情况，但日本的关税是世界上最低的，而且它的进口配额比其他许多国家都少。除此之外，他的政府刚刚针对美国多年来一直抱怨的问题提出了单方面让步的一揽子措施。字里行间，我几乎可以听到他在自言自语："的确，这些让步都不太可能对贸易数字产生多大影响，但我们最终从泛泛而谈的开放概念中把这些措施摆出来，正符合了他们以前对我们的要求。我们还能做什么？"

露华浓日本公司总裁，也是日本通的亨利·马里尼对我说的一句话最能说明双方的误解。他在描述日本和美国的区别时说，在美国，一切都是允许的，除非特别禁止；而在日本，一切都是禁止的，除非特别允许。问题在于，"开放"的含义是什么。

在美国，"开放"的定义很含蓄。开放意味着任何公民都可以走进听证大厅，观看议案的准备过程以及为议案通过成为法律而进行的辩论；意味着单个公民即有能力推进一项禁令，可以阻止整个美国政府的某个行为；意味着一个司法系统可以提供司法公正，这是一个可以克服过去不公正影响的平权行动的概念，也是一种制衡机制，防止经济和政治权力的集中，同时也是一种基于最佳报价而非买卖双方之间的关系运作的采购系统。尽管鲍德里奇和其他美国人在使用"开放"这一词语时很少有意识地思考这些事情，但这就是他们的意思。

这一含义源于美国的特点。各国都给自己设定任务，有时是有意识的，有时是无意识的。两百多年来，美国的伟大任务就是把所有信仰、种族、民族和各行各业的人纳入一个社会，建立一个统一国家，同时允许公民自由地保持他们之间的分歧。美国的格言"合众为一"最恰当地描述了这一过程。

美国人经常自嘲律师太多，这可能是真的。但是在一个移民社会中，人们不可能假定自发产生理解或信任，因此制定规则和执行程序变得至关重要。透明和公开的程序、上诉权、保护少数人免受多数人暴政、程序正义、人身保护权，这些概念和其他概念对于成功建立一个社会至关重要。这些也让社会"开放"。

铃木、江琦和他们的同胞，虽然生活在资本主义的民主形式中，但他们的社会并没有呼吸到那种空气，尽管他们的社会与西方在某些方面非常相似。

日本人的差异感

关于日本人与众不同的研究可谓汗牛充栋。这是一个让日本人特别着迷的话题。据最新统计，有近千本关于“日本人”的书籍，大部分是用日语写的，讲述了他们与其他国家人的不同之处。一些奇怪的解释包括，日本人的肠子比其他国家的人长 30 英尺，同其他国家的人相比，日本人的大脑发挥作用的部位不同。[3]

这一现象的迷人之处并不在于特别的解释，而是日本人对自己的独特性到了近乎痴迷的状态。这种概念事实上甚至从人延伸到了物。最近的一个贸易问题涉及一个争论，即日本土地与其他国家不同。日本人的这种独特性给所有观察日本的人留下了深刻印象，他们认为这种独特性是日本社会本质的关键之一，并由此产生了某种集体荣耀。1986 年秋，中曾根康弘首相发表了一次演讲，他说日本的同质性使日本获得了比多民族的美国更高的教育水平。这一言论在美国引起轩然大波，中曾根康弘收回了部分说法。但那些熟悉日本思维的人并不感到惊讶。[4] 在中曾根康弘发表演讲当天，我会见了通产省的一位高级官员，在交谈中，我们谈到日本经济取得巨大成功的原因。他给出了三方面原因：终身就业制度，相互支持的政商关系，以及和谐的劳资关系。然后他又给出了第四个原因：同质性。虽然他知道我的家庭成员结构，但他说这话时丝毫没有想到我——一个妻子有着中国血统、在日本和菲律宾各领养了一个儿子的美国人，可能会觉得这些言论很奇怪或被冒犯。对他来说，这是一个显而易见的客观事实。

组织的重要性

日本有一个方面无疑是独特的，至少在主要国家中是独特的，那就是极端强调把群体作为核心社会实体，而不是个体。所有国家都是为了完成各种任务而组织起来的，这些任务是单独工作的个人无法完成的。在日本，几乎没有群体之外的生活，这些群体定义了一个人的存在。当一个日本人被问及从事何种工作时，他会以雇用他的组织的名字来回应。他通常不会说自己是销售员或工程师，除非被要求进一步解释，因为他身份的关键不是特定的工作类型，而是所属的组织。

研究过日本的人注意到了这一现象，并对此做出了各种解释。最早的西方评论员之一是英国人拉夫卡迪奥·赫恩（小泉八云），他在1900年前后生活在日本并写下了大量关于日本的文章。在获得一座房子后，他发现他不仅得到了一座房子，而且还得到了园丁和其他工人，他们以前为房子提供过服务，尽管所有权发生了变化，但他们仍然像过去一样继续工作。他们属于那座房子。赫恩认为这种群体心理产生于社会告慰死者灵魂的宗教义务。[5]一些观察家认为，这是水稻种植过程中所需要的合作努力；而另一些观察家则认为，这与日本衡量成功的标准有关，日本通常用权力和影响力判断是否成功，这种权力和影响力只能在群体中行使，而不能在财富积累的过程中行使，财富积累更多的是个人的事业。这些是群体心理的起源还是进一步的表现，可能是一个无法回答的问题。但是，任何看过日本游客围着手握该团队旗帜的领队团团转的人，都会意识到组织在日本的重要性。

组织的典范是家庭。事实上，人们可能会把日本看成是一个同心圆式的组织，如学校班级、俱乐部、公司，最终是国家，所有这些都试图模仿其核心的家庭组织。成为一个组织的成员，需要形成具有深厚社会和情感意义的个人关系。每个组织都扮演着代理家庭的角色，人们对其他组织成员就像对家庭成员一样，负有同样的义务并享有同样的支持。

大多数日本人花费大量的时间和精力去建立这些紧密的人际关系，并加以培养，以保持组织士气，维持自己良好的组织成员地位。日本商人工作时间长是出了名的。其中许多时间不是用来工作，而是与同事或其他组织的成员交往。这项活动是维持密切的个人关系的重要组成部分，这种关系与家庭关系一样，为组织提供精神寄托。日语本身就反映了日本人把公司当成家庭的看法。一个商人在与另一个商人交谈时，会谦称自己的公司为“敝公司”，而将对方公司称为“贵公司”。

组织认同在日本的重要性可以与宾夕法尼亚州东南部的阿米什人相媲美。阿米什人也认为自己是一个与众不同的民族，遵循着与周围人截然不同的信仰和习俗。要保持这种距离感，就需要不断培养组织成员之间的道德或信仰以及联系。这种培养反过来又会产生对组织的情感依赖，使分离变得痛苦。在阿米什人中，终极惩罚是“避开”，即将某成员驱逐出组织。在日本，脱离村庄被视同死亡。

我在一家美国医疗设备公司的日本子公司担任总经理时，感受到了日本人对组织的情感依赖。公司办公室在东京市中心，大多数销售人员每天要花两个小时通勤。我没有让他们在每天开始电话销售前来到公司，而是让他们直接从家里去见客户，并且每周只来一次办公室参加销售会议。虽然这是美国销售人员的常规工作方式，但在日本却是一场灾难。销售额下降了，士气也下降了。我很快改变了策略，让每个人每天都来办公室。销售人员增强了他们的组织认同感，销售额立即攀升。

关注和谐

对日本人来说，最重要的价值是组织内的和谐，这是美国人不熟悉的理念，美国人思维里装的是对个人重要性的关注。我是在为一家在日本的美国制造商做咨询的时候，在这一问题上收获了惨痛教训。该公司的日本经销商仿制了其产品，并开始与原装产品展开销售竞争。同时，经销商保留了大量美国原装产品库存，并在测试日本新产品时继续向客户提供这些产品。我敦促这家美国公司的日本经理就经销商未经授权销售产品一事向法院申请禁令。我争辩说这不公平。但他回应说，（诉诸法律）这样的做法被视为具有破坏性，可能会对我们的声誉造成致命损害，从长远来看，对我们弊大于利。事实证明，我们生意上的损失近乎致命，但那位经理的说法给我留下了深刻印象，日本人重视和谐，与西方强调正义截然不同。

实现并维护人与人之间的和谐并非易事。在西方，强调的是个人内部的手段，比如兄弟之爱与良知，而在日本这个以组织为导向的社会中，压力来自外部，比如从众、群体伦理以及密切的人际关系等。[6]

从众

日本目前非常关注的一个话题最能体现出其对“从众”的重视，大致可以理解为“霸凌”或“欺负某人”。有多起报道称，一群孩子骚扰那些出于这样或那样的原因而看起来不同的孩子，有时甚至是在老师的带领下。这对于在海外生活了一段时间然后必须回到日本上学的日本孩子来说是一个特殊问题。他们经常因为与众不同、不合群而受到排斥。这个问题非常严重，国际基督教大学等学校专门为归国者安排了特殊的学习课程。

日本观察家承认，灌输从众准则的主要手段是严格集中的学校制度，以及由教育部门制定标准文本和课程。这种教育体系强调死记硬背这些材料，这些材料由一位权威的教师以规定的方式传授。这种体系里的毕业生报告说，从一年级开始，教师既强调日本的独特性，又强调死板地遵守组织规范。不鼓励提问与个人活动。日本政府现在正在研究更加强调个性的方式。未来的结果会很有趣。

组织伦理与观察

从众既需要组织道德，也需要持续观察。没有什么比一个突然受到良心谴责的个体更能破坏组织的和谐了。有一句谚语几乎是全面体现了日本人的伦理道德——“如果大家一起过马路，就不会有麻烦”。为了理解这一点，设想一群人站在一个交通路口，此时交通指示灯闪烁着“请勿行走”的标志。如果这群人中只有一个人违规过马路，他可能会感到有点内疚，甚至会因为不遵守交通规则而被罚款。但是如果所有人都违规过马路，就不会有罪恶感或羞耻感，也可能不会被罚款，因为警察不会逮捕所有人。在这种情况下，坚持等到指示灯改变的人就成为使大家不安的人，因此也就成为破坏组织和谐的人。

日本对 1982 年日立—IBM 事件的反应就是这种道德观的一个有趣例子。日立的策略是制造与 IBM 兼容的计算机，所以必须对 IBM 的新产品非常了解。为此，日立雇用了来自美国的顾问，其中一些曾是 IBM 的雇员。有一次，其中一名顾问威廉·帕林认为日立要求他做的事情是非法的，并通知了联邦调查局。为了防止被窃取和向苏联转移技术，调查局已经在硅谷开展了一段时间的诱捕[①]行动。现在调查局发现日立和三菱都在以可疑的方式获取 IBM 的知识产权资料。

知晓该事件的大多数美国人都认为应该将罪犯绳之以法，因为窃取技术是错误且非法的。日本的反应则相反。在日本，突击行动令人反感，仅在毒品案件中才会采用。原因不难理解。一个严格按照别人的做法来决定行为是否可接受的社会，很容易受到圈套的影响，这种圈套就涉及警察故意鼓励不可接受的行为。日本人的观点是，如果群体中的一些成员正在做一些事情，那么其他成员也得做。因此，应该谴责执行诱

① “诱捕”行动指的是警察为了抓住违法者而假扮成某一非法活动的共犯。

捕行动的人，而不是受害者，因为他们是有意识地将该群体引入歧途。

和谐需要敏锐地感知他人的需求。为了确保自己的行为是可接受的，你需要观察别人在做什么。相互观察在日本有着悠久的传统。在德川幕府时代，幕府将军（军事独裁者）采取了“五家连坐制度”，即五户一组的每个家庭要为所有其他成员的行为负责，比如纳税、贷款和遵守节约法令。在第二次世界大战期间，“邻里协会”被用来加强对社会的严格控制。今天，令西方官员常常感到惊讶的是，他们的日本同行对报纸报道和泄密事件反应强烈，原因是日本官员密切关注新闻，以便预测该组织可能往哪个方向走。[7]

人际关系的重要性

人际关系是所有日本组织的黏合剂。与同事和其他有影响的人物建立良好的个人关系，是日本人的首要任务。在西方，契约或职业责任往往比朋友关系甚至家庭关系更重要。在日本，个人关系和家庭关系更为重要。一个很小但很有说服力的例子是，当日本官员和企业高管从一个职位调到另一个职位时，会周全地通知所有熟人。我现在仍然会收到那些我多年不再交往的人的这种通知。

日立—IBM 事件是另外一个例子。站在美国人的角度，帕林报告他的怀疑，他的行为是合乎道德的。他在同日立的长期合作中获利，如果与日立继续合作，他将赚到更多的钱。虽然他坚持原则注定会失败，但他坚持原则的事实令美国人钦佩。从日本人的角度看，他的行为卑鄙可耻。在他们眼中，这个人背叛了那些信任他的人。他犯了最严重的错：打破了人与人之间的纽带，被证明是不可靠的。日本人并没有像美国人那样谴责日立，而是站在了日立这边；IBM 日本公司的员工对本公司的态度不确定，这就迫使 IBM 高层为了保持忠诚度和士气而奔赴日本。在日本，日立被视为受害方，而不是 IBM。事实上，大部分日本人认为，联邦调查局的介入证明，美国政府正在执行一项旨在阻止日本企业超越IBM的产业政策。

等级观念

从传统意义上讲，家庭是等级森严的专制组织，日本的组织也是如此。等级观念根深蒂固，以至于不先确定等级关系就无法说日语。在许多方面，日语是一种简单的语言，没有复数、不分性别，只有模糊的语法规则。但它是世界上层次形式最丰富的语言。法语中的礼貌用语“您”（vous）和日常的“你”（tu）就是一个表达规则，而在日语中，这一概念被极端化了。动词、形容词词尾和整个表达形式的变化都取决于对话的人的层级。

例如，一家日本公司的部门主管会称呼一个叫铃木的下属为铃木君。“君”是日本“先生”一词的非正式用语。在英语中，这就像用Bobbie称呼一个叫Bob的人。另一方面，下属会称呼一个叫清水的部门主管为清水主管，或者简单地称呼为主管先生。这种语言等级是来自日本交换名片的习惯。实际上，西方许多人将其视为日本效率的例子，这是确立后续谈话基调和形式所必不可少的步骤。

这种对层级的关注深深植根于日本历史，渗透到日本生活的方方面面。德川家族虽然没有创造出等级观念，但在250年的时间里，确实严格地实行了这一观念，并将其深深根植于民族心理中。日本早就不是封建社会了，但日本各组织的层级与古代氏族军队的等级相当，日本组织中的上级权威伴和下级的全部奉献精神，这些在西方人看来都还是有点封建的。

我最近在华盛顿杜勒斯机场目睹了这样一个身份差别的例子。当我进入机场时，看到日本邮政事业厅的一位前副部长（日本公务员中最高的职位级别之一）抵达。我走过去跟他打招呼时，看到日本大使馆和日本各公司华盛顿办事处代表等一众人在行李领取区的一个角落里列队和他握手。他的行李有人照应，一辆豪华轿车正准备把他送到酒店。此后不久，在飞往华盛顿的航班上，我旁边坐着美国一位前国防部部长和一位前国家安全顾问。着陆时，没有人来迎接他们，他们可能不得不像其他人一样，向一个不会说英语的出租车司机解释他们要去哪里。

与众不同之感

各国都清楚其成员与外国人间的区别,但日本更强调这种差异。“与众不同”很自然地出现在那些被一种“独一无二的自我意识”紧密联结在一起的组织中，鉴于级别生态中突出强调每个个体的角色定位，这种与众不同的自我意识便越发孕育出深厚的人际关系。新人会扰乱这种错综复杂的关系网，因为在一个既定的层级中，新人只有底层的机会，对于一个局外人来说，即便他更适合更高的职位，但显然也不会得到这种机会。这样的人对组织的终极价值——和谐——构成了威胁，因此往往会遭到拒绝。

关于这一点，在日本的所有外国人都能说上几段精彩的故事。我的故事是关于我收养一个日本孩子的经历。一个未婚的日本母亲决定让别人收养她的孩子。我和妻子在男孩出生后的第二天见到他，同时同意收养他。在孩子到我们家一年并走完日本家事程序法的流程后，我们成为其合法父母。然后我们不得不把孩子的出生登记从他出生的城镇转移到我们居住的城镇。当我们去当地的政府部门办理这些程序时，我被告知即使我和妻子是合法的父母，仅有我们的签名也不够。他们告诉我们，必须找到孩子的生母（我们不认识她，她也不想被我们找到）并取得她的签名。经过颇多周折，我们找到了这位女士，并得到了所需的签名。但我们的麻烦还没有结束，要离开日本，我们需要给男孩办一本日本护照。虽然我们是合法父母，但护照必须以生母的名义签发。结果，我的这个儿子拿了一本不是他名字的护照，被我们带到了美国。日本人很难理解他们中的一员也可能成为我们中的一员。

中南半岛的船民和难民是另外一个例子。1974 年以来，超过 413 000 名越南人移居美国。里根总统 1985 年的国情咨文中就称赞了一位从美国军事学院毕业的年轻女性简·阮。另一位黄·陈（音译，Hoang Tran）则在 1987 年以空军学院第一名的成绩毕业。当时日本是在世界舆论的压力下才接收了不到 3 000 名难民[8]。很难想象这些人的孩子，更不用说女性，能进入日本的精英阶层。

事实上，与美国军事学院毕业生的例子形成鲜明对比的，是 1986 年发生在日本精英培训基地——东京大学的一件事。通常，只有通过竞争激烈的考试才能进入这所大学，而日本中学的备考实际上是一个先决条件。这种做法产生了排斥外国留学生甚至长期旅居海外的日本人的影响，所以有人建议在入学考试中为这类学生设立一个特殊通道。这一计划遭到了许多人的反对，他们认为仅仅因为一些人碰巧是外国人或来自旅居海外的日本家庭，就向他们提供捷径是不公平的。尽管遭到反对，东京大学还是决定执行这一计划。但对这一决定的解释掩盖了其明显的进步努力。东京大学称，东大的教育应该只针对那些通过入学考试并且原则上是日本国民的人。另一方面，鉴于日本已成为国际中心，考进东大的学生在大学期间同外国人交流，并与那些曾经旅居海外且与本土日本人的行为模式完全不同的日本人接触，可能是一段很好的经历。为此，该大学强调不会为后一类新生开设任何特殊课程，因为不想把他们日本化，这样会破坏国际教育宗旨。正如东京大学教授公文俊平后来所说，这些外国人就好像是博物馆里的展品，或是实验室中的小白鼠。但这些态度并不意味着日本人缺乏同情心或不愿提供帮助。就比如，日本在对外援助上已经跻身最大捐助国行列。但如果援助意味着为其社会吸收一些新东西，日本则很难提供帮助，因为日本的组织倾向于驱逐入侵者。

日本的大学通常将旅居海外的日本人视同外国人，这还反映了另外一种重要问题：日本人在国外生活后有时很难重新融入自己的社会。最近在华盛顿为一位日本外交官举行的欢送会上，我对他的妻子说，多年后能回家，她一定很高兴。她马上坚决否认说“一点也不”，这同我的预期完全不同。她解释说，她在美国有很大的自由，“在华盛顿，我还活着，”她说，“我陪丈夫参加聚会，我能融入大使馆和城市的生活。在东京，我会被孤立。”她接着解释说，她很关心她的孩子，正在研究一个学校为海归提供的特别项目。即便如此，她认为孩子们还是很难被他们的同学接受。

当天晚上我还和她丈夫聊了聊。我知道他攒了很多假期，于是问他是否打算在夏威夷停留，并在开始新工作之前休一段时间的假。他说他可能会停一天，然后不自然地补充说：“你懂的。”我懂。他在美国一个著名的研究所获得了学位，是一个有成就的国际化人士。他想去度假，但他知道度假会使他重返日本变得更加困难，因为这会让人怀疑他变得过于美国化了。这可能被视为对他即将重新加入的组织的不忠。

夏威夷大学教授阿格尼斯·野川研究过日本的海归问题，她在 1986 年 5 月 6 日接受《华尔街日报》采访时指出：“日本非常的同质化，不容忍非同类，甚至在回到日本十年后，归国者还可能会因为思维方式太直接而受到批评。”同一篇文章中还讲到了一家日本贸易公司的管理者鹿岛诚之介，他在美国待了几年后回到日本，他说：“日本人倾向于自然地形成组织。每个海归都被视为新来者，即便他以前也在这个组织中。我花了一些时间才适应。”[10]

我们对日本的认识很多来自其等级明确的组织动态。例如，终身就业并不总是日本所有上班族的标准，但日本公司从来没有出现过多的人员流动，原因很简单，离开一家公司加入另一家公司，就意味着成为一个新组织的新成员。无论正式的职位实际上是什么，这都意味着从最底层开始，重新摸爬滚打。对于一家日本公司来说，像美国那样，从外部聘请高管担任关键管理职位几乎不可能。新来的人不可能适合，也不知道如何管理多年来精心建立的错综复杂的人际关系网。日本企业家的稀缺性也很容易理解。强调从众，以及认为企业家（从定义上讲）至少不能刚进入一个组织就成为高管的观念，都限制了这些努力。

虽然观察日本的美国人通常羡慕日本似乎律师很少，诉讼也很少，但事实上，几乎所有的日本官僚和许多商人都接受过法律培训，他们在日本社会中履行着律师在美国社会中履行的许多职能。虽然很少有诉讼是事实，但这并不意味着日本没有争端。这只意味着他们是通过非正式谈判和发挥个人关系的作用来解决争端。即使在美国，一个家庭的成员通常也不会把对方拖进法庭。虽然这样做有利于保持和谐，但在美国人看来，这样做并不一定意味着履行程序正义或者伸张公平正义。在重要人物和非重要人物之间的纠纷中，非重要人物在日本比在美国处于更不利的地位，因为他的权利只取决于他在团体中的地位，而不是个体拥有权利的信念。

政府的干预触及日本人生活的方方面面，而且日本人希望政府这样做，这常常使美国人感到奇怪，但要知道，等级组织中的成员指望其精英阶层以父辈的方式行事，这是很自然的。实际上，由于组织成员本质上是用忠诚换取安全，精英阶层只有在能够维持和谐与安全的情况下才能获得合法性。因此，无论是日本商界还是政府的领导人，都非常重视稳定和平稳过渡。令人震惊的是，精英阶层并没有正确地为组织履行职能。

日本人倾向于不断谈判，为最小的让步讨价还价。任何可能会影响组织和谐的新事物在被接纳之前都必须经过仔细研究。除此之外，维护组织成员间纽带的要务以及展示个人绝对忠诚的必要性，意味着只有在证明确实没有其他选择之后，才能对组织以外的成员做出让步。

地域歧视

在这样一个社会中做生意，同美国和其他市场经济体完全不同，后两者更强调个人的权利和角色，而不是组织的权利和角色。我在与一位日本杰出企业家的谈话中深切地体会到了这一点。

日本京瓷公司创始人稻盛和夫 1936 年生于日本南部的鹿儿岛。东京之于日本，正如巴黎之于法国，只是程度更甚。日本的层级差别在出生地和人际关系上都有所体现。在日本，前往东京的旅客乘坐上行线，离开东京的旅客乘坐下行线。鹿儿岛是东京在日本境内可达的最远位置，这在一定程度上表明了鹿儿岛在日本梯度重要性上的地位。在日本，从东京大学毕业即为成功的保证。稻盛和夫去了鹿儿岛大学，而鹿儿岛大学（对未来）毫无保证。毕业后，他去的不是拥有大多数公司总部的东京，而是几乎没有公司总部的京都。他对人造金刚石等工业陶瓷制品的特性极感兴趣。陶瓷材料不会被腐蚀且不导电，是很好的绝缘体，而且制成品极其坚硬，他预见到了其在电子医疗和其他工业中的广阔应用前景。稻盛很快发现其雇主并没有准备好采纳他的建议，或者说至少没有他想要的那么快。后来他辞职了，在朋友们几千美元的初期支持下，他自己于 1961 年开了一家小厂。

他向我描述了那段日子。一开始很难找到员工，因为为一家小型初创公司工作并不是大多数厌恶风险、注重地位的日本人的首选。获得融资就更困难了。稻盛和夫的名字那时在日本并不出名。他与所有已经成立的组织都没有联系。很少有银行对他感兴趣，缺乏供应商也是一个问题：他脱离组织的举动使银行变得谨慎，一些银行要求货到付款。最难的是缺乏潜在客户，一家初创公司，领导人 20 多岁，没有业务往来，未来不可预知，他们非常不愿意从这样一家企业采购产品。这导致订单非常少。

稻盛和夫于 1965 年决定去美国旅行。后来的几年里，美国商人将他们在日本很难成功的原因归结为不会说日语。但在美国，稻盛和夫很少说英语这一事实并不重要。他在达拉斯拜访了德州仪器公司，当时该公司是世界上最大的独立半导体制造商，对稻盛和夫的公司不太了解，但对稻盛和夫介绍的一些新陶瓷部件很感兴趣。没有核实稻盛和夫的资金实力或公司关系，也没有坚持让他在美国有大量库存甚至是一家分厂，就给了他一个试订单。这次测试品发货后，稻盛很快就接到了其他更大的订单，他的生意开始快速增长，公司开发了一种半导体陶瓷封装，该产品不仅很快被德州仪器公司订购，还被其他美国半导体公司争相订购。

随着与德州仪器公司关系的不断进展，发生了一件趣事。日本的一些公司注意到稻盛和夫的京都陶瓷公司与美国制造商之间不断增长的业务，决定与其合作，并开始下更大的订单。稻盛的业务进一步扩大，日本京瓷公司后来占据了 90% 的世界半导体陶瓷封装市场。它还进入了许多其他市场，甚至开发了一种由陶瓷发动机驱动的汽车，奥尔默和我在鹿儿岛见过这种发动机。稻盛和夫透露，对他来说，在美国市场销售比在日本更容易。他说，这是公司成功的最重要因素之一。

一段时间后，在与索尼董事长盛田昭夫的一次会议上，我提到了与稻盛和夫的对话，盛田昭夫立即回应说，他也有同样的经历。他说，索尼通过在美国销售而迅速发展。美国市场比日本市场更容易进入。其他公司也有同样的经验。例如，本田在美国汽车市场的份额比在日本市场的份额要大。

自给自足的动力

正是出于认为没有人能真正理解或认同他们，日本人对依赖非日本人感到不安。他们认为，不是日本人，就无法全面地了解错综复杂的责任、义务和忠诚。在危机中，个人可能不知道或不想按预期行事，而这可能招致灾难。因此，日本人非常重视自给自足。他们之所以这样做，恰恰是因为知道自己无法自给自足。大多数日本人反复重申，他们的国家是一个没有自然资源的小岛国，除了日本根本没有的自然资源之外，日本不依赖任何日本之外的东西的努力是合理的。例如，一次去日本山区徒步，我经过一个政府经营的农场，农民在夏天的几个月里用卡车把牛运到这里放牧。在这一年余下的时间里，牛要么待在室内，要么被关在狭小的空间里。由于缺乏开放空间，日本远非养牛的理想之地。尽管如此，由于日本农林省的努力，日本 70% 的牛肉来自本国。[11]

我几年前代表一家希望进入日本市场的美国化工制造商进行谈判。每一次讨论最终都落到我的客户是否愿意在日本维持一年库存的问题。几乎所有尝试向日本出售产品的外国商人都感受到了日方的这种担忧，因为他们在每次讨论中都感受到了压力，日本要求他们转让技术，在日本从事“国内制造”。有一次谈判中，一个客户实际上是被其日本合作方敦促建立第二个工厂，“以防地震”。在不可能进行国内生产的区域，日本人要求保持大量库存。

恰恰是那些期望美国和其他国家愿意依赖万里之遥的日本供应商提供商品流的（日本）人，坚持“国内生产”和维持大量本地库存。日本人不认为这种分裂思维有什么不妥。他们知道日本人是可以信赖的，但对外国人则没有把握。

一个封闭的市场

独特的自我认知、群体导向、对外国人的怀疑和自给自足的动力，这些因素结合在一起，使得日本市场很难进入。许多美国人，特别是那些学术界和新闻界的人，倾向于把美国在开发日本市场方面的不成功归于管理不善和努力不足。他们认为，美国商人不会在日本市场取得领先，不会在日本久居，不会去了解日本文化，也不会根据日本市场调整产品结构，更不会为日本人提供所需要的质量和服务。

这些说法有的没错，在某些情况下，这些说法都对。毫无疑问，美国企业在日本往往表现不佳。但如果问题仅仅是管理不善，那么应该仅限于美国人，而事实并非如此。1984 年 12 月，香港总督爱德华·尤德悲叹日本对香港的出口是其（自香港）进口的十倍，呼吁日本政府采取措施增加进口。同月，泰国副总理敦促日本采取具体措施开放市场。[12]

1984 年春，欧洲经济共同体向日本提交了一份长达 15 页的要求其开放市场的措施清单，随后又在 1985 年和 1986 年提出了进一步的要求[13]。1985 年 1 月，《新加坡导报》（*Singapore Monitor*）指责东京实行“保护主义”。[14] 马来西亚总理马哈蒂尔·穆罕默德严厉谴责日本实行的“殖民主义”外交政策[15]。韩国也抱怨日本限制关键技术的转让。中国台湾断然提高了 1 500 种日本商品的关税，以迫使日本市场更加开放。

似乎各个经济体，包括世界上最大的几个贸易国，都很难与日本相处。现实情况是，即便一个人花费很长时间学习一国文化，并说该国语言，还是很难被这个群体所接受。一个人可以成为贵客（这在组织中是有地位的），但想成为内部人士实际上是不可能的——这势必被指责为不公正。

对于印尼来说，日本会购买其原木，却不买其胶合板，这很难说是公平的；新加坡不明白为什么它的汽油对于欧洲和东南亚的汽车来说足够好，对日本的汽车却不行；中国台湾无法理解为什么日本的子公司在台湾制造的电子设备可以出口到美国，却不能出口到日本。是日本不公平，还是这恰是日本的本色？

我从马里尼那里听到一个关于美国露华浓公司在1984年专门为日本市场开发染发剂的故事时，曾思考过这一问题。作为一名美国商人，马里尼在我之前列举的所有方面都无可挑剔。他在日本待了近30年，日语说得非常流利，以至于在电话里他经常被误认为是日本人。他知道日本厚生省有一份核发的染发剂成分清单。就在三年前，这份清单还是保密的，制造商必须猜出上面有什么，然后将其产品提交到厚生省审批，并希望不会因为猜错而被拒绝。在美国要求“开放市场”的压力下，清单被公布出来。

马里尼指示他在纽约的实验室只使用规定的成分生产产品。在美国，如果一家公司使用官方批准的成分，它只需在包装上列出这些成分，然后将产品投放市场。美国食品药品监督管理局（FDA）不加干涉，除非有人投诉。但在日本，这种产品必须申请批准，即便它只是由批准的成分制成。露华浓新产品的样品就这样从纽约被送到了日本厚生省。

几个月过去了，没有任何回音。马里尼拜访厚生省并会见了负责的课长（中层官员）。是的，这个人认可所有的原料都在批准名单上，但其中一种原料以前并没有真正使用过。评估产品还需要一些时间。又是几个月过去了，还是没有回音。安排人在厚生省跟踪进展的马里尼在得知没有进展后又去了一次。销售代表已经聘请好了，广告已经准备投放，促销材料已经准备派发到商店。马里尼还发现，这一招来麻烦的成分此前至少使用过一次。但这位官员仍然不情愿。他解释说，该成分还没有被广泛使用，露华浓能不能重新配制后再提交一次？该产品此时已经给马里尼挖了一个非常大的财务窟窿，重新研制会非常昂贵。他给美国政府的一位朋友打电话。政府能提供什么帮助吗？事实证明，能，而且的确帮到了。该产品最终获得批准，目前销售良好。不过这实属不易。

这不公平吗？一家日本公司在美国不会遭遇这等艰难。美国露华浓公司的许多人认为这是不公平的。马里尼很快得知，日本公司在厚生省也遭遇了同他一样的严酷挑战。它们的操作可以更顺畅一些，因为它们均雇用了前任官员以保持同该省的良好关系。对日本公司来说，本质上没什么不同。从日本人的角度来看，这没有什么不公平的。每个人基本上都被同等对待。只是日本的做事方式与开放社会的做事方式截然不同。

与日本人打交道难的另一个典型例子是铝制棒球拍。铝在生产过程中需要大量电力，因此被称为“耗电大户”。日本的能源成本高，电价也高。美国的电价低，美国的铝制棒球拍因此比日本的棒球拍更便宜。

这类球拍最大的市场是日本软式棒球联盟，这是一个由 8 万支球队和 160 万名球员组成的日本少年棒球联盟，他们采用日本本土玩法，使用橡胶球而不是硬球。

与日本其他许多精心组织的联盟一样，这个联盟也是政府组织，其组织方是文部省，就相当于在美国由教育部来管理这个联盟。要向联盟卖球拍，联盟要求生产商在球拍上印上联盟的官方印章。直到 1980 年春天，联盟一直拒绝为美国球棒提供这种印章。但是，由于晚近一轮的国际贸易谈判，这些批准章有可能与国内生产商一样，向外国制造商提供。因此，罗林斯和伊斯顿这两家美国球棒生产商，要求美国驻大阪领事馆会讲日语的资深商务官员赫布·科克伦帮助他们获得印章。

接下来是一个持续三年的传奇故事。当科克伦要求日本棒球联盟官员提供获取印章的信息时，他被礼貌地告知，外国公司不可能获得批准，因为橡胶棒球是日本棒球的“独特”变体，只需要日本球拍。外国公司不可能只生产出口到日本的产品。此外，已经有另外 10 家日本公司在等待核准，如果所有技术上符合要求的公司都获得批准，竞争将会太过激烈。

这与日本开放市场的所有承诺都背道而驰，科克伦本可以立即将此事闹大。然而，作为一名日本通，他知道日本人更喜欢通过私下谈判来解决问题，以维护和谐，因此他试图向那些将棒球拍卖给联盟的公司寻求帮助。他在会见体育用品零售商协会的一位代表时指出，日本是国际协定的签署国，贸易条约约定所有厂商都可以使用印章。他得到的回复至少是坦诚的，尽管有些不那么圆滑："那些国际贸易协定是一回事，在日本做生意是另外一回事。"批发商协会的代表们更加直言不讳。他们承认美国球拍确实比日本球拍质量更好，"关于印章的事务只是一个借口。事实是，如果我们让美国球拍进入日本市场，将会有太多的竞争"。此外，他们指出，如果接受这种球拍，他们也可能不得不接受排球，市场将会充斥来自中国台湾的廉价商品。最后，他们强调即使批准使用印章，也是由经销商决定销售何种商品，他们根本不确定是否有人愿意销售美国球拍。

科克伦没有退缩，他得到了一位曾留学美国的人的帮助，这个人的父亲正是日本一家主要体育用品公司的董事长，这家公司是面向美国市场的一个大出口商。经过一年的努力，仍然没有取得成功，他向科克伦解释说，他有一种强烈的感觉，由于橡胶棒球是日本本土产品，所以外国公司不能向日本供应。他很尴尬地承认，有时日本人对公平竞争有不同的看法。他道歉说："有时，他们想拒外国产品于门外。"[16]

鉴于此，经过一年多毫无意义的私下沟通，科克伦于 1981 年秋天给华盛顿发了一封电报，讲了他的出局过程。这封电报引起了美国人的愤怒，就连通常不关心商业事务的美国驻日本大使迈克·曼斯菲尔德也参与进来，美国政府于 10 月份向日本政府发出了一份正式照会。作为回应，联盟官员宣布，从次年 2 月份起，任何符合其标准（据称与政府安全法的要求类似）的球棒都可以获得推荐使用这枚著名的印章。这也成为上文提到的江崎一揽子措施中的一项。

问题似乎解决了，有关各方都松了一口气。但新标准的细节直到 1982 年 2 月才公布出来。美方官员最终得到的这些文件没有用。文件明确，日本人要求使用一种在美国并不常用的铝合金，还要一种美国球拍上没有的底盖。事情又回到原点，美国政府根据关贸总协定规则在日内瓦对日本提起正式诉讼。日本迅速将新的联盟标准与获得证明安全的政府“安全标”所要求的标准相统一。这样一来，这个问题的解决方案在5月底又一次受到欢迎。但要以为万事大吉，还为时过早。6月，伊斯顿铝业公司申请按照通产省使用“安全标”的要求对其工厂进行注册审查。它被告知，外国工厂不能注册，因为没有派检查员出国的行程预算；即使有也不会派，因为日本的规定无法在美国执行。此外，尽管美国政府通常接受日本第三方在此类问题上的认证，但日本表示，它不能接受美国的第三方认证。相反，每批运往日本的球拍都必须在收到“安全标”之前打开包装并逐一检查。

争论又起。尽管日本的提议明显带有歧视性、有悖国际规则，但美国驻东京大使馆、国会及财政部均敦促接受这一提议，认为这是个很好的让步。不过，商务部和贸易副代表戴维·麦克唐纳继续坚持平等对待。日本大型广播公司日本广播协会（NHK）就这一问题制作了一部系列剧，评论员在其中得出结论，虽然日本的体制不是为了排斥进口，但它倾向于这样做；问题在于文化和传统，这意味着美日贸易摩擦不仅仅是一个小误会，而是一个根深蒂固、复杂且涉及面广泛的问题。日本官方最终放松了限制，完全重写了有关安全标准的法律，并改变了一系列产品的安全标准。但四年后，美国厂家在日本市场的占有率还是不到1%，日本的经销商们笑到了最后。

与日本长年累月的谈判使日美关系不断恶化。美国人感受到日本的拒绝是持续不断的。然而，日本一直坚持认为自己奉行了开放的经济政策，日本官员还总是将这些事件看作孤立的存在。处理方法始终像球拍案例那样：将问题理所当然地归于“误解”，随后便是对神秘的官僚主义规定的冗长、乏味的讨价还价，日本人力争的每一项规定都是其文化不可缺少的组成部分。最终，规定会按某种方式进行修改，但在销售方面不会产生任何具体结果。这种情况证实了双方最初的信念：日本人认为美国人没有付出足够的努力，美国人认为他们受到了歧视。

问题的关键正是我 1982 年春在马尔科姆·鲍德里奇办公室里对江崎的观察。日本不可能像美国那样“开放”。他们认为开放是逐案取消限制，是官僚给予的许可，他们并没有西方那种认为不需要许可的概念。他们自身有强烈的独一无二的观念，身为日本人，生来就与众不同，属于一个与众不同的群体。因此，要求日本人“开放”，就是要求他们不那么与众不同，从而不再那么像日本人。一些日本人认识到了这个问题的文化本质。例如，江崎说日本必须改变其封闭性，以便使社会赶得上经济的发展。但这是否能实现还不清楚。正如 1987 年 8 月身在纽约的日本银行家小野东彦对我所说的那样，身为日本人，从定义上讲，就是一群与众不同、独一无二的同类。“美国的要求是不可能达到的。”

第四章

政界要员：日本强势省厅

铁打的省厅官员，流水的首相。

——一位邮政事业厅官员，1985 年春

在日本紧密联结的层级体系中，最高层是政府各大省厅及其中的官员。正如日本官员在 1985 年春季的贸易谈判中承认的那样，他们在日本政府中发挥着关键作用。这次谈判中，美国代表团提到了中曾根康弘首相承诺的市场开放政策。

这一点我在当年与索尼公司董事长盛田昭夫会面时有了更深的体会，他当时还担任日本电子工业振兴协会会长，我们讨论了当时处于最紧张时期的美日半导体贸易问题，以及如何在不再诉诸法律的情况下解决这个问题，因为诉诸法律对双方而言代价都很高。在谈到如何控制向美国市场倾销过剩产品时，盛田拍了一下他的膝盖说："通产省必须给出强有力的指导。"他的意思是日本政府应该要求本国制造商减少半导体生产，提高价格。我大吃一惊。这话出自世界上最伟大的企业家之口，似乎政府对产业活动的指令是相当正常的。通产省过去当然拥有这种权力，但日本官员和博学的美国评论员现在都强调那些日子一去不复返了。"但是公司会听吗？"我问。"会的，如果要求是强有力的。”盛田说。

经常到访东京的人发现，日本政府无论在角色上还是性质上都与美国截然不同。盛田关于“指导”的说法触及了问题的核心。在 1986 年 9 月访日期间的几番谈话中，我更明晰了其含义。第一次会面是同邮政事业厅新任副长官泽田繁雄。泽田 50 岁出头，同所有日本官员一样，他整个职业生涯都在日本政府部门，此时升到了最高级别。我们俩是老谈判对手了，在 1985—1986 年谈判电信问题时便互相敬重、彼此欣赏，那是美日有史以来最困难的贸易谈判。方下巴的泽田，外形适合在搏斗中做队友。他在谈判中是一个强硬但公平的对手。我们这次讨论的是东京将开展的新寻呼服务。一个包括摩托罗拉公司在内的财团已经早早进入申请者行列，如今其他的候选者也出现了，泽田证实了报纸上的一个报道，即他所在的邮政事业厅试图说服所有申请者组成一家合资公司，同既有的服务商 NTT 竞争。

他和我进行了长期而艰苦的谈判，以期在美、日电信市场的开放程度方面实现大致平等。但很难想象美国联邦通信委员会、商务部或任何其他美国管理机构在促进合作时会拖延处理申请。由于日本邮政事业厅长期抵制外国公司进入日本电信市场，许多人怀疑这家合资公司的真正目的是让市场失去对摩托罗拉的吸引力。在回答我的问题时，泽田解释说邮政事业厅只是在给出指导，使新公司成为 NTT 最有力的潜在竞争对手。当他继续讨论其他竞争者进入其他通信传输业务的进展时，他说这一指导会降低摩托罗拉的业务份额，这纯属巧合。其中一家竞争者是私人企业第二电电公司（Daini Denden），盛田昭夫和稻盛和夫是该公司的主要股东。另外两个竞争者，日本电讯和日本高速通讯两家公司，通常认为是在建设省和运输省的指导下开展业务。最后，我们讨论了邮政事业厅在与通产省经过激烈争论后制定的过渡安排，即随着计算机和通信的联系日益紧密，哪个省厅将控制日本信息产业的发展。

离开邮政事业厅，我步行到街对面的通产省，这是日本官僚斗争中两个最强势的省厅，我去见了该省机械和信息产业局新任局长小玉幸春。我和小玉在谈判桌上又耗了很长时间。他游历广泛，被通产省派驻伦敦多年，英语流利，不同于许多日本人，他欣赏西方的幽默。和他在一起很愉快,这本身就是一个谈判武器。我发现他是一个精明的谈判者，不经意间就占得上风。几年间，我逐渐了解了他的家庭，并把他当作朋友。当我问起他的新职位时，他说很满意。他之前一直为该局工作，说现在感觉就像是获得新使命的船长，海风吹在脸上。他显然有一种掌握自己国家命运的使命感，这给我留下了深刻印象。美国国防部、国务院和国家安全委员会里也有这样的人，但在商务部或其他贸易、经济机构中都没有。

我问起他的目标。他回答说，最大的任务是确保未来研发的充分开展，并顺利、稳定地走向信息化社会。他提到通产省的科技城规划，全国各地据此正在开发 21 个以硅谷为样本的城市，以利用和开发技术。我们还讨论了通产省如何促成波音与日本的飞机公司成立合资企业，开发一款新型客机。他接着补充说，重塑造船和煤矿开采等成熟产业是第二要务。他说，“我们必须头尾兼顾”。虽然他没有说，但很明显，如果不是这样的话，通产省就会介入并采取措施。

我指出，就角色及与国家的关系而言，日本的通产省类似于美国国防部。小玉表示，在某些方面这一观察是准确的，并指出在我们之前的一些谈判中，通产省特别理解美国国防部关于“产业基地”的说法。他说，通产省认为产业和贸易问题与国家整体安全密切相关。我们讨论了“指导”问题，我问他，为什么日本公司通常会把它们在美国的投资计划告诉通产省，却认为没有必要通知美国政府。我们谈话时，我并不知道富士通公司正在通知通产省其收购仙童的计划。我又问为什么像盛田这样的人认为公司要听取通产省的建议。小玉解释说，这些公司重视通产省的建议，因为通产省具有优越的信息收集和分析能力。他也将此归因于传统，但在我的一再追问下，他很诚实地表示通产省具有美国官员所没有的说服能力。

当晚，我与一位公司高管共进晚餐时，谈到了这种力量。这位高管曾参与最近宣布的 NTT 与美国 IBM 在增值网络领域成立合资企业的谈判，该消息在东京各界引发了巨大震动。正如我在 NTT 的一位朋友所言，IBM 长期以来一直被视为敌人，而大多数日本人，尤其是 NTT 员工视自己的公司为日本的佼佼者，能与 IBM 一决高下。在许多日本人看来，NTT 现在与其劲敌联手，这简直是一种亵渎。由于自身没有产能，NTT 的产品通常由一些受人青睐的 NTT 关联公司供应。这些大公司的负责人现在肯定感觉遭到了背叛，并向政府施压，迫使其撤销合作。我问朋友，NTT 是如何达成交易的，更难的是，是如何获得批准的。他说，NTT 知道邮政事业厅可能会反对。如果通产省和邮政事业厅都反对，这笔交易就无法达成。因此 NTT 和 IBM 的代表很快就与通产省的朋友会面，通产省的朋友建议，只要交易规模看起来相对较小，他们就可以让省里不反对。

我当即反驳，IBM 和 NTT 是私营企业。它们就反垄断问题咨询日本公平贸易委员会，这我可以理解，但邮政事业厅或通产省怎么能阻止它们合作呢？当然，在美国，IBM 不会考虑向商务部咨询合资谈判问题。他回应说，“它们（两省）会给很多压力，NTT 和 IBM 都不想与它们对抗”。

那天晚上晚些时候，我与通产省的一个朋友讨论著名的雄狮石油案，这些压力成了我们探讨的话题。雄狮公司是一家日本小公司，1984 年考虑从新加坡进口汽油，在东京地区的加油站销售。长期以来，通产省一直在扶植日本炼油产业，日本的炼油厂以石脑油为原料，生产成本相对较高。为了保持行业竞争力，通产省将燃料油价格保持在较低水平，并允许炼油厂通过向消费者抬高汽油价格来赚钱。雄狮公司看到从新加坡进口廉价汽油的机会，威胁了这种格局安排。雄狮公司的行为并不违法，如果成功，可能会威胁通产省既定的价格结构。

进口汽油是官方允许的，市场看起来是开放的。但这随即成为那些诸多熟悉的案例之一：无关税，无配额，当然也没有进口。原因是要进口，雄狮公司必须通知通产省。通产省不接受该公司的报告。虽然通产省从未发布过直接命令，但它向雄狮公司及其支持者施压，要求他们不要进口汽油。雄狮公司没有再努力，而且为了确保该公司不会进口汽油，日本政府驻新加坡和菲律宾的代表警告这两个国家政府，将来禁止向其他此类运营商销售汽油。[1] 最令人感兴趣的也许是雄狮公司的反应，或者更准确地说，是它没反应。如果该公司是一家美国公司，并且美国政府尝试使用类似的策略，该公司可以聘请一位律师，并获得针对政府做法的禁令。雄狮公司很可能会发财，政府也会受到严厉谴责，但是在日本，这些情况都不会发生。正如我的朋友所说，日本政府通常不会在法庭上败诉。

“指导”是权力的另一种说法。美日官员间的巨大反差在于他们的权力。盛田绝不会考虑建议美国商务部向美国半导体行业发布指导意见，要求半导体行业限制生产。美国联邦通信委员会和商务部都不会考虑组建一个呼叫服务联盟。当然，在美国的任何一家经济机构中，都没有人谈论重组美国新老产业的计划。有时他们会介入克莱斯勒公司或洛克希德公司的救助计划，以应对与政治或国防相关的特殊危机，但缺乏对美国产业结构的系统思考。美国的思维是，这最好留给私人企业家去做。

参议院少数党领袖罗伯特·多尔 1985 年 3 月 31 日在《洛杉矶时报》上发表了一篇文章，[2] 无意间清晰勾勒出了美国和日本政府之间的差异。多尔说，谈到改变日本官僚做法的难度，他不接受这样的说法，即东京的政府官僚只是礼貌地听取其上司的指示，实际是忽视的态度。他补充说，很难想象还有这样的政治制度，即事情足够重要，但当选官员无作为。从首相到整个日本，日本官员都是在这样的体制下生活和工作的。

为了了解美国和日本官员在权力和动机上的差异，我们须追溯到1853年，即佩里指挥四艘船驶入东京湾的那一年。

早期工业化

关于那些“黑船”的记忆将永远铭刻在日本人心中，顾名思义，“黑船”指的是船只本身的颜色及其造成的影响。日本遭受的创伤是双重的。首先是开放本身；其次是认知，即尽管日本自认独一无二且拥有优越的地位，但至少在技术方面落后于西方。这是日本人所称的第一次“冲击”[①]，与阿金库尔战役和西班牙无敌舰队的失败一起，被列为世界历史的转折点。佩里抵达日本的13年后，德川幕府分崩离析，因为对西方入侵的强行开放削弱了其可信度，并激起了那些憎恨外国影响的人的叛乱。此前的两百多年里，日本天皇在京都过着安静的隐居生活，幕府统治着日本。当时大多来自日本外省、持不同政见的武士（类似于中世纪的骑士）以“恢复天皇，驱逐野蛮人（西方人）”为口号，试图通过恢复天皇的权威来获得权力。这些人将权力交还给明治天皇，建立新政权并开启新时代，即明治维新。

这个新政权的特点及其推动力量对日本之后的发展至关重要。那些夺取政权的人称他们发动的是一场复辟，而不是一场革命；这是一场由

① 重大改变被称为冲击。“尼克松冲击”指的是1972年尼克松访问中国前的最后一刻才通知日本。20世纪70年代的石油危机在日本被视为“冲击”。

一批统治阶级武士对另一批的复辟。权力易主，阶层不变。公民权利并没有获得保证；虽然阶级结构最终发生了变化，但这并不是政变制造者的目的。他们夺取权力不是为了摧毁这个系统，而是为了维护它。

为了做到这一点，并驱逐野蛮人，明治人知道他们需要现代军事力量以及支持这种力量的工业。这个过程的第一步是他们自己从封建武士转变为现代官僚。事实上，他们把剑换成了“判子”，即今天的日本官僚仍用来表示认可的印章。正如日本官僚主义研究权威查莫斯·约翰逊教授指出的那样，明治新政府创立的第一批实体，就是指导日本强制工业化的省厅，省厅先于政党、宪法或议会。它们最初的努力聚焦在建立后来被称为“目标”的产业上。[3]

诺曼（E. H. Norman）是最具洞察力的日本观察家之一，他生于加拿大，成长于日本，父母是传教士，他在20世纪40年代出版了这方面的著作。在讨论日本的现代化时，他描述日本“最敏锐的人关注的是建立贸易和产业之类的问题，他们不考虑个人利益，而是考虑建立那些人们恰当地称为战略性的产业，将其作为现代陆军和海军的必要条件，而创建这些产业是当时的核心问题”。[4]这些产业包括造船、钢铁、机械和机床、铁路、煤矿和电报。诺曼指出，在日本，由于对“战略性”产业的关注，资本主义发展的正常秩序发生了颠倒。传统上，西方非管理型经济体的起点是生产消费品的轻工业，但在日本，重工业首先受到重视。[5]

日本早期工业化一个引人注目的方面是其资本来源。美国的产业建立在外国资本尤其是英国资本的基础上，而日本从来没有考虑过使用外国融资。日本当时几乎没有任何有效的资本积累手段，它迫切需要投资来迅速推进其建设现代产业和武装力量的计划。但日本厌恶任何形式的外国控制或入侵，拒绝大多数外国投资。日本的工业化模式是自给自足，资本源于减少本国的消费开支。因此，“储蓄和出口”的思想很早就植根于近代日本的土壤中。

日本缺乏资本，当然也缺乏资本家。为了解决这个问题，明治时期人们使政府成为投资银行家。政府部门建立或支持造船厂和铸造厂。政府提供专项贷款和补贴，许多情况下，实际上是各省厅创建了一些产业，然后以“大甩卖”的价格出售。这是政府在产业早期培育其起步的模式，之后寻找或创建私人公司，吸引私人公司接管业务。[6]

省厅崛起

正如约翰逊的分析，日本各省厅是国家治理和建立其产业经济的中心组织。它们把经济和产业发展视为关乎国家安全的重要问题，主要关注的是增加日本作为一个国家的财富和权力，而不是促进形成特殊利益蓬勃发展的环境。各省厅可以落实这一目标，因为它们是由专断者管理的，专断者的令状是法律，他们在国家争夺实权的过程中彼此是对手。[7] 无论是政党、商业利益集团，还是其他社会团体，在财力或知识方面都无法挑战他们。这里没有有效的议会或个人权利的概念，根据长期的传统，天皇统而不治。实际上，政府就是那些在社会各领域内拥有至高权力的省厅，这些省厅管辖着国家的各个方面。

这些模式一旦确立，便会持续。小玉所在的通产省和泽田所在的邮政事业厅及其传统、态度和明争暗斗，可以直接追溯到这些机构创始之初。通产省始建于 1881 年，当时是农商省的一部分；1885 年，成立了现在被称为邮政事业厅的通信省，该部门合并了邮政和电报服务。这些机构总是试图扩大自己的权力，而且通常以牺牲彼此为代价。例如，通信省最开始的业务包括收发邮件、电报、海运和灯塔。20 世纪初，它增加了电话和发电业务，后来又负责发展铁路和水力发电；接着接管了邮政人寿保险，并在 1925 年初增加了民用航空和飞机产业，这就自然触及了农商省的领域。[8]

20世纪初，日本产业结构与西方的相似程度可能超过了历史上的任何时期。专断者成功地塑造了一个资本主义社会，随着财阀和其他私人利益的增长，取得成功的各省厅的作用逐渐减弱。从某种意义上来讲，小玉前述的“我们必须头尾兼顾”的论断适合当时的情况。因为都很好，干预的必要性就下降了。衰退、萧条和战争强化了省厅的作用。今天通产省的前身是工商省，后者于1925年严重的经济衰退期间从农商省中独立出来。工商省在其第一个有特色的法案中，明确指出“过度竞争”是导致经济衰退的根本原因，并授权建立卡特尔来遏制过度竞争。这些做法后来成为通产省政策的主旨。

一场金融危机于1927年席卷日本，工商省随即成立由其管辖的公私合营团体——工商评议会，就政府和产业应如何避免危机冲击给出建议。这便是今天的产业结构委员会的前身，它提出了“产业合理化”的概念，这个概念已经成为日本产业政策的支柱。从本质上讲，产业合理化理论认为，完全自由竞争往往会导致经济危机，因此需要一个政府部分控制的综合性产业计划，以企业间的合作取代过度竞争。

在整个20世纪30年代，工商省起草了一系列法律并由国会通过。这些法律具体地阐述了这一原则，同时逐渐提高了工商省对整体经济的影响力。通过的法律允许工商省成立卡特尔、批准投资以及鼓励减产。这些立法行动为之后的行政指导提供了依据。通过法律管理特定产业的做法也始于20世纪30年代。从后来的发展来看，有一项特别重要的法律是1936年制定的汽车制造法[9]。底特律的美国汽车厂商无法在日本销售汽车，通常被归于美国汽车公司高管的懒惰和无能。许多评论员称日本的产业政策是失败的，因为通产省迫使日本制造商组成三大实体的努力，遭到了本田和三菱等公司的成功抵制。这些批评者和辩护者最好纠正他们对1936年汽车制造法的无知，该法要求汽车生产商必须获得政府许可。政府为那些有幸获得许可证的公司提供了一半的资金，并在五年内免除了税收和进口关税。丰田和日产这两家公司就获得了许可证。福特和通用汽车在此之前一直占据日本市场很大份额，但它们最终都退出了，在近四十年后才获准返回日本市场。[10]

第二次世界大战期间，工商省暂时转为军需省。它从通信省拿走了电力和航空权，并掌控大部分的战时经济。然而，就在 1945 年 8 月美国开始占领之前，基于战时颁布的一部帝国法令，军需省被重新变回工商省，一众官僚又忙碌了起来。结果，战后的经济在很大程度上仍由战前的同一官僚机构管理。[11]

战后日本政府官员的处境比他们那些在佩里抵日后的前辈们还要糟糕。他们在技术上仍然落后，辛辛苦苦建造的产业基地已成为废墟，日本饿殍遍地。最糟糕的是，野蛮人不是在敲门，他们已经进门了。明治维新继承者的决心和干劲没有丝毫动摇。他们立即着手重建工业基地、恢复主权，并追赶西方。在这一方面，日本人很大程度上得益于一个现实背景，战后日本第一任首相吉田茂在日记中对此做了评论：“尽管占领当局拥有所有权力和权威，但占领（效果）因为当局缺乏对其所统治人民的了解而受挫，甚至是，占领（效果）也许更因当局对其欠缺但必要的（统驭）知识普遍无知而打了折扣。”[12]

战后日本没有像德国那样实施大清洗，占领也是间接的。在管理方面，它依赖于既存的日本官僚机构，即战前和战争期间一直管理这个国家的同一拨人。“面从腹背”① 传统在日本源远流长且备受推崇。由于美国人对日本官僚所做的事情知之甚少、日本的政党刚刚创立、商业机构组织疲弱，官僚们近乎拥有完整的权力，正如他们的明治先辈在近一个

① 即阳奉阴违。——译者注

世纪前所拥有的那样。

1949年，工商省变更为今天的通产省①。同年通过的外汇和外贸管制法原本是在日本经济陷入巨大困境之际采取的一项临时措施。它规定所有通过贸易获得外汇的公民都得将其转入政府账户。占领结束后，通产省负责执行这部法律。该法律被保留了三十年，尽管在很大程度上被修改和削弱，但一直存在。随着通产省对进口、技术流动、合资企业和投资的管理，这部法律成为通产省战后强大力量的基础。约翰逊称其为“通产省曾经拥有的最重要的产业指导和控制工具”。[13] 通过控制外汇，通产省能够在日本经济中分配资本，而且随着这一权力的增大，通产省比它早期的任何一个前身，包括军需省，都更加强大。

与此同时，日本大藏省严格控制了日本的金融体系。虽然邮政事业厅因在战前和战争期间曾是民族主义的温床而被剥夺了许多原有职责，但仍然控制着已经成为世界上最大银行的邮政储蓄系统。NTT已从邮政事业厅分离，成为一个独立的政府垄断企业，它利用其垄断收入和实验室，继续由前省厅发起的政府推动产业发展的传统。[14]

有了当时的这些机构，新的官僚准备重复甚至改进之前的成就。日本“经济奇迹”的故事传播甚远，常被提及。和以前一样，这些故事与所有西方国家的期望背道而驰。事实上，专家们对日本的看法经常是错的，这几乎是不言自明。像前驻日大使埃德温·赖肖尔教授这样见多识广的观察家，就怀疑日本是否真有令人满意的生活水平。[15] 在大多数专家看来，日本本应注重发展劳动密集型产业，充分利用其丰富而廉价的劳动力。由于迫切需要资金，它也应该对外来投资开放。

---

① 日本于2001年1月6日进行中央省厅再编，通商产业省（通产省）改组为经济产业省。——译者注

日本人从来没有考虑过这个建议。天谷告诉我说，“我们做的与他们说的正好相反”。正如一百年前那样，日本严格限制外国投资，并集中精力重建“战略性”或“针对性”的产业。还是各省厅牵头。一些特殊法案被批准通过，以促进造船、钢铁、电子和机械工业的发展。资金从邮政储蓄系统流入日本开发银行和其他政府机构，这些机构以低于市场的利率向目标行业和企业提供贷款。日本政府鼓励商业银行在超出自身资本限制的情况下发放贷款，因为政府控制的日本银行（日本中央银行）将为这些贷款提供担保。在这项政策基础上，产业界在知道政府承担风险的前提下，借入的债务占其资本的比例高达90%①。

日本还有很多变通的安排。例如，在“链接系统”下，造船业获得了糖的进口许可。由于日本（糖）市场受到严格保护，国内价格远远高于国际价格。造船商在世界市场上购买糖然后进口，再以日本市场的价格在国内销售，差价利润补贴船舶出口。有时，日本进出口银行也参与进来，向外国经纪人提供低成本融资，以便将船舶出售给外国经纪人，外国经纪人会立即将船舶转售给最初打算购买的日本客户。[16]这种做法使国内客户能够获得本应只用于支持出口的低成本融资。这些早期目标努力的典型案例是日本钢铁工业的重建。通产省主导了这项工作，提供低成本融资、政府担保贷款以及政府对港口和道路等基础设施融资。通产省还积极指导八幡钢铁和富士钢铁公司的合并，以形成庞大的新日铁。

小玉、泽田和他们的同事继承了一种传统，即政府对微观经济决策的影响不仅被视为合法，而且是必要的。他们也是伟人传统的继承者，当之无愧。

---

① 根据书中内容，作者此处表达的资本概念，应为负债 + 自有资本，90% 为资产负债率。——译者注

日本的官僚

官僚的形成

现代日本最早的官员是武士阶层，他们长期以来是统治阶级的成员，肩负着一项艰巨使命，即通过发展日本的产业实力，获得他们认为日本应有的大国地位。1877 年，为了确保未来实现这一目标，他们成立了东京大学，目的是培养合格的接班人，日本在包括教育在内的很多方面实现了既定目标。

日本的公务员一直是精英中的精英。在美国，父母往往希望自己的子女成为医生或百万富翁，而在日本，父母最希望孩子成为公务员，尤其是在通产省或大藏省等一线省厅。原因是日本人把地位和权力视为成功。在日本这样一个以组织为导向的社会中，公务员是终极组织的守护者。而在等级结构中他们处于顶端。

进入这个核心组织非常困难，需要艰苦的准备。从东京大学法学院毕业并非硬性要求，但超过 90% 的高级公务员都是该校毕业生。日本只有少数最优秀的学生才能进入东京大学。进入这一大学所要求的课程体系和考试安排，难度和强度是世界上其他任何地方都无法比拟的。对于考生来说，高中在校学习是连续的煎熬，只有晚上和周末的特殊预备学校补课才能缓上一口气。在进入东京大学的极少数人中，又是极少数毕业于法学院。这些人中，只有少数能通过公务员考试。每个省厅每年录取 20 至 30 名新人。这些人（几乎均是男生）出类拔萃，他们自己也知道。进入省厅是过往艰苦攀登的顶峰，他们为登顶感到自豪和满足，这是所有攀登者的自豪和满足。虽然他们有时表现出一种精英学校毕业生常有的自命不凡，但也会因责任感而有所收敛。

一旦进入合适的省厅，这些人的职业生涯就有了很好的规划，主宰其命运的组织关系也就建立起来了。其中一个独特的组织就是由东京大学法学院的毕业生组成，另外一个是他们进入的省厅。在省厅内部，特定层级的成员之间会有一种特殊纽带，这样一来，该层级的成员就可以在省厅内部就主导权同另一层级的成员博弈。公务员将被分配到省厅各个部门，一级一级缓慢升迁，这样在每个人职业生涯结束时都能全面了解自己的工作。有的公务员可能会被派往美国或英国的大学学习。不仅外务省的官员驻外，通产省和邮政事业厅的许多也驻外。工作之初，所有人同步晋升，但最终金字塔上端变窄，一些公务员到45岁左右时开始超过其他同龄人。

决定仕途命运的最后一个节点大约在55岁。少数幸运者晋升副相，他们基本上是在一个政治任命的省相广泛指导下管理其部门，可以说这些人是这个国家最有权力的。衡量他们重要性的一个标准，事实上也是衡量所有公务员的一个标准，就是他们的晋升受到新闻界的密切关注。《日本经济新闻》（日本的《华尔街日报》）每年都会刊登一份各省厅人事变动的完整清单，每个人都会有一张照片和个人简介。在这些公告发布的前几天，该报显著位置会刊出某人将就任某个职位的猜测报道。这就好比《华尔街日报》要用其最重要的版面报道美国每个政府部门从副助理部长到副部长这些公职人员的职业发展。事实上，在美国（不会有这样的报道），唯一可与日本做法相比的是关于内阁成员和重要国会成员的报道。

但那些未能在日本官僚体系内登顶仕途的人也有丰厚回报，他们走的是众所周知的"官员空降"路线。这里的"空"指的就是官僚机构，而"降"是指在一家大银行或大公司，或者可能在另一家公共机构或智库获得一个高级职位。"降"由省厅安排，并且省厅有责任确保其离职成员在后官僚时期的生活中得到良好照顾。这种安置制度也是省厅的一种权力来源，使其"老人"在新组织不仅能获得信息，甚至还有发言权。

这些人充满了使命感和责任感，在美国，这种使命感和责任感仅见于美国军队的军官群体，即便是这个群体，也不如日本官员那样有广泛的外延。美国军官只承担与国防有关的任务，而日本公务人员在他所从事的所有领域都有着使日本变成最好国家的使命，这一目标源于官僚们的观点，即他们认为自己的职责“不是公务人员，而是公共导师”。[17] 1986年9月，在东京与一位熟人共进早餐时，这一观点再次给我留下了深刻印象。这位熟人在日本驻华盛顿大使馆工作几年后刚回到日本，在通产省的航空器和条例科工作。在描述新工作时，他提到，他的部分任务是说服日本飞机工业要有更高的目标，以提高其整体能力，他的表述就像伊万·伦德尔说他的工作是赢得网球比赛那样自然，在任何一位美国官员看来这都是不可思议的。美国国防部一位官员的目标可能是提高美国某些防御相关领域的表现，而不是将产业发展本身作为目标。

这些人的行为方式也能很好地说明他们的动机和目的。他们生活在巨大的压力下，要表现出奉献、忠诚和真诚。就像他们的组织形式和精神一样，这种压力我们可能会认为有一点军事味道，偶尔也有一种与军队有关的奉承倾向。在日本，等级非常重要，对它的尊崇有时会产生一些美国人觉得不需要的礼节。一位日本驻华盛顿官员在某个周六向时任美国贸易代表威廉·布洛克家中递交信件后向我表达了惊讶。布洛克亲自接了门铃对讲机，这位官员说，日本不可能有这种情况，在日本，省相的门铃只能由服务人员或助手来应答。这位官员还讲述了他在佛罗里达州参加布洛克和通产相会议时与会议日方负责人之间的沟通困难问题。日本领事馆的一些官员坚持安排一个豪华车队去机场迎接通产相，并把他送到酒店，他们认为这是考虑到他的职位而做出的恰当安排。我的这位朋友则认为用车队可能不合适，甚至是一种令人尴尬的炫耀，因为他猜布洛克可能只是搭出租车。为了取消豪华车队安排，这位朋友向通产相本人提出了申请。

日本除了关注等级，还特别重视对实现既定目标的倾力奉献。如果我想在白天或晚上的任何时候与一位日本官员交谈，他都是有空的。在日本，凌晨接到通产省、外务省或邮政事业厅官员的电话都很平常，他们可以在星期六和星期天工作。记得有一次邮政事业厅考虑通过新法案时，我碰巧到邮政事业厅，看到从最高层到最基层的官员们都睡在他们办公室的垫子上，没有回家过夜。

1986 年，在两国就半导体贸易问题于华盛顿进行谈判期间，我于晚上 11 点左右到日本代表团团长下榻的宾馆拜访他。他的团队实际上在酒店里建立了一个指挥所。全体谈判成员都聚集在一起，显然是在房间里一起吃的晚饭。谈判负责人一会打电话到东京，一会向他的团队发出命令。我经常注意到一种现象，那就是在共同的目标中普遍存在的同志情谊。日本官员通常在美国接受培训，他们经过精心的培训、轮岗，对许多产业和国际贸易十分了解。他们在一个团队里共事多年，达成高度共识，合作十分默契。他们在社会上享有最高的地位，他们明确的目标得到国家支持。虽然人们可以喜欢或不喜欢某些日本官员，但无论从个人还是集体的角度而言，他们都是世界上最有能力的官员群体之一。

官僚权力

一些美国的日本观察家试图淡化时下官僚的权力。例如，有人辩称，通产省以往的确权力强大，通过过度放贷的日本银行业体系控制外汇、分配资本，而今因为它没有了这些权力，作用变小了。这种看法具有误导性，因为它倾向于把权力的削弱等同于权力的丧失。尤其是，认为如果权力没有明确的法律依据，那这种权力就不存在，这是以美国的思维方式看待日本，并不明智。接受这种谬论，就过分地强调了权力的丧失，而忽视了日本社会微妙、非法治的本质。

诚然，日本的省厅并没有像刚被占领后那样对国家有那么大的控制力。但假如有一个美国版的通产省，那将涵盖商务部、能源部、贸易代表办公室、进出口银行、小企业管理局、国家科学基金会、海外私人投资公司、环保署的职能，以及国防部和司法部的一部分职能。

即便这样的描述也无法充分说明通产省的职权范围。例如，通产省的权限不仅包括相当于美国能源部的职能，而且还管控日本电价和其他能源价格；为核电设施颁发许可证；未经通产省的通知和授权，日本任何地方都不得建造工厂、超市或百货公司。通产省确立了产业标准。日本开发银行在通产省的指导下进行投资。为帮助处于衰退中的产业，或为发展特定的目标产业，通产省有权暂停反垄断法，并宣布成立卡特尔。未经通产省同意，不得有重要的军事采购决定，通产省还负责批准大多数日本技术的专利授权。

邮政事业厅的职权范围同样有参照价值。战后，这个历史悠久的超级大省被拆分为日本国家铁路、日本航空公司、NTT、独立的电力公司以及通产省的能源部门。不过，没必要为可怜的老邮政事业厅悲伤。日本近些年来大多数首相和重要政治家都曾在职业生涯的某个阶段担任过邮政长官，原因是它影响着许多选票并控制着全球最大的金融机构。

在日本 23 000 家邮政网点中，有近 18 000 家是专营，通过销售邮票及为邮政储蓄系统吸储获得返佣。特许经营人希望维持这一全国体系的愿望使其成为一股强大的政治力量。据估计，每位邮政管理人控制着大约 8 万张选票。[18] 邮政储蓄系统有将近 1 万亿美元的资产，是美国最大商业银行花旗银行的数倍。5 万名邮政工作人员会定期拜访区域内居民以吸收定期存款，这些存款余额每月都会增加。[19] 东方国家的节俭、储蓄习惯不断被强化。这些资金进入政府金库，用于资助日本开发银行等机构。

除了规范和构建整个电信产业，邮政事业厅还展示了日本省厅权力的另一面。有几位国会议员是邮政事业厅的前任官员。在日本，包括官僚、国会议员和高级政治家在内的职业道路是很好的选择。战后第一至十七任首相中，有 15 位曾是高级官僚。[20] 今天，在国会两院的 727 名议员中，超过四分之一之前是官僚，约占自民党成员的一半。[21] 通产省的一位熟人最近向我抱怨说，该省在安排其离任官员进国会方面落后了，必须纳入议事日程。日本战后一直是自民党执政，因此自民党与政府部门之间关系混乱。官僚们可以利用与该党的关系成为候选人。通产省官员的说法并非玩笑。日本各省厅将其离任官员视为重要的权力和影响力资源。在日本人的生活中，组织意识极其重要。如前所述，一名公务员不仅是精英省厅中的成员，同时也是这个世界上最排外国家中几个排外组织的成员。离开其省厅时，他也不会失去成员资格，他加入的任何新组织都不会像旧组织那样排外，也不会像旧组织那样要求他忠诚。

当我再次问天谷退任通产省副相后考虑做什么时，他回答说不知道，甚至没有考虑过，因为通产省会安排。他说得没错。各省厅的高级官员会花费大量时间安排好他们的前同事。这些人分散去了各大公司和银行；贸易和产业协会是另外一个受欢迎的去处，尤其是因为大多数此类组织必须由某个省厅特许。有时，省厅的前任官员甚至会进入外国公司在日本子公司的董事会，这些公司可能认为获得了接近政府部门的通路。这些公司只是有可能搭了一个通路，但省厅实实在在地得到了了解这些公司的机会。这个关系网是连接“公司日本”（Japan Inc.）的关键组成部分之一，也是制衡各省厅权力的一个微妙工具。

美国对日本国会的作用以及各省厅同国会之间的关系有很多误解。一位美国政客最近问我，日本公司是否会像美国公司那样，雇用说客游说国会。答案当然是否定的。日本国会与美国国会只是形似。虽然日本国会由参议院和众议院组成，但它不会提案法律，或是就法律、政策进行真正的辩论，只会批准法律或政策。游说活动只针对各省厅，以及能够影响省厅的自民党内部的关键人物。公司不会雇用说客来完成这项任务，而是让进入公司的“空降官员”来完成这项工作。

此外，每位日本公司高管的工作之一，就是及时了解影响其所在公司的各个省厅在做什么。原因在于，法律、实施细则和其他政策动议都是由各省厅提出的。《日本经济新闻》的报道透露了通产省的影响：

> 1983 年 8 月 12 日：通产省提出一项稳定生物技术产业地位的法案。
>
> 1984 年 2 月 28 日：通产省将扩展并修订法律，帮助小型纺织公司实现现代化。
>
> 1984 年 6 月 7 日：通产省正在起草法案，促进初创企业的发展。
>
> 1985 年 5 月 6 日：通产省建议促进高技术产业发展，缓解大城市拥挤，刺激大城市以外地区经济增长。

以上只是一个省做的事情。这些提案的处理与提案的内容同样重要。在美国，政府部门也提议案，但这些议案随后会提交给国会，在国会的公开会议上进行辩论。如果是关于制定行政规则的问题，则会举行听证会且有上诉程序。法案和规则能否通过，取决于对公众开放的辩论。

日本的程序大不相同。如前所述的提案是由通产省基于产业结构委员会的建议制定，委员会由来自商届、学术界、劳工界、消费者团体和新闻界的专家组成。委员会评估通产省的建议或自行提出建议，并在不对公众开放的会议上讨论。最终，在通产省内部起草法案，然后提交内阁。如果就此获得批准，它将被提交给国会，国会通常不会为此展开实质性的辩论。因此，当人们在报纸上看到日本通产省的提案时，可以合理地预计它将成为法律。

缺乏辩论的原因很多。事实上，战后数十年里，一直是自民党在执政，仅有六个月例外，这使国会的辩论有些多余。国会议员和国会委员会的工作人员都很少，他们没有资源去发现自己的信源。此外，他们多毕业于比官僚们名气小得多的学校，对后者有些敬畏。最重要的是，正如我所指出的，官僚们已经将省厅退休官员渗透到国会中。

结果就是形成了一个有点家长式的内部人系统，赋予官僚很大的权力。由于自民党执政多年，一些自民党重要人物也提升了专业水准，同时积聚了权力。这一点最近因管辖权争执而得到进一步加强，各省厅迫使党的领导人做出裁决。可以准确地说，在战后的大部分时间里，日本是政（客）统官治。而今形势不完全如此，但这并不意味着（有些人可能会这么认为）政府官僚已经退席。

程序即权力

官僚权力的一个关键来源以往是颁布法令和行政指导，以后也会是如此。提交国会的议案内容宽泛。通过后，再返回到议案起草省厅准备细则。定义、标准和程序等关键细节，通过省厅系统的法令和指示来阐释。因此，出于操作考虑，某项法律可能是在实际颁布后才开始撰写，而撰写者正是那些执行法律的行政部门，公众对撰写过程毫不知晓。由于缺乏独立的上诉程序和强有力的司法机构，（同法律相关的）条例效力得以加强。其结果是，各省厅先制定法律，然后制定解释性条例、执行法律，并处理大多数由法律引起的投诉。

这种权力经常在贸易谈判中展现出来。1983 年，日本重新通过了针对萧条产业的法律（这是一项通过建立生产和价格卡特尔来拯救衰退产业的措施），这项法律迫使一些美国石化公司削减产量，严重影响了它们在日本开展业务的能力。正如我们后来看到的，通产省 1984 年提出的修改日本计算机软件版权法的提案最终被叫停，假使通过，会很容易削弱美国计算机行业的竞争力。

1985年，在由美国和日本商界及政府官员组成，旨在解决贸易问题的委员会准备一份关于日本贸易壁垒的研究报告期间，出现了一个反映日本省厅权力的现实例证。孟山都公司被安排负责撰写有关农用化学品的章节。该草案对农林省提出了一些温和的批评，但未经孟山都公司同意，该小组一名日本成员就将草案转交给了农林水产省。结果是该省官员给孟山都公司一名日本高管打了一通电话，该省官员在电话里说，如果孟山都公司希望农林水产省对其农业化学品注册给予优惠待遇，那么最好不要继续起草该草案。

1984—1986年，在我领导美国团队就电信问题同日方进行谈判时，条例、细则的效力明显成为焦点。管理日本电信业的基本法规出现调整，会严重制约美国公司在一些有明显优势的领域进入日本市场。经过艰苦谈判，那些明确限制被取消了，但仍然有一个看似无害的通知要求：要进入某类型的网络业务，公司必须在参与之前写信通知邮政事业厅；在某些情况下，还必须提交一份更详细的登记表。

在外行看来，这一小小的要求似是无关大雅，只是做好记录的问题，但实际上是未来种种官僚主义的伏笔。根据通产省（邮政事业厅的长期竞争对手）内部消息，众所周知，如果日本官员反对某些公司计划，他们会拒收信件或是丢失信件，从而避免接收正式的通知，终止该项目。邮政事业厅反驳称，通产省之所以通晓这种技巧，是因为它经常这样做。对我们来说，重要的一点是，如果细则没有明确给出反馈的确定期限，种种“不受欢迎的知会”或注册将会杳无音讯。我们在另一轮谈判中强烈要求并获得了这些明确约定，但我怀疑最终结果不会有什么不同。在日本，如果一家公司必须将其计划知会一个省厅，这些计划本身就使得官员有机会施加微妙的压力。考虑到各省厅的权力，只有鲁莽的公司才会无视这些压力。

日本的官僚权力体系在很大程度上使美国人觉得，日本在贸易问题上不公平且具有欺骗性。日本首相多次访问美国，并承诺开放市场。但真到谈判时，总是会遇到各种困难。事实上，首相的权力是有限的。他不能兑现其官员不接受的承诺，这导致美国认为日本是在欺骗。日本行事程序的相对封闭性也导致人们产生不公平的感觉。日本政府和日本的产业代表在美国参加公开听证会。例如，日本经济组织联合会（日本主要的商业游说组织）定期派出代表团游说美国国会，甚至去州立法机关游说；他们参加美国法律制定会议和委员会会议，并经常施加影响。然而，当我和其他美国谈判代表要求查看日本的法案或条例细则时，我们被告知那些文本是保密的。

这种保密性使我们不断施压，要求日本方面增强程序透明度。日本对美国的贸易政策有着深入研究，对美国贸易政策发展也有促进。为了使美方在日本也有类似的参与，我们于 1983—1984 年提出了各种建议。其中之一是将在日本的外国公司高管吸纳进通产省产业结构委员会等机构。我们希望，雇用数千名日本公民的外国公司能够与日本公司拥有同样的机会。

对该提议的敌视反应本身就证明了各省厅在这个体系中的权势。报道援引一位高级官员的话说，我们的提议类似于日本要求在美国国家安全委员会获得席位。有人再三说，我们想让不会说日语的外国人加入通产省的产业结构委员会。实际上，我们的建议只是一种考虑，即让在日本的外国子公司工作的日本公民享有与其他日本人同等的权利。最终，我们取得了一些进展，一些在外国公司工作的日本高管被安排进一些咨询委员会。但类似谈判大多困难重重。在激烈的贸易摩擦之际，当日本外交官和政治家不断表明支持开放市场之时，日本的行政官员则坚决反对放宽官僚程序，原因是官员们的权力、提供指导的能力，仰赖于我们正在试图拆解的东西。他们经历了日本炼狱般的考试制度，终于登上了日本社会的顶端。他们投入了日本公务员应有的长时间工作。制定并执行规章制度，指导管辖范围内的实体，恰是作为最高层官僚的职责所在。我们要求他们拆除这些障碍，但他们并不打算这么做。

通产省就邮政事业厅的登记安排向我们提出的建议，证明了日本另一个一直存在的问题。权力不仅是博弈的名义，而且就像19世纪那样，对权力的竞争时下仍主要是在各省厅之间展开。就通产省和邮政事业厅而言，是围绕对信息产业的控制展开争斗。邮政事业厅希望将其行政指导权从电信基础领域扩展至计算机及其他资讯领域，而这些领域传统上是通产省的地盘。相反，通产省希望将业务扩展到电信业。日本的某些城镇已经被指定为先进信息概念的试验区。邮政事业厅管理下的被称为“电信邦”，而通产省下辖的类似区域则被称为“新媒体城”。对美国人来说这是无关紧要的小题大做。但在日本，人们已就创建所谓“信息化社会”的必要性达成了广泛共识，这场争斗就是为了获得带领日本进入21世纪的权力。

不过，对局外人来说，问题是这些非常热衷于控制日本这种高度结构化社会的官员所制定的政策，是否符合一个市场开放、自由贸易的体系。

第五章

官僚战略：日本的产业政策

我们打破了所有传统的经济观念……如果相信市场机制，看不见的上帝之手将会带来理性结果。这一神话实现的概率微乎其微。

——天谷直弘

1983 年 7 月 23 日，NTT 的一个代表团抵达位于加州埃尔塞贡多的休斯航空航天公司，此番访问目的是软件采购。1979 年，NTT 曾不情愿地同意每年自外国竞标者那里采购约 60 亿美元的产品。而在达成协议之前，NTT 董事长曾表示，NTT 采购自外国公司的产品只能是水桶、拖把和电线杆。[1] 但由于不断加剧的贸易失衡和摩擦，在美国的巨大压力下，NTT 同意海外采购并达成协议。虽然该协议最初被美国称赞为日本市场走向开放的重要一步，但到 1983 年，NTT 只购买了价值约 3 000 万美元的美国商品，其中大部分是水桶和拖把之类，该协议本身就成了摩擦的源头。结果，NTT 再次被要求从一家美国制造商那里采购技术含量更高的工业品，NTT 新任主席真藤恒随即安排这个团队去了解他非常欣赏的美国软件。

日方和美方对这次会面的说法截然不同。那天晚上，我接到休斯公司一位高管打来的电话，他在电话里怒气冲冲，问我知不知道，这个美国政府让他接待的访问团正试图获得在日本建造自己的通信卫星所需的计划和技术？不，我回答说，我知道他们在寻找软件。那位高管说，“他们描述了他们感兴趣的软件，而这基本上也包括了教他们如何制造一颗卫星。我们告诉他们，我们正在制造卫星，我们很擅长，如果他们感兴趣，我们很乐意卖给他们一颗卫星，但我们不会给他们制造卫星的计划和蓝图”。接下来是核心问题，这位高管说：“此外，我们知道他们想要一颗卫星，当我们问他们是否可以参与投标时，他们告诉我们，他们不能购买美国的卫星，因为日本政府的政策是研发一颗日本的卫星。”

NTT 的说法则完全不同。其代表坚称他们只对能使其卫星更好工作的软件感兴趣；并没有表现出对制造卫星的计划或图纸有兴趣，并对休斯公司的反应表示惊讶。

无论真相如何，后续的事实是不容置疑的。双方会面的消息在华盛顿引起轩然大波。美国政府立即要求日本政府解释其制造卫星的政策，这个要求非常重要，有两个原因。第一，在通信卫星领域，所有知情观察家都承认美国产业优于日本。美国不仅能够制造更大、更尖端的卫星，而且制造成本也更低。事实上，如果 NTT 不购买这样一颗卫星，那关于 NTT 不考虑从日本之外购买卫星的猜疑将得到证实，美国政府对日本开放电信市场的高度赞扬将被证明是错误的。第二，由于电信、半导体和机床产业遭遇的困境，许多美国人强调日本的市场是封闭的，因为日本官僚的产业政策主要是针对某些特定产业的发展。作为回应，总统指示与日本举行会谈，以确定日本产业政策的贸易影响，而为这些谈判所做的准备工作才刚刚开始。因此，关于卫星的开发作为一个试验案例具有重要意义。

几个月里，日本对美国的要求毫无回应。日本外务大臣安倍晋太郎最终于 1983 年 10 月给美国贸易代表布鲁克的正式信函中承认，正如 1982 年一份题为《空间发展长期愿景》的政府白皮书所述，日本的政策是确保卫星开发自主权，该白皮书呼吁实现自主开发和最终出口卫星两方面能力。正是这种政策导致了我此前指出的严重的贸易问题。日方给布鲁克的回复引发了一系列谈判，美国政府此间向 NTT 和日本政府施压，要求允许休斯公司和其他美国厂商参与 NTT 的卫星采购投标。这些谈判是两国贸易谈判史上的经典篇章。最终，日本同意购买两颗卫星，但谈判中最有趣的是，尽管自由贸易原则和卫星自主政策间有明显矛盾，但日本没有轻易妥协，也从未完全妥协。日方最后同意私人公司可以购买外国卫星。这是在耍花招。当时，NTT 正从一家政府垄断企业转变为一家私人公司。日本政府表示私人公司可以购买卫星，这使得 NTT 有可能购买美国的卫星，从而缓解贸易压力。与此同时，通过保留当时最大的政府（采购）市场，日本保持了其开发政策。尽管原则上 NTT 可以自由采购外国卫星，但政府仍要求它考虑卫星采购过程中涉及的国家利益，这就更清楚地说明了这一点。

就在 NTT 代表团访问埃尔塞贡多之前不久，日本发生了另外一件大事。1983 年 6 月，日本修订了重建特定萧条产业的法律。尽管日本人给人以制造业和商业超人的印象，但诸如铝、造纸、石油冶炼、石化及基础化学品等一些产业却长期处于困境。受产能过剩、工厂规模过小和高耗能困扰，这些产业的存续依赖于政府支持。这部法律赋予通产省这样的权力：宣布产业陷入困境并建立卡特尔，从而临时限产、削减产能以便稳定价格。该法律还允许陷入困境的公司进行联合采购、营销和囤积等。

这些活动突出了日本官僚系统的产业战略中的两个关键要素：提升日本在高科技产业的能力，同时通过干预来振兴衰退产业，两者都旨在实现最大限度的自主权。

产业政策的目的

1983年和1984年，在就日本产业政策对贸易影响的系列谈判中，通产省官员向美国贸易谈判代表解释了日本产业政策的目的。这些被称为“产业政策对话”的谈判是根据美国机床产业对不公平贸易的投诉而举行的。日方官员说：“当相关技术对一国经济安全至关重要时，该国政府将被迫采取必要措施发展相关产业，使其企业具有竞争力，并确保国家经济安全。”[2]这种做法与通产省在《20世纪80年代通产省政策展望》中的表述是一致的，即今后努力的重点是开发旨在增强日本“自主性和谈判能力”的本土技术。[3]

在日方看来，经济实力和安全相辅相成。通产省以及其他省厅的产业政策也是国家的安全政策，由于日本倾向于把安全定义为与世界保持距离，这种政策是其古老愿望的一种表达，即尽可能最大限度地保证其在世界各国中独立的地位。

产业政策理论

在美国，关于日本成功的原因有很多讨论。许多美国专家认为，日本产业政策即便有影响，也是微乎其微。他们说，考虑到日本的高储蓄率、受过良好教育的劳动力和相对较多的人口，无论有没有旨在促进关键产业发展的产业战略或政策，日本都会取得同样的成绩。成功的秘诀无非是稳健的经济政策、自由市场和自由贸易。实际上还有一种有点居高临下的说法，即日本人之所以成功，是因为他们很好地完成了我们交代给他们的事情。从没有日本人持这种观点，显然说明这种观点非常离谱。这种误解基于这样一种假设，即一切都始于宏观经济政策，而高储蓄率、高投资率和高教育水平都源于文化基础。产业政策充其量被视为这些基本条件之外的小打小闹。但在日本，产业政策事实上只是一个起点。正如经济学家上野博彦所指出的，日本政府一直在进行干预，“以获得一种对国家或公众有利的特定经济秩序或经济结构”。[4]

日本在1867年做出的第一项关键决定是建立一种特定类型的产业结构，1952年又重复了这一决定。一个决定，诸事相随。如果一个国家决定快速实现工业化，它必然要资本。如果它决定不接受来自国外的资本（就像日本决定维护其极其看重的自主权），它必须得有国内储蓄来解决资金问题。20世纪30年代，日本的储蓄率并不高。今天大约18%的储蓄率不是突然出现的[5]，而是受到一系列政策的鼓励和影响，这些政策包括：免税邮政储蓄账户、没有利息支付（税前）扣减优惠（甚至抵押贷款也是）、没有消费信贷，以及基于奖金的工资制度和其他措施等。现代工业国家需要训练有素的人才，尤其是工程师。今天，成千上万的工程师从日本的大学涌出，这是政策刻意鼓励学生追求工程研究的结果，从日本的大学毕业的化学家和物理学家相对而言就少得多。[6]

从这个角度来看，几乎可以把日本的宏观经济政策甚至社会政策视为产业政策工具。例如，日本保持低利率，这有利于其高负债的资本密集型产业。与此同时，消费者贷款，即便有，通常也会收取很高的利息。大多数工会是日本劳动法鼓励成立的企业工会，而且如今比整个行业的工会更具可塑性。日本给消费者的能源价格相对较高，但工业用能源价格则较低。简而言之，所有安排都围绕一个目标：提高产业实力。这与美国消费者至上的做法相反，在日本，消费者排在最后。

1982 年　第一学历

	美国	日本
科学与数学	102 000	12 000
工程	68 000	74 000

来源：Science Indicators 1986, National Science Board, Washington, D.C.

美国人的误解根植于西方经济理论，该理论认为经济活动的目的是扩大消费，且根据亚当·斯密和大卫·李嘉图的著作，西方经济理论认为国家的生产取决于其资源禀赋。自由市场这只看不见的手将这些资源最有效地配置给那些反映消费者需求的用户和行业。这一理论认为，国际范围而言，各国专门生产其最具优势的商品（即“比较优势”），其他商品通过贸易获得。例如，如果像美国这样的国家在制造飞机方面有优势，那就认定其资源禀赋特别适合制造飞机。其他国家不应与美国竞争，而应该生产其他产品来换取飞机。如果一国拥有大量非技术劳动力，那么理论上它应该集中精力生产纺织品或其他劳动密集型产品，同时通过贸易获得飞机等商品。

国际贸易体系正是建立在这种古老而神圣的思想之上。这种思想隐含的理念是，所有行业都具有大致相同的经济价值和战略价值。由于优势与资源禀赋密切相关，该理论假定各国不能，因此也不会试图改变其优势领域。

日本人从两方面挑战了这一理论：理论是静态的，暗示着各国经济活动是永续的；日本人认为某些产业比其他产业更重要。以飞机为例，飞机往往造价昂贵，因此行业工资水平高，同时也是其他产业技术发展的目标。与纺织业不同，飞机有利于提升一国实力。因此，对于一个技术欠发达的国家来说，接受西方经济理论意味着永久落后和一种殖民关系，这显然是日本人无法接受的。

一直被西方忽视的奥地利经济学家约瑟夫·熊彼特提出了另一种关于资本主义经济动态的观点。在20世纪40年代初完成的文章中，他将资本主义视为一个进化的过程，此间，竞争围绕着主导企业的创新而进行。[7]在他的理论中，重要的不是价格竞争或资源禀赋，而是来自新技术、新供应来源和新组织形式的竞争。这种动态竞争可以通过动摇既有体系的基础而不是边际利润，来扭转具有决定性作用的成本或质量优势。熊彼特的观点在丰田的生产系统中得以体现。丰田并非绞尽脑汁从生产线上挤出几个百分点的利润。相反，它的"零库存"系统使得生产率呈双倍甚至三倍增长。熊彼特认为，对于这种发展，强调价格竞争的自由市场并不总是最佳模式。[8]研发是开发新系统的必备环节，而恶性的价格竞争会降低利润率，可能会阻碍研发投资。

熊彼特提出的基于价格以外因素的动态竞争概念，表明了追赶的可能性和政府干预的合法性。尽管这一理论与大多数公认的西方学说相左，但它很符合日本人的武士内核，他们不能接受日本在任何事情上落后。正如天谷直弘在1986年9月对我说的那样，"我们做了与美国经济学家所说相反的事情。我们违反了所有常规理念"。在他的著作中，天谷指出，"美国的经济观点可能有助于企业增加当前产量或降低当前成本，但研发对于未来是必要的，这是一种赌博。商人厌恶风险，他们不愿把赌注押在研发上。因此，如果'看不见的手'不能推动企业研发，那么'看得见的手'就必须推动"。[9]天谷的意思是，国家不可能完全依赖自由市场和仅以现有资源禀赋为基础的产业。他说，任何经济体的一个关键目标，都是创建一个可以生产高科技产品的产业，该产业具有高收入弹性（即个人收入越高，购买这些产品的人越多）和快速增长率（例如录像机）的特点。天谷和其他大多数日本观察家认为，如果没有政府干预，这个目标不可能实现。

在美国观察人士看来，政府的干预政策常常被描述成一种"决定生死”的政策。这种看法通常带有贬义，因为在美国，人们坚信政府不应该关心国家产业特点，而且在任何情况下，官僚们都只会把企业、产业做死。日本人的看法则截然不同。东京大学教授、日本产业结构委员会长期成员筱原三平认为，日本产业政策的目标是尽可能多地实现产业自主。因此，委员会审查了所有有潜力的产业，并努力在这些产业中发展国内实力。在特定时期，会特别重视特定产业，为推进国家自主的下一阶段总体目标打下基础。

筱原解释说，在选择特定时间重点发展的产业时，其目标首先是始终选择高需求弹性、高技术含量的方向，在这些行业中，成本会随产量提升而迅速下降。其次，重要的是促进那些对其他经济部门产生“连锁”效应的产业。例如，由于半导体被用于许多产品中，成为一个低成本的半导体生产商有助于一个国家成为低成本的计算机生产商。最终，有利于知识进一步提升的产业受到青睐。[10] 这些标准对于日本人来说似乎简单明了，他们不觉得自己依赖于官僚们手中的神秘手段，也不声称自己有任何特殊的洞察力。事实上，他们说自己的政策不是挑选赢家，而是确定并支持市场已经挑选出来的赢家，以确保日本这个国家与赢家齐头并进。

产业政策工具

产业政策愿景

就像其背后的理论一样，日本产业政策的制定过程在美国也常常被误解。当美国人看到日本的产业政策时，他们往往会关注具体且可量化的项目，如补贴、关税以及公开指令。但在实践中，产业政策比这些具体措施所显示的要更加多样、复杂和微妙。日本制定产业政策的关键机构是通产省产业结构委员会、邮政事业厅电信咨询委员会以及为其他各省厅提供咨询服务的类似机构。这些委员会通常由约50名成员组成，成员来自商界、消费者团体、工会、学术界、政府和新闻界的领导人。在这些委员会下面是一系列的小组委员会，其成员结构类似，按照行业组织起来。例如，飞机工业由飞机和机械工业委员会监管，该委员会的工作人员由通产省的飞机和军械局负责，该部门也接收委员会的建议。

这些委员会持续研究其下辖产业，以及这一产业与其他产业间的关系。它们常规性地发布白皮书，通常被称为"愿景"，为日本产业指明方向。这一程序安排是为省厅内不相关司局就某一产业制定规划，然后提交给理事会，理事会通常会批准这些规划。在这些愿景的基础上，制定促进特定产业或重建不景气产业的法案。研发建议也是根据委员会建议提出。从这些愿景及随后的立法中，产生所谓的"提升计划"，这是通产省官员为发展特定产业而制订的详细计划。这些计划具体规定了出口产品数量、特定项目的研发支出等事项。这些详细的计划是与产业代表共同拟定的，它们看起来很像大公司的两年或三年计划。

美国许多观察人士认为这些努力只是在劝诫。为了使其政策让美国人满意，通产省曾告诉他们，各种各样的愿景和计划都不具有约束力，而信奉法律的美国人便得出结论，认为其是无效力的。但事实上，那些日本政府尽忠职守的执政者并没有通过这些纸上演练来娱乐公众。在日本以组织为导向的等级中，这些程序创造了一种强大的共识，营造了一种有利于实现官僚们所期望目标的氛围。在这方面值得注意的是通过让媒体成员参与理事会来拉拢媒体的做法。

1984年，日本对美国提出的将在日本的外国公司代表列入理事会的建议反应激烈，这有力地证明了这些建议的重要性。许多美国人认为，日本将产业结构委员会同（美国）国家安全委员会相提并论有些夸张。事实上，这是恰当的。

促进新兴产业发展

在政策执行阶段，日本各省厅手头有许多工具。特别折旧率、税收优惠和政府支持的研发是标准手段。除此之外，还有更具想象力的措施，比如成立日本电子计算机公司，这是一家政府支持的租赁公司。通产省对制定产业标准的控制是另一种产业政策工具；当日本一个行业制定出与其他国家不同的标准时，它就会自动受到保护，不受外国生产商的威胁，不需要关税或配额；就贷款发放的优先领域向银行和金融机构提供指导，可以极大地影响产业发展，例如延迟授予专利就是如此。

同样，美国对具体补贴金额和具体政府干预的关注导致了误解。例如，由政府控制的日本开发银行为特定项目提供低息贷款。由于利率通常仅略低于市场利率，而且就整个项目而言，贷款数额通常不大，西方经济学家往往认为这些贷款微不足道。他们没有意识到的是，根据长期的传统，日本开发银行和其他政府机构的贷款是向整个金融界发出的一个信号，即金融界应该优先向这些目标项目提供贷款。例如，日本长期信用银行在 1981 年的年度报告中表示，它必须“成为政府通过购买银行债券向私营部门输送资金的渠道”。[11]

除了优惠便利的融资之外，还有一些手段，如公司之间针对将要生产的产品类型达成法律合作协议。这样的协议为机床产业提供了总体方向，在过去 30 年的大部分时间里，制造商们就由谁来生产何种产品达成了共识。这些手段有一个共同特点：它们通过降低风险来吸引投资，有时也会减少投资。这一点极为重要。尽管日本是一个保守、循规蹈矩、规避风险、没有创新精神的社会，但其培养出的商界人士却因其长期战略思维和“冒险精神”而受到全世界的称赞。这看上去是悖论，但现实中有日本政府的政策打底，实际上并不存在风险。在这种情况下，很容易成为一个深谋远虑的思想家。

失去优势：光纤产业

尽管日本的产业政策与通产省有关，但NTT使用了类似手段来提升日本的特殊能力。其中一个例子就是光纤产业。20世纪60年代末，依托民间资助的研发，康宁公司发明了光纤。康宁公司申请了专利，并于20世纪70年代中期在美国获得专利权，但在日本，许多关键专利在10年多的时间里都没有获得授权，这使得康宁公司的技术在这个主要市场得不到保护。

20世纪70年代，康宁公司和得到康宁公司许可的AT&T垄断了世界市场，使美国在光纤生产方面具有“比较优势”。但当康宁公司尝试在日本销售其光纤和电缆时，垄断买家NTT告诉康宁，日本将开发自己的技术。NTT还建议康宁公司考虑与其中一家日本公司成立合资企业。与此同时，NTT与三家日本公司（古河电工、住友商事和藤仓）启动了一个光纤联合开发项目。每家公司均承担开发成本。NTT同意在产品最终开发出来后自这三家公司采购。此外，其采购并非以投标为基础，而是按照各公司在开发成本中所占的比例——这一程序在许多方面与美国国防承包的合同类似。整个过程中，各个环节逐级降低风险，这些环节包括：长时间不颁布专利许可，受保护的国内市场，由政府支持但无直接资助[①]的研发，有利可图且有保证的终端市场。

在同日本公司讨论成立合资企业的可行性时，康宁公司邀请了许多代表到其工厂和实验室，并提供了有用的数据和信息。经过长时间的谈判，康宁公司从一家与其进行谈判的公司那里得知，由于NTT不愿从一家外国合资公司采购，建立合资企业是不可能的。康宁公司被拒之门外，日本公司开发了一种与康宁公司非常相似的工艺流程，以至于美国

---

① 尽管统计数据显示日本政府在研发上的资助额远低于美国政府，但日本政府的大量资助隐藏在政府采购中，保证了日本厂商的高价。

国际贸易委员会（根据美国贸易法对投诉进行听证和裁决的机构）、加拿大法院以及美国法院均认定日方侵害了康宁公司的专利。NTT 最后宣布将其主要传输线路转为光纤的计划，三个开发伙伴以极高的价格获得了所有业务。但故事并未就此结束。

1979 年，NTT 签署了向外国投标人开放采购的协议，以便在东京回合①的政府采购法谈判中更好地平衡其报价。[12] 合资企业西康公司（Siecor，西门子和康宁）利用康宁公司的光纤生产光缆，该公司的代表曾访问日本，向 NTT 推销其新型松结构光缆。西康公司的产品售价约为 NTT 此前采购价格的三分之一。西康公司提供的电缆设计与日本制造商提供的不同，其低廉的价格源于这种更现代、更复杂的设计，这种设计也保证了更好的性能。在外部观察人士看来，康宁公司和西康公司是 NTT 首批重要外国供应商中的不错选项。为了提交一份正式投标书，西康公司需要 NTT 提供一份有关光缆规范的复印件，以确保符合所有的技术要求。经过几个月的讨价还价，再加上美国政府施加的压力，NTT 终于提供了说明。与此同时，日本制造商的采购也迅速扩大。

在提供了规范说明之后，NTT 坚持要求西康公司不仅要满足规格要求，而且要提供与日本制造商相同的电缆设计。从表面上看，这似乎是一个合理的要求；在许多这样的案例中，当西康公司坚持提供自己的设计时，它会被批评为不够努力，没有适应日本市场的要求。这是一个典型的例子，美国公司说（日本）市场已经关上，而日本公司却说该公司没有做出适当的努力。有时很难知道问题出在哪里。当西康公司请求美国政府提供帮助时，我建议该公司需要做出更大的努力。另一方面，甚至一些 NTT 的高管告诉我，真正的问题只是 NTT 认为其必须支持自

① 此处指关贸总协定东京回合谈判。——译者注

己的产业。

事实上，西康公司的光缆比日本光缆性能要好，成本只有后者的三分之一。根据国际协议，技术规范应该根据性能而不是设计来写①。然而，日方知道西康的成本优势与其设计有关，而且为了符合既有的日本设计，西康公司不得不建立一个全新的工厂，这是一项非常昂贵的工程。不过，西康公司表示如果能像日本竞争对手那样保证一定的市场份额，它就会这么做。但这种保证不符合自由贸易规定，因此被拒绝了。实际上所有业务都把西康公司挡在门外。随后，该公司试图向日本的光缆公司销售光纤，但后者与日本光纤生产商有联系，因此也拒绝了这一提议。这样一来，日本供应商的风险降低了，而外国供应商的风险增加了。

就在这个博弈进行期间，日本将光纤产业指定为未来产业，吸引了所需的投资。日本制造商已经建立了足以满足国内需求三倍以上的产能。它们不可避免地开始寻找出口市场，最大的出口市场当然还是美国。到 1983 年，住友商事和其他日本制造商在美国以远低于市场的价格销售光纤。康宁公司以专利侵权为由在加拿大和美国提起诉讼。该诉讼在加拿大得到支持，加拿大的进口也停止了。在美国，专利侵权的裁决也得到了支持，但国际贸易委员会裁定，该侵权行为并未给康宁公司造成重大的销售或利润损失，并拒绝以任何方式惩罚住友商事②。[13] 1987 年 10 月 13 日，康宁公司向联邦地方法院提起诉讼，最后认定住友等蓄

① 根据采购规则的条款，国际招标的规格应基于性能，而不是设计或外观，以防止将规格用作非关税壁垒。

② 这一裁决体现了美国法律中一个奇怪的方面——有利于外国制造商。在美国国内案件中，侵权行为本身就被指控，一经发现，侵权人必须支付损害赔偿金且停止侵权行为。然而，如果侵权人是一家外国公司，除非国内的投诉能够证明投诉者的确正因为侵权而遭受亏损、裁员，否则不会采取任何行动。

意侵权。然而，到那时，这些专利只剩下很短的有效期了。

这是支持政策在起作用。西康公司的创新使其在起步时具有比较优势。但日本的制度体系降低了本国企业进入该行业的风险。日本的产业政策通过否定西康公司的创新成果并以直接或间接的方式补贴投资，最终导致产能过剩，导致日本公司在美国采取非常激进的定价政策，从而造成了更多的贸易摩擦。

在等式的另一边，当日本政府降低风险并寻求比较优势时，美国政府却忽视了其产业，它认定市场自由运作会使最优秀的人胜出。虽然日本市场在美国市场开放期间仍然保持关闭，但美国政府并没有采取任何行动，美国的法律甚至妨碍了美国产业阻止日方侵犯专利权的能力，从而损害了美国产业。其结果是日本成了一个强大的竞争对手，许多美国观察人士一方面称赞日本人的勤奋和远见，另一方面则批评美国公司的官僚主义。

在美国，这样的案例只是偶尔会被关注，通常被视为孤立事件。但事实并非如此。几乎每个行业都有同样的经历。事实上，哈佛大学日本问题专家亨利·罗索夫斯基强调，自 1952 年以来，日本的政策一直是系统性地无视、损害外国人的创新收益。尽管许多专家将日本的政策描述成历史的遗迹，但从生物技术到工业陶瓷再到超导，每一个高科技产业目前都是日本做出类似努力的目标。超级计算机和飞机的例子具有指示性。

超级计算机和飞机

1987 年春，美国驻东京大使馆向美国国务院发送了一份关于 1987 年 1 月 27 日贸易谈判的秘密电报，该电报被泄露给了媒体，导致超级计算机突然成为头条新闻。[14] 超级计算机是进行重大科学运算的核心，被用于破解密码、核武器设计、油田勘探和天气预报等任务。数据控制公司和克雷研究公司率先开发出这类机器，当时控制着全球 80% 的市场，仅克雷一家就拥有约 65% 的市场份额。[15]

克雷研究公司的发展历程是一个典型的美国故事。其创始人西摩·克雷是个天才。他是 1958 年成立的数据控制公司的创始人之一，立志于制造最大、最快的计算机。赛车手从赛车中得到快感，克雷从电脑的快速运算中找到快感。为了追求更快的速度，他在 1972 年独自创业并成立了克雷研究公司。由于美国国家安全局等用户开始依赖其新机器，该机器很快成为维护美国国家安全的绝对必需品。事实上，总统的每日情报简报都离不开它们。因此，这家公司很快就取得了巨大成功。

克雷的公司反映了其个性，公司总部位于明尼苏达州的明尼阿波利斯市，公司管理权掌握在职业经理人手中。克雷本人在威斯康辛州的奇皮瓦瀑布过着绝妙的与世隔绝的生活，他专注于在家旁边的一个设计中心拓展技术极限。他是真正的美国式英雄，通过自己的天赋和粗犷的性格，征服世界并让世界更美好——他是一个真正的牛仔。

1987 年春，被泄露给媒体的美国大使馆秘密电报上记录了一位通产省高官的话，即日本不会改变关于超级计算机的政策，如果美国想挽救克雷研究公司，使其不要把市场拱手让给日本生产商，美国可能不得不考虑将其国有化。该电报以震惊的语调得出结论，日本打算主宰世界超级计算机市场。这位通产省官员是负责国际事务的副相黑田诚。黑田并非老练、资深的外交官，即使按照美国标准来衡量，他也算得上直率。但就智商来说，他几乎没有对手，其通产省下属开玩笑说，没有人能为他撰写报告，因为写之前他已经知道报告是错的。他不能容忍蠢货，这也许是他让许多美国官员感到不安的原因，因为他似乎认为他们大多数人都是傻瓜。尽管如此，我发现他除了聪明才智外，还有一个非常吸引人的品质。如果你想知道日本人在彬彬有礼的外表下到底在想什么，那就可以听听黑田的话。你可能不喜欢他说话的内容或他说话的方式，但如果你听了，你就听到了日本人真实的想法。

在这件事情上，美国官员不应该感到震惊，黑田只是告诉他们那段时间以来显而易见的事情。克雷研究公司于 20 世纪 70 年代首次进入日本，并在 1980 年卖出了两台机器。但通产省于 1981 年宣布了一项超级计算机开发计划；同时，若干家日本计算机制造商也宣布了他们的项目。从那时起，克雷研究公司在日本的潜在客户似乎消失了。这些机器的主要市场是政府研究机构。这些机构中的一些人告诉克雷研究公司，即使派推销员去拜访他们也是浪费时间，因为控制预算的政府部门不会拨出资金采购外国超级计算机。

1982 年，在我担任高技术工作组联合主席期间，日本市场明显的封闭状态成了一个贸易问题。由于市场上没有日本超级计算机，美国公司无疑拥有最好、最便宜的机器。许多美国人怀疑日本政府管理的各个机构拒绝采购美国公司产品，以便为日本制造商的机器提前保留市场。当美国人知道日本电脑公司从劳伦斯利弗莫尔这样的美国政府实验室那里获得建议设计自己的机器时，这种不愿（买美国产品）所产生的不公平感进一步加剧。但在回应美国的询问时，日本政府解释说由于其研究机构规模较小，它们很少使用这种大型机器。但当日本超级计算机最终于两年后问世时，许多小型研究所下了订单。如今，日本的销售正快速提升。由于美国政府的巨大压力以及克雷研究公司自身的努力，克雷已经在日本销售了一些机器，其中包括向 NTT 出售的两台机器，但其在日本市场的份额仍然相对较小。泄露电报引发的愤怒，促使日本政府在 1987 年 7 月承诺对超级计算机采用更开放的招标程序。时间将证明这是否能有效打开日本市场。与此同时，日本电脑制造商们已经开始以极低的价格向美国市场出口。1987 年 11 月，麻省理工学院在接到美国商务部可能开展反倾销调查的警告后，取消了以正常价格的三分之一左右从日本电气公司购买一台超级计算机的计划。

自主驱动在卫星、光纤和超级计算机领域比比皆是，在航天领域也很明显。1987年夏秋两季，谁将生产日本下一代喷气式战斗机FSX成为一个重要贸易问题。以往，日本的战斗机是美国战斗机的翻版。最初，大部分飞机都是在美国生产，一是因为美国的生产经验丰富，二是可以避免再浪费一次开发和工程费用，具有成本效益。然而，日方逐渐坚持在美国生产商的授权下在日本建造越来越多的生产线。而今，日本国内强大的势力敦促其完全靠自己来建造FSX，尽管这样做的成本比授权建造或从美国那里采购要高出三倍。

美国官员对此感到失望。军机上互操控性的考虑是美国授权日本生产战斗机的原因。如今，日本提出了一种完全不同的机型。此外，在飞机领域，美国明显优于日本。鉴于美国庞大且不断增长的贸易逆差和双方军事负担的严重不平衡，日本怎么能考虑以更高的成本建造一架完全国产的飞机呢？日本感受到了巨大压力，必须选择一架先进的美国机型，在获得授权后继续生产。最后，具有讽刺意味的是，日本原则上同意与美国共同开发由通用动力公司制造的改良版F-16，这被其视为给美国面子。但日本选择在贸易争端激烈之际来这样一次博弈，是日本致力于独立开发和自主制造的一项措施。此外，“原则上”的含义非常宽泛。

美国不应该感到惊讶，日本的政策是长期努力的结果。早在20世纪60年代，通产省就资助开发了一架商用客机。虽然在商业上并不成功，但发展该产业的努力仍在继续。1984年2月，日本公布了最新的太空发展政策。它呼吁在这一领域实现自主，说日本必须有自己的能力，这样才能“以稳定和广泛的方式发挥作用”[16]。大约一年后，飞机和机械工业委员会公布其建议，说日本要想成为一个技术先进的国家，就必须有一个现代化的飞机工业。在此期间，为了实现这一目标，通产省承诺提供10亿至20亿美元，用于开发波音商用飞机公司生产的新一代 7J7 喷气式客机，以便使日本公司组成的财团拥有该项目 25% 的股权。与此同时，通产省还宣布了促进航空电子设备、飞行控制、发动机和燃料系统等航空子系统发展的规划。

军事合作生产

对飞机的重视，特别是对 FSX 的高度重视，凸显了另一个极其重要的产业政策工具——军事合作生产。根据合作生产计划，美国与外国公司达成协议，允许外国公司生产美国的军事装备。美国签署这些协议是为了改善其盟国的军事设施，并促进设备和系统的标准化。这类协议获得了美国国防部长和国务卿的批准。美国商务部长、劳工部长和贸易代表都没有以任何重要的方式参与其中。

日本的情况正好相反。为了理解个中原因，首先必须清楚日本保证不了自身安全。日本战后宪法主要由美国占领官员制定，该法将日本武装力量限于一个小自卫队。结果是，日本的国防总支出仅占国民生产总值 1% 左右（美国为 6%~7%），日本几乎没有与国防有关的研发。美国承担着日本防卫的大部分责任。在 1982 年 3 月发表的一项研究中，美国审计总署报告说，日本进入（军机）合作生产计划的主要目标，是拓展其高科技的就业领域、发展未来的出口产业并提高军事上的自给自足力度。例如，通产省制定了军用和民用飞机的生产政策，并将其人员安排到日本防卫厅的装备局。这一践行中的经济安全概念的最好例证，能够将军事和商业发展活动结合起来，以实现总体产业目标。[18]

与日本的合作生产始于 20 世纪 50 年代，当时日本一些公司获得了生产 F-86 战斗机的授权。此后又出现了一系列其他产品，包括 20 世纪 60 年代的 F-100、70 年代的 P-3C 和目前的 F-15。这些项目对日本的技术基础和其开发世界级飞机产业的战略都做出了重大贡献。正是通过与美国制造商合作，并逐步承担越来越多的生产任务，日本才积累出允许其考虑制造 FSX 飞机的能力。衡量日本对获得这项技术的重视程度的一个标准是它因合作生产而承担的成本。由于生产周期相对较短，日本生产军用飞机的成本是美国的两到三倍。鉴于日本的国防预算有限，在许多人美国看来，日本通过购买美国的武器来提升防御能力似乎更明智，但日本对防御的定义不同：它坚持合作生产，最终甚至坚持单独生产。对于日本人来说，防御和获取技术是一回事。

美国审计署和《华盛顿邮报》还调查发现，美国为减少技术损失所做出的努力是徒劳的。[19] 在达成 F-15 合作生产协议后，五角大楼的空军专家起草了一份详细的技术清单，这些技术被认为过于敏感，不能转让给日本，因为有落入苏联手中的危险。日本官员几乎立刻通过美国国防安全援助机构获得了这份清单。他们对着美国国防部官员，愤怒地要求公布这些技术，理由是如果不这样做，他们很难进行维修。为安抚其不满情绪，国防部官员重新审查了这份清单，并公布了大部分技术。[20]

在 20 世纪 70 年代末，美国国防官员开始特别强调美国与其盟国之间的设备标准化问题，并大力推动合作生产和美国技术转让。结果，日本公司此前在飞机制造过程中的工作量比例上限被取消了，这为大量技术流向日本清除了一切障碍。几乎每个美国国防承包商都被允许将设计和制造工序授权给日本公司。这种慷慨行为的结果可以从 F-15 的减速器上看出，该部件是碳复合材料，日本坚决要求获得这项技术。美国空军强烈反对任何转让，但反对意见遭到国防部长否决，日本在 1981 年拥有了这项技术。日本公司高管后来承认，这对几个商业（飞机）项目都很有价值。

1982 年，当我在名古屋参观日本三菱公司的 F-15 生产线时，看到了这种技术转让的具体案例。在那里，在 F-15 生产线旁边的一条生产线上，三菱正在制造一架商用飞机，所有型号的飞机都得出口到美国，因为日本不允许飞这类飞机。

日本的合作生产方式尤其困扰美国官员，美国官员曾试图通过协议将军民两用技术从日本转移到美国。经过多年谈判，终于在 1983 年 11 月达成了一项原则性协定，日本将允许这种转让。但到我写作本书时为止，日本几乎没有转让任何技术。日本的态度在 1987 年决定参与“星球大战”计划的谈判中得到了充分体现。尽管美国实际上是在恳请日本参与，但东京方面犹豫不决，因为许多人认为日本的技术比美国的更先进，日本参与的话几乎得不到什么好处。日本最终同意参加，但双方的讨论显示了两国间的本质区别。美国通过提供技术来寻求安全，而日本则通过获得技术来寻求安全，甚至是从美国这个主要来源。这就是经济安全理念的奇怪结果。从某种意义上说，美国这一日本的捍卫者已然成了它的目标，这既不是出于恶意，甚至也不是计划中的：这是该理念逻辑推演的必然结果。

重组夕阳产业：卡特尔

一旦日本成功建立了新产业，具体政策干预的需要就少了。但如果产业开始衰退，产业政策的另一个重要组成部分——重组——便开始发挥作用。正如小玉所说，要两头兼顾。

日本的产业促进政策同其特殊的公司性质结合，最终会造成产能过剩问题，进而导致日本人讲的包括大减价和财务损失在内的“过度竞争”。这一问题我放在第六章探讨。如前所述，过度竞争这个概念可以追溯到 1925 年的金融恐慌。尽管过度竞争在美国被视为消费者的福音，但日本不喜欢，因为如果任其自由发展，可能会损害关乎长期效率的组织。日本不相信美国司空见惯的并购活动会提高生产率。通产省对其推动政策导致产能过剩的指控十分敏感，它反驳这一观点。通产省表示，过度竞争源于某些行业的特点，需要采取措施加以控制。

虽然战后占领让日本有了公平贸易委员会，但这个机构和日本的反垄断法都没有成为主导。为了抑制过度竞争，日本制定了一套复杂工具，规定建立合法卡特尔，企业可以在卡特尔内参与联合限制生产和联合削减产能等合作活动。这些措施的实施涉及产业界和政府间的密切合作，给官员的权力甚至大过产业提升的权力。正如1983年为不景气产业制定的法律所规定的，其目的是恢复产业的健康状态。如果做不到这一点，那么第二个目标就是在海外建立日本控制的产业。

在符合有关财务损失的某些标准时，相关产业才适用这些措施。日本的钢铁业或许是这一政策运作的最好例子，该产业多年来一直是各种卡特尔、联合采购安排和重组的对象。1977年，52家饱受产能过剩和低价之苦的电炉钢铁厂在通产省的指导下，组成了削减过剩产能的卡特尔。一些较健康的公司表示反对。通产省要求这些反对者减产35%，并威胁说如果不服从将被处以罚款。[21]它们接受了。1979年，当进口品占到国内市场3%的份额时（这被视为威胁），通产省通过暂停对某些发展中国家的钢材特惠关税待遇保护了市场（当时日本钢铁在美国市场的份额约为6%）[22]。1982年年中，通产省发布了一项“指导方针”，在（钢铁）价格上涨的同时减少产量，从而恢复了一定程度的赢利能力[23]。因此，日本在不同时期采取了不同措施，但整个过程中，政策是一贯的，即保持行业的健康发展。日本公平贸易委员会不时地进行调查，但没有采取任何行动。

该“指导方针”体现了政府与企业在这些问题上的密切合作。《日本经济新闻》1981年1月7日的一篇文章详细描述了这一过程。[24]文章指出，每周一中午，在东京的日本桥区，黑色豪华轿车都会集聚在钢铁大厦周围。车上的人来自日本的八大钢铁公司，他们来到门牌上写着“周一俱乐部例会”的704房间，在一张长方形大桌子周围落座，桌子的最前面坐着通产省基础工业局钢铁课长。该组织成立于1958年，其后每周一都会见面，就通产省关于适当投资和生产的“指导方针”寻求共识。

造纸、石油和铝等行业也有这类例子。陷入困境多年的造纸业在卡特尔安排上多次反复。1981 年 9 月，四大造纸商宣布将根据通产省协调计划，进行联合采购并可能进行联合研发和分销。[25] 20 世纪 80 年代的石化产业规划发现该行业正处于存亡当口，呼吁重组。规划建议联合投资、采购和销售，以维持产业当时的规模，并使保持较低的进口水平。[26] 一位日本官员最近向我强调了通产省在这些问题上的作用，他表示日本政府可能不得不入股日本在中东的一些石化工厂，以避免工厂破产。尽管其所属公司是世界最大的工业联合体的一部分，通产省还是觉得有必要提供帮助。

一个最有趣的例子是铝冶炼。在工业国家中，能源成本最高的日本，冶炼业在 20 世纪 70 年代两次石油危机之后开始萎靡不振。由于世界市场价格远低于日本的生产成本，日本铝冶炼公司也一直处于组建、解散卡特尔的状态。通产省给予该产业优惠电价、特殊贷款和其他支持。1982 年，当世界市场价格只有日本产品成本的一半时，该产业和通产省都认为其无法复苏，于是启动了一项计划，将其转移到印度尼西亚和巴西这些海外基地。该计划给了日本冶炼厂免关税的进口配额，而其他进口商则必须支付关税。通过免税进口和转售，日本厂商获得了利润，这些利润被用于关闭旧工厂并在国外建立新工厂。[27] 尤其重要的是长期进口计划。日本政府本可以允许其用户与外国生产商签订合同，以满足用户的全部需求。它没有这样做，而是有意确保大部分必要供应将专门来自日本的海外工厂。

对于美国人来说，问题仍是这些政策工具对贸易的影响。日本在国际场合坚称其正在逐步淘汰这些产业，并为进口腾出空间。鉴于日本的规划方案强调要保持日本产业的活力，其效果往往同日本在国际上的表态恰恰相反也就不足为奇了。即便是增加进口，它们也会是在日本的控制之下。纽约大学经济学家弗兰克·厄普姆 1981 年的一项重要研究发现，在日本官方认定的14个不景气产业中，只有两个产业的进口量有所增加，而其他几个产业实际上出现了下降。[28] 基于我在这些产业的几次经历，我能理解其中的原因。

我在1984年夏天去了一趟日本，其间我拜访了几个不景气行业的代表。与石化工业协会的会面特别有趣。协会代表告诉我，他们计划将聚乙烯的产能从约600万吨减少到约400万吨。当我问协会成员他们是如何得出减产的数据时，他们回答说，其工厂的最佳开工率约为产能的90%，而日本的需求约为他们计划达到的400万吨水平的90%，所以很容易得出结论。他们计划以最佳的生产速度供应整个国内市场。我问及进口的事。众所周知，日本产业的成本相对较高，这是日本减少贸易顺差并让外国企业进入日本市场的大好机会。他回复说，进口品将满足日本工厂卖完其所有产品后的市场需求空间。我继续追问，他们怎么能这么肯定？如何控制他说的需求空间？这一问题的答案凸显了针对不景气行业政策的一个关键方面：生产商控制进口。有时通过与贸易公司的非正式联系实现，有时通过官方途径实现，例如，日本在1985至1986年放开成品油进口，但只有炼油商才能成为进口商。

我接着会见了日本纸浆和纸张进口商协会代表，正如大部分此类协会一样，该协会刚刚获得通产省的特许。协会代表说，日本可能出现的进口激增正在造成市场“混乱”，他们的目的是避免这种混乱。当我问及这是否意味着降低进口量时，其中一位代表说是的。或许这就是美国的造纸商借能源和原材料优势使得成本低于日本，但在日本市场上只占很小份额的原因之一。事实上，这里有一个有趣的对比。与日本竞争对手相比，美国纸箱衬板生产商的成本优势，与日本汽车制造商相对于美国汽车制造商的成本优势大致相同。但是，日本在美国汽车市场的份额约为20%，美国在日本纸箱衬板市场的份额却不到10%。

各种卡特尔的一个重要特点是，减产或削减产能往往与市场份额有关，而不是基于谁拥有效率最高的工厂。这种做法加剧了日本产业已经出现的产能过剩趋势。实际上，这些措施往往会造成它们力图避免的局面。在一种产业发展的早期阶段，促进措施的效果是诱导超过正常水平的投资。随着该产业的发展，投资该产业的公司必须预测产业成熟期的形势。由于竞争力随市场份额下降而降低，法律实际上保证了那些主导成熟期市场的公司永远主导市场。这就造就了一种持续的趋势，即通过过度投资以获得主导地位。即使对于最终的失败者来说，风险也很低，因为他们知道会有各种政策保证其存续。

从自由市场的角度来看，这些措施中存在着一种必然逻辑。一个采取措施振兴并加强一个日益衰落的高成本行业的政府，不可能希望进口急剧增长。卡特尔的全部意义在于提高价格，而廉价进口商品的涌入会破坏卡特尔的基础。因此，尽管这些产业境遇不佳，外国产品对这些产业的渗透相对较小也就顺理成章了。

其他工具：媒体、省厅、政府官员

日本所有的产业政策活动都需要建立共识。在这一领域最有力的产业政策工具之一就是新闻媒体。每个省厅都有指派的记者，他们组成一个新闻俱乐部，称为通产省新闻俱乐部、邮政事业厅新闻俱乐部或某个省厅的新闻俱乐部。新闻俱乐部成了另外一个认同其对应省厅的组织。各省厅通过透露信息及给予俱乐部成员优惠待遇，倾向于选择他们指派的记者。外国记者被禁止进入俱乐部，即使在今天，他们也只有观察员身份。外国记者不被允许在一些记者招待会上提问，也不能参加与主要官员的非正式聚会。这不仅意味着日本记者可以比外国媒体代表提前从指定部门获得消息，而且也意味着很少有人提出不和谐的问题。

日本媒体的一个显著特点是不愿提问。在日本举行记者招待会时，美国官员总是惊讶地发现问题大多是外国记者提的。除了一些例外（例如《朝日新闻》伟大的记者船桥洋一[1]），日本媒体没有有影响力的调查性报道，各省厅常利用报刊来塑造大众共识。1984 年冬，我意识到这种操作方式的重要性。在一次谈判会议后，我建议举行一次联合记者招待会。通产省说这不可能，因为记者们不会说英语。虽然我说我们整天都在使用同声传译，但通产省仍然反对，显然是担心联合记者招待会可能会妨碍其控制公众对事件看法的能力。还有一次，我在一位高官家里吃晚饭，一位记者半夜不请自来，出现在他家门口，喝了杯睡前酒，然后就回家了。这位朋友为自己辩解，说这是一种需要培养的关系。

对媒体这样煞费苦心的关照，原因在于日本媒体比美国媒体更具有影响力。一方面，日本的报纸基本上是全国性的，而美国的报纸是地方性的。日本五六家最大规模报纸的发行量是美国最大规模报纸的三四倍。因此，在日本媒体上发表的任何声明都会立即传遍全国。正如我在第三章中所讨论的，媒体产生巨大影响的第二个因素是，对组织中其他成员所做事情的密切关注。当这个组织是国家的时候，受众通过媒体来进行观察。谁掌握了头条新闻，谁就控制着日本舆论，日本的官员对此心知肚明。因此，媒体成员同时也在产业结构委员会和其他咨询委员会中工作。他们的工作是针对各省厅提出的措施建立全国共识。

日本如何解释其政策

这些政策和计划的结果，是有史以来最强劲且持续性的经济增长——伴随以日本贸易伙伴日益高涨的不满情绪，日本人越发抱怨贸易的不公平。但日本人始终无法理解这一点。在他们看来，他们只是在尽

---

① 船桥洋一先生的《管理美元》一书，是关于 1985 年广场会议的最翔实和权威记录，已由译者于杰先生翻译，由中信出版集团出版。

量储蓄、努力工作和教育自己的孩子。他们不理解他国对其市场关闭的抱怨，并强调其平均关税水平低于美国，且日本官方几乎没有实施配额。他们认为美国和其他国家是在嫉妒日本的成功，但不愿意付出足够的努力追上日本。

问题是日本的繁荣依赖于美国支持的自由贸易体系；且在美国人看来，日本公开宣称的遵循自由贸易原则与其旨在实现特定产业目标的政策之间存在逻辑上的矛盾。在这种情况下，官方发布的关税和配额并不重要，因为日本的政策包括官方在内的多个层面，注重于树立、传达有助于取得某些效果的态度。美国人想知道日本在努力创建本土产业的同时，是否真的能够在卫星领域实现自由贸易，或者是否乐于接受萧条卡特尔规则保护下的那些产业领域的进口激增。正是这种自由贸易与产业政策之间明显的矛盾导致了（美方）对不公平的指控，转而威胁到日本福利所依赖的美国自由贸易政策的终结。因此，日本官员的一项主要任务，就是以调和前述明显（逻辑）矛盾的方式来解释产业政策。

这样的解释通常很难。已然拒绝了西方经济理论，但日本仍试图表明其政策与这些理论并无二致。为了自圆其说，日本总是坚持认为美国人误解了其政策，指出日本的措施并不限制进口，且符合经合组织的指引，经合组织是收集和分析贸易数据的主要跨国组织。[29]日本还坚称其官员没有权力，也无法影响贸易动向——然而，与上述解释相矛盾的是，通产省钢铁产品课课长在一封信中要求日本钢铁企业使用国产铬铁，并限制购买外国卫星和超级计算机。

三井物产（日本一家巨型贸易公司）前总裁池田芳藏 1983 年 10 月 23 日《纽约时报》的一篇文章中直接谈到这一矛盾。他断言，当日本官员说他们没有权力及产业政策没有效果时，没人会相信他们的话，因为这不是真的。池田建议，日本不应含糊其词，而应承认其干预政策并做出任何必要的调整，使之符合自由贸易的原则。[30]池田的坦率令人耳目一新，但他的对策表明，即便是他，也没完全理解什么困扰着美国。他同样认为这个问题可以通过更好的解释和一些局部调整来解决。

前述美日之间的产业政策对话清楚地表明，这一问题远没有那么简单。在 1983 年 9 月的一次关键会议上，时任通产省产业政策部门主管的河永庆一，带领通产省的一个小组，试图向有些怀疑的美国官员解释日本的观点。产业政策部门是通产省的核心部门，它制定了一些“愿景”，通产省借其来定义日本的未来，并为实现这些愿景制定了重要的法律。

正如人们所期待的那样，作为日本的精英之一，河永做了一场精彩演讲。他解释说，日本在推行产业政策方面并非独树一帜：事实上，每个政府都有责任发展本国经济，增进本国人民的经济福祉。产业活动是国民经济发展的基础，因此，各国政府很自然地应该关心并执行与这些活动有关的政策。河永接着指出了一个在美国常被忽视的观点：产业政策不是宏观经济政策的替代品，而是对宏观经济政策的补充。另一方面，宏观经济政策为实施产业政策创造了条件，而产业政策反过来又通过稳定的税收增长等方式支持宏观经济政策。

通产省团队的其他成员则谦虚地解释说，他们强迫私营企业朝既定方向发展的权力是有限的，通产省只能使用“软指导”。通产省只是仔细研究产业，撰写报告并做出预测。这些预测被比作美国产业展望，即美国商务部发布的美国商业活动年度预测。日本产业界有时会听取通产省的意见，这是出于后者出色的信息收集和分析能力。至于补贴和财政激励，通产省的代表承认他们提供了一些，但指出，日本政府支持的研究支出和特别税收激励比大多数国家要少。他们指出，日本政府只支持了日本全部研发开支的 30% 左右，而在美国，政府的支持占了总开支的 50% 以上。仅就数据而言，这个比例没错，但他们忽略了一点，那就是美国比例高的原因是军费开支负担，而日本却没有这一负担。

在谈到美国的产业政策时，通产省代表谈强调美国的巨额国防开支刺激了美国的技术发展，增强了 IBM 和德州仪器等大公司的竞争力。他们小心地不去批评这种情况。相反，他们给出了赞许，“高度评价”美国在开发技术方面做出的努力。他们承认这些项目的目标是促进军事发展，而不是商业发展，但表示这并不重要，因为这些项目会产生“衍生效果”。这样，美国的国防政策就成为其产业政策。正是基于这种语境，他们说各国政府必须采取一切必要措施，开发对确保国家经济安全而言至关重要的技术。

最有趣的是，这番言论显然是在没有考虑到其可能会引发争议的情况下说的。在整个讨论过程中，通产省一直小心翼翼地对行政指导和补贴等问题轻描淡写，因为这些官员们知道这些问题与美国有关。很明显，日本人想当然地认为，政府干预经济以确保经济领导地位的必要性是毋庸置疑的。

但这是整整一年的谈判中最重要的言论。安全这个词意味着有威胁存在。通产省看到的威胁是一种经济上的威胁，这种威胁可能源于国内企业在某些关键但尚未确定的技术方面缺乏出众的产业能力。为了避免这种情况，通产省坚持认为政府有必要采取行动。

虽然日本人认为这样的做法理所当然，但美国人很吃惊。他们清楚地理解军事意义上的国家安全，以及可能需要政府采取行动以确保对军力而言至关重要的某些能力。但日本似乎在说，如果外国公司在商业领域超过自己，日本也会面临威胁。此外，很明显，根据这些用词，在日本从事生产的美国公司被认为是外国公司。再者，由于并未就具体领域做出界定，这意味着任何行业的滞后都可被视为一种威胁，因此有理由进行干预来改变这种滞后。

日方的表述让参加会谈的美国代表团得出结论，即日本的产业政策与自由市场和自由贸易的原则背道而驰。自由贸易的全部意义在于使企业家或有特殊能力的公司能够在世界范围内开拓自由贸易。自由贸易信条认为这是一个好处，而不是威胁，因为它使各地的消费者都能享受到自由贸易的成果。录像机就是一个很好的例子：美国消费者喜欢日本的录像机，尽管日本公司在美国市场上占有主导地位，但没有人感觉受到了威胁。按照日本人的概念，似乎美国人应该感觉受到威胁才对。

更麻烦的是第二个暗示，将国防开支视为技术进步引擎的观点尤其重要。美国是唯一一个在技术上比日本具有明显优势的国家。日本似乎在说其公司必须在所有关键领域都与美国公司旗鼓相当。但就美国的领先地位来自国防开支而言，这意味着日本政府认为有必要进行干预，以抵消美国国防计划的影响。这就产生了最具讽刺意味的结果：美国至少一定程度上是在花钱保护日本，而日本则感到有必要花钱帮助本国产业，以应对美国国防努力的成果。

尽管在许多方面令人烦忧，但日本人的观点有一定的逻辑。自佩里叩关以来，他们目睹了殖民主义色彩下的外国经济入侵。他们现在在国防上依赖美国，这使其比以往任何时候都更急于避开经济上的被支配地位。美国的技术优势在国防开支的刺激下有可能取得这样的支配地位，除非日本政府采取行动来抵消美国的这种优势。在日本人看来，美国坚持要求日本在卫星等领域开放市场似乎是殖民主义的表现，看起来是对自由贸易宣传的巧妙利用，这将剥夺日本获得创新技术的机会，使其永远处于二流位置。

在这方面，日本放弃重要的军事角色产生了一种奇怪而棘手的效果。某种程度上日本是正确的。美国军方和 NASA 的预算是对理论上的自由市场的一种扭曲。他们为美国在某些产业，尤其是飞机产业的优势做出了贡献。如果没有重要的国防工业或自己的武装力量，日本会发现自己越来越依赖美国。此外，它能看到，这种情况的发生并非自由市场这只看不见的手的结果，而是由于美国对市场的干预，即使美国鼓吹不进行干预。

没有一个国家能够完全依赖另一个国家。旨在实现“经济安全”的产业政策替代重要的军事建制或政策，已经成为日本的国家安全战略，并且在某种程度上成为日本在国际舞台上确保行动独立性的唯一保证。因此，日本的产业政策包含了比经济政策更广泛的内容。日本的经济思维和战略思维是融为一体的。制定经济政策时不仅要考虑其对日本物质福利的贡献，还要考虑它们对日本国力的影响——不是对军事的影响，而是对整体政治的影响。这些政策不以短期消费者福利为主要目标，不能也不会总是符合自由贸易的原则，因为这些原则仅仅以经济考虑为基础。而且，只要美国的国防计划一直持续下去，这种情况就将持续下去，因为在某种程度上，正是美国的国防计划所引发的技术进步触发了日本的产业政策。

由于日本 的产业政策反过来会招致美国对不公平贸易的指控，两国间的对抗似乎很可能会持续下去，特别是日本以商业为导向的干预，是一种比美国的“衍生影响”方法更有效地发展民用技术的方式。因此，随着日本企业采取确保国家经济安全的行动，它们的竞争力会变得更强大。

日本对产业政策的回应，本质上是其长期以来保持排外性的一种表现。这在美国的经济思维看为显得粗暴，但不一定是错误的。毕竟，批评日本的经济表现是很难的，日本不接受西方经济理论，如果接受西方经济理论，那政策才会被视为是错的。

第六章

株式会社：在日本做生意

适者生存。

——查尔斯·达尔文

日本的公司

日本政府建立强大产业基础的历史原动力，会同日本社会强大的社会凝聚力，为日本商界创造了一个极其有利的环境。他们转而投入了大量的人才和精力来创建大型株式会社或公司，这些组织成为这个国家的捍卫者和国家活力的体现。行行有差异，各个公司有不同的发展历程。但仍有一些公司能够体现出所有公司的共性。日本电气公司（NEC）就是其中之一。

1982 年夏，我在日本经济团体联合会的一次午餐会上，第一次见到 NEC 董事长小林宏志。日本经济团体联合会是日本大企业的大本营，与美国商会相似，但比商会强大得多。当时我同莱昂内尔·奥尔默一起在日本，那是我们无数次市场开拓之旅中的一次。我们曾要求与日本商界领袖举行一次会面，非正式地坦诚讨论日益恶化的贸易形势。就了解日本商界的态度而言，午餐时间的讨论颇具启发性。在日本有时被称为卡特尔先生的新日铁董事长阐述了自由贸易的好处；有人抱怨说，美元走强使进口美国产品变得很困难；也有人催促奥尔默阻止国会通过保护主义立法。午餐结束后，小林拿起话筒。他年逾八十，身材不高但结实，脸上写满历史，头脑敏锐。当楼下的大屏幕上显示出最新的日元兑美元汇率时，他介绍了自己最喜欢的一个主题：美国企业缺乏努力且目光短浅。其间他讲述了自己公司的历史。

NEC 成立于 1899 年 7 月，是西电公司同两个日本商人的合资企业，为日本通信省生产电话设备。1925 年，美国的一项反垄断裁决迫使西电公司撤出所有海外资产，并将其在 NEC 的股份出售给后来的国际电话电报公司（ITT）。NEC 自此开始蓬勃发展，但到二战结束时境况变得极其艰难。小林并没有提这些，但我知道在战后初期他和其他经理告诉员工要竭尽所能渡过难关。他们中一些人用铝板做午餐桶，另一些人拿到市场上兜售。凭借坚忍不拔、努力工作和永不放弃的精神，这家公司终于东山再起。到 20 世纪 70 年代末，公司发展得非常好。小林说当时 ITT 决定出售其股份。小林认为这一决定显示出 ITT 对日本市场长期效益缺乏足够的认识，这就解释了为什么美国商人与日本人竞争时会遇到问题。他强调说美国商人不够努力且目光短浅。他最后表示强烈支持自由贸易，敦促我们鼓励美国商人加倍努力。

小林是他那个时代的传奇人物。他出生在山梨县，身上反映了当地人的性格。根据民间传说，在古代，这个内陆地区的人很难获得盐，为了盐，他们袭击了邻近的沿海地区。最后，由于厌烦了突袭行动，邻县领主提出要把盐给他们，但骄傲的山梨县人拒绝了这个提议，坚持自己找盐。小林在整个职业生涯中，都表现出了这种坚强的独立性。

小林毕业于东京大学，于 1929 年加入 NEC 并逐步获得晋升。二战结束时，他已是一名高级经理。当公司在战后初期陷入困境时，小林展现了他的坚毅。他把公司的现金放在手帕里随身带着，还说要从后门和无名小路离开公司，以便把钱发给员工，免得被债权人抢走。在那些绝望时刻，小林和其同辈顽强地拯救了公司，并把它打造成为一个有竞争力的大企业。NEC成为日本唯一一家建造了自己的系统而非IBM兼容系统的大型电脑制造商。有人说，这一决定反映出了山梨县出身对小林的影响。

我敬佩小林的独立精神，在他讲话时，两个反差给我留下了深刻印象：一是他讲的二战结束时濒临关门的公司同他现在领导的强大公司之间的反差；另一个是他语气中的自信同对美国商人日益增加的担忧之间的反差，美国商人开始怀疑自己能否同日本公司竞争。过去，美国公司支持自由贸易，小林支持保护日本产业。而今，美国公司对自由贸易产生了怀疑，而小林则强烈支持自由贸易。这些变化背后藏着什么商业经验？

就业政策：商业还是教会

首先，NEC是一家日本公司。不了解日本公司的本质，就不可能了解日本经济。

我曾于20世纪70年代在几家日本公司担任主管，记得当时我对他们认真筛选应聘者的做法感到非常惊讶。有些企业规模小但急需人手，它们不是正式的终身雇佣制公司，也给不了高薪。尽管如此，它们还是进行了长时间的入围考试，并委托外部私家侦探进行背景调查，这些私家侦探会调查候选人私生活的方方面面。只有经过这般彻底的审查，这些公司才同意让一个新人入职。一开始我觉得这个程序有些过分，后来才意识到并非如此。

表面上看，美国和日本公司的招聘过程类似。事实上，没有什么比这更不同的了。美国公司是在招聘一名新员工，日本公司则是在接受一名加入大家庭的新成员。第一种责任是契约性的，第二种是高度个人化的。在日本公司，未来的员工和公司都准备对彼此做出长期情感承诺。员工准备把时间、精力和才能完全投入公司事业。作为回报，公司承诺不仅在财务和物质上支持他，而且会提供一种身份和强烈的情感支持。在美国，除了在军队工作的职业军官或者神职人员可能有这种待遇之外，其他人不会得到类似承诺。

日本公司不遗余力地在个人与公司利益间建立认同感。虽然大多数日本人的工作不是正式的终身雇佣制，但这种道德观使得他们努力做到了这一点。职级晋升和薪酬按资历计算，公司有工会。董事会主要由公司内部人员组成，所有高管都是如此。日本人认为美国从外部招聘人员来担任核心高管的做法非常奇怪。他们想知道，这些高管如果没有在自己的家庭中成长，没有从一开始就成为其中的一员，如何能够理解新家庭的思维方式。

这些因素减少了日本组织内部的对抗。终身雇佣制消除了员工对被解雇的恐惧。资历使管理者之间的竞争最小化。公司工会为劳资关系建立了合作而不是对抗的基础。在这种制度下，公司培训员工非常划得来，因为培训成本可以分摊到员工的整个职业生涯中。员工不担心引进新技术。事实上，他们希望引进新技术，因为它不但不会威胁到其岗位，反而会提高其所在组织的生存和繁荣能力。一年两次、每次相当于三到六个月工资的丰厚奖金，是日本薪酬体系的基础，这在公司和员工之间建立了一种利益认同，因为业绩好的公司能够支付高额奖金，而业绩不好的公司则无法支付。

利益认同也体现在义务和责任层面。日本公司对义务、责任的感受和处理与美国公司截然不同。在日本，上级应该支持下级，并对整个组织负责。因此，当日本航空公司的一架波音 747 客机在 1985 年坠毁造成 450 人丧生时，公司总裁亲自承担责任并引咎辞职。当东芝机械公司被发现违反出口管制时，东芝集团董事长道歉的方式是辞职。这与美国的情况形成了鲜明对比。美国商界和政界领导都习惯于说他们对下属的行为一无所知，也不对下属的行为负责。

日本的管理者要以身作则。一家陷入绝境的公司绝不会给总裁发奖金。事实上，在困难时期，管理层在要求员工减薪前会先降低自己的工资，因为公司就像一个大家庭，不太可能被兼并或收购。毕竟，一个人不会出卖自己的亲人。由于几乎所有董事都是公司的终身雇员，而且任何收购或兼并都必须获得一致的批准，所以这类操作更不可能发生，也不会有恶意收购。

公司的家族性质是其家长式作风的根源，这也导致其具有某种专制特点。家庭并不民主，日本企业同样如此。1987 年 6 月，纽约住友银行总经理在对一众美国基金经理发表讲话时，举了一个公司可以对员工施加控制的例子。他说，银行禁止所有员工参加赛马，因为担心银行客户不希望他们的钱被赌徒控制。他补充道，出于同样的原因，除了本行股票以外，不鼓励员工购买其他任何公司的普通股票。住友员工购买本行股票被视为有信心和忠诚的表现，而任何其他投资都可能被视为投机。在场的美国人感到无比震惊，询问这些员工是否真的遵守这些规定，总经理说根据他的经验，很少有人违反这些规定。

日本社会以群体为导向的本质促成了这种权威。没有公司的支持，一个日本人通常很难获得住房抵押贷款；如果没有公司的帮助，对大多数日本人来说，成为高尔夫俱乐部会员是不敢想的；在风景区度假通常也是住公司的别墅。当然，公司越大，员工期望的福利就越多。在日本，没有组织支持（身份）的个人是微不足道的。公司给予了个人在社会中的影响力。作为回报，它需要员工的服从。

日本公司的结构类似于古代的氏族军队，许多公司都带有军事氛围。日本的军事传统不是在军队里传承，而是某种程度上转移到了商人身上，商人是现代武士。公司鼓励员工学习武术，并派员工参加禅修课程，以提高他们纪律性。公司希望员工尽忠。

该制度取得了显著效果。日本员工被要求的绩效水平，在西方只有遭遇危机时才能达到。我至今记得我在日本的一位工厂经理，他每周日都会开四个小时的车来检查我们的工厂，而那个工厂周末不开工。这种奉献精神，加上制度给员工带来的巨大稳定性，显然在质量和效率方面带来了回报。同时，管理层能够集中精力开发新产品、降低成本和打入新市场，不受诱惑，不必为防止被收购而设计“黄金降落伞”。

对日本管理者来说，虽然这些因素减轻了加在美国管理者身上的一些压力，但日本制度内生了一套要求，美国管理者在某些方面更难满足。正是由于其社会性，一家日本公司的失败将极其痛苦，因为其真正的目标就是生存。它必须赚钱才能生存，但它本质上是对公司这个社会组织的延续和扩大。对于“谁拥有这家日本公司？”这个问题，答案是“为其工作的人”。根据法律，要确定股东收到股票发行时便确定的股息，但除支付责任外，管理层对股东没有任何其他义务。公司的经营不是为了股东利益，其目的是让所雇用的人的生活有意义。

这就是小林经营的那种公司。在美国，它更像是海军陆战队或福音教会，而不是公司。

组织的力量

就像日本的个人一样，日本公司也倾向于形成组织。它们这么做的原因是相通的，就像个人在日本没什么地位一样，独立的小型创业公司也非常脆弱。弱者神话，或无名的天才业余选手的传奇故事，在日本并不盛行。从相扑到商界，日本人偏爱大型、训练有素、强大的事物。其结果是产生了企业间联盟的必然趋势，这促成了四大财阀（大型企业集团相关的工业、金融和商业企业）——三井公司、三菱公司、住友商事和安田，直到 1945 年，它们一直控制着日本的大部分经济活动。占领时期美国官员引入的反垄断法在战后并没有阻止这一趋势的延续。这是对日本社会主要力量的基本回应。

1920 年，NEC 与当时的日本住友财团建立了联系；1943 年，它成为正式成员，并更名为住友通信公司；1945 年，公司名字改回 NEC。众所周知，美国认为日本财阀对战争负有部分责任，并可能对这些财阀采取措施。没有必要自找麻烦。① 与此同时，尽管名字改了，但联系仍然保留了下来。

经济组织（财团）

事实上，占领军的确解散了财阀，但是在 1952 年占领结束后，财阀很快以一种新的形式重新建立组织起来。财阀是通过家族控股公司直接控制，而新组织是以核心银行和贸易公司为基础。新的日本政府取消了被占领时期对交叉持股和连锁董事会的禁令，允许形成一种被称为企业联盟（财团）的新组织形式，大银行和大贸易公司结成公司网络。[1] 这些财团通过交叉持股、共同的银行附属关系以及利用同一贸易公司获取原材料和分销产品而联系在一起。

住友财团是经过这次重组而发展起来的六大集团之一（见图 6.1）。其他财团是三井、三菱、三和、芙蓉 ② 和第一劝业集团。此外，一些新的集团似乎正围绕着丰田、日立和松下这样的大公司逐步形成。这六大集团占日本全部企业销售额的近 17%，利润占到近 18%，不包括作为集团主要组成部分的银行和保险公司的业绩。每个集团在日本经济的每

---

① 此处指 1945 年之后占领军主导下拆解财阀。——译者注

② 也称富士财团。——译者注

一个主要领域都有公司，如钢铁、石油化工、银行和高科技。

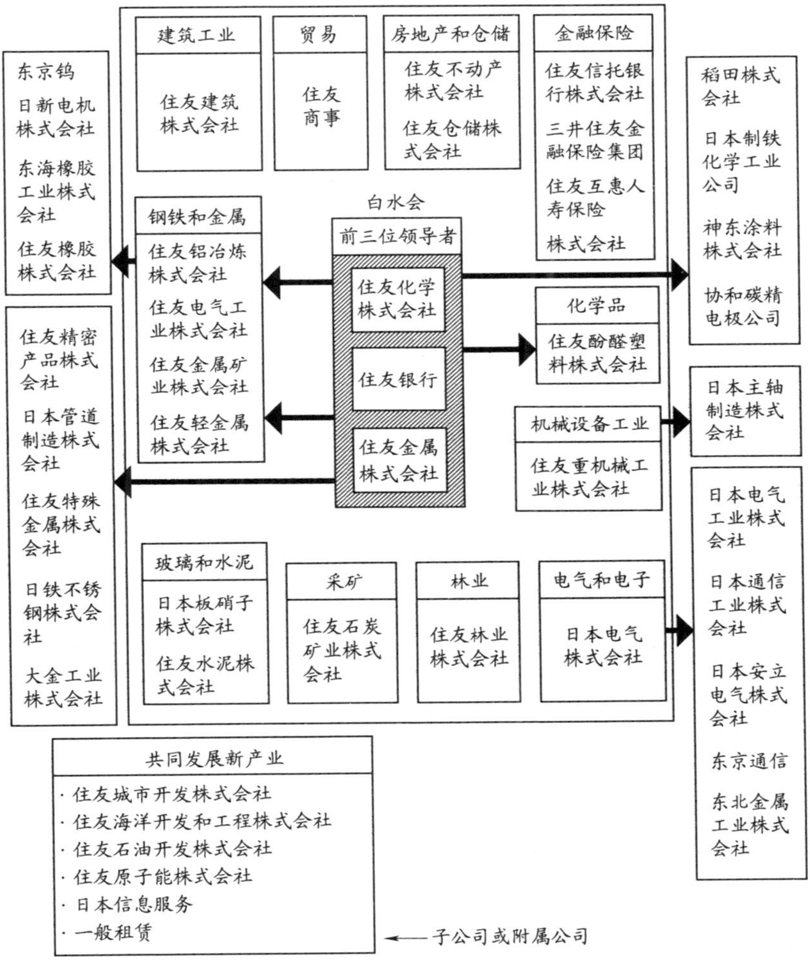

图 6.1 住友财团

来源：Industrial Groupings in Japan, Dowel Marketing Consultants Revised 1978 Edition, Tokyo, Japan

日本大多数大公司都与一个或另一个集团有联系。例如，尽管丰田公司自己组建了一个集团，但它同三井集团关系密切；日产同芙蓉集团关系密切；日立同芙蓉、三和两个集团关系密切，虽然日立有自己的集团。住友集团的结构很有代表性，该集团在银行、保险、贸易、钢铁、电子、玻璃、石油、林业和金属等领域都拥有大型公司，总销售额超过2 000亿美元。同样，三菱集团的总销售额超过3 000亿美元，而第一劝业的销售额接近4 000亿美元。[2]相比之下，美国最大的商业组织通用汽车的销售额仅为1 030亿美元。各财团间的密切程度因集团和公司的不同而不同，NEC在这一方面有代表性。该公司超过25%的股份由住友集团旗下其他公司持有，作为平衡，NEC让其他集团的公司持有了其超过33%的股份。此外，该公司约30%的长期和短期贷款是由那些集团成员公司的下属金融机构提供的。其他公司的比例有所不同，但模式相似。[3]

就管理而言，各集团主要公司的负责人定期召开会议。例如，住友集团21家主要公司的首席执行官组成了“白水会”（字面意思是“白水俱乐部”）。除了这个每月举行会议的高端理事会之外，还有包括大集团公司顾问在内的会议以及包括执行董事在内的会议。尽管这些集团不是由一位首席执行官集中管理，但每个集团都对各自的全球战略利益有一个总体态度，集团内的公司会展开合作促成这些利益的实现。有一个趋势是，集团一方面自主，另一方面不同集团间激烈竞争。因此，正如住友财团的结构所示（见图6.1），每个集团都试图在各主要经济领域占据强势地位。随着成熟产业企业衰落，该集团便将资源投入到处于扩张中的产业企业。这一战略促进了增长，既可以随机应变，又可以履行社会义务。例如，当住友财团的炼铝公司陷入困境时，工人们就会跳槽到集团内其他公司。该集团对NEC的大力支持，是基于白水俱乐部认为NEC是其在关键高科技行业中的明星参与者。

每个俱乐部在例会上，都会针对其他产业集团的商业战略来讨论本公司业务战略，并协调其成员公司在政治、商业和世界事务方面的活动。例如，1973年，住友集团向纽约的日本协会捐款200万美元，向耶鲁大学捐款100万美元。这些事情都在“白水会”上讨论过。[4]

1981年，三菱集团成立了三菱CC研究委员会，目的是规划该集团如何更迅速地进入尖端通信领域，包括增值通信网络和卫星通信系统。1982年，三井集团成立了三井信息系统委员会，以协调各成员在新媒体研究方面的努力。住友集团的空间站利用协会就商业利用太空协调集团内活动，而芙蓉信息中心则在开发可视图文系统。

为了充分理解这些集团的重要性，不妨设想一下类似集团如果在美国会怎样。一个美国的住友集团可以通过，比如说，大通曼哈顿银行、内陆钢铁、匹兹堡平板玻璃、雷诺铝业、IBM和杜邦公司之间的交叉持股安排及合作网络协议组建起来。这些公司的首席执行官每月举行一次会议，讨论如何与政党、其他竞争集团和外国政府打交道，这就是美国的“白水会”。与日本集团活动类似的是，该集团也会决定其成员是否给一个日本大学捐款，或者通过合作来发展全球通信网络。美国司法部可能会先消失，但猜测这样一个集团是否能与日本产业竞争是很有趣的。

解救马自达公司，就是一个如何在成员公司背后调动集团支持的好范例。在20世纪70年代初，为了在汽车行业占有一席之地，住友集团启动了拯救马自达计划。在住友出手拯救之前，马自达由于旋缸发动机问题陷入财务困境，一度濒临破产。住友银行提供资金，集团内其他公司接收了多余的马自达公司员工，并购买马自达公司产品，同时以优惠条件向马自达公司出售产品，最终使马自达公司重生，并健康发展至今。[5]

集团成员公司间并不总是互相采购产品，且往往同集团外公司有着重要的关系。日本人有时会用这些例子来证明集团成员身份并不重要。但显然，如果真的不重要，就不会有什么成员身份了。事实上，集团成员在很大程度上倾向于互相往来。正如NEC一位高管告诉我的，“住友集团内部的其他公司是我们稳定的客户基础。这并不是说我们的业务全部来自集团内部，但我们清楚从中能获得大部分业务。这增加了我们计划的稳定性，同时降低了风险”。另一个关于集团关系重要性的例子是日产的一位高管告诉我的，他说，集团关系甚至会影响员工的社交活动。他解释说，在伦敦工作一段时间后，他和日产的同事每周末都会打高尔夫球或参加社交活动，尤其是与日立的伦敦代表交往密切，而不是与其他日本公司的代表。日立和日产是同一个创始人，是日本同一个集团内部的关联公司，日立是日产电子产品的主要供应商。

这种关系对贸易产生了重要影响，克雷研究公司和日产公司的情况就说明了这一点。[6]1983 年，日产开始对用于设计新汽车的超级计算机感兴趣。其技术中心对许多电脑进行了评估，其中包括日立公司和克雷公司的电脑。当时，克雷公司是该行业的全球主导者，而日立还没有安装过一台可以正常工作的商用电脑。技术评估表明了克雷公司的优势，也给出了购买克雷公司电脑的建议。但日立公司的管理层呼吁要团结一致，日产公司有意准备采购日立公司的电脑，尽管日立电脑性能较差。

就在这个时候，美国政府官员开始意识到这种情况。日产公司当时每年在美国市场销售价值约 30 亿美元的汽车，这一事件成为美国人所说的“不公平贸易”的一个例子。它同时揭示了与日本贸易谈判的另一面。日产公司的一些人不想购买性能低的电脑。他们把情报泄露给了美国政府，美国政府向日本政府和日产公司施压，迫使它们从克雷公司采购电脑。这在日本被称为外压，经常被日本人用来强力解决他们无法在内部解决的问题。日产公司最终确实从克雷公司采购了电脑，但这只是为了减少贸易摩擦，也是对美国的一种示好。在正常情况下，集团内部关系是决定性的。

对日本人来说，这种做法并没有什么不公平。相反，这是一种避免冲突的缓冲操作，尊重了彼此的责任。日产公司今天可能会购买一台日立公司的电脑，明天可能会要求日立公司雇用日产的多余工人。综合考虑之后，日立公司电脑差强人意的性能也可以接受。此外，收购日立公司是出于帮忙，日产将因此与日立更紧密地联系在一起，并保证日立公司的全心服务和未来对日产公司产品的忠诚。从这个角度来看，维持老关系可能很有意义。这种团结一致的态度正是日本人所说的“长远观点”，这使他们能够承受冲击并长期生存。它造成的贸易问题虽说是不幸，却是附带产生的。

作为每个集团核心的贸易类公司也提供了缓冲。这些贸易巨头是其集团中许多公司的原材料供应商及销售和出口代理，它们总共经手了日本一半以上的非石油进口。这使其能够避免集团内公司不必要的进口。《东方经济学人》1983 年 2 月的一篇言论也说明了这一点：“由于来自高炉炼钢企业尤其是新日铁公司的压力，贸易公司通常不做钢材进口。”尽管有这种压力，但自 1985 年以来，由于日本和韩国钢铁产品间的巨大价差，日本钢铁进口大幅攀升。外国企业在日本市场的份额仍远低于应有水平。正如日本期刊《技术专家》观察到的，“贸易类公司是对抗所有不受欢迎的竞争对手的最强大代理之一。通过保护营销渠道、供应原材料、提供必要的融资，为商业集团发挥外围防御角色”。[7]

我本人在纯碱案例中观察到了这种现象。日本用高成本、高耗能方法合成纯碱，而美国是天然开采，价格要便宜得多。因此，美国的纯碱可以远低于大多数日本制造商的成本在日本交付。美国政府在 1981 年注意到，尽管美国纯碱业有巨大的成本优势，但每年发到日本市场的只有 6 万吨，而日本市场每年的消耗量远远超过 100 万吨。调查揭示了一个有趣的模式。日本买家 Tokyo Terminal 分别指定了一家贸易公司与美国各生产商进行交易。每家美国生产商都向其被指定的贸易公司出售一船 1.2 万吨的货物。[8] 这些贸易公司将纯碱运到日本当时唯一的现代纯碱装卸场站。该场站过去和现在都由这些贸易公司和日本的那些纯碱制造商共同拥有。卸完货后，纯碱由国内生产商以与国内纯碱相同的价格出售，利润在场站所有者间分配。

理论上，这些贸易公司愿意在国外购买便宜纯碱，并在日本以高价出售获利。但事实上，其中几家贸易公司所在集团都有纯碱生产商，且大多数都与 Tokyo Terminal 有密切联系，对国内公司负有忠诚义务。因此，它们对进口较便宜的纯碱一点也不积极。

有几家美国纯碱公司都曾试图绕过 Tokyo Terminal，但它们都遇到了障碍。除 Tokyo Terminal 外，大多数其他公司的存储设施要么空间不足，要么掌握在贸易公司手中。而且，当美国公司的销售人员拜访潜在客户时，他们被告知要去见贸易公司。在某些情况下，这些销售人员被告知那些客户已被警告不要与美国人做生意。遇到这种情况，就得清楚这些客户同贸易公司有很多业务往来，依靠贸易公司的长期信贷、原材料甚至依赖贸易公司销售其产品。因此，客户不会自找麻烦。

美国政府提醒通产省注意这一状况，并要求后者帮助消除卡特尔造成的贸易壁垒。通产省否认存在卡特尔，且坚称卡特尔为非法，问题在于（美国纯碱）质量低劣，以及美国的罢工或其他供应中断的危险。但通产省同意安排美国产业界和日本集团用户之间的会议。这是这种形势下的一个标准动作，了解日本其时的形势因此尤为重要。日本纯碱生产商当时经营非常困难，正接受保护。纯碱用户被警告不要与美国生产商打交道。包括通产省官员在内的所有人都清楚这一点，但没有人承认。于是，在一个错误前提下组织了一场猜谜游戏，即把问题看成买卖双方缺乏沟通。这样很聪明，因为即使美国公司知道这是一场游戏，如果不配合，就可能会被斥为懒惰和不了解日本市场，进而被踢出交易。猜谜游戏玩得恰到好处，却毫无结果。

美国政府随后提请日本公平贸易委员会关注，后者于 1982 年 8 月查封了日本生产商的记录。委员会最后得出结论，一个卡特尔确实自大约1974年起开始运作，它随即颁布了一项终止令。[9] 美国公司的销售量几乎一夜之间攀升至22万吨。它们高兴了一阵子，销售很快又陷入停滞。分析表明，美国的销售额原本至少应该是两个22万吨，但来自市场的消息称美国人应该对自己的份额感到满意。

这几起事件也显示出日本人共克时艰的团结精神。住友商事没有纯碱生产商，其贸易公司因此非常积极地以较低价格出售美国纯碱。住友商事的一位高管后来告诉我，1984年夏，日本三家纯碱生产商的负责人曾拜访住友商事，请求其减少进口。另一位经销商说政府官员曾警告过他，如果他继续向日本分销美国纯碱，将"对日本不利"。一家大型玻璃制造商的买家说，他接到指示，要求把采购中的美国产品份额限制在30%以内。结果到了1987年冬，日本市场上的美国纯碱销售量仍然是22万吨。当时在东京的一次招待会上，美国纯碱出口商协会会长约翰·安德鲁斯从通产省负责国际事务的副相处获悉，日本纯碱业的产能利用率只有66%，美国产品在日本的销售已经足够多了。此外，他说虽然日本纯碱业此时的做法在美国可能是不可接受的，但在日本相当正常[10]。如今，尽管美元贬值近50%，但美国对日本的（纯碱）出口仍然停滞不前。类似的情况过去也在其他行业出现过。

无论这位副相说得多直白，他的观点都很重要。在反垄断、完全竞争的市场观念熏陶下的美国人看来，日本的做法似乎不公平，且带有保护主义色彩。但在日本，这是不砸邻居饭碗的做法。他们之间有一种相互的责任感，且有义务去帮助那些陷入困境的人。在纯碱案例中，贸易公司采取行动帮助集团内其他成员，所有公司都会以国家这个终极组织的名义团结在一起。在日本，反垄断理论无法与这种思想抗衡。

美国人常常对日本商人表面上的两面性感到奇怪，日本的公司既是激烈的竞争对手，又是卡特尔的组织者。答案就在请求宽容的呼吁中：

一个承认失败并寻求帮助的竞争对手可能会得到同情，因为公司的目的就是生存。没有人希望看到它破产，尤其是如果失败是由外国利益造成的。这并非一种很符合自由贸易的模式，但它有值得钦佩的方面。因此，财团通过积累可以在遭遇困难时缓解冲击的关系，降低了 NEC 和其他日本公司的风险。

企业集团（财团）

住友集团是一个通过交叉持股和其他金融联系而结合在一起的金融财团。在这种无所不包的超大财团内部，是由大型制造商及其供应商和批发商组成的企业集团。日本的人际关系、终身雇佣制和“零库存”生产体系构成了这种结构的基础。

如我前面讲到的，在日本，商业在很大程度上建立在人际关系基础上，这一点比西方国家程度更深。人际关系包括友谊、信任和忠诚。向两家相互竞争的公司销售产品的供应商，或是销售不同竞争对手产品的批发商，都可能被视为背叛。因此，在制造商中有一种倾向，那就是拿捏住其供应商和经销商——鉴于反垄断法本身及其执行都薄弱（包括不会有私人反垄断诉讼和三倍赔偿这种情况发生），这不难做到。有一个例子可以说明这种态度，那是 1979 年，我为一家考虑向日本汽车公司出售产品的德国公司提供咨询服务。有一次我们计划在同一天拜访几家大公司高管，当时最棘手的问题是拜会时的用车，必须开丰田汽车到丰田公司、开日产到日产公司，依此安排。光是换车我们就费了不少时间。

终身雇佣制带来了几个强化忠诚倾向的后果。首先，它使劳动力成为高固定成本，雇主们试图通过分包给较小的供应商来尽量降低这种成本，后者支付的工资较低，并且不提供终身保障。如果供应商对外包雇主的依赖性高，这个供应商就会成为系统中的另一个减震器，因为它会在经济衰退时受到挤压。因此，大公司往往选择可以控制的从属型供应商。另一个后果是，“终身”的意思是到 55 岁（有时甚至是 50 岁）。由于退休工资普遍较低，退休人员被迫退休后再找工作。公司作为社会组织，把他们安排在经销商和供应商的岗位上。因此，建立几乎排他性的供应商和批发商网络是趋势，这些网络有时看起来是独立的，但实际上是由某种社会保障体系所控制。例如，索尼公司办了语言学校、贸易和零售公司，这在一定程度上是为了应对这些压力。

“零库存”制造体系进一步强化了忠诚，在这一体系中，大型装配厂零部件库存很少，只提前几天甚至几个小时订购。该体系不仅降低了库存成本，而且要求零部件无缺陷，因此提高了产品质量。但当整个生产体系依赖于零缺陷产品的精准定时交付时，对供应商高度信任就至关重要。获取这种信任需要与其密切合作，甚至在零件设计和制造过程中就给予协助。制造商不喜欢以这种方式与那些向竞争对手销售产品的供应商合作，所以独家合作的趋势得以强化。例如，NEC 的分包商并不经常向日立公司供货。当然，供应商越大，独立性越强。但压力在于排他性，即使是面对非常大的供应商。

1983 年就有过一个关于忠诚效应的例子。当时美国罗尔姆公司考虑向丰田公司出售一个电信系统。经过长时间毫无结果的谈判，买家丰田公司最终表示将从富士通公司采购，因为富士通购买的丰田汽车比罗尔姆公司要多。事实是，罗尔姆公司的系统性能优越，而丰田公司当时出口了价值约 50 亿美元的汽车到美国，这两者之间毫不相关。对富士通公司的忠诚才是本质。

另一个例子就是汽车分销。日本车的质优价廉在美国备受肯定。但分销对销售至关重要。日本车商能够通过通用、福特和克莱斯勒三家公司既有的经销商在美国建立强大的经销商网络，这不是因为美国汽车公司欢迎日本的竞争，而是因为美国法律保护经销商的独立性。出于同样的原因，韩国现代汽车公司用了大约两年时间在美国建立了一个全国性的分销网络。现代汽车比日本车更便宜，而且质量也不错。实际上，现代汽车的发动机和其他关键部件都是从日本进口的。不过，截至 1988 年 1 月，现代公司还没有在日本卖出一辆车。一个原因是，丰田或日产汽车的经销商同现代汽车的销售人员哪怕只是有个眼神交流，也会严重恶化自己同（本国）供应商间的友好关系，而后者几乎没有反垄断方面的顾虑。

其他领域的分销网络情况类似。例如，NEC 90% 的半导体产品都是通过两个名义上独立但实质上垄断的批发商销售。因此，日本市场的后来者必须各自建立分销网络，这是一个难以逾越的门槛。山村耕造教授估计，在日本销售的所有产品中，一度有近四分之三是通过专属销售点销售的。例如，仅松下电器公司就有 2.5 万家关联零售商。[11]

因此，无论是直接运营方面，还是在更广泛的关系领域，日本公司都会基于忠诚的情感纽带，建立自主的减震网络。为了长期生存，这种结构是理想的，既提供了很大的灵活性，又能很好地控制公司的经营环境，总之是降低了风险。

增长和金融政策

求生也是日本公司痴迷于市场份额的原因，在市场快速发展的世界经济中，企业要生存就得增长。正如咨询师兼作家詹姆斯·阿贝格伦所指出的那样，几乎所有的高管，西方的也好，日本的也好，都宣称（市场份额）增长是其主要目标之一。但日本经济企划厅 1981 年的一项调查结果显示，日本和美国的企业管理者对增长的重视程度存在巨大差异。在 0 到 10 分的范围内，美国人将投资回报列为企业首要目标，得分为 8.1，市场占有率为 2.4 分，开发新产品 0.7 分。日本企业的分值是，市场份额 4.8 分，投资回报 4.1 分，新产品为 3.5 分。[12]

在这一方面，NEC 又清楚地给出了佐证。从 1979 年到 1986 年，其销售额从 36 亿美元增长到 167 亿美元，年均增长 21.2%（考虑汇率变化，美元计算的增长率要更显著）。这些年来，该公司在新工厂和设备上的支出平均占销售额的 16% 左右。该公司的一些部门处于增长相对缓慢的领域，因此，高增长部门的业绩更亮眼。20 世纪 80 年代初，NEC 在（半导体）新工厂和设备上的投资占其半导体销售总额的 30%~40%，该公司仅在 1984 年就投资了 4 亿美元，目标是将产量提高近 50%。[13]

研发方面的情况类似，1980 年至 1986 年间，NEC 的研发开支占销售额的 12%~14%。在半导体行业，这个数字甚至更高。综合数据显示，该公司在投资和研发方面的支出约占销售额的 25%，这些都是公司增长的基本组成部分；在半导体行业，这一比例高达 50%。最关键的一点是，对这些数据不必大惊小怪，这在日本类似企业中只能算中等水平。[14]

另一边，美国 1984 年半导体产业研发开支占总销售额的 8.1%，比美国其他任何行业都要多，大约是全国平均水平（略低于 4%）的两倍[15]。与此同时，半导体行业用于购置新厂房和设备的开支约占行业销售额的 18%。[16] 这一比例也高于美国其他所有行业，是全国平均水平的几倍。总体上看，美国公司在（促进产量和销售）增长方面的支出约为日本公司的一半左右。

批评人士指责美国企业的管理层不够进取。但 1984 年，研发开支占到销售额的 8.1%，占美国半导体企业税前利润的 50% 以上。研发和资本开支总额远超其 1985—1986 年的利润，这意味着这些公司要么大举借债，要么以其他方式获得新融资，以支持运营。[17] 更重要的是其他财务指标。虽然 NEC 在 1980 年至 1987 年期间投入大量资金维系生产和销售增长，但以美国财务标准测算，其利润算不上靓丽，仅为销售额的2%~3%，资产回报率在5%~7%。实际上，这一数字在1986年猛降至约1%①，这是日本同类公司的平均水平，但只有美国公司的一半左右。最引人注目的是，从1982年到1985年，NEC每年的现金流都为负数，累计总额为负12亿美元。[18] 这在日本的公司中也很常见，但NEC的股价上涨了。如果赢利能力相对较高的美国公司维持增长的支出都已经使其捉襟见肘，那么，赢利能力只有前者一半的日本公司又如何做到支出翻倍呢？

NEC的情况就是极好的答案。1986年，其资产负债率为70%，这是一个典型的日本公司，因为这一比例正是整个日本产业的平均水平。在美国，情况正好相反，大多数公司的资产负债率约为30%。日本公司的高债务水平有两个重要效果：降低了资本成本；使NEC和其他公司能够将投资率提高到收益增长率的三倍。

资本成本降低有两个原因。首先，债务工具的利息支付通常低于股东对股本的总回报预期，因为股东们承担了更高的风险；其次，也是最重要的一点，利息支出可以税前扣除，而对股东红利则不能。在钢铁、汽车和半导体等资本密集型行业，资本成本差异的影响是决定性的。它显然会影响公司的发展能力，除此之外，它还会影响产品质量和生产率。那些惊讶于日本产品质量和效率的人应该清楚：工欲善其事，必先利其器。在过去的20年里，美国的资本成本（也就是投资成本）是日本的三倍。实际上，此间的某些时点上，日本的成本实际上是负数。[19] 日本的成功和美国的相对失败有很多原因，但如果非要找出一个最重要原因的话，那就是资本成本上的差异。

① 作者原文没有明确该指标为销售利润率还是资产收益率。——译者注

融资能力的提升也使得企业获得了扩张的杠杆。比如，考虑到股债比，NEC 每增加 1 美元的收益，就可以多借 2 美元。如果不支付股息，它每赚 1 美元，就可以新投入 3 美元，从而以 3 倍于其留存收益的速度增长。如果没有债务，那它的新投资就只是这 1 美元的新收益，增长速度只有前述水平的三分之一。管理界有一个概念叫“可持续增长率”，即在给定水平的收益、税收、债务和股息支出的情况下，一个公司在一段时间内理论上可维持的年增长率。NEC 的这一增长率约为 24%，相比之下，像杜邦这样的公司能到 15% 已属理想。

纽约证券交易所的上市要求表明美国人并不理解日本制度的力量。20 世纪 70 年代，当 NEC 寻求在纽交所上市时，纽交所的审计人员发现该公司负债累累，并告诉 NEC 董事长小林其公司濒临破产。NEC 的股票没有在纽交所上市，但继续以超过 21% 的年复合增长率增长，略低于其理论最高值，并成为日本首屈一指的高科技公司之一。[20]

既然高债务看上去是制造商所愿，那为什么不是每家公司都承债呢？为什么纽交所如此愚蠢？答案是风险。不管生意是好是坏，债务利息通常是必须支付的固定开支。尽管在一个增长市场中多承债有吸引力，但正如许多人在大萧条时期发现的那样，当情况恶化时，债务将是灾难性的。因此，真正的问题是 NEC 和其他日本公司是如何做到这一点的。

答案是日本产业中的缓冲和降风险结构。一方面，NEC 的资产被低估了。其土地和证券均以几年前的购置成本入账，因此按实际价值计算，该公司拥有大量抵押品。尽管这意味着其按资产收益率计算的收益率比公布的数据更差，但向其提供贷款风险并不大。更重要的是，NEC 的债权人是其股东，大约三分之一的贷款来自住友集团。[21] 无论经营状况如何，这些贷款都不会被收回。NEC 是住友集团的明星企业，它有集团的支持，集团的实力已经在马自达公司的案例中得到证明。这些贷款是安全的，因为背后隐有住友集团。几个月甚至几年的糟糕业绩，都不会引发贷款收回的问题，因为这些投资主要不是为了赚钱，而是为了确保集团在未来战略行业中的地位和存续。

最后，这一结构的背后是日本政府。长期以来，日本产业的高债务导向结构一直得到日本政府的鼓励。通产省的官员承认他们很清楚债务如何降低资本成本，他们也明白这样做有风险。为了降低风险，政府一再表明当大公司陷入困境时，它会在某种程度上提供帮助。[22]

有人会说，这更多的是日本过去的情况，而今大有改观。日本企业的债务水平从历史高点有所下降，这没错。像丰田这样的公司几乎没有债务，事实上，日本人现在称其为丰田银行。但这正是问题所在。丰田的钱多到不知道怎么花，资金并非其发展的制约因素。日本人并不反对赚钱，同等条件下，他们想赚得更多。但要在增长和利润之间选择，日本公司每次都会选择增长。虽然日本经理人不愿被银行控制，但如果要在债务和增长之间做出选择，或者在没有债务和没有增长之间做出选择，他们总是会选择增长，因为增长意味着生存。

关于股权和公司所有权，还有最后一点需要说明。NEC 的大部分股票从未交易过。它们是由集团或友好公司长期持有。盈利下降不会引来收购或其他金融财技，而这些财技据说在美国对提高商业效率非常有帮助。因此，NEC 和其他日本公司的管理层得以有足够的时间和资源，去实现长期生存。在这方面，一位 NEC 前高管告诉我，日本经理人并不担心资本成本。他声称在 NEC 工作的这些年里，他从未见过一份贴现现金流分析。他说，方向一旦决定，钱基本上就不再是需要考虑的问题。他指出，大多数日本经理人事实上是工程师，对财务概念知之甚少。

这就解释了日本和美国商人之间产生的一些主要误解。有一次，当我和一位 NEC 的主管谈话时，我意识到他真的不了解其公司相对于美国竞争对手的资本成本优势，他仅用短期思维、质量差、不努力和所有其他盛行的陈词滥调来解释美国人的问题。他没有意识到，他嘴里的“长期”概念是一种奢侈品，诞生于一个基本上资源无限、没有真正的财务纪律的低风险环境中，这种奢侈品让经理们可以专注于改善运营，而不是准备他们的“黄金降落伞”。

战略关切：生产、质量、技术

日本人的首要关切始终是生产过程。在这一点，他们展现了一种其他国家未完全认识到的创新精神。这并不是一项突破性的发明，借助日本人对组织如大家庭或有机体般的重视，同时利用其奉献精神和精益求精的特质，他们彻底改变了生产过程。著名的“零库存”交付体系不仅是一种控制库存的新方法，更是一种涉及整个生产过程的系统化方法，它不是使生产过程的单个环节最优，而是利用各环节之间的联系使整个生产过程最优。这一切都依赖于日本供应商、生产商和批发商之间的协调、紧密联系以及忠诚。这就仿佛整个国家变成了一个多产的有机体，结果是生产率提高并大大降低了成本。

在国际产业领域，日本最初的资源优势是廉价劳动力。它利用这一资源，通过低于竞争对手的价格，在国际市场上站稳了脚跟。这一战略成功后，劳动力工资水平提高了，因此有必要用资本代替劳动力。在每一个制造领域，日本人都致力于实现大规模生产。他们清楚规模在资本密集型产业中至关重要，因为公司的固定成本，尤其是债务利息可以通过更大的生产规模进行摊销。产量越大，成本越低，投资最新、最高效设备的能力就越大。

突出资本作用的一个早期例子是日本的钢铁业。从 1951 年至 1971 年，日本建成了 12 座综合钢铁厂[23]。每一座都是全球同行中最大或第二大的。其结果是生产率的提高，使其成为世界上效率最高的行业。最近的一个例子是NEC和半导体产业，其产能在1981年至1987年间提高了两倍，大量资金投入到大规模的自动化操作中。[24]

日本制造业战略的另一个方面是聚焦。起步阶段，日本公司并不考虑复制西方竞争对手的全部生产线。相反，它们先聚焦于一个市场中交易量大且价格低的特定领域。一旦其卓越的制造成本使其占据了市场主导地位，这些公司就会向高端市场发展。NEC和日本半导体行业再次成为最佳例证。它们先是集中精力生产大容量主存。在这一领域占据主导后，便转向EPROM和微处理器这些更高端的产品。

在向高端市场迈进过程中，日本公司开始强调质量而不是价格。它们把大量的精力放在教育上，以提高员工的技术水平。如今它们能够把竞争基础从劳动力成本转移到劳动力技能上。它们对质量的重视已经成为传奇，其结果在1980年至1986年期间很明显，美国人此间乐意为日本车支付溢价，而不是购买底特律的劣质产品。

NEC和其他公司的研发开支预示着日本产业正经历另一种变化。竞争的基础又上了一个台阶，正在从劳动技能上升到科学知识。从各方面来看，日本公司正在逐步成为高科技领域的领头羊。詹姆斯·阿贝格伦和乔治·斯托克在1985年指出，过去10年间，日本的头部公司一直在以几乎是美国同行两倍的速度增加其研发开支——这一趋势一直在持续[25]。支持这一趋势的因素之一是日本政府的努力。日本科学技术局1981年的白皮书称1980年是“日本技术独立时代元年”[26]。这一表述与《20世纪80年代通产省政策展望》的类似表述一致，也与政府不断推进的“信息化社会”一致。这一趋势无疑反映了通产省几位官员向我表达的一种观点，即由于可供日本模仿的地方不多了，日本将不得不开发自己的技术。

而比政府角色更重要的，是日本公司实现增长和自主的内在动力。

人们有时说，日本廉价地获得了西方技术。在30年的时间里，日本签订了42 000项授权协议，知识产权费用总计约170亿美元，约占美国一年研发预算的17%[27]。当然，总的来说，日本获得的那些技术来得便宜，但对单个公司来说还是非常贵的。毕竟，简单地从美国进口产品并充当批发商，短期而言更容易，且可能更有利可图。但用日本人最喜欢一句话说，日本和日本公司依靠自己实现“自力更生”。

长期以来，日语中的“空心化”都被用来指美国公司为应对外国竞争而将工厂迁往海外的趋势。如今，这个词指日本公司可能也得这么做。随着日元在过去两年急剧升值，这个词频频出现在日本的报纸上。日本人认为要通过生产产品来创造财富，他们还认为技术和生产紧密相连。他们一直以来都是力求两者兼得，因此非常不愿意关闭这些来之不易的工厂，或将其迁到海外，而自己成为服务的批发商和供应商。他们谈论美国弊病以及如何避免重蹈覆辙，就像美国人历史上对英国人同样的症候显示出的优越感一样。如果“空心化”持续，那公司的社会契约势必瓦解。但日元凌厉的涨势使得许多低端技术产业难以维持，高科技因此成为未来生存的唯一选择。

结果便是令人印象深刻的势头。日本公司在本国和美国获得的专利数量急剧增加。1984年，外国人或公司在美国获得的专利数量占美国总量的约40%，这其中有近一半是日本人或日本公司获得的。[28]日本在电气和电子工程师协会（IEEE）年度会议上提交的有关固态电路论文占总数的一半以上。10年前，这个比例还不到10%。[29]1984年2月，日本长期信用银行认为日本在半导体、录像机、光纤、半导体激光器、碳纤维、机器人、光盘和办公自动化设备（如复印机和传真设备）等领域处于全球领先地位。[30]

美国商务部1985年6月的一项研究认为，日本在与机器人相关的各个方面以及光电子学和微电子学的大部分领域都领先美国。虽然该研究预计美国将在生物技术的基础研究方面继续处于领先地位，但预计日本5年内将在商业应用方面领先。该研究认为，在计算机领域，大多数硬件是两国的公司一样好，或者日本公司更胜一筹；软件仍然是日本公司的一个软肋，但预测差距正在逐步缩小。[31]

日本人对这些结果并不感到惊讶。NEC和其他广告主早在1981年10月刊的《科学美国人》上就预测到了这一点，当时他们解释了为什么日本正在成为世界电子工业的中心。

各界支持

政府

关于日本的成功有很多重要解释，其中一个是政府与产业之间存在密切联系，NEC就是最好的例证。自成立之日起，NEC就与通信监管部门紧紧联系在一起。当NEC前任董事长梶井武于1952年成为NTT第一任董事长时，这种联系变得更加紧密。1969年至1979年的10年间，NEC有三名高管被调到NTT短暂任职。NTT一直是NEC最大的客户，例如，在1975年，NTT占NEC总销售额的31%。虽然这个数字到1985年逐渐下降到13%左右，但NTT仍然是最大单一客户。历史上，向NTT销售并不是以竞标为基础，NEC从中获得的利润要远大于销量对应的比例。此外，NEC的预收账款通常高达2.5亿美元，NTT所占比例在25%~40%。[32]

政府的支持也非常有助于NEC的研发工作。其中央交换系统和其他电信设备的开发很大程度上得益于NTT的资助（后者是政府垄断企业），半导体方面也是如此。在通产省资助的所有研发项目中［包括第四代计算机（超大规模集成电路）和软件自动化项目］，NEC也是一个主要参与者。目前，NEC参与的项目包括光电子、第五代计算机、超级计算机以及工业陶瓷和机电一体化等新一代产业。

政府支持的日本电子计算机公司为租赁日本公司生产的电脑提供资金，这对 NEC 来说一直非常重要。NEC 仍是租赁公司业务的主要受益者。日本开发银行的作用同样很重要，NEC 是后者贷款的重要接收方。日本还有三家长期信用银行：日本兴业银行、日本长期信用银行和日本信用银行。大藏省历来为这些银行发行的债券提供担保。低息贷款是在通产省的批准下发放的，且通产省给予保证。NEC 从这些机构获得的长期债务通常在两亿美元左右。[33] 最后，NEC 一直是机器人、高性能计算机和系统的特别折旧津贴的主要受益者，也是允许价格变化、货币贬值和潜在海外损失的特别准备金的主要受益者。

媒体界

除了政府支持，日本企业有一个非常有利的媒体环境，媒体本质上充当了产业的啦啦队，这部分源于日本人的凝聚力和独立认同感，正如天谷直弘所言，“日本战后走上了商人之路”。[34] 弥漫在日本的强烈的民族主义意识，使其公民的努力不可避免地被视为国家的一种表达。日本人选择在产业领域做出努力，因此产业和商界人士被视为国家卫士——近代的武士。

关注日本媒体的分析人士会马上被铺天盖地的商业新闻所震撼。美国商业版面上见不到的故事可能会出现在日本新闻首页。新闻语气通常是保护性或支持性的。作者经常使用“我们国家的产业”这个词，在读者和文章主题之间建立潜意识的联系。例如，1978 年 8 月 1 日《日本经济新闻》的一篇文章说：“面对激烈的国际竞争，通产省最重要的任务就是保护和培育国内产业。”[35]

商业经常被描绘成同外国人间的战争。因此，当 IBM 在 1984 年将 200 个员工家庭搬到日本时（为将其远东总部从纽约的阿蒙克迁到东京），大多数日本媒体都对此进行了重点报道。有几篇文章提到“黑船”，指出 IBM 员工家庭的涌入类似于佩里强行开放日本。一家报纸将此举与战后占领日本相提并论，并将 IBM 远东负责人乔治·康拉德称为新的麦克阿瑟。[36]

强调日本质量是一个永恒的主题。日本产品的问题，如丰田汽车因安全带问题被召回，或纽约州电话系统中的 NEC 产开关故障，都鲜有报道，而质量低劣的外国产品或对日本市场适应不足的情况则是屡见不鲜。尽管日本产业有许多值得称赞的地方，美国产业有许多值得批评的地方，但日本媒体呈现给日本大众的，一直是日本的卓越品质和外国层出不穷的瑕疵。

受新闻界及其对日本产业成就是国家成就的感知的影响，日本大众消费者对下列现象从无异议，且持支持态度：多年来，在香港和纽约一直可以低于日本市场价格购买日本电视、相机和其他商品；大多数日本人仍然在星期六工作；牛肉、大米、橙子、许多酒精饮料，以及汽车到网球等进口商品，在日本的价格是其他国家或地区的 3 到 10 倍，但日本没有发生过消费者运动。倒是一群日本家庭主妇在 1985 年 4 月到美国驻日本大使馆游行，抗议日本市场上的廉价进口食品。最近，日本家庭主妇联合会的代表与美国贸易代表见面，反对（日本）进口大米等廉价美国产品。

与外国企业的关系

战后，日本公司最初的对外关系是签订授权协议、建立合资企业。例如，NEC 在 1962 年与霍尼韦尔公司签订了第一份计算机开发技术援助协议。根据该协议，后者向 NEC 提供技术并在日本销售一些产品。NEC 于 1965 年推出的 NEAC 2200 系列计算机，是霍尼韦尔公司 H200

计算机的“日本”版。这一安排很有代表性，因为日本公司这些年与政府密切合作，防止外国公司进入日本。签订许可协议和创办合资企业是外国公司进入日本市场的唯一途径，因此通过通产省从中协调，组织谈判，最终确保以最低的成本获得最多的技术转让。这些行动有效地阻止了大多数外国公司利用技术优势在日本获得强势地位。后来高声宣扬自由贸易美德的日本商人在此期间明显保持沉默。

当日本最终开始市场自由化时，由于日本产业和社会的复杂结构，外国公司的优势已经减弱，合资企业作为日本和西方公司在日本的标准关系而存续。打一个比方，有代表性的某西方企业因日本市场因素考虑在日本推出一项新技术。要做到这一点，需要有经验的工作人员，但它发现很难招到这样的人，因为他们通常是日本公司的终身雇员（我招聘过的一位日本高管就在最后一刻退出，他告诉我说，他所在公司的董事长向他妻子和父母施压，阻止他离开原公司）；这家西方企业还需要办公场所，但由于成本和人员密度而很难找到理想空间；它需要分销体系，但日本企业集团控制着经销商，它无法获得；它需要供应商，但供应商也被控制；它需要银行关系，但同样得不到，因为这些银行通常是日本竞争对手的投资者；它需要同日本官僚机构建立联系，但后者往往对其怀有敌意。合办一家合资企业似乎是最好的选项，因为日本合作伙伴将提供所有基础要求。

尽管有富士施乐这种极个别情况，但合资企业大多不成功。日本对其持反对态度。例如，日本王储在1984年参观位于鹿儿岛的京瓷工厂时，注意到了一些美国设备。据报道，他问京瓷人员为什么不使用日本设备。尽管日本官方很久以前就宣称（市场）自由化，但它仍坚定地强调要购买日本产品。由于日本公司和大集团都趋于走向自主，日本的公司事实上是继续将合资企业视为获得技术独立的一种手段。在以技术换取前述的各种基础支持的隐性交易中，美国人认识到，获得那些基础支持比向日本提供技术要难多了。一旦日本人掌握了技术，合作的主要动力就消失了，合资企业通常会倒闭。

这种技术转让及其影响再怎么强调也不过分。美国公司与日本公司竞争的主要优势在于技术领先，日本的经济系统则一直是这些技术的虹吸器。日本的专利制度给不了什么保护。一项专利的平均审批授予时间为 5 年，许多重要专利则超过 10 年。专利在授予前公开征求反对意见，日本公司对竞争对手的专利申请提出大量异议是一种常见策略。每一个异议都得回复，这个过程要花费大量时间，在此期间专利会被剽窃使用。

理论上讲，一旦授予专利权，前述那种剽窃行为就应该通过侵权诉讼的威慑予以遏制，但这种威慑实际上毫无意义，因为日本法院根本指望不上。这类案子耗上 10 年非常正常。

正是为回应日本这种体系，许多美国公司以低廉的价格转让技术授权，或者建立合资企业。这两种选项都不是他们真正想要的，但在这种情况下，半块面包胜过一无所获。不过，美国公司往往发现，一旦建立合资企业，情况反而更糟。员工通常是从日本合作方那里临时调派过来，因此对日方忠心耿耿。通常情况下，美国的合作方甚至对合资公司情况一无所知。作为补救措施，美方经常考虑从本土母公司派人去监督合资企业运作，但派出的人又大多不懂日语，对日本的制度也不太了解，因此很快就任由日本合作方摆布。事实上，有时日本公司成立合资企业就是为了消除外国竞争者的威胁。与经销商、银行的关系，最重要的是同客户间的关系，始终是日本合作方的关系，美国合作方从来没有真正的机会来搭建自己的基础关系。

公平而论，美国公司一方也有责任。它们经常把不合格的管理人员派到日本，政策不稳定，调整频繁。双方都有责任，但最终的结果是日本一方主导了其国内市场，并将外国技术拿到了自己手上。

在确保本土市场稳固的同时，日本企业加大出口力度，并因此而闻名世界。当NEC 1962年在美国开设第一家子公司时，它已经落后于东芝公司和三井等竞争对手。要开发美国市场，虽然因规模、多样性以及不同的语言、习俗和法律制度而存在巨大困难，但许多日本人感到难以置信的是获得的市场开发自由。在美国市场，没有必要像在日本那样，向联邦或州政府通报其计划，这里也没有投资限制，许可或检查要求极少；不像把外国公司严格排除在外的日本，在美国的日本公司实际上被邀请成为美国贸易协会的成员。最重要的是，经销商和大批发商强大且独立，只要有价格优势，很容易被说服转向外国供应商。最后，美国全国各地的消费者并不担心廉价的外国商品充斥本国。事实上，他们希望如此。

日本公司认为它们（在美国）身处天堂，也的确是。它们有物美价廉的商品和想要购买这些商品的消费者。它们还从事其他各种商业活动，这进一步推动其发展。日本企业每进入一个新市场，几乎都会招来不正当勾结和倾销的指控。它们的战术是成功的，但也导致了很多麻烦。考虑到日本的产业结构特点和内在动机，这种结果也属意料之内。

首先，生存本能驱使在美日本企业就像在本土时一样，不惜一切代价争夺市场份额。赚钱并非日本公司要务，因为那不是其必须要做的事项。生存取决于增长，这是所有日本公司都明白的道理。美国公司关注的是利润，当市场环境恶化时，它们往往会退出竞争，而真正的竞争，即同日本公司之间，只是偶然事件。在日本，竞争涉及两个问题：一方面竞争很激烈，但同时也要意识到其受制于各种关系、忠诚和责任。日本公司在其行业协会和各公司参与政府资助项目的环境中，理解了竞争的边界。它们交换有关业务操作的详细信息，且认为这种合作非常自然。但这些做法在美国就常被视为“勾结”，这毫不奇怪。

日本武器库中最强大的武器之一是“围标”网络。这相当于分享业务。近期最好的例证是大阪新机场项目。尽管外国建筑工程公司在世界各地建了很多机场，而其日本竞争对手却没建过哪怕一个海外机场，但大阪机场这个价值60亿美元的项目没有外国竞标者。1986年至1987年，随着日本在美国建筑合同的激增，该案例成为美日贸易摩擦的一个大议题。没有一家美国建筑公司曾在日本得到过一个大项目。就大阪机场来说，美国公司的经验更具优势，但被禁止投标。为什么？调查显示，日本的建筑业是由“围标”群掌管的。

1987年6月11日的《远东经济评论》文章对此做了介绍。[37]文章解释说，日本的建筑企业之间并不竞争项目，而是在私人餐厅包厢里串通，一个主承包商将一个项目分包给其他总承包商，以换取现金和礼物。后者接着在差一点的餐厅预订包间，各分包商们要分上一杯羹，就必须带着足够的现金到这些包间。在海外，日本大型建筑公司能够绕过国外招标系统，通过给整个项目提供资金或“买下这个标”，把“围标宴”推向境外。这种做生意的方式并不限于建筑业，之前描述的钢铁行业“周一俱乐部”活动也是例证。

就大阪机场项目，美日双方进行了漫长且充满敌意的谈判。美方感到奇怪的是，不断重申致力于自由贸易和开放日本市场的中曾根康弘首相，为什么不能建立一个公开的招标制度。他们还想知道，那些一直警告美国保护主义抬头危险的日本官员和企业高管，为何没有公开反对封闭的“围标”行径。但美国人口中的串通，也是他们反对的做法，在日本人看来是为了避免混乱。混乱是日本人所珍视的和谐的对立面，因此要不惜一切代价加以避免。如果日本建筑业实行公开招标，那势必引发一场地震，许多小公司将会破产。[38]从这个角度来看，日本的制度是一种社会保障制度。从根本上说，这就是日本企业集团本质，各种安排实则是一种大规模的“围标”，强制执行某种命令。每个人都知道谁与谁有关、谁与谁打交道；作为对限制某些自由的回报，参与者得到了安全。

同串通一样，倾销也是日本营商环境的必然结果，原因有三：其一，是试图将竞争对手赶出市场的简单策略；其二，是将日本的市场份额导向与无穷资源的可得性结合起来，不受任何实际的反垄断信念或有力的反垄断规则约束；其三，也可能是最重要的，是产能过剩，这是产业政策引发的过度投资，同 NEC 这样的集团明星企业几乎可以无节制地获得大量资源长期共生的结果。

应对产能过剩的经典对策是可变成本定价。供应过多使价格低于生产的全部成本。成本有两个组成部分：税收、租金和利息等成本固定，必须支付；其他如材料等成本不固定，取决于产量。虽然制造商希望产品售价超过两种成本之和，但有时做不到。如果产品售价低到无法支付变动成本，管理层就必须关掉工厂。但如果他们能够支付变动成本和部分固定成本，那其境况不错，可以继续经营。

世界各地的厂商均照此逻辑行事。但日本的情况有所不同。高负债意味着大量的利息负担。除此之外，终身雇佣意味着劳动力实际上属于固定成本，而不像美国那样属于可变成本。因此，日本的可变成本就是原材料，这意味着当一家日本厂商用可变成本给产品定价时，其价格远低于美国公司采用的可变成本定价。结果就是日本产品的价格远低于美国厂商的成本，日本厂商因此招致严厉的“不公平”指责。半导体是个代表性例子。过度投资导致用可变成本定价。尽管遭受了巨大损失，日本厂商仍能够继续投资，因为它们有大量资本可用，且其战略有广泛的社会基础。

前述解释并非要贬低日本的成就。不否认其产品质量和追求目标市场的活力，这些因素，再加上雄厚的财力和凝聚力，使其几乎势不可当。

但这种成功带来了贸易摩擦。随着贸易谈判变得越来越长、越来越激烈，日本企业开始将部分业务转移到美国，以避免未来可能受到的限制。NEC是最早这样做的公司之一，它在1978年收购了Electronic Arrays公司，如果是一个外国公司在日本完成类似操作，那是不可想象的，原因正如前面提及的，日本的公司通常不卖。1985年开始的美元贬值助力了日本的成功，美国资产变得非常便宜，对日本买家非常具有吸引力。随着日本企业开始在美国投资，并进行重大收购，比如索尼公司收购哥伦比亚广播公司，NEC等先驱开创的涓涓细流已经变成一条投资之河。

在寻求技术转让的同时，还试图遏制美国企业的发展，日本企业完成了一个闭环。霍尼韦尔公司1987年冬宣布将其大部分计算机业务出售给NEC的举动，最能说明这一形势。根据协议，此前的特许权受让者NEC将向霍尼韦尔公司提供先进设备。霍尼韦尔公司实际上成了NEC的经销商，也正是霍尼韦尔公司，努力把NEC的超级计算机卖给麻省理工学院。老师已然成了学生，角色转换，时运变迁。

日本商业操作的弱点

面对这些成功，人们可能会问日本是否有什么不足。确实存在一些不足，最主要的是日本的行为招致贸易伙伴的不满。个人和机构关系间形成的错综复杂网络不仅使这些公司强大起来，还使外来者很难与其打交道；这些困难导致了贸易摩擦和报复威胁。在日本，普遍认为可以通过在国外投资克服这些困难。但《华尔街日报》1984年4月12日的一篇文章点出了可能的麻烦。文章指出，当日本贸易巨头之一丸红商事将办公室从纽约搬到芝加哥时，它用的日本通运公司；当横滨普利司通轮胎公司在田纳西州开设新厂时，给工人在安田火灾和海洋保险公司

（Marine Insurance Company）买的保险。这篇文章推测日本人这种紧密团结的倾向可能成为未来摩擦的诱因。[39]

在这方面，受雇于日本公司的美国人的观点值得重视。NEC 的一位美国高管向我吐露，他觉得日本人没有把美国员工视为团队的一部分。他说，“除了日本人，他们不相信任何人”。他表示，美国人经常被排除在重要会议之外，而且其日本上级会对美国员工屏蔽信息。“他们不让任何美国人加入他们的俱乐部，”他抱怨道，“也不给美国管理层管理所需的信任和沟通渠道，最后却批评美国人做得不好。”NEC 另一位美国员工告诉我，所有的决定都是在东京做出的，越来越多的日本人在美国担任高管。他说，“他们看我们就像是桌子或椅子一般。他们需要我们完成某些任务，但在他们眼中并不是公司的一部分。你根本摆脱不了‘我们—他们’这种心态”。

美国西海岸一家日本贸易公司的（美国）高管向我讲述了一个经历。有个周六他去办公室，发现所有的日本员工都在。他问为什么没有通知他到公司，被告知说美国人周六不需要上班。他的日本上司无法理解他被轻视的感觉。就像他说的，“最让人沮丧的是他们完全无视这种感觉。他们只是没想到你可以或者甚至想要加入他们的团队。事实上，这种想法让他们感到害怕，因为如果外人真的进了团队，那这个团队就不再是日本人的团队了”。

因此，那些深度了解日本进军美国市场的人士，对日本进军的好处产生了严重怀疑。一些人认为，日本人无法同化的特点最终将成为其致命弱点。并非所有人都这样认为。松下公司和索尼公司的一些美国高管对日本同事和上司有喜爱和钦佩之感。但那些与日本人关系最密切的群体有非常多的不满，这表明日本人难以融入或无法处理日本人关系圈子之外的事情，而这可能会是个大问题。

最后，正如半导体案例所展示的，日本人自诩的长期思维和投资决策越来越受到现实的质疑。从造船到滚珠轴承最终到半导体，日本人建立了远超市场吸纳能力的产能。这样做之后，其社会和产业结构的急切要求，使得他们不顾盈利而生产。日本人这种生存本能和从众心理的自然结果，是由其可以支配的巨大资源结构造成的。一旦建立，日本巨大的产能往往会抢占世界市场，因为日本人能够承受长期巨额亏损，但外国厂商不能。日本的行动最初看起来像是有远见、明智，但随着一个接一个行业因产能过剩而陷入困境，问题出现了。这究竟是眼光长远，还仅仅是消化损失的能力？当产品没有市场需求时，让工厂满负荷运转真的是好的管理吗？就因为资金可得且需要同上下游匹配生产就不断投资，真的是好的管理方式吗？

尽管这些都是有趣且值得反思的问题，但当NEC主席小林在1982年日本经济团体联合会上充满自信地发表演讲时，这都不过是远处的浮云。当他坐在麦克风后面时，他知道自己有巨大的资源和动力作为后盾。他所处的社会及产业组织，使外国竞争者很难攻击他的基本盘：他的公司是国家的卫士；他背后有集团资源和一个支持他的政府；其员工都是一流的，管理制度在员工和他的利益之间达成了共识；很容易进入世界上最重要的市场——美国，美国也欢迎投资，如果出现问题，一些美国最重要的人物会提供帮助。真的没有什么能阻止他，他似乎不会输。

第三部分

是什么让美国逐渐衰落

Part 3

第七章

人人为己：在美国做生意

我希望有人能告诉我，制造业不是反美国的。

——唐纳德·彼得森，福特汽车公司董事长

1967 年，法国作家兼记者让·雅克·塞尔旺–施赖伯的新书《美国挑战》快速登上欧洲畅销书排行榜榜首。[1] 书中警告说，欧洲最具活力的势力是美国公司在欧洲的经营活动，这些公司共同组成了一个比大多数欧洲国家都大的经济实体。IBM 主导了计算机行业，福特汽车公司和通用汽车公司在欧洲汽车市场占很大份额，其他美国公司正迅速扩张。塞尔旺–施赖伯将这种活力归功于美国的管理哲学和哈佛商学院等机构教授的技巧，哈佛商学院强调科学管理和商业世界观。这本书引发了大批欧洲人申请入读美国商学院，并导致欧洲出现了越来越多的克隆体（商学院）。

事实上，塞尔旺–施赖伯说得很有道理。但这个叙事可以继续展开。20 世纪 30 年代，美国产业力量还谈不上突出，美国在 1941 年初仍遭受着已持续 10 年的经济萧条。当时，为了应对珍珠港袭击和希特勒在欧洲的进攻，美国启动了战时生产政策，不仅使工厂满负荷运转，而且将工厂产能提高了几倍。日本各省厅耗费经年苦寻促进产业和技术发展的方法，但美国的生产方案在短短5年时间里就使美国在生产率、技术和投资方面取得了前所未有的进步。

美国当时的政府赤字前所未有得高，甚至比1981—1987年的赤字还要严重，政府推行鼓励储蓄的措施解决赤字问题。（物资）配给使得消费减少，政府同时推动战时公债销售，美国的储蓄率飙升至历史最高水平。那时没有罢工，劳资双方为了共同目标进行合作。政府将大量资金投入到新工厂、设备和技术开发中，进入零售业和房地产业的投资因此减少。简而言之，美国的战时生产政策使日本后来的产业政策相形见绌。当麦克阿瑟宣布战争结束时，美国生产的激增使得天空中布满了美国战机、海洋中全是战舰。战后生产仍在激增。美国将在战争期间发展起来的技术、管理技巧和“能做到”的精神应用于商业领域，美国商界将美国生活水平推到了一个新高度，并推动了世界经济的复苏。

但在施赖伯的书出版近20年后，美国产业的无力竞争已经成为一个全国性的问题。1983年，里根总统建立了一个蓝带委员会，为提升美国的商业表现给出建议。那年冬天，我参加了哈佛商学院的一个研讨会，时任美国无线电公司（RCA）的董事长桑顿·布拉德肖在谈到其公司时说到了这个问题。他说，普及了无线电、发明了电视机的RCA，已经把电视制造、设计和开发工作转移到了中国台湾和墨西哥。至于录像机业务，尽管RCA已经完成了许多初步开发工作，但在收购一家地毯公司和赫兹租车后便放弃了。如今该公司在销售由日立公司在日本生产的录像机。布拉德肖自夸说，RCA的营销能力使其能比日立公司卖得更多、更赚钱。但他接着说：“作为一家公司，我们做得很好，但我不知道我们的国家未来将如何创造财富？”不到3年，RCA不再是一家独立的公司，而货币（美元）贬值减少了这个国家的财富。

RCA并非孤例。1982年，东芝公司开始为美国联合化学公司提供血液分析仪。在接下来的几年里，宝丽来公司宣布计划从富士胶卷购买录像带，而 AT&T 则将日本理光公司作为其传真设备的供应商。这种趋势变得如此明显，以至于《商业周刊》的大部分版面都在讨论“空心公司”，意思是美国制造类企业正在转型，成为海外产品的批发商。该刊指出，事实上许多美国高科技初创公司直接去亚洲生产，甚至懒得在美国加工。[2]

一些分析人士坚持认为，这种状况对美国来说不是问题。他们指出，统计数据显示美国制造业占国民生产总值的比例与以往相同。困难都是特定行业的困难，而不是整体性困难。[3]但那些密切关注美国产业的人士对统计数据的相关性感到疑惑，因为这些统计数据既没有说明其测算的制造业的类别，也没有说明制造业正在发生的环境变化。例如，如果增加武器生产并埋于地下，且希望永不使用这些武器，而同期汽车或机床产量减少，这样操作的结果是，统计数字也许很好看，但经济长远看谈不上健康。还有一种可能，由于市场规模快速增长，美国绝对产量增加，但总体市场份额在下降。此外，产量统计数据可能看起来不错，而市场份额损失的长期后果将是灾难性的，因为其他国家会在经验曲线上击败美国。

《商业周刊》前主编刘易斯 · H. 杨于 1986 年 8 月 10 日在为《纽约时报》撰写的一篇文章中也提到了这一现象。他指出，高科技制造业正在向日本和远东地区转移，他对这种趋势给美国整体经济造成的技术、技能损失表示出了极大担忧。[4]杨担心尽管统计数字似乎表明经济没问题，但事实上，技能丧失正导致生产力下降和经济衰退。这一点极为重要，却很少被人注意到。1985 年夏，索尼公司的一位高管告诉我，该公司正考虑在美国建立一家录像机生产厂，但还有些犹豫，因为美国已经没有生产部件所需要的技术了。1987 年夏，东芝公司一位高管告诉我，他不想在美国建半导体工厂，因为很难找到拥有东芝公司所需技能的人员。

随着这种空心化趋势加剧，尤其是随着日本企业日益渗透到服务业领域，关于美国企业业绩不佳原因的争论日益激烈。最简单、最冠冕堂皇的解释是管理不善。20 世纪 80 年代中期，美国财政部副部长理查德·达曼①是这一观点最著名的拥护者。达曼出身于一个富裕家庭，大部分职业生涯是在哈佛大学和其他学术机构度过的，还曾就职于政府部门。在詹姆斯·贝克的提携下，达曼先是在白宫出色地工作了一段时间，后随贝克进入财政部。达曼被认为可能是行政系统中最敏锐的智者，是里根税收改革的主要推动者，税改降低了个人税负、增加了企业税负。这使得企业竞争更加困难，达曼则将其归于企业经营不善。在 1986 年 11 月给纽约日本协会做的演讲中，他给美国企业贴上了"公司官僚主义"的标签，并批评美国企业高管懒惰、短视、缺乏想象力和贪婪。美国劳工部长布洛克②也加入了批评行列，他在 1987 年 6 月 15 日对国会说，许多美国经理是"笨蛋"。[5]

管理是众矢之的。高管们一边给自己发巨额奖金，一边要求员工在工资上做出让步、要求政府保护其产业，这些例子令人触目惊心，也招致了不满。毫无疑问，许多外国产品的质量比美国竞品要好。像大卫·哈伯斯塔姆的《清算》(*The Reckoning*)这样的书，就记录了许多美国经理人的傲慢、贪婪和狭隘；[6] 华尔街一些收入最高的投资高管因内幕交易和其他滥权行为锒铛入狱，但这并没有使情况得到改观。

但将美国企业经营困境的责任全归于企业管理，往好了说是过于简单，往坏了说就是蛊惑人心。哈伯斯塔姆和其他评论人士称，企业仿佛是在真空中运作，不受政府或社会的影响。如果只是一两个行业的问题，

---

① 1985 年广场会议的美方实际操盘者，见《管理美元》。——译者注

② 威廉·布洛克在 1981—1985 年担任美国里根政府贸易代表，此间罗伯特·莱特希泽（特朗普政府的贸易代表）担任贸易副代表，莱特希泽在 1985 年 6 月即广场会议召开前离任。——译者注

他们的观点可能合理，但这种现象实际上普遍存在。难道所有的美国经理人都低效？所有行业都不幸地被无能的高管管理吗？实际上，欧洲、加拿大公司同日本间的问题与美国的公司类似。那些公司的管理者也都是白痴吗？

1987 年春，摩托罗拉公司董事长罗伯特·加尔文在同我交谈时提出了这些问题。作为一家大型电子产品制造商，摩托罗拉长期以来一直面临着来自日本对手 NEC 的强大竞争，两者大多数产品都是竞品。加尔文经常就贸易问题在国会作证。他是位十足的绅士，但也以斗士之名著称。正如小林和 NEC 代表了日本一样，加尔文和摩托罗拉公司也代表了大部分美国产业的情况。他的经历至少部分回答了美国商界所遭遇的问题。

一家美国公司样本：摩托罗拉

早期（1928—1957 年）

摩托罗拉成立于 1928 年，创始人是保罗·加尔文，前身是加尔文制造公司。在经历两次破产之后，这家公司开始为早期的矿石收音机生产代电池。由于消费者已经转向更先进的收音机，其产品寿命显然将受到影响，但这只是其业务的一个开始。投入商用后，保罗便相信他可以找到新产品来取代那些将被淘汰的代电池。这家初创企业有两个关键助力：其一是西尔斯-罗巴克公司，尽管保罗之前破产过两次，但西尔斯-罗巴克承诺将加尔文的产品列入产品目录（目标客户是那些已经拥有矿石收音机的人），从而支持了加尔文；其二是他之前破产公司中的设备。在该设备被公开拍卖前，加尔文已经筹集了大约 1 300 美元。拍卖会上，为该设备可以每次加价 50 美元。加尔文决定大胆一点。当出价到了 500 美元时，他直接加价 250 美元。这一策略成功了。他以 750 美元的价格买下了设备，然后用剩下的550美元作为营运资金，创办了加尔文制造公司。

和NEC的小林一样，加尔文夫妇也学会了如何打理他们的钱财。小罗伯特看着父亲挺过了大萧条。这家公司经常面临账上没钱的处境。有一次，老加尔文凭直觉把公司所有银行存款都取了出来。果然，接下来的一周，那几家银行都关门了。如果没有取出这些资金，他就会面临第三次破产。

最初寻找新产品的过程中，保罗·加尔文发现长岛一位机械师在往汽车上安装家用收音机。他了解了安装过程，决定生产一款适合所有汽车的标准收音机。经过反复试验，他的团队成功地制造出了这样一台收音机，他把收间机安装在一辆车上，然后开着这辆车去大西洋城参加无线电展览。这款产品很受欢迎。以汽车收音机为主打产品，加尔文制造成了后来的摩托罗拉，并进军新兴的电子和通信产业。

二战的爆发推动了摩托罗拉的成功。1940年，《芝加哥每日新闻报》的一名财经编辑、预备役军官打电话给加尔文，告诉他国民警卫队因缺乏足够的无线电通信而面临麻烦。因为这个电话，加尔文在没有与军方签订合同的情况下，便下令开发一种改进陆军背包式无线电的装置。结果就有了步话机，这是一个饼干盒大小的便携式双向通话装置，配有麦克风、天线和单独的电池。该产品自1941年7月投入生产。步话机最终被用到了各个阵地上，产量近4万部。在此基础上开发出了更轻便的对讲机，并最终在几场战役中发挥了关键作用。

战争结束后，摩托罗拉公司决定进军刚刚起步的电视机领域。由于美国无线电公司已经占据了最大的市场份额，加尔文认为，要参与竞争就必须生产价格低于200美元的电视。他随即要求工程人员研发，并告知营销人员计划销售10万台。正如小林曾经的做法，加尔文做出这些决定时也没有进行详细的财务分析。[7] 该公司在当时还采取了一个更为重要的举动。1948 年贝尔实验室发明晶体管后，摩托罗拉立即投入到新型电子产品的研发。到 20 世纪 50 年代中期，这项工作已经发展到需要大量增加研发方面的投资和开支，否则就必须放弃这项冒险事业的地步。

这个决定就像是在下赌注。摩托罗拉的工程师们坚信这项新技术代表未来潮流。老加尔文知道，扩张和发展所需资金将在未来多年极大消耗公司的收益。如果这个项目不成功，可能会把整个公司拖垮。与那些正在太平洋彼岸蓄势的株式会社不同，加尔文没有任何集团、银行或政府来支持他的冒险行为。

最终，小加尔文和研究主任丹·诺布尔在决定继续推进研究时起到了决定性作用。他们期待基于新技术的动态扩张，认为摩托罗拉必须走在前列。还是没有现金流贴现分析，实际情况也证明了老加尔文夫妇俩的担心。摩托罗拉在半导体业务上亏损了 7 年。但坚持不懈的努力最终获得了回报，摩托罗拉成为首批大量销售半导体的公司之一。

1956 年，当鲍勃·加尔文[①]接替其父亲担任总裁时，公司销售额为 2.5 亿美元，员工 6 000 名。那年之后，公司销售额增长到 60 亿美元，在全球拥有员工 95 000 名。[8] 公司仍处于电子技术前沿：开发了第一台固态（即没有真空管）彩色电视机，是车载蜂窝电话系统的重要开发者，且是半导体行业和电信行业的领军者。

小加尔文治下的摩托罗拉仍保留着激发出步话机业务的公共服务精神。他曾在许多总统顾问委员会任职，并在公共事务上投入了大量时间和精力。摩托罗拉也是一个重要的慈善捐赠者，被视为一个好雇主。（其内部）最近一次颇具影响力的工会组织努力是在 1950 年，但被压倒性

① 对罗伯特·加尔文的昵称。——译者注

地回绝了。摩托罗拉公司没有终身雇佣制，但鲍勃·加尔文仍然不时地与总机接线员和在职员工共进午餐，在他们的记忆中，鲍勃还是一个笨手笨脚的年轻人。他们还在传述着鲍勃·加尔文 1942 年找工作的故事。招聘经理认出他是老板的儿子，于是挥手让他站在队伍最前面，但加尔文坚持要像其他人一样排队。

摩托罗拉是否是美国最好的公司可以商榷，但它没有公司官僚主义。它由一位不惧风险的强势企业家建立起来，并由一位同样强势的儿子发展和继承。该公司认为它不仅仅是一个资产集合，许多员工都谈到了摩托罗拉大家庭。这是一个既能赢利又能造福国家的组织。它不是 NEC 那种教会般的组织（摩托罗拉注定要同 NEC 竞争），它是一家优秀的美国公司。就像罗伯特·加尔文对我说的那样，他和公司都想留在美国。

对日贸易：早期经验

摩托罗拉与日本初次接触于 20 世纪 50 年代中期，源于美国战后帮助日本发展经济的政策。1957 年春，鲍勃·加尔文在华盛顿特区参加了一个艾森豪威尔总统的见面会。总统敦促与会商人增加自日本的进口，他说，日本是确保美国在太平洋地区地位的关键，日本发展健康的经济并继续留在西方阵营对美国的安全很重要。

在艾森豪威尔时代，美国工业享受着战时和战后在技术和资本品方面的巨大投资所带来的丰厚回报。战时被压抑的需求催生了战后的消费热潮，给美国工业带来了巨大推动力。摩托罗拉就是一个代表，其销售额从 1946 年的 2 300 万美元增长到 1955 年的 2.3 亿美元。[9] 美国公司几乎在所有领域都拥有最低成本、最高生产率、最高质量和最先进技术。美国工业似乎注定要在很长一段时间内引领世界。

事实上，许多美国人对产业的态度已经预示着产业未来的衰落。认为企业主要是为股东商业利益而经营的观点，自然催生了对抗的劳资关系。这种情况导致了强大的全行业工会的建立，而不是像日本那样的企业或公司工会。这些垄断联盟与强有力的反垄断法相结合，再加上美国产业相对于外国竞争对手的主导地位，产生了后来给产业带来严重困难的工资和成本结构。原因不难理解。例如，通过一个全行业工会，福特汽车公司的工人可以在反通用汽车公司的行动中支持通用汽车公司的工人，福特汽车公司和通用汽车公司却不能联合起来反对工人。汽车公司没有出局，而是把工资成本转嫁给了消费者，而且因为没有外国竞争者，它们可以长时间这样做。

将企业视为赚钱机器而非有机体的观点，也带来了判断和衡量企业经营业绩的要求。后来相继出任福特汽车公司总裁、国防部长的罗伯特·麦克纳马拉，在二战期间同一群被称为“神童”的年轻分析师开发出了利用统计分析来评估系统的方法。战后，美国的商学院相继接受了“数字管理”这一新信仰,一代又一代的工商管理硕士接受其理念教育。

最后，美国经济机器的压倒性优势催生了一个危险的神话。人们普遍认为美国的产业实力是国家美德的自然结果。美国人忘记了政府在战时投资激增期间无处不在的作用，他们告诉自己，本国的经济优势主要归功于私营企业的努力。他们相信成功是内在美德的结果，所以很容易就想当然地认为成功永续。在追求遏制苏联人这一压倒一切的国家关切时，人们也很容易完全忽略经济和产业问题。

这些态势和态度产生了严重后果。但在 1957 年，这些问题还远得很。美国产业界信心十足，并大举进军外国市场，包括投资海外新工厂和设备、收购外国公司。摩托罗拉第一家海外工厂是在 1958 年于加拿大建立的，随后在 20 世纪 60 年代初相继在英国、法国和联邦德国建厂。摩托罗拉和其他美国公司的积极对外投资，以及这些投资发生时的氛围，构成了美国产业发展的一个重要画面。

正如加尔文参加的艾森豪威尔总统见面会所阐明的，作为国家地缘政治战略的一部分，美国政府正敦促企业投资海外、向外转让美国技术并进口外国商品。与此同时，美国产业也看到了诱人的海外商机。换句话说，这里既有理想主义，也有利己主义：通过巩固西方联盟并做好事，似乎有可能做得很好。本着这种精神，人们相信如果一家公司在一个国家有业务，它就应该在这个国家投资，为这个国家做出贡献。斯科特纸业公司董事长托马斯·麦凯布就恰当地表达了这种信念。1968 年，当我问他为什么在国外只参与合资企业时，他回答说，到外国去投资不应该仅试图发号施令，而应该在那里提供帮助。

当时，大多数美国公司都在尽力融入海外所在地环境。其政策是雇用当地人从事尽可能多的关键工作，最终目标是完全由当地人任职。它们寻找当地银行和供应商，并从当地制造商那里购买设备。最终，许多公司将这些当地员工调任到美国国内公司，其中一些人在可口可乐和露华浓这样的公司升到了高管。

鉴于后来的变化和批评，有两个因素值得注意。其一，虽然美国政府鼓励美国公司到海外投资，但它并没有像日本后来所做的那样，为在何地、如何进行投资制定指导方针或计划；这些公司之间也没有协调投资思路。其二，美国经理人成功创建这些跨国企业，是一项非凡的管理成就。例如，正是他们向欧洲证明了开展泛欧业务的价值和潜力，并给跨国公司一词赋予了意义。尽管后来他们被斥责为短视，但他们给了商界一个全新的未来愿景。

正是在这种氛围下，鲍勃·加尔文和其他企业响应艾森豪威尔的号召，从日本购买了更多的商品。摩托罗拉此前已经购买了一些日本零部件，现在又加大了采购力度。东芝公司借此成为一个重要供应商。以今天的视角来回顾当时的情况，很有趣。正如鲍勃在 1987 年 3 月向我解释的那样，“东芝公司早期的努力很不够。产品质量不好，交货也不及时。但我们同它一起努力并照顾它，因为我们看到了这种关系潜在的长期利益”。

摩托罗拉在大幅增加从东芝公司和其他日本公司采购力度的同时，开始和其他美国公司一起对日本市场进行调研。这些美国公司由于有较高的生产率和先进的技术，在其他国际市场上的销售迅速增长。在日本经济处于高速增长阶段时，美国公司似乎应该在日本获得更多的机会。但它们在日本受到了冷遇。投资被禁止。可以建立合资企业，但最好向当地生产商给予技术授权，且日本政府大力鼓励这种做法。进口受到控制和阻拦。摩托罗拉公司被告知，可以将其双向无线电设备卖给日本一家报业公司，但仅此而已。尽管其电视机售价在当时是全世界最低的，但被禁止卖到日本。我前面提到，不够努力经常被认为是美国商人在日本市场表现相对较差的原因。这个观点有一定道理，但同样真实的是，在多次遭到拒绝后，许多美国公司认为继续去敲那扇紧闭的门没什么意义。

虽然日本在1965年成为关贸总协定的正式成员，但市场仍是处处设限，天谷直弘曾用打高尔夫球来形容美国对这些持续限制的默许。他说，这是一种阻碍，旨在让实力较弱的产业与美国产业竞争；美国之所以能够接受这些限制，是因为美国具有产业优势，且愿意在经济上做出让步，以追求政治和军事目标。[10]具体来说，这个“阻碍”意味着，摩托罗拉和其他同类公司并没有从日本加入关贸总协定及明确接受关贸总协定自由贸易规则中得到任何好处。十多年来，在美国政府和产业界的鼓励下，摩托罗拉和其他美国公司的日本竞争对手在美国建立了强大的组织，但其间那些美国公司被阻止进入日本。直到1975年日本电子工业实现自由化后，摩托罗拉才得以建立合资企业，并最终成为它在日本的全资子公司。

即使在那时，市场也没有完全开放。直到1980年，摩托罗拉公司才被允许向NTT出售产品。同年，东芝公司总裁向罗伯特·加尔文赠送了一个银碗，以纪念该公司成为摩托罗拉的供应商 25 周年。即使在 1986 年，在完成全面开放日本电信市场的谈判之后，摩托罗拉公司向日本邮政事业厅提出的为日本提供各种电信服务的申请还是被搁置了，邮政事业厅试图说服摩托罗拉同几家日本公司共同建立合资企业，而这将大大降低摩托罗拉的业务份额。

近年来，有关美国“成功”故事的书籍和文章在日本层出不穷。IBM、可口可乐、希克、德州仪器和美国国家现金出纳机等公司在日本的销售额都相当可观，它们被挑选出来，作为有远见的管理和努力的范例。言下之意，这些公司已经取得了成功，如果其他美国公司也足够聪明和努力的话，它们也有可能获得成功。[11]

这一说法并非完全没有道理。尽管日本长期禁止那种向海外投资者支付美元股息的投资，但它从未阻止成立所谓的日元公司。外国公司可以用日元在日本建立公司，但这些公司没有支付股息或将资金转移到国外的授权。这些投资非常冒险，但可口可乐和通用食品等几家公司都成立了公司。加尔文向我坦承，他原本也可以成立这样的公司，如果再给他一次机会的话，他会成立。但他指出，可口可乐公司取得了成功，但通用食品公司没有：“我们大多数人都不是天才，我们担心钱一旦投过去就再也拿不回来了。日本人的冷淡加剧了我们的担心。”至于 IBM 和德州仪器公司，它们之所以能进入日本市场，只是因为它们在知识产权方面地位强势，且有后续技术换市场的能力。

“成功”这个词就像“开放”一样，可以有多种解释。IBM 日本公司的年销售额已经超过 40 亿美元，无论以什么标准衡量都是巨大的成功。但 IBM 在日本的市场份额低于其在其他任何主要市场的份额，而且在过去几年中，它在日本市场的排名已经从第一位下滑至第三位，落后于富士通和 NEC。一些观察人士质疑这是否是真正的成功，尤其是考虑到 IBM 无与伦比的金融和技术优势。德州仪器公司的情况也类似。

虽然它多年来一直是全球最大的半导体生产商，但经营了20年后，在日本的市场份额还不足5%，世界第一的位置也被NEC和富士通公司占去。尽管其日本市场占比比美国其他半导体公司都要好，但达拉斯那些强硬的企业家私下里说，这算不上成功。

有时那些成功的范例恰是不足的最佳证据，甚至令人尴尬。《美国新闻与世界报道》在1987年8月24日提到了固特异橡胶轮胎公司的成功，称该公司每年向日产出口50万个轮胎。[12] 报道称这些轮胎被安装在将被运回美国的汽车上，显然是没有意识到其中的黑色幽默。事实上，多年来，美国政府一直在向日本施压，要求其购买一些美国汽车零部件，从而在一定程度上抵消250亿美元的汽车贸易逆差。以预测的形式做出的从1981至1982年进口3亿美元美国零部件的准承诺从未兑现。最大的进口品是用于催化转换器的化学品，而这算不上汽车部件。

在美国巨大的对日贸易赤字压力下，日本人最终决定购买一些轮胎。但在日本销售的汽车是否用这种轮胎？绝对不行。它们被直接运回美国。这是一个完美的解决方案。日本在进口问题上得了分，但进口品永远不会在日本使用。更糟糕的是，美国媒体称这个交易是成功的，固特异公司则对自己为了拿到订单而付出的艰辛吹捧有加。事实上，这笔交易并不成功。这次销售本身就是问题的一部分。这家世界上最伟大且在日本以外的世界市场占主要市场份额的轮胎公司，正在吹嘘自己的成功，因为在该公司和其政府几乎跪求日本帮忙后，能够把自家的轮胎又卖回美国市场。

固特异轮胎公司的态度说明了问题的另一个重要方面。当被问及在日本做得如何时，几乎所有美国公司都声称做得非常出色。很难理解美国怎么会对一个美国企业在当地表现如此之好的国家产生如此巨大的贸易逆差。1987年秋，美国公共广播公司考虑制作一期在日美国公司遭遇困难的节目。我惊讶地发现，孟山都公司、克雷研究公司、IBM、摩托罗拉公司和康宁玻璃公司这些曾向我寻求帮助解决其在日本遇到困难的公司，均告诉美国公共广播公司它们没有困难、没遇到问题，做得非常好，谢谢。这是怎么了？

这些公司都是人质。它们知道，而且直截了当地告诉我，如果它们声音太大，即使曾经取得或希望取得的微小成功，也可能被日本政府和产业界的关系网以多种微妙而隐蔽的方式夺走，而它们自己的政府给不了任何帮助。事实上，它们的政府很可能会批评它们不够努力。因此，为了更好地相处，最好还是相安无事。与美国政府的政策不同，日本的体系延伸到了美国，并像在日本本土一样约束美国本土的公司。美国公司更害怕日本政府，而不是它们自己的政府。

当然，也有一些例外，可口可乐、希克、富士施乐以及其他一些公司的表现表明，在某些情况下，凭借技能和运气，外国公司能够在日本市场取得成功。但是，总的来说，美国公司在日本的经历非常艰难。欧洲公司、韩国公司、中国台湾公司以及其他国家或地区的公司都没有取得成功，这表明问题并不完全是，甚至在很大程度上并非源于美国人的笨手笨脚。1987 年 9 月，詹姆斯·法洛斯发表在《大西洋月刊》上的一篇文章抓住了问题本质。他同意这样一个标准论点，“只要工作到位，所有东西都可以在日本销售”，然后补充道：

> 区别在于制度的内在倾向。美国把消费者利益放在首位，自然会购买最有价值的东西；日本把厂商利益放在首位，自然会拒绝进口原材料以外的所有商品。卖产品到美国就像把球滚下山，卖产品到日本则像是与游击队作战，是逆水行舟，与庄家作对。你可以赢，但胜算不在你这边。[13]

日本征服电视机产业

大多数美国公司拥有强大优势，却无法在日本立足，这是它们中的很多最终走向空心化的第一步。美国政府鼓励实施产品进口、技术转让、资本转移的政策，但这并不是为了美国产业的长期战略地位。这些政策与截然相反的日本政策结合，使得美国产业一直是个靶子。日本人可以发动进攻，如果失败了，就撤回本国准备下一次尝试。美国公司几乎没有进攻机会，也没有退守之地。

空心化过程的第二步是，日本在这种趋势下占领了美国的主要产品市场。正如摩托罗拉公司与东芝公司间的供货合同显示的那样，日本的产业活力早在20世纪50年代中期就已经在美国显现出来。到20世纪60年代初，纺织业已成为贸易摩擦的主要领域，并预示着钢铁、汽车、半导体和其他行业的未来。但在日本进军美国市场的所有成就中，没有一项像征服电视机产业那样意义重大和影响深远。

摩托罗拉公司和其他美国电视机制造商（如美国无线电公司、通用电气公司和Zenith公司）在战后迅速扩大生产。在15年的时间里，这些公司在技术和成本上领先于外国厂商，并最终控制了美国国内市场，创造了美国战后的主要产业之一。这些公司处于最初增长阶段时，日本的这一产业还没有起步。但由于日本市场实际上对美国公司关闭，美国公司从自身领先技术中获得财务回报的唯一途径就是技术授权。因此，在20世纪50年代早期，美国无线电公司和通用电气公司都将黑白电视机技术授权给日本制造商。其后几年，这一举动被批评为愚蠢，但在当时，这不仅受到了日本的鼓励，而且受到了美国政府的鼓励，美国政府将把日本留在西方阵营列在优先位，即使这意味着在经济上做出让步。

技术授权带来三种结果：产生短期收益，加速缩小美国和外国厂商间的技术差距，以便使得美国厂商只生产国内需求的产品。这样的结果使得美国产业无法实现规模经济，也得不到学习曲线效率（在大多数行业，累计产量每增加一倍，成本就会下降 20%~30%），这两方面本可由大量的出口品生产带来，且可能在较长时间内保持美国产业的领先地位。

回过头看，1966 年是美国电视机产业的关键一年。摩托罗拉公司宣布推出世界上第一台固态彩色电视机。与此同时，日本通产省一方面禁止从美国进口，另一方面在日本启动了一项促进开发固态彩色电视机技术的计划。但最重要的是，日本黑白电视机源源不断地涌入美国，形成一股洪流，导致了美国电视机产业彻底重组，使之成为空心化的典型例子。

面对日本的出口大潮，美国企业将黑白电视机的生产转移到海外，并将国内生产集中在仍处于领先地位的彩色电视机上。到 1972 年，美国市场上的黑白电视机中有超过 62% 是进口品，其中一半来自美国海外子公司。此外，即使仍然在美国组装，国内增加值占比也随着零部件和组件制造转移到国外而下降。截至 1976 年底，进口品约占美国市场的 98%。[14]

升级到彩色电视机只是给这个行业提供了短暂的喘息之机。美国无线电公司在 1962 年开始首次批量生产时，便将彩电技术授权给了日本。[15] 这是一个关键时间点。日本人从黑白电视机的成功中获得了信心。从那一刻起，所有的一切可以说就是个模式重复的问题，即获得技术，在受保护的国内市场提高产量，然后以极低的价格向美国市场销售产品。日本不断寻找他们所称的“好项目”来重复这一操作。日本公司的活力和组织在此期间第一次真正地表现出来。摩托罗拉公司在 1966 年率先推出了样机，但日立公司在 1969 年首次推出了商用固态彩色电视机。到 1970 年，90% 的日本彩色电视机是固态机。摩托罗拉公司在 20 世纪 70 年代早期放弃了电视机业务，而美国无线电和 Zenith 这两家美国业内的领跑者直到 1973 年才推出完整的固态机生产线。[16]

从 1970 年到 1976 年，黑白电视机的经历又在彩电业重演了一次。日本（彩电）在美国市场的份额从17%上升到45%。在1960年有27家美国制造商，到1980年缩减到三家（通用电气、美国无线电和Zenith），这三家的大部分生产都在亚洲。电视机行业的从业人数在1966年至1970年间减少了一半，到1975年又减少了34%，原因是日本产品的市场份额上升，而美国再次将生产转移到亚洲。[17]这个故事的最新进展发生在1986—1987年，通用电气先是收购了美国无线电公司，几个月后又将合并的电视机业务出售给了法国汤姆逊–CSF公司。这使得Zenith成为美国唯一一家电视机制造商。

对美国行业这次溃败原因的事后分析多集中在日本先进的技术、高质量、低成本和进取性上。这些分析还认为，美国人在营销策略上犯了错误，没有供应小屏幕电视机，产品开发迟缓，授权“愚蠢”。这些解释没错，以上所有这些因素都存在。日本人做得很好，美国人也犯了一些错误。但这些因素还不足以构成一个充分的解释。其他三个重要影响也导致了美国电视机产业的空心化：美国大型零售商和批发商的政策、日本在贸易活动中的串谋以及美国政府的政策。

鲍勃·加尔文告诉我，他在1964年夏与摩托罗拉公司的一位美国零售商会面时，清楚地了解到零售商和批发商态度的重要性显而易见。加尔文离开时，无意中听到这个老板对他儿子说：“永远不要忘记，权力在买家手中。”在那一刻，加尔文意识到卖电视机“就像参加拍卖”。尽管他父亲和他多年来一直努力培养批发商和零售商，但后两者显然是把价格置于忠诚或其他因素之上。谁能批评它们呢？毕竟这是美国人的方式。商人是牛仔，不会定居。做生意的目的不只是存在感，还为了赚钱。加尔文在断定有更好的办法让摩托罗拉公司赚钱后，准备尽快退出电视机业务，以确保相关员工未来的就业。在准备阶段，摩托罗拉公司创建了一个新品牌“Quasar”，并逐步重组了电视机部门，使其能够独立销售或运营。该品牌在1974年被卖给了松下电器。

加尔文试图摆脱的美国分销体系的影响非常大。要卖产品，客户必须能够在商店中看到产品。无论质量怎样、价格如何，如果产品进不了渠道就卖不出去。我已经注意到制造商对日本分销的控制。即使没有配额、关税和其他保护主义手段，仅这一个因素就足以阻碍在日本市场的销售。摩托罗拉公司和 Zenith 公司多年来一直试图在日本销售，但都没有成功。

美国的销售完全开放。美国制造商花费了大量时间和资金发展销售网络，培训大型零售商的销售和服务人员。日本公司进入美国市场时，免费利用了这些资源。美国反垄断法禁止制造商控制经销商和销售渠道。此外，美国人并不以民族主义的眼光看待商业。营商的目的是赚钱，而不是保住美国工人的饭碗，也不是帮助实现贸易顺差。营商的原则也应该是各自为自己负责。政府事实上鼓励进口。因此，美国的大型采购商在亚洲建立采购中心，并成为进口品的主要推手。具有讽刺意味的是，帮助保罗·加尔文起步的西尔斯百货是这一做法的引领者。

第二个因素是许多日本公司串通控制价格和销售。日本公平贸易委员会的文件证实，串通活动从 1955 年开始，至少持续到 1974 年，并得到了一系列“俱乐部”和协会的帮助。例如，由电视机制造商中层管理人员组成的“第 10 天小组”，每个月的第 10 天在东京的皇宫酒店会面。该小组将建议和尚未解决的问题提交给在同一家酒店开会的由高管组成的“皇宫小组”。在这些会议上，非常重要的事项交给了“大仓小组”，该小组每月在久负盛名的大仓饭店举行会议，会议主席不是别人，正是松下幸之助。[18]

电视机的出口由日本机械出口商协会的电视机出口理事会协调。该理事会制定了一个“五家公司规则”，根据该规则，每个出口商指定五家美国公司为其独家客户。未经理事会事先批准，任何理事会成员不得向另一出口商成员的美国客户销售产品。违反此项规定，将被处以违规货物价值三分之一的罚款。[19]

该理事会同时负责一项价格检查制度，该制度由通产省在20世纪60年代初针对美国的倾销投诉而设立。根据该制度，企业应避免以低于与通产省协商确定的最低价格出口销售。当美国公司后来抱怨日本公司串谋和违反反垄断法时，日本人辩称其体系是良性的，旨在防止非法活动和投诉。但后来的调查显示，日本公司的售价低于“限价”。尽管所有正式发票和美国海关文件上都是约定价格，但生产商利用瑞士的银行账户暗地里向美国商人提供回扣。这最终导致1976年发生的一起针对日本生产商和美国零售商的重大海关欺诈案，原因是没有支付法定关税。

华盛顿大学教授山村耕造说，特别有意思的是，在坚定维护“五家公司规则”的同时，却规避了限价制度，这使得美国市场降价的全部影响只会落在美国生产商身上。山村说，在此期间，日本电视机在日本的零售价比美国同类产品平均高出50%。这种情况一度导致日本的《读卖新闻》（日本一家大报）刊登了一系列文章，并在日本全国范围内抵制电视机销售。[20]尽管日本消费者极其顺从，但发生这种情况也反映出了当时的情况有多夸张。

这里必须指出，日本和美国之间的零售价格差异在某种程度上受到了日本多层次、更受控制的销售体系的影响。不同电视机的出厂价仍存在差别，但更小一些。虽然价格歧视行为在美国人看来是掠夺性的，但这种做法完全符合日本竞争和日本公司的常态。

所有这些做法产生的后果之一就是不断的诉讼。1962年至1981年间，美国政府共受理了20起不公平贸易案件，并对电视机行业进行了37次调查。[21]其中最重要的三起案件涉及倾销、欺诈和反垄断问题。有一件反倾销案是美国产业界于1968年提起的。此类案件通常需要一年左右的时间结案，但该案花了3年时间，同时成为激烈争论的起点。最终在1971年裁定倾销做法存在，美国财政部开始评估关税损失，但不到一年评估工作便停止了，至今未给予充分解释。一些观察人士怀疑，日本大约同一时间同意限制纺织品出口，以此作为交换条件。

不管怎么讲，美国在 1976 年之前没有任何行动。国会在这一年就该行业的困境举行听证会，发现了欺诈性的回扣计划，这给财政部造成了巨大的政治压力。作为回应，财政部突然指示其海关负责人重新计算倾销关税，海关给出的结果是 4 亿美元。[22] 日本人强烈反对，接着便是一场激烈的争论。美国法律的不完善使倾销程度的实际计算变得复杂，且取决于对被告提供数据的解释。美国海关系统工作人员少，日本人则有意提供了海量文件，其中很多相互矛盾。美国海关没人懂得日本的会计核算，双方围绕这个问题也爆发了激烈争论。日本厂商一度表示，其销往美国的电视机生产用的是年轻工人，这些电视机比年长工人生产的本土销售的电视机质量差，为美国市场电视机的低价找理由。

日本公司还聘请了很多美国说客，其中一位是美国前副贸易代表，他收了 30 万美元的费用。与这些说客见面后，财政部高级官员在新评估报告寄出的前一天指示将前述的关税削减至 4 600 万美元。财政部内部海关人员的抗议导致财政部重组了其海关系统，让那些一直调查此案的人员上任。[23]

倾销案与涉及非法回扣的海关欺诈案交织在一起。西尔斯百货等美国进口商可能会因欺诈行为面临高达 10 亿美元的民事处罚，而日本公司的倾销罚款金额估计在 1.4 亿 ~7 亿美元之间。1979 年 12 月，美国财政部试图说服国会允许其以 5 000 万美元的金额了结对双方的处罚，并称其担心引发与日本间的贸易战。[24] 国会不仅拒绝了这一提议，而且出于对财政部的不满，还把处理倾销案的权力转给了商务部。1980 年，商务部宣布了一项和解协议，合计处罚约 7 600 万美元：对倾销行为处罚 6 600 万美元，对欺诈行为处罚 1 000 万美元。这个案子已经过去 12 年了，罚款金额还不及 1 年的回扣。

这起针对日本（电视）公司的重大反垄断案于 1970 年提起诉讼，但直到 1982 年被驳回后才做出简易裁决。之所以驳回，是因为法院决定禁止日本公平贸易委员会从日本公司获取文件，这些文件不符合联邦证据规则要求。实际上，法院在排除大部分证据后做出了有利于日本人的裁决。[25]1984 年，该案被上诉到联邦最高法院。美国司法部代表日本公司向法庭提交了一份“法庭之友”的案情摘要，这是一个令人吃惊的举动。尽管日本公平贸易委员会的所有证据都不被美国法院接收，但美国政府很清楚，日本公司实际上是串谋。鲍德里奇部长强烈反对司法部的行为，但国务院和财政部表示支持。他们担心对日本人的裁决将使日本汽车出口自愿限制不时失去法律依据。美国事实上在支持不公平贸易，以维护因这种不公平贸易达成的协议。

为应对这种形势，美国厂商继续将生产转移到中国台湾和墨西哥。美国政府促进了这种转移，它潜移默化地鼓励这些国家或地区制定一揽子税收优惠和关税措施，以吸引美国投资。美国税法也有利于这类投资。此外，美国的关税表在 1963 年进行了修订，使得海外投资更具吸引力。[26] 新的规定允许从美国出口（零部件）到海外进行改装或在海外组装的产品再进口，只对海外增加值征收关税。因此，当美国公司面临强大的外国竞争对手时，美国政府并没有从贸易法的角度为本国公司提供有效保护，而是对它们严格执行反垄断法，同时鼓励它们将业务移至海外——许多公司这样做了，且产生了深远的影响。

美国业界的问题

美国技术飞跃

正如我前面提到的，最严重的后果是许多美国公司减少了对新产品的开发，以及随之而来的技能下降。录像机是最好的佐证，虽然是美国人发明的，但由日本公司发展成熟并率先投放市场。美国科学家发明的技术得不到发展，美国公司的管理人员因此遭到了严厉批评。美国似乎一如既往的富有创造力，但其无能的管理者阻碍了其享受本国创造力的果实。很少有评论家意识到电视业的经历导致的新格局。美国厂商使黑白单色技术商业化，然后遭遇惨败；他们随后带着彩色电视机新技术想卷土重来，结果又一次遭遇惨败，部分原因是极其不利的环境。他们不打算在录像机或其他任何产品上试第三次，最好的做法是成为经销商或进入其他行业。

美国其他行业也观察到这一现象，并知道本行业也面临同样的问题。到 1984 年，形势已经发展到这样的程度：如果企业考虑在美国生产，那就会受到批评。1987 年夏天，有一个具体的例子说明各个行业当时的处境。互联电子公司是圣巴巴拉市的一家小型初创企业，我是该公司的董事。其产品是一种用于各种电子仪器的力敏电阻器。公司创始人发明了该产品，并在美国和欧洲拥有专利，在日本申请的专利当时还没有颁发。我们突然发现一个潜在日本客户，即罗兰公司（互联电子为该公司提供了大量技术数据），要求东芝硅公司生产我们的产品，而东芝硅公司正在日本进行一项竞争性的专利申请。

我们该怎么办？东芝硅公司可以根据日本的程序反对我们的专利，并将我们卷入数年的诉讼，双方都将付出高昂代价，而东芝硅公司比我们更容易承担这一代价。与此同时，东芝硅公司可以在日本销售产品。我们可以提起诉讼，阻止其在美国销售，但这同样需要时间和费用，我们几乎负担不起。在我们威胁将此案列为贸易问题后，东芝硅公司表示有意达成一项授权协议。我们并不真想要这样的安排，但东芝硅公司的优势使我们不得不考虑。日本专利授权的长期拖延以及日本缺乏有效的司法诉讼制度，对美国造成了不利影响，东芝硅公司这种情况层出不穷。日本的这种体制（加上美国政府对此缺乏反应）对美国的技术产生了虹吸效应，尤其是那些小型初创企业的技术。

最终，由于美国公司无法从自己开发的产品上获利，它们便停止开发，这样一来，研究方面的需求和兴趣就少了。许多美国大学发现越来越难以让美国公司对本校项目感兴趣，它们随即转向日本。1984 年 9 月的《商业周刊》报道，在被通用电气和其他美国公司拒绝后，亚利桑那大学从东芝公司那里获得 500 万美元，用于支持数字 X 线摄影研究；[27] 佐治亚理工大学与日本贸易巨头日商岩井建立了伙伴关系，推销其专利；在麻省理工学院，日本公司捐赠了 9 个教职，价值数百万美元。日本研究人员被派往麻省理工学院工作，29 家日本公司参与了该学院的产业联系计划。因此，美国产业最后的堡垒，也就是它在技术上的优势，随着日本人对科学资源的直接利用而逐渐消失——如果在日本有对等的机会，这样的安排可以接受，甚至是可取的，但事实并非如此。

虽然对这些事件的评论总是涉及对美国企业管理层的批评，以及对渴求知识的日本人的赞扬，但很少有人停下来思考这样一件事，那就是日本人知道他们可能会在这些新创意上有所回报，而美国人知道，面对日本的竞争，他们可能得不到回报。这是一个关键的区别。公司的目标首先就是赚钱。

短期利润 vs 长期增长

除了进入日本市场的困难和在美国市场竞争的不平等之外，阻碍美国公司竞争力的第三大障碍是它们遵守的财务纪律。例如，联合技术公司在 1985 年秋宣布，因为亏损严重，计划关闭其 Mostek 半导体部门。有两个原因使这一举动影响很大：一方面，该公司是一家多元化垂直整合的大公司（其零部件部门为终端产品部门提供部件），对于那些认为拯救美国独立半导体制造商的办法是合并此类公司的人来说，关闭举动是一个沉重打击；另一方面，像日立公司等规模相当、业务相同的日本企业，也在半导体行业遭受严重亏损，但并未关闭其相关部门。

美国和日本当时都有评论称，这是美国规划短视的又一例证，一家美国公司为了短期盈利任由关键技术流失。但这是事实吗？我曾在日本工作并管理过日本公司。我知道日本人比美国管理者更厌恶风险，他们怎么就能让工厂一直开着，而美国人却关了工厂？

答案在于各自所处的经营环境和对这些公司经营情况的预期。大多数日本公司的大股东都是其他相关公司，投资是为了集团的长期战略生存，所需资本的成本较低，投资风险也因集团结构特点而降低。政府友好也是一个优势。而在美国，即使对像联合技术这样的大公司来说，资金的来源也是华尔街，华尔街要求的是业绩。如果利润低于预期，即便是一个季度，美国公司的股价也得跌，从而增加了其资本成本和财务上的脆弱性。低储蓄率意味着美国缺乏资本，这导致投资者要求高额回报，并对短期利润形成巨大压力。虽然联合技术公司规模大，但在消化半导体部门亏损方面，它面临的风险比日立公司更大。

对比 NEC 和摩托罗拉两家公司可以说明问题。表面上看两者相似，都是电子产品制造商，都经营通信业务，都向政府实体出售大量产品。两家公司 1979 年时的规模相当：摩托罗拉公司的销售额为 27 亿美元，NEC 为 36 亿美元。但与 NEC 不同的是，摩托罗拉不属于任何集团，政府对其态度充其量是中立的。摩托罗拉公司的资产负债率为 20%，NEC 资产负债率为 80%。1979 年至 1986 年，摩托罗拉税后利润占销售额的 5%~7%，NEC 是 2%~3%。摩托罗拉的资产回报率在 9.4%~16%，NEC 的这一比率为 4%~7%。从资产管理的各项赢利能力指标看，摩托罗拉几乎均是 NEC 的两倍。但有一个关键领域的情况不同：NEC 此间年增长率约为 21%，摩托罗拉年增长率为 15%。因此，1986 年，摩托罗拉市值 60 亿美元，NEC 为 170 亿美元[28]（汇率变化也推高了 NEC 的市值）。

这就是低风险杠杆的作用。尽管摩托罗拉的赢利能力强，但被NEC赶超，并发现在无线电、半导体和通信业务上面临越来越大的压力。就管理表现而言，摩托罗拉做得相当不错。经测算，它的可持续增长率为12.4%，而实际增长率还要高于这个数字。NEC的实际增长率则比测算的可持续增长率略低。摩托罗拉管理层履行了职责，但股东和市场要求其获得利润，而NEC得到的相关要求则是增长。摩托罗拉与NEC的长期竞争能力因此受到限制。

当我问鲍勃·加尔文为什么不增加债务，甚至为避免来自华尔街和分析师的财务压力而私有化公司时，他说（如日本公司那样的）债务水平对其公司来说风险太大，因为他没有日本式的经营环境。如果摩托罗拉负债累累、陷入困境，银行家们就会收回贷款，公司很容易破产。此外，他还说高负债会导致分析师将其股票评级定为投机级，从而进一步提高其资本成本，反而抑制了这一操作原本期望的促进增长。

但压力不只来自贷款人或分析师。养老基金会投资摩托罗拉这样的公司，希望得到最好的回报。个人投资者将资金投到共同基金和其他机构投资者，以寻求最大收益。美国证券交易委员会要求企业按季度发布财报（日本只要求半年报告一次）。基金经理的激励机制要求他们实现短期利益最大化。法律要求董事会接受短期内提高股价的收购报价，即使长远看有可能对公司不利。美国政府官员考虑的是两年的选举周期。事实上，美国已经建立了一个过度关注短期利益的国家结构。这种结构背后的理念是公司只为股东的短期利益而存在，这种理念已经渗透到美国的企业和政府体系中，甚至当我们试图对其进行改革时，体系岿然不动。

对于我的问题，即摩托罗拉公司能否作为一家主要美国制造商长期存续下来，加尔文的回答是肯定的，但唯一的原因是，虽然他并不控制摩托罗拉，但他和家人仍然拥有很大的股权，再加上作为创始人的儿子，这些都给了他特殊的力量来抵御短期压力，并以更长远的眼光看待问题。他认为,其他公司的管理者是否也能做到这一点是一个很大的问题，即便是加尔文家族，能做的也很有限。就在我们谈话那段时间，摩托罗拉正在建立一家合资企业，东芝公司将为新公司提供存储芯片，这正是摩托罗拉最先开发的半导体。此外，加尔文预计，摩托罗拉可能会在5到10年内将大部分业务转移到海外，尽管他不希望这样做。今天，因无法无视美国体系对短期业绩的要求，即使是强大的IBM也准备放弃低端个人电脑业务。

在许多方面，备受吹捧的风险投资业务只会恶化这一现状。虽然风险投资参与的一些初创企业非常成功，一些企业家也赚了大钱，但它也鼓励聪明的工程师离开以前的公司，去寻找看起来更广阔的天地。这导致小公司激增。这类公司财务实力脆弱，往往会为了短期融资出售技术，也挖走了一些实力较强公司中最优秀的人才。这对于风险投资家来说可能是件好事，但从长期来看，这是否对美国有利还不清楚。

1986年10月，美国国家经济研究局关于美国跨国公司竞争能力的一份报告，最清楚地阐明了商业环境的重要影响。[29] 报告指出，虽然美国在世界制成品出口中所占份额从1966年的17.5%下降到了1983年的12.3%，但美国跨国公司，包括其海外分公司，在这段时间所占的份额稳定在17.7%。正如布拉德肖所说，一些公司做得很好。美国的一些管理人员并非无能，而是在做一件大多数日本公司不敢尝试的事情：与真正的跨国团队（包括高层管理人员）在全球制造基地一起运作。问题不在于美国的跨国公司无法竞争，而在于美国作为一个国家或运营地点无法竞争。

质量和生产率的下降

摩托罗拉和其他美国半导体厂商的经验表明，美国公司最明显的问题是质量，这使它们失去了很多声誉。当日本人把 16k 的动态随机存取存储器推到美国市场时，其质量明显更好。尽管美国厂商很快改进了自身产品，但要想改变公众对管理松懈的看法还需要花很长时间。

这一情况在劳动生产率方面类似，其中最令人震惊的例子，可能是通用汽车与丰田汽车在加州弗里蒙特的合资企业。在 1983 年合资企业成立之前，工厂一直由通用汽车公司运营，缺勤率高达 20%，而且悬而未决的投诉常年保持在 5 000 起。通用汽车最终被迫将这家工厂关闭了两年。在丰田公司的管理下重新开张后，旷工率降至 2%，投诉率几乎为零。此外，新工厂只需 2 500 人就可以完成以前 5 000 人的工作。[30] 工人们已经两年没有工作，在统计数据上表现并不好看，但这仍不失为一个令人印象深刻的表现。

质量和生产率问题是美国工业的致命弱点。鲍勃·加尔文承认美国产品的质量常常不如日本。美国的工会经常会遭到指责，但像摩托罗拉这样的公司没有加入工会。加尔文本人将部分问题归于教育水平的差异和两国劳动力的稳定性，但他说，最主要的原因是美国的制造方法过于注重高产出和降低特定成本，而没有考虑整个流程。他承认，他和其他美国高管从日本人身上学到了很多东西，而且还有很多东西需要学习。

他表示，摩托罗拉为此在 20 世纪 60 年代末将部分业务移至海外，以降低劳动力成本。他现在了解到日本的“零库存”生产体系不仅减少了库存，而且还迫使制造商将其生产过程作为一个体系来研究，理解为什么会出现质量问题，同时被迫解决问题，因为现在任何缺陷都可能使整个工厂停工。加尔文说，“当以这样的方式思考并运行这样的系统时，仅仅寻求降低劳动力成本并不能解决问题。我们必须彻底了解整个生产系统”。他说，尽管仍有改进空间，但“我们现在知道如何获得高质量，且发现在越来越多的领域正面竞争，击败日立、东芝和其他公司。所以我们在进步”。为了证明这一点，他指出由于质量评级非常高，NTT 最近对摩托罗拉寻呼机的采购量增加了一倍，同时减少了对其他日本供应商的寻呼机购买量。

加尔文同时指出，质量当然不是凭空而来，而是取决于投资和预期。美国公司管理人员所面临的短期财务压力，往往使他们比日本人更难采取必要的措施来提高质量。再者，投资当然需要健康的现金流，而在进口品冲击面前，现金流很难维持。

在劳动力和生产率问题上，马文·鲁尼恩观点独到。在负责于田纳西州的士麦那组建日产的美国第一个组装厂前，他已经管理了福特汽车的工厂近 30 年。鲁尼恩身材瘦小、一头白发、为人低调，深谙汽车行业的门道。他了解美日两国汽车业的方方面面。在我最近一次参观士麦那工厂时，他显然为工厂的质量和生产水平与日本本土公司相当而感到自豪，正如他所说，这证明了如果组织和管理得当，美国工人与世界上任何一个国家的工人一样优秀。

我就此追问他：他在日产公司做过的事能否复制到福特公司。他的回答是："可以，如果没有工会那些不合理的条条框框。"我接着问他，到底是什么让一些工会使你不能做你在这里做的事情呢？他指着天花板上的一个灯泡说，"如果我要换这里的灯泡，我可以找个梯子自己来换，或是找个保管员来换。如果是在福特公司，我得找个电工换灯泡，同时得另外找人搬梯子"。

我注意到鲁尼恩身穿蓝色工服，同其他人一起在自助餐厅吃饭，于是我问起管理方面的问题。鲁尼恩认同日产公司大力营造和谐的家庭氛围、员工与公司间的认同感，强调缩小工人和管理层之间差距的重要性。他同时指出，美国工人比日本工人更加独立和奉行个人主义，不能完全以同样的方式进行管理。

位于弗里蒙特通用汽车丰田工厂的工会负责人托尼·德杰苏斯在接受《商业周刊》采访时，更直截了当地谈到了管理问题："在这里，我们发现高管们在要求员工做出让步之前自己会先做出牺牲。在以前的管理中，我们做不到这一点。”[31]

索尼公司的盛田阐明了这个问题的最后一个关键环节。1986 年 9 月，在与他讨论他在圣地亚哥的工厂时，我问他产品的质量是否和日本工厂一样。他说一样，但必须付出更多努力。他指出，美国的劳动力更加多样化，受教育水平普遍较低，因此不太适应也不能使用必要的技术。他说，日本工人经常在允许的误差范围内不断尝试，努力达到最佳生产率。美国人更被动，愿意接受更大的误差。此外，盛田说，如果一件产品在临近下班时接近完成，日本工人会完成它，即使这意味着在下班铃响后留下来，而美国人往往留待下一个工作日。他说，解决这个问题的办法是，索尼公司的工程师给美国工人设计的产品误差更小，且命令美国工人不要在下班前开始生产新产品。

这一信息似乎在告诉我们，美国的管理层和普通劳动力都需要提升，最重要的是要共同努力。

美国商界的孤立

美国企业走向海外或进入更受保护的服务业和金融企业，这一趋势背后的最后一个因素是，似乎没有人关心它们是否留在美国。传统上，媒体、消费者和美国政府对美国企业几乎没有认同感，美国企业往往被视为一种必要的但多少有些不值得信任的机构，有别于社会的其他领域。

在电视机战争中，美国媒体站在了日本一边，谴责本国产业奉行贸易保护主义，就如同后来在半导体战争中的论调，尽管这些公司的高管一直是自由贸易的坚定支持者。媒体从未深入研究过日本公司的态度，也从未深入研究过为何经营大型跨国企业的美国高管会支持“保护主义”措施。新闻界也倾向于仅从美国管理的失败来分析贸易问题，认为这是导致美国生活水平下降的原因。[32] 媒体从未提到管理层不得不身处的环境因素，包括媒体环境。

公众同样没有同情心。最明显的例子是在 1987 年春，里根总统当时宣布对日本在半导体贸易中的不公平做法进行制裁。毫不意外，大街上的男男女女在媒体采访中表达的担忧，不是针对半导体厂商或工人，而是是否还能买到录像机。[33]

大约在同一时间，美国一直在向日本施压，要求日本降低利率以刺激国内经济，从而通过消费更多的本国产品、减少出口，来缓解美国贸易逆差的压力，我那时接受了日本电视台的采访。当东京的新闻主播问我对日本被要求为了美国经济而牺牲自己有何看法时，我一下子惊呆了，陷入了短暂的沉默。我从未想过降低利率或刺激国内消费会被认为是一种牺牲，但是，在认同生产商的日本，这可能被看作一种牺牲。

1986 年冬，在前往日本前，来自肯塔基州的国会议员们要我做一些简要情况说明，他们的态度说明了美国的不团结。丰田公司刚刚宣布将在肯塔基州建一个装配厂，国会议员们也希望通过各种激励计划吸引零部件供应商到该州。此间，我问他们是否意识到，在肯塔基州每建一家日本工厂，密歇根州就可能关闭一家美国工厂。他们的答复是，“我们不是密歇根州的国会议员”。相比之下，在日本，通产省会协调各地的政策，以防止它们相互竞争外国投资。

在美国，人人为己。似乎没有这样一个概念，即如果互相支持，我们可能会更好。因此，美国企业感到孤立和脆弱。日本的产品并不总是最好的，但日本的环境给了生产商一个改善的机会。在美国，机会只有一次。

另外，也是前面提到的，美国企业本身缺乏团结，缺乏对自身处境的了解。20 世纪 60 年代，许多商人批评纺织业实行贸易保护主义政策；20 世纪 70 年代，半导体产业以同样的态度批评钢铁和汽车产业；20 世纪 80 年代，计算机和软件界人士对半导体产业提出了同样的批评。

为了保持创新和独立于日本，美国计算机和电信设备制造商需要一个健康的美国半导体设备产业，因为计算机和电信设备的产品性能取决于其使用的芯片，而芯片的质量取决于制造设备。在客户（即半导体公司）大量流失的情况下，设备行业不可能保持健康。但当 1986 年政府采取行动通过防止倾销来帮助发展半导体产业时，电子行业的一些人士抱怨称，日本廉价芯片的供应被切断了。

美日商界会议提供了更多使人困惑和产生误解的例子。这个由两国商界领袖组成的组织每年举行两次会议。1985 年，该组织通过对日本和美国产业政策进行评估得出结论，日本有一个协同、有效的产业政策，这对日本的成功做出了重大贡献；美国有影响产业的政策，但缺乏全面的产业政策。评估认为，美国的这些政策常常相互矛盾、缺乏协调，往往会阻碍美国的进步。[34] 这份评估报告在华盛顿特区麦迪逊酒店举行的记者招待会上发布，霍尼韦尔公司的美国董事长兼首席执行官埃德森 · 斯宾塞被问道，美国采取一种更加协调的手段是否明智。他的回答是，“绝对不。我们美国人不相信政府干预商业”。

1986 年 2 月，我参加了该组织在檀香山的一次会议。双方的态度都很有趣。一些美国商人警告日本，美国需要产业力量来支持本国的国家安全和日本的安全。尽管这一警告有一定道理，但也隐含着一种请求：“请不要打我们太狠。”其中给出的明显信息是，这些商人和其政府不准备采取必要措施来保持竞争优势。实际上，他们是在乞求日本支持美国。

一些美国公司高管妄自菲薄，而日本方面则采取了协调一致的强硬立场。日方普遍否认日本存在任何透明度或市场壁垒问题。他们还以贫穷为理由，辩称日本的贸易顺差是必要的。一位发言者指出，日本的债务在国民生产总值中所占比例比美国大。但他忽略了一点，即日本的储蓄率也比美国高得多，这使得日本的净负担要小得多。另一位发言者强调，日本并不富裕；而且，即使有盈余，人们也无法使用这些钱，因为居住空间狭小拥挤、物价高。还有一位发言者认为，在日本不存在销售问题，他强调，财团不干涉外国商品的销售。

美方人员只是听着日方的言论。没有人问，如果销售不是问题，为什么美国的纯碱销量会停滞在每年22万吨，而基于价格、需求等经济因素，这一数字很容易达到50万吨。美国人努力维护与日本人的共同利益，并倾向于对没人相信会打开日本市场的市场开放措施表示赞赏，以建立善意，并鼓励日方采取进一步行动。但一些美国人对这次会议感到非常失望。福特汽车公司董事长唐纳德·彼得森痛心疾首："我希望有人能告诉我，制造业不是反美国的。"

美国企业界的许多高管都响应他的这一呼声。他们觉得自己正在进行一场伟大的斗争。在较弱的财务结构、受教育程度较低的劳动力以及世界上最开放的市场条件下，这些企业存续着。这场斗争迫使它们将部分业务转移到海外。虽然它们因这一行动受到批评，但就管理而言，这是一项成就，证明它们能够整合和协调涉及多国的广泛行动。事实上，正如美国国家经济研究局所指出的那样，许多公司的海外运营做得很好，它们找到了一种在许多方面都相当巧妙的生存之路。[35]

问题是作为一家美国公司，光生存下去就很困难。像彼得森和加尔文这样的人，以其公司和国家为荣。他们希望这些公司留在这个国家，并尽其所能让它们留在那里。但是为了让这些公司成功，国家得需要这些公司。消费者、工人、商人、媒体专家和官僚之间必须有共同的纽带，一种他们最终都在同一条船上的感觉。

第八章

贸易商还是武士：经济与国家安全间的冲突

> 对外贸易是一场战争，各方都想从对方那里榨取财富。
>
> ——Rimei Honda（**德川时代的哲学家**），1744—1821

摩托罗拉的罗伯特·加尔文和其他美国商人所处的经济环境，一方面受到完全竞争和自由贸易原则的制约，另一方面又受到国家安全需要的约束。美国没有解决这些经常相互冲突的紧要问题，而日本和其他国家已经这样做了，这是环境不友好和美国衰落的主要原因之一。

关键产业上落败

这一形势的最好证明是机床产业。1986 年，北大西洋上一艘美国反潜潜艇被附近苏联潜艇的声呐捕获后（这本不可能发生），机床产业在 1987 年夏天成为公众关注焦点。美国海军此前花费了数十亿美元来记录每一艘苏联潜艇的声音信号，而美国潜艇本应在苏联潜艇靠近到足以将声波从美国艇壳上反射出去前很久就听到苏方潜艇的声音。这是怎么回事？

一年后，这个问题的答案引起了公愤。日本东芝机械公司和挪威康斯伯格公司联手，通过伪造文件和间接的销售渠道向苏联出售先进机床，这些机床可以用来铣削静音螺旋桨，这违反了国际承诺。虽然日本政府事先并不知道这一操作，但它对苏联战略性出口的总体松懈政策（日本有20~30名管控人员，而美国有700人）无疑造成了某种宽松的氛围。从表面上看，它只不过是一起标准的工业间谍和走私案，但这一做法骇人听闻。事实上，这一事件有着丰富的历史背景和许多复杂有趣的方面。

机床通常并不引人注目。它们不会出现在电视上，普通人也不会购买它们。这个行业规模很小：好年景中的销售额可能达到60亿美元，约占通用汽车销售额的5%。但这个规模可以支撑起整个工业经济。在最基本层面，机床制造螺丝、螺丝刀、螺母和螺栓等；在更复杂层面，机床制造用于钢铁、汽车和电子工厂的压力机、脚轮和机器人。机床作为制造其他工具的工具，是工业的基础。

这个行业的核心作用在20世纪美国参与的每一场战争中都得到了印证。在第一次世界大战中，机床同战列舰、冲锋枪一样是最重要的武器，机床也是引发珍珠港海战的关键因素。[1]第二次世界大战期间，美国国会授权加快采购“海军舰艇、飞机和机床”。①但机床的不足成为一个关键瓶颈，为此美军付出了血的代价。国会因此在1948年指示进行国家机床储备，用于紧急生产关键产品。[2]尽管采取了这些措施，朝鲜战争再次使美国发现自己缺乏关键机床，国会再次讨论了确保充足供应的方法。此外，国会在1955年通过了一项决议，其中规定，“我们的工业基础绝不能依赖外国工厂”。[3]

---

① 日本偷袭珍珠港前，机床为美国对日本首批禁运物资之一。——译者注

并非只有美国有这种顾虑。在规划产业结构时，日本通产省的要员也没有忽视机床。1956 年，通产省制定了《促进特定机床特别措施法》，并由国会通过。与 1957 年制定的《促进电子工业特别措施法》类似，这部新法设立了一个委员会来监督机床产业，并指导通产省制定并执行促进产业发展的计划。美国媒体没有注意到该法案的通过，而美国驻东京大使馆则忙于处理更具有吸引力的政治问题，也几乎没有注意到这一点。两者都应该更敏锐地关注这部法律，因为它以这样或那样的形式持续了 30 多年，为日本产业的卓越地位奠定了基础。

美国和日本的机床产业

传统上，熟练的工艺是各国机床产业成功的关键，这一直是创业型工程师和机械师的理想行业，他们通常基于技能而不是经济实力来创建小公司。因此，世界范围内机床产业的特点是企业小，往往是家族公司。作为最具周期性的行业之一，它考验着企业决策者的能力。为了能够快速交货以应对高峰需求，这类公司的产能必须远超商业周期底部、需求大幅下降时的水平，因此需要拥有雄厚的财力。机床公司通常没有这样的基础，它们倾向于选择另一种策略，即在需求高峰期承接并积压订单，并在收到订单几个月后才发货。

这种“繁荣与萧条”趋势和规模小的特点结合，形成了该行业的其他显著特征：高风险且资本不足。这并不是一个银行家们愿意投钱的行业。因此，投资和研发往往取决于内部现金流，这种情况加剧了积压交货和创新受限的趋势。

1956 年，美国和日本的这一行业都有这些特点，但在其他方面却大不相同。美国有世界上最大的机床产业，就业者 75 000 名，年销售达到 13 亿美元，是最大的机床出口国，拥有最先进的技术、最高的人均投资水平和当时世界机床产业最高的人均产出。简而言之，美国的机床产业是最好的。[4]

当日本通产省的官员们在当年冬天起草促进法时，想要比肩美国机床产业几乎是不可能的。日本 1 500 家机床制造商的产量仅为美国的四分之一，即便是这个产量，需要的工人数量却达到了美国的一半以上，这意味着一个美国人的工作量需要至少两个日本人才能完成。日本三分之一的机床是进口的，进口品牌比国产品牌更便宜，质量更好。[5]

在接下来的 30 年中，两国都采取措施，以确保本国拥有足够的机床供应。美国规定，在宣布紧急状态时，要对某些设备的生产进行预先安排。其中的第四项是制造技术，该计划始于 1949 年，美国空军当时对改进航天设备的制造技术产生了兴趣。它资助了麻省理工学院的一项机床改进项目，这推动了数控机床的发展。通过计算机控制机床的运转，开发人员不再需要人工操作，使机床更加精确，并使该行业发生了革命性变化。美国空军主要通过向选定的制造商发出此类机床的订单，并向它们提供制造许可证，以将这项技术转让给美国产业界。这一做法使得几家大型国防承包商获得了技术，但由于这些公司有限的财务能力及其固有的保守主义，该技术在行业内的传播没有得到重视，而且进展缓慢。数控技术也被传播到国外，外国制造商通过支付合理价格取得了许可证，几家日本公司得以获得该技术。

这些是积极方面的举措。美国还实施了一些使其机床产业陷入更困难境地的其他措施。它严格限制技术最先进的机床设备出口，甚至是对友好国家和中立国家的出口，以防泄漏给苏联。这一限制不仅刺激了外国发展本国技术，而且也阻碍了美国产业提高产量，如果产量足够，美国机床产业本可降低成本并获得后续技术开发所需现金。最重要的是，美国通过前面提到的自由许可政策，培育和鼓励了外国机床产业的发展。他们从未考虑过这些外国企业在向苏联出售产品时可能没有美国那么谨慎。美国政府还取消了美国进口机床的壁垒，同时未能在国外，尤其是日本实现对等自由化，而且美国机床产业对不公平国际贸易的投诉反应迟缓。

日本人考虑得则更周全。多年的研究和实验使通产省的分析师们相信，许多小型机床制造商的小批量定制生产，总会导致资本不足，易受周期性波动影响，无法迅速引进新技术，这是常态。因此，1957 年 3 月，机床产业第一个基本计划的目标，就是通过集中生产降低成本，提高质量和生产率，使相关厂商只专注于生产少数产品，从而扩大其生产规模。

该计划和随后几年的其他计划详细且具体。1967 年，产量目标是 15 亿日元，出口目标是 2.5 亿日元；1971 年的计划是，要求到 1980 年，50% 的产品是数控工具（最终结果只差了一点，为 49.8%）。通产省要求企业停止生产产量低于行业总量 5% 和自身产量 20% 的产品。日本机床制造商协会成立了制造份额审议委员会，确定每个制造商的专攻领域。至少在 1983 年之前，该委员会实际上是一个以不同方式运作的卡特尔。[6]

这一方案得到了一系列市场保护措施的支持，并辅之以各种财政激励措施，包括常规的特别折旧，出口损失、报废和价格波动的准备金，以及各种税收抵免。通过日本开发银行及私人银行网络将资金配置到机床产业。

但最能展现通产省想象力的方案，是后来成为许多投诉焦点的自行车竞赛基金。利用自行车比赛是日本一项很受欢迎的赛事这一事实，通产省制定了一部法律，允许在自行车比赛中合法下注。国会通过了这项法律，允许日本市政当局组织比赛和下注。大部分收入都到了市政府手里，但也有一部分给了日本自行车康复协会，该协会致力于促进与机械相关的产业发展。同摩托艇比赛协会等其他几个组织一样，该协会也由通产省控制。在过去的 30 年里，该协会的预算总额超过 20 亿美元（以当前汇率计），并且已被证明是包括机床产业在内各种通产省项目的预算外资金的重要来源。[7]①

所有这些安排均影响深远。到 1986 年，日本已经成为世界上最大的机床生产国。按行业就业人数计算，日本机床产业的人均投资几乎是美国的两倍，人均生产率也是如此。在美国，这一产业已经从 1 000 家企业减少到 600 家左右，而日本则将其产业合理化，减少到只有 250 家左右。50% 的日本机床工人受雇于员工超过 1 000 人的公司，而美国的这一数字只有 20%。[8]

最重要的是，日本绝对主导了机床产业最先进、增长最快的领域：美国发明的数控机床。1986 年，日本生产的数控机床是美国的 3 倍。一家日本公司，即富士通 FANUC，控制着全球 60% 的数控设备市场。[9] 美国的许多数控机床制造商依赖于日本人的控制设备，因此也依赖于后者的设备技术。而 30 年前坚持不依赖外国机床的（美国）军队，在很大程度上也要这样依赖了。

日本从 1977 年开始推动出口，当时在美国市场的份额可以忽略不计。从那之后，市场份额这条线几乎笔直地向上延伸。到 1982 年，日本机床公司控制了超过三分之一的美国市场，而数控机床的业务则占到约 40%。[10] 尽管通产省组织了一个价格检查系统，为出口商设定了最低价格，以避免倾销的指控，但日本产品的实际价格要比美国产品低 20%~40%。[11] 有时这不是通过直接降价来实现的，而是在销售中附带汽车等礼品。在一个以订单积压为特征的行业里，日本人有多达一年的库存，这使得即使在需求高峰时期也能快速收货的客户感到高兴，从而使日本人能够大举进军美国市场，而与此同时，美国人是努力将订单从积

---

① 日本政府对产业支持的官方统计数据时有误导性，自行车竞赛基金就是一个例子。在日本，什么是公共的、什么是私人的界限比美国要模糊得多。

压转为生产。

美国机床产业的管理层一方面因未能应对这一挑战而遭到严厉批评，另一方面还面临着巨大困难。维持存货意味着日本企业并不总是有利可图，而美国公司根本不能像日本公司那样承受损失。除此之外，美国公司还有其他困难。尽管进行了几轮自由化谈判，但由于日本采取了与半导体行业类似的应对措施，外国机床在日本的销售规模仍然很小。美国公司还发现它们的许可和专利被侵权。在一起侵权案件中，美国一家主要的机床制造商乌达耶在联邦法院的指导下，指派一名律师去日本搜集证据，但日本政府拒绝给这名律师发放签证。毫不奇怪，这些做法导致了（美方）对日本从事不公平贸易的指控。

乌达耶的决定

乌达耶公司的首席执行官菲尔·奥莱利是爱尔兰裔，身材高大，一头金发，为人坦率，总是面带笑容，有一股朴实无华的幽默感。这位前橄榄球运动员和美国海军陆战队队员决心筑起一道堤坝，堵住日本洪流。他一直认为，外国政府补贴的产品在采购安装到美国工厂时，仍能获得美国投资税收抵免的好处，这是不公平的。1981 年，他结识了理查德·科帕肯，科帕肯是一位业余粉彩画家，也是华盛顿最努力的国际律师之一。科帕肯告诉奥莱利这种做法不仅不公平，而且违法。美国 1971 年税收法案第 103 条中有一条鲜为人知且从未被引用过的条款：如果总统认定某一外国产品的来源国从事某些不公平的贸易活动，就可以将该产品列入黑名单。奥莱利立即聘请了科帕肯，科帕肯后来开展了当时对日本产业政策和贸易实践最全面的分析。

1982 年 5 月 3 日，乌达耶公司向美国贸易代表办公室提交了一份长达 1 000 页的请愿书，从日本政府的法律和行政指令中，认真总结了机床卡特尔的记录，以及多年来给予该行业的贷款、补贴和其他财政支持。请愿书中还提到了保护日本市场的记录，以及日本为抵制各种贸易自由化所做的努力，并就此提到，尽管一再做出“贸易让步”，但日本市场的外国份额似乎从未超过10%。请愿书指控日本非法补贴本国产业，容忍甚至鼓励发展国际卡特尔，并歧视美国企业。乌达耶公司现在要求里根总统撤销对日本机床的税收抵免。

这份请愿书就此开启了里根政府内部最激烈也是最分裂的辩论之一。一方是纯粹自由贸易的支持者；另一方是认为机床产业的衰落同国家安全削弱之间存在联系的个人和机构，他们还质疑自由贸易的理念能否与日本以产业为目标的做法成功并存。

第一方自称“白帽子”，牵头方是戴维·斯托克曼负责的管理和预算办公室，唐纳德·里甘及其副手蒂姆·麦克纳马尔负责的财政部，还包括国务院、经济顾问委员会、司法部、国家安全委员会和国防部。国务院、国防部和国家安全委员会之所以属于这一群体，与其说是出于经济理论的原因，不如说是因为他们反对任何可能干扰美日间政治和军事关系的事务。另一方自称“现实主义者”，由美国贸易代表威廉·布洛克和商务部长马尔科姆·鲍德里奇领导，他们受到来自国会越来越大的压力，要求他们对日本的贸易行为采取行动。他们得到了农业部和劳工部的支持，采取了坚决的措施。

争论的第一个议题是程序问题。法律规定总统可以对不公平的做法（比如容忍一个“国际卡特尔”给美国“商务”带来负担）进行报复。该请愿书的反对者表示，“商务”只意味着出口，而不是进口。他们进一步辩称，尽管日本机床制造商可能构成一个卡特尔，但它不是一个国际卡特尔，因为其成员都是日本人，即使他们中的一些人在美国经营。最后，他们说乌达耶公司抱怨的许多行为都发生在过去；由于法律条文是现在时态，只能影响现在的做法。因此，应立即驳回请愿书。[12]

这些争论引发了对“商务”一词的含义以及卡特尔是否必须有一

个以上国籍的成员才能被视为“国际”的问题长达8个月的法律研究。双方从未从法律的角度形成结论，政治决定一切。随着美国贸易赤字的飙升和国会越来越不耐烦，政府决定不能忽视请愿书，并决定继续推进。

布洛克1983年1月16日主持的内阁会议明确了相关议题。布洛克中等身材，有一头卷曲的栗色头发，散发着青春活力，他是布洛克糖果的继承人。在加入里根政府担任贸易代表之前，曾任田纳西州参议员和共和党主席。布洛克一直是而且仍然是坚定的国际主义者和自由贸易的支持者。他最初认为日本在尽其所能开放市场，与日本谈判受挫的经历使他逐渐相信，只有坚定才能促使日方履行国际义务。我在房间后排听他讲话，他提出了采取某种行动的理由，解释日本如何在为机床产业提供各种出口激励的同时保护本国市场。他还特别提到了自行车竞赛基金。而日本声称投入机床产业的资金很少，也从来不愿意记录这些数字。日本认为该行业至关重要，因此有理由相信它向该行业提供的资金数额相当可观。日本人也承认了一个卡特尔的存在，该组织在此案开始后才正式解散。该卡特尔完全由日本公司组成，但它肯定是在日本境外地区运作，并具有国际影响力。

布洛克还指出贸易自由化行动已经被各种应对措施所抵消，导致外国对日本市场的占有率仍只在10%以内。相比之下，第二大出口国德国也进口了32%的机床。[13] 布洛克认为，日本人长期以来的这些政策和行动，实际上使日本根本没有承担关贸总协定所约定的义务，美国采取相应行动因此是正当的。布洛克呼吁在发现不公平的做法后，与日本谈判解决。

美国经济顾问委员会的威廉·尼斯卡宁带头反驳。身材高大、讨人喜欢的尼斯卡宁酷爱网球运动，对自由贸易的效力有着强烈的执念。1979年至1980年间，他作为福特汽车公司的首席经济学家，反对公司其他高管提出的限制进口日本汽车的要求，这体现了他坚持自由贸易理念的勇气。他的这种立场可能解释了为什么他能加入里根政府。他现在认为美国汽车业的问题与日本无关，而是近期经济衰退和管理不善的结果。他把日本的产业政策称为“激励目标”，他说没有证据表明这些政策和日本产业对美国市场的高占有率之间存在因果关系。由于卡特尔在1982年解散，没有证据表明目前存在任何违反国际协定的行为。美方采取行动将是极端的保护主义，美国相关产业将因日本机床价格上升而遭受负面影响，其结果可能会损害经济复苏。尼斯卡宁敦促驳回请愿书。

这两种立场无法调和。布洛克在这次会议和后来一直持续到4月的会议上都没能在两方间取得一致意见。应国务院、国家安全委员会和国防部代表提供更多事实的要求，美方开展了两项独立研究，得出的结论是，日本机床产业具有显著的领先地位，而且这种领先在未来很可能会进一步扩大。这些研究将日本的优势归因于日本的产业政策，该政策导致关键机床的生产集中在少数企业手中，同时也归因于旨在主导该产业关键领域的高度集中战略。报告强调机床领域的领导地位对国家安全具有重要意义。[14] 这些报告并没有改变什么。那些反对请愿书的人抨击这些报告，尤其是报告中关于产业政策效力的分析。从某种意义上说，他们不得不攻击，因为接受产业政策奏效的说法将会破坏他们所支持的自由贸易论点。

对这份请愿书最激烈的批评者之一，是财政部副部长蒂姆·麦克纳马尔，他现在是反对方的领袖。他是一名前银行高管和商业顾问，身材瘦小、精力充沛，皮肤经常晒成加州人常见的那种古铜色。由于其商业背景，他的观点在这个问题上特别重要。科帕肯意识到如果他能改变麦克纳马尔，他就可能赢得整个争论。因此，他和奥莱利要求召开一次特别会议，以陈述所有的事实，并试图说服麦克纳马尔相信他们这一案例的效力。

会议于3月14日举行。几乎所有政府机构的代表都参加了，参会者永远不会忘记这次会议。皮肤黝黑、个子不高的次中量级慢跑选手麦克纳马尔同身材高大的前橄榄球队员奥莱利面对面坐着。麦克纳马尔说，他想要的是事实，只是事实。这句话呼应了老电视剧《天网》（*Dragnet*）中乔·弗莱德警官的对白。因果关系在哪里？有什么证据表明通产省的目标不仅仅是激励？具体补贴的文件在哪里？奥莱利试图做出回应，但在麦克纳马尔的下一个问题跳出前，他根本没有机会回应，说的话超不过两个词。会议结束时，科帕肯将一份长达1 000页的请愿书推到桌子对面，建议麦克纳马尔读一下，以了解事实。

也是在3月，在一次日本之行中，布洛克尝试了一个聪明的策略。他此前安排了一次不包括财政部、经济顾问委员会、管理和预算办公室代表的白宫会议。大家会上一致认为布洛克应该告诉日本人，美国内阁内部已经达成共识，认为日本是不公平的，唯一需要讨论的是日本将如何限制对美国出口。布洛克适时地把这个消息告诉了日方，并得到了一些与汽车业类似的自愿出口限制措施表态。但当他回国时，整个计划失败了。那些没有参加白宫会议的人听到风声，要求知道布洛克取得了什么共识。他们反对自愿约束，同时让布洛克和日本人都知道了他们的反对意见。布洛克和这个特殊的计划就这样被拆穿了。

时间一天天过去，却没有形成任何决议，请愿书开始成为政治上的一个尴尬存在。最终鲍德里奇做了最后一次努力。他指示在总统助理温德尔·冈恩的主持下召开一个特别的部门间小组会议，做最后一次努力，向总统提出协商一致的建议。我作为商务部代表参加了1983年4月12日召开的小组会。经过反复激烈的争论，双方最终一致认为，日本至少在1968年前就一直限制某些进口，至少在1973年之前对外国投资进行限制，而这些限制按关贸总协定的约定均属非法。同时，双方还一致认为通产省目前正在为机床产业设定量化目标，提供事实上的反垄断豁免，指导共同合作，并提供一定程度的补贴。

小组还认为，日本机床产业目前的做法可能违反了关贸总协定以及美国贸易法。尽管有这些共识，冈恩还是没能使小组达成一致建议。“白帽子”不会允许任何结论或谈判，因为他们认为这样做会构成一种保护主义行为。尽管他们承认可能有多达 10 亿美元的资金从自行车竞赛基金流入该行业，但他们并不认为真实数额接近这个数字。尽管日方提供的数据相互矛盾，而且没有支持性文件，但他们更倾向于接受日方的观点，即捐款总额只有几千美元。① 与他们认为产业政策不重要的想法一致，他们认为除了补贴以外的其他措施都不值得担心。此外，美国国务院和国家安全委员会最担心的是，此案例的积极结果将为其他行业的类似请愿打开闸门，从而扰乱与日本的整体关系，而维护这种关系是他们的首要任务。

尽管商务部和贸易代表办公室的“现实主义者”认为日本的行为理应受到法律制裁，与其说他们对惩罚日本感兴趣，不如说他们对确保美国一个重要产业的生存感兴趣。他们认为日本的举动，加上美国方面的不作为，为美国产业制造了一个非常不利的环境，他们想要改变这种格局。困难在于美国法律并没有为他们提供这样做的途径，除非发现日本的不公平行为。因此，为了帮助本国产业，他们被迫建议对日本采取行动。

不过还有一个选项。尽管布洛克前期的努力失败了，日本人仍然表示愿意达成某种自愿的（出口）限制协议。我不知道确切原因，但我相信至少部分原因是，他们自己也不愿看到他们最终的国防防御者丧失这

---

① 通产省官员后来告诉我说，之所以不公开这一数字，是因为基金实际在预算外账户上，由通产省用于资助涉猎广泛的不同活动。但同样，还是没给出任何证据。

个关键产业。当美国的特别小组显然无法达成一致意见时，他们对日本关于自愿限制的可能性进行了讨论。我问道，我们能同意进行这样的谈判吗？一些人对此表示赞同，但“白帽子”再次表示反对，理由是这些限制措施违反了自由贸易。因此，这个未决的问题又回到了内阁。

4月15日晚，内阁成员们反复讨论了两个多小时，试图就向总统提出的建议达成一致。内阁已经审查了冈恩关于特别工作组的报告。该报告指出，尽管日本及其产业此前及今后的一些做法，使得美方可以基于美国法律和国际规则采取相应行动，但该工作组未能就美方的行动建议达成共识。内阁成员也没有共识。经过长时间的辩论，他们认为别无选择，只能将争端提交总统解决，并将与总统的会议安排在下周五，即4月22日。所有在场的人都宣誓严守秘密。

会议结束后几分钟内，通产省在华盛顿的杰出外交官大冢和彦就知道了这个秘密。大冢赶到贸易代表办公室，当布洛克晚上8点左右回到办公室时，大冢问是否已经做出了决定。布洛克没有给出肯定的回复，大冢推断答案一定是否定的，还有时间进行最后的游说。他随即奔向日本驻美国大使馆并打电话到东京。

1983年4月17日，周末，日本首相自东京向日本驻华盛顿大使馆转达了一封给美国总统的信。信中指示日本大使会见美国主要官员，并表示中曾根康弘首相希望他的好友罗恩[①]在决定对乌达耶请愿采取何种行动时，酌情考虑日本的困难和他（中曾根康弘）本人的政治难题。

4月22日下午，内阁在可以俯瞰白宫玫瑰园的内阁会议室与总统碰面。鲍德里奇提出了采取行动的理由，认为总统应该对不公平做法做出正式裁决，并下令进行谈判以找到改善方法，但他没提采取报复或惩

---

① 即美国总统罗纳德·里根。里根同中曾根康弘关系密切，罗恩是中曾根对里根的称呼。——译者注

罚行动。鲍德里奇后来讲述了这个过程，他马上便发现，（总统）显然早有结论了："我回头找支持者，发现一个也没有。"布洛克明显是得到了消息，因为他几乎没说话。然后，总统一反常态地宣布了他的决定。总统通常是先听取内阁意见，然后在会议后独自做决定，他在会上发言意味着这个决定是事前做出的。作为自由贸易的坚定支持者，里根重申了自己的信仰，然后说中曾根康弘是我们在日本最好的朋友，他努力通过扩大日本的防御作用来帮助美国。因此，总统说他想帮助中曾根康弘。他未表示对请愿采取什么行动，但指示举行会谈，以确定日本的产业政策是否真的对美国贸易产生了不利影响。

毫无疑问，如果总统知道，就在他说话的当口，一家日本公司正在进行的系列操作将帮助扭转美国在北大西洋的反潜艇优势，那么他的决定将会有所不同；而这系列操作至少在一定程度上是（日本）不惜一切代价出口这种心态的结果，（日本）这种心态需要他必须对乌达耶公司的请愿做出决定。但是总统不知道这些。1984 年，在他做出决定之后，尽管乌达耶公司的生产率高于日本平均水平，但它关闭了机床业务。其他机床制造商也迅速跟着关门歇业，直到日本在这个曾多次被美国国会称为关键行业的重要领域中的市场份额占到约 80%。

经济理论的力量

与经济学家对话

美国各领域的经济学家团结在一起，反对政府就对外贸易领域（外国）那些失当做法做出任何坚决的回应，不管这些做法会给美国经济带来什么后果。虽然几乎在所有其他问题上都存在分歧，但供给学派、凯恩斯主义者、货币主义者和其他学派的经济学家都在这一问题上形成共识，反对任何贸易措施，除了通过谈判打开外国市场。正是因为不愿意考虑其他行动，这种谈判注定失败。这种态度不仅是大萧条的后遗症和战后特殊环境的产物，也反映了对消费者的关注和对战略经济目标及其他经济参与者的忽视。

对 1930 年的《斯穆特–霍利关税法》，经济学家们的观点近乎一致，认为该法案将美国近一半进口品的关税提高到非常高的水平，这是造成大萧条的一个主要原因，他们认定绝不能重蹈覆辙。因此，战后领导世界经济重建的美国和欧洲，将世界经济建立在自由贸易理论基础上，该理论也在关贸总协定、国际货币基金组织和经济合作与发展组织中不断制度化。多边贸易（在多国框架而不是双边协定基础上进行贸易）、最惠国[①]和国民待遇（对外国和国内公司给予同等待遇）等理念得以发扬。所有这些协议和组织，都是基于 18 世纪经济学家亚当·斯密和 19 世纪经济学家大卫·李嘉图及他们信徒的竞争市场和比较优势理论。约瑟夫·熊彼特并不流行（见第 204 页），当时世界上甚至没有一位知名的日本经济学家。

战后的经济结构还基于一些重要的长期假设。一个核心假设是，经济活动最重要的目的是在相对较短的时间内改善消费者福利；隐含的观点是经济学与大战略问题关系不大。事实上，美国领导人经常明确表示贸易和安全问题应该分开处理。第二个假设是关贸总协定成员国间的国民待遇将是等同的。因为，很明显，如果存在很大差异，这种制度本质上就不公平：最开放、最自由的社会显然处于不利地位，因为外国企业将进入其市场，本国企业却去不了对方市场。关贸总协定成员国与苏联的贸易适用于另外的规则，这就说明各成员国认识到了这一问题。第三个假设是，根据最惠国待遇规定，主要贸易国间的整体贸易限制程度差

---

① 在第二次世界大战之前，贸易一直建立在双边协议的基础上，各国给予某些贸易伙伴比其他贸易伙伴更优惠的条件。最惠国待遇将这些优惠条件平等地扩展到所有伙伴。

不多。如果限制程度相差很大，那这个体系就无法运转。贸易限制少的国家不会长期接受那些贸易限制多的国家的做法，这样一来，最终的贸易是公平的，因为这些贸易限制平等地适用于各国。

最后，所有其他因素之外还有一个关键假设，即美国经济是一块永远支撑这个体系的坚不可摧的磐石，这个假设使其他因素是否有效甚至是否存在都变得无关紧要。因为正如天谷所言，在战后世界，美国做了一个让步：美国接受一个事实，即至少在一段时间内，其贸易伙伴会以美国不会使用的方式限制贸易。美国这样做的理由，是认为贸易伙伴的这种障碍设置不会有太大影响。

战后美国工农业的巨大优势让人们很容易做出这种假设。虽然这种优势很大程度上是欧洲和日本遭到战争破坏以及美国战时生产计划的结果，但美国人把其成功看作民主方式和企业家技能的自然结果。对美国人来说，“自由”意味着“好”。劳工、管理阶层和农业部门的代表对美国经济实力的优越性充满信心，虔诚地信奉自由贸易原则。随着战后经济复苏和贸易增长，他们的信念得到了征实，以至于关于这个问题的辩论变得不太可能。提出问题只能暴露出无知或贪婪，或两者兼而有之。

到 20 世纪 70 年代中期，战后的几轮贸易谈判已经取消了美国的大部分配额，并将关税降至可以忽略不计的水平。美国对自由市场和其自身优越性的信念促使它继续带头努力消除非关税贸易壁垒。美国认为如果它树立了榜样，其他国家就会效仿。因此，当其他国家实际上在拖延时，美国市场变成了一个面向所有西方经济体开放的巨大聚宝盆，任何公司都可以来分一杯羹。他们来了，首先是德国人，然后是日本人、韩国人，其廉价商品受到了消费者和经济学家的欢迎，被认为是对美国福利的巨大贡献。

但在 20 世纪 60 年代中期，美国的纺织、钢铁和家用电子产品等行业开始发现这个不对等问题影响很大。除了消费者，经济中的其他主要参与者是管理层和劳动者。当后两者意识到自己越来越因市场条件不对等而处于不利地位时，便开始提出投诉和请愿，质疑所有假设的有效性。他们指出许多国家不把消费者福利放在首位，往往鼓励公司从事一些在美国属于非法的行为，同时使工会软弱无力，并拒绝制定最低工资法律。随着本国公司得到了系统性的扶持，这些国家的社会和政治结构使国民待遇成了一种毫无意义的陈词滥调。最惠国待遇对于那些明里暗里禁止进口外国商品或资本的国家来说也是毫无意义。

请愿者问道，通过反垄断法、最低工资法和工会立法后，又允许从没有这些法律的国家进口产品，进而抵消预期利益，这样做的逻辑何在？例如，允许甚至鼓励美国公司在国外建立工厂，进口每天 50 美分报酬的劳动力生产的产品，同时要求美国公司本土劳动力收入为每天 3 美元，这是否有道理？事实上，通过这类立法对自由市场进行大规模干预，然后又拒绝在自由贸易原则的基础上采取任何行动来纠正不平等的贸易环境，这种做法是否妥当？他们问道，接受那些对美国产品始终紧闭大门的国家潮水般的货物，是不是很愚蠢？

人们通常的反应是，无论其他国家怎么做，比较优势原则已经阐明，不受限制的商品流通对美国最有利。当然，专家认为一些美国工人和经理可能会受到伤害，但消费者会因为可以买到更便宜的外国商品而受益。经济实际上会变得更有效率，因为劳动力和资本会从低工资、低技能的产业转移到生产率更高的行业。这种说法既合乎逻辑，又使人安心，但其前提是，工人可以轻而易举地转移到生产率更高的行业。事实上，大多数工人很难接受再培训；如果可以的话，他们也不可能总是轻易地把家搬到工作有吸引力的地方。例如，当乌达耶公司和其他制造商关门的时候，机床产业的熟练技工们不可能直接搬到硅谷成为半导体工程师。

每当贸易受到日本汽车自我限制协议等措施的影响时，美国经济学家就会引用一些数据，说明为保住工作机会要为每个工人花多少钱。这样的计算往往过于简单，例如，一辆新车的价格被拿来同假定该车在没有贸易限制情况下可能的售价进行比较，然后将差额乘以售出的汽车数量，再除以被认为保留下来的工作岗位数量。结果往往是一些荒谬的数字，比如每留一个工作岗位就要花上 15 万美元，让人觉得这种保护措施是贪婪的公司和工会对消费者的敲诈，很是昂贵。

这种观点有些道理，但只关注消费者往往会掩盖问题的另一面，包括从未计算过的再培训和转移失业工人的费用，或失业补偿、损失的税收，以及与压力有关的医疗保健、家庭和婚姻咨询等社会成本。工人们可能因为孩子和年迈的父母而无法搬家，这也被忽视。还有人假设相关产业很容易成为外国厂商或国内新产业的供应商，这些假设并非事实。

若问题只涉及少数几个行业，这些成本很容易被忽视。但是乌达耶公司的例子并非孤例。这只是一波快速形成的类似趋势中规模最大、最重要的一次——当美国行政部门在考虑乌达耶公司的请愿时，波音公司抱怨欧洲人不公平地补贴了飞机出口；美国和日本间的半导体战争才刚刚开始；康宁玻璃公司准备对住友集团提起专利侵权诉讼。大量调查发现，许多外国公司在美国市场从事倾销和其他不公平活动，随着这些活动难以量化的成本的增加，采取行动的压力也随之增大。

面对这种压力，政府内外的经济学家都反对采取任何报复性或救济性措施。具有讽刺意味的是，这些人在很大程度上是仁慈、温和的，但可能比大多数商人更无情。在应用经济理论时，他们热心支持消费者，但对工人和生产者关心较少。他们教条的态度使我感到惊讶。我一生都在从事国际贸易，我的整个职业生涯都建立在自由贸易的基础上，我支持贸易扩张概念，因为我知道贸易是促进和平和提高经济福利的力量。但我也知道，自由贸易更多时候是被践踏的；更重要的是，日本和其他一些国家的经济学说与美国的观点不一致。特别是，我知道他们不相信短期的消费者福利是经济活动的目的。作为追随者的日本人考虑的是所有经济参与者的福利（而不单单是消费者一方）。

我经常与总统经济顾问委员会成员讨论这些问题。其中一次对话在1983年，涉及水轮发电机制造商西门子—艾利斯公司。事实上，这是美国最后一家将水能转化为电能的机器制造商。西屋电气公司放弃了该业务，通用电气公司将业务转移到了加拿大，两者的行动都是日本公司价格激烈竞争的结果。西门子—艾利斯公司的员工来见我时说，除非能对日本的串谋行为和掠夺性定价有所作为，否则他们公司也将不得不放弃这个行业。

西门子—艾利斯公司的高管提供了一些有意思的文件。在几年的时间里，日立、东芝和富士电气三家日本公司参与了美国一些项目投标。它们的投标似乎遵循了一个模式：第一个项目，一个公司出价很低，其他公司出价很高；第二个项目，另一家公司会出价很低，以此类推。投标价格短时间内的波动可能高达200%。[15] 西门子—艾利斯公司的高管们表示，他们可以理解一家制造商可能一直拥有成本优势，但无法理解一家公司如何做到在同一设备上今天出价最低、明天出价最高。

我在经济顾问委员会的朋友们并不担心这些差异，他们说这些差异意味着美国用户得到了便宜的发电机，美国消费者会因支付较低的电费而受益。被取代的美国公司和工人可以进入他们更有竞争力的其他行业。如果日本人提高价格，美国公司可能会重新回到这个行业。委员会似乎真的不明白，任何心智正常的商人都不会考虑重返这个行业，即使他可以重新组织技术团队，重建所需的厂房和设备，只要日本人有串通的能力，他还将面临旧事重演的局面。事实上，没有任何自然的经济动力可以阻止日本人垄断这个行业。委员会没有准备处理这方面的问题，因为他们的理论和计量经济模型假定这是一个市场缺陷。

理论和实践之间的差异还指向了乌达耶公司事件和半导体行业的麻

烦所引发的另一个议题：战略产业问题。日本人认为，由于对其他行业和技术发展的影响，半导体和航空航天等行业对长期经济稳健的影响，要大于玩具制造或旅游服务等其他行业。他们还意识到，一些行业相比其他行业有更多的国际议价能力。他们“瞄准”这些产业进行发展，因而容易与美国产业产生冲突。

布洛克和鲍德里奇以及其他官员认为，日本的做法扭曲了自由贸易，应予以制止，美国或许可以借鉴日本的做法；理事会和其他领域的经济学家提出了异议。他们不相信政府有能力在这些产业中创造比较优势。他们说，即使政府能做到也意义不大，因为没有证据表明一种经济活动比另一种更有用或更有生产力，况且并没有证实一些产业比其他产业拥有更多的战略影响力。经济学也不涉及国民生活之外的问题。因此，如果日本在生产半导体或机床方面优于美国，那也没什么好担心的。美国应该购买日本的芯片，把精力集中在美国更适合的其他行业。正如一位经济学家所说，“我们将从日本那里购买半导体，然后向日本出售摇滚乐”。经济学家们普遍对商业和劳动力持怀疑态度。美国是否生产鞋带或电脑，美国公司是否在世界任何地方生产任何东西，对经济学家们来说都是无关紧要的事。不公平贸易的举证责任总是落在被怀疑为不正当特殊利益辩护的美国请愿人身上。

贸易政策评估小组经常表达前述的这种态度，这是一个副部长级的跨部门机构，在向内阁提出建议前会进行充分讨论。我在华盛顿的 5 年中，这个小组讨论了许多投诉。我从未听到哪位经济学家或经济机构的代表发言支持救济或采取行动援助美国产业。他们有时是屈从于政治需要，并不是心甘情愿的。一个具有讽刺意味的例子是关于哈雷–戴维森公司，这家著名的大型摩托车制造商在骑手兄弟会中被称为“猪（仔）”。到 1983 年夏，曾经在美国市场占据主导地位的哈雷公司，其市场份额下降到 3% 到 5%，濒临破产。它没有说存在什么不公平的贸易，而只是根据贸易法第 201 条的规定请求救济，该条款允许在产业面临调整时对其进行临时保护。它相当于国际上的国内破产法。

评估小组的辩论漫长而激烈。阵容与乌达耶那次一模一样，“白帽子”反对救济，“现实主义者”则倾向于给予一些救济，而持有（美国）95% 市场份额的日本人则谴责美国保护主义抬头，似乎他们正面临失去市场的威胁，而不是持有 95% 的市场份额。事实上，国际贸易委员会已经投票建议给予救济。而同时发生的乌达耶公司案在国会引起轩然大波，这使得在政治上似乎有必要以对大型“自行车”提高 5 年关税的方式来帮助哈雷公司。如果乌达耶公司案没有在同一时间发生，哈雷公司不太可能得到任何帮助。哈雷公司用了三年时间恢复活力，并要求总统中止加税，从法律上讲，还应加征 2 年关税。总统作为成功案例访问了哈雷公司的工厂，其经济顾问们把自己曾极力反对的哈雷试验称为里根经济学的胜利。

我记得最清楚的一件事发生在 1985 年的春天。贸易政策评估小组开会考虑对日本不开放其电信市场进行报复。我又一次建议如果要进行报复，就应该以使美国电信公司利益最大化的方式进行。经济学家、国务卿乔治·舒尔茨教授立即表示反对：“不，我们不想帮助美国公司太多。他们可能会变得太喜欢被保护。”

这种认为美国企业是独行侠的观点，与日本对企业的态度形成了鲜明对比，日本人总是说“我们国家的产业”或“我们的公司”。当美元在 1985 年开始下跌时，日本政府立即开始向受日元走强影响的企业提供低息贷款。当日本石化、造纸或其他产业陷入困境时，日本政府也加入进来，看看能做些什么。他们在产业内有着共同利益。就像美国的定居者一样，他们一起工作。日本官僚和日本工人都把产业看作有益于全体日本人的福利，而不仅仅是股东的福利。

美国的情况则不同，美国官员并不认为他们的命运与美国公司有关。他们相信看不见的手总会确保某些东西在创造财富。生产者是否是美国公司无关紧要，重要的是消费者的短期要求。

美国贸易法及其不切实际的假设

美国的贸易法以及关贸总协定反映出了上述经济观点。因为假设所有的市场经济都在一个开放社会和秩序框架内运行，这些经济体中的主要壁垒被认为是公开、可识别的，如关税、配额和补贴。倾销被视为一种潜在的不受欢迎的失业输出，但前提是它会对产品倾销所在国的产业造成损害。损害的概念不包括对经验曲线的任何认识，也不包括承认这样一个事实，即一家公司即使在绝对值上正在增长，也可能会因为失去市场份额而受到损害。因此，只有实际的财务损失、工厂关闭和工人失业才算损害。

这些法律所依据的理论不承认战略产业和产业政策概念，也因此不能很好地处理这些概念。例如，政府对产业的补贴，如特别税收优惠和乌达耶公司案中自行车竞赛基金的支付，显然被视为违反自由贸易原则。但补救办法是计算补贴金额，用总补贴金额除以生产的产品数量，得出每件产品的补贴金额，然后征收相应金额的反补贴税，以抵消进口外国产品时给予该国外产品的补贴。这样的计算常常得出一个毫无意义的荒谬数字。真正的问题是小补贴也可能产生大影响。如果有人走进1976 年诞生苹果电脑公司的车库，提供 5 万美元的补贴，那可能就是生与死的区别。10 年后，当该公司生产数千台电脑时，5 万美元除以数千台电脑将得出一个非常小的、毫无意义且很容易支付的反补贴税。

同样，美国的反倾销法也不是针对现代世界的产业战略而制定的，因为这些法律的假设是，倾销是给予消费者的礼物，除非对国内产业造成严重损害，否则举证责任将由国内公司承担：它首先必须证明倾销正在发生，且造成了严重损害。这一程序既昂贵又耗时，而且处罚不会追溯到倾销首次发生之时，而只是溯及首次正式调查的时间。这样的结果是倾销并未受到抑制。这些惩罚仅被视为一个商务支出。寻呼机就是个具体的例子。

NTT 垄断公司是 20 世纪 80 年代初日本寻呼机的唯一买家，它将采购业务分给了松下电器和摩托罗拉等 6 家供应商。采购并非基于公开招标制度。相反，NTT 设定的价格在本案中高于摩托罗拉公司的出价。因此，尽管摩托罗拉公司进入了日本市场，但由于 NTT 的政策，它不能对松下电器公司形成严重冲击。而松下电器公司则可能会攻击摩托罗拉在美国的业务：它把卖给 NTT 的寻呼机进行了轻微改动，并开始以摩托罗拉公司一半的价格在美国市场销售，而这个价格只是 NTT 招标价的零头。尽管松下电器后来被发现存在倾销行为，但作为一项商业决策，这一战略是合乎情理的。

在这里先把松下电器公司的思路记录如下：

> 摩托罗拉要求在 NTT 业务中分得一杯羹的霸道态度应该受到惩戒。它不能在日本攻击我们，如果我们在美国攻击它，摩托罗拉可能不会回应。如果这样的话，我们将占领比日本市场大得多的美国市场。一旦我们把他们赶出市场，我们就可以提高价格。与此同时，产量提高将降低我们的成本，这样，我们最终就能以我们正考虑的看上去荒唐的价格赚钱。如果摩托罗拉公司以降价作为回应，它的现金流就会下降，它在接下来几轮竞争中用于研发的能力就会受损。当然，这样的价格也不利于我们的现金流，但一开始我们只会销售很少的寻呼机，而摩托罗拉公司的价格将涉及大量产品。他们的损失将是巨大的，而我们的损失则相对较小。我们的产量将不断增长，从而降低我们的成本并提高他们的成本。

> 摩托罗拉公司可能会提起反倾销诉讼，但如果这样的话，它们将花费更多的钱，并需要 1 年多的时间来才能解决。那时，我们即使没有占有整个市场，也能够占有很大的市场份额。如果我们败诉，最糟糕的结果就是我们不得不提高价格，为倾销税交纳一份保证金，而因为我们提高了价格，这些倾销税是收不到的。由于在此期间我们将占有很大的市场份额，所以我们也乐意提高价格。那将使我们最终能赚到钱。更有利的是，我们可以用这个案例作为借口来告诉我们的客户，很抱歉我们提高了价格，但那是美国政府迫使我们这么做的。
>
> 但我们可能不会输掉这场官司。通产省在纽约和华盛顿的办公室肯定会帮我们。我们可以请美国前高级官员为我们游说。商务部和美国贸易代表将反对我们，但其他一些机构认为反倾销法是奉行保护主义的，将反对所有类似行动。此外，美国国务院希望避免任何摩擦，美国国家安全委员会和美国国防部也不希望因为一个小小的贸易争端而危及日本参与战略防御计划的可能性。简而言之，我们没有什么损失，可以得到一切。

除了针对特定的不公平补贴和掠夺性定价活动的法规外，还有 301 条款，即半导体行业提交请愿书所依据的不公平贸易法。理论上讲，这项法律赋予总统权力，让他可以对外国政府“不合理、无根据或无正当理由”并给美国商业带来麻烦的行为做出几乎任何他想做的回应。该法案似乎是一个强力大棒，但当总统们被要求使用它时，他们会感到为难。

这种不情愿有三个主要原因。第一，由于这些法规只对美国类型的经济进行了预测，它们关注的是消除或改变外国政府当前的具体行为。重点是可量化、对美国利益造成严重损害的具体行动或事件，以及明显违反国际规则或通行做法的活动。为改变整个国际产业环境而长期执行的一系列协调政策超出了该法案的范围。法律所依据的理论从未考虑过这种情况。

第二个原因紧随第一个困难。因为法律承载西方经济模式的基本正义，所以它只允许从公平和不公平的角度来处理偏轨行为。一种可能对美国人不利的局面，只能用刺耳的、说教式的言辞来解决。为了获得救济，申请人必须首先证明其外国竞争者是说谎者和骗子。若竞争对手来自友好异邦，总统通常不愿将其打上这样的标签也就不足为奇了，因为这样一来可能给公司所在国的政府也上了标签。

第三个原因是国家安全政策，以及美国认为商业活动与国家安全政策是两回事，是次要的。但不管怎么讲，只要一份贸易请愿书送到总统案头，它就免不了同美国国家关系有关的所有其他方面交织在一起。在乌达耶公司请愿案中，采取行动可能会被日本人视为一种侮辱。美国总统希望中曾根康弘能在国防和战略防御计划等其他事务上给予支持。在菲律宾局势不稳定的情况下，里根希望确保能够继续使用日本军事基地。正如我所说的，美国人不像日本人那样接受“经济安全”的理念。就是在这样的背景下，美国总统几乎必然会认为贸易问题不那么重要。

美国贸易理论、贸易法律和安全问题之间的相互作用如何对美国产业乃至最终对美国经济产生不利影响，一个最好的例子就是商用飞机。长期以来，美国飞机工业作为技术成就的象征，比其他任何行业都更全面地主导着世界市场和生产。它是美国主要的出口产业，也是新技术的创造者，为熟练的工程师和工人提供高薪工作。毫无疑问，飞机工业的主导地位除了对国家安全至关重要外，对美国经济也非常有益。然而，美国的地位正在下降，不是因为其他国家生产更好或更便宜的飞机，而是因为美国的贸易方式。

美国最大的飞机制造商波音公司与几家日本公司建立了一家合资企业，共同开发下一代客机。这不是波音公司的首选方案，它原本更愿意自己开发，当然有可能把日本作为分包商，但这种合资安排是在通产省提供价值 10 亿 ~20 亿美元的财政担保后达成的。[16] 通产省此举并非基于心血来潮的仁慈之心，而是由日本对技术转让的渴望所推动。日本工程师团队现在住在波音公司，学习飞机设计、开发和营销等各个方面，这是日本航空发展长期计划的一部分。这种合作必将把波音公司与更多的日本供应商联系在一起，并取代美国现有供应商。例如，自从波音公司在 20 世纪 60 年代初开始使用日本承包商以来，波音公司 767 客机在日本生产的比例从零上升到 15%。在下一代 7J7 客机中，这一比例将达到 25%。因此，不仅就业机会转移到了日本，技术开发也转移到了日本。就像半导体一样，美国面临着失去重要技能的可能。

我与波音公司高管进行了长时间的讨论，他们虽然对这一趋势感到担忧，但别无选择。原因在于欧洲的空中客车公司。由于受到欧洲各国政府的大力补贴，其在国际市场的售价极低。尽管这对美国飞机制造商不利，但美国政府除了登记一些无效的抗议活动外，几乎没有采取任何行动。因此，最具讽刺意味的是，日本政府资助美国工业，而我们自己的政府却置之不理。

在 1986 年和 1987 年，空中客车公司以极有可能构成倾销的价格向几家美国航空公司出售了大量空客飞机。这些销售减少了美国产飞机的数量，从而提高了美国飞机制造商未来的成本。这一系列事件使美国最大的出口商（飞机制造商）竞争力下降，从而损害了美国的长期贸易前景。这也意味着，一些小时工资在 15 美元左右的工人，将不得不寻找其他工资可能要低得多的工作。这并不是因为欧洲工人更好，而是因为他们得到了政府的帮助。

但当里根总统在 1985 年秋组建工作组反对不公平贸易时，工作组拒绝对空客公司采取行动。国务卿舒尔茨通常不参加工作组会议，但参加了 1985 年 12 月针对空客举行的会议。他说任何针对空客的行动都会破坏美国与欧洲人的关系，尤其是与法国人的关系。这将损害美国的国家安全，不应予以考虑。关于一个健康的航空业是否对国家安全也很重要的问题，并没有给出答案。这里有一个隐含假设，即美国工业将永远占据主导地位，因为它一直都是主导。

除了国家安全，有人还认为，对购买这些飞机的美国航空公司来说，（采购）获得补贴的空客飞机是一笔划算的交易，是一份礼物。但这份礼物将导致贸易赤字、美国技术工人失业，以及让所有美国人变穷的美元走软，这些都没有被讨论。

最后，一些官员认为这些飞机制造公司都是大企业，如果它们认为自己受到空客的伤害，就应该提起反倾销诉讼。这种观点表面上有道理，但忽略了美国公司经常受制于外国政府的事实。在这个案例中，波音公司和麦道公司向一些受政府影响的欧洲实体出售飞机，并与之建立合资企业。如果它们公开抱怨欧洲的产业政策，它们几乎可以肯定其他商业领域会采取报复行动。美国政府看到的只是消费者的眼前利益，而不是具体的投诉——这种政府态度在欧洲各国和日本都不存在。

因此，美国以消费者和国家安全的名义，导致了不利于本国产业利益的环境。具有讽刺意味的是，这种环境增加了其对外国供应商（所在国）的军事依赖，这些供应商不太关注消费者，但相信战略产业。因此，美国对消费者福利的痴迷以及对于短期国家安全的狭隘看法，损害了其长期国家安全利益。

经济与国家安全

对外国供应商的日益依赖导致了乌达耶公司请愿事件。虽然美国的经济信条并没有说某个行业比另一个行业更重要，但其军事信条则的确有这样的影响。某些产业和技术在美国的存续一直被认为对美国的军事力量至关重要。尤其是一直支持依靠其他国家的最先进技术。人们早就认识到，完全奉行自由贸易主义，其结果可能同迫切的军事需求之间存在冲突。因此，美国贸易法第 232 条规定，如果进口可能损及关键行业的国防供应能力，总统可以将保护范围扩大到这些行业。

重新审视机床问题

正是根据这一条款，继乌达耶公司之后，美国全国机床制造商协会于 1983 年 3 月向商务部长请愿，要求保护该行业免受日本进口品的冲击。意识到国会不愿意让美国依赖外国设备，协会指出行业整体产能利用率仅为 40%，日本进口品占据了整体市场的 30%，最先进的数控机床约占市场 50%。[17] 请愿的结论是，只有采取严格措施才能使该行业免于成为历史。因此，自珍珠港事件发生前、美国对日本实施机床出口禁运的 43 年后，随着美国对日本（机床）依赖的日益加深，美国产业界开始质疑自身是否能够满足军事需求。

商务部开展了为期 1 年的跨部门调查。这些调查的方式令人匪夷所思，但很重要。一个行业是否能充分满足国防需求的问题，仅基于（真正的）战时生产能力多寡这种特殊场景，也就是说，不是一个产业是否能够继续投资于研发和现代设备，以使国家的国防工业保持技术领先，而是如果明天就发生战争，该产业是否有足够的能力满足五角大楼的需要。

场景的选择实际上决定了调查的结果。局部冲突的假设显然与大战役的假设有着不同的后果，对盟友及其潜在能力的假设同样至关重要。经济顾问委员会、管理和预算办公室、财政部和国家安全委员会的经济学家们甚至在调查开始前就知道，他们不想为机床产业提供任何帮助。因此，就何为适当场景问题的争论十分激烈。最后，讨论认为欧洲会爆发一场大战，拉丁美洲或非洲会爆发一场小规模战争，而亚洲则不会爆发战争。后一点至关重要，因为如果在亚洲爆发战争，日本提供大量机床的可能性将严重存疑。

场景确定之后，调查便开始了。调查假定美国国防部库存中的所有机床都将投入作业，尽管军方此前的报告已指出这些机床大部分已经过时。[18] 调查同时假定私营行业中在用的许多机床都可以用于战时，战争期间不需要额外的机床来满足民用。尽管如此，调查报告仍表明供应潜力不足。

这样一来，问题的关键就变成了一旦发生战争日本的供应能达到什么水平。答案取决于两个判断：即使受到苏联的威胁，日本仍能作为供应国吗？国务院负责回答这个问题，答案是肯定的，这是板上钉钉的事。另一个判断由海军来下。在这种场景下，海军能否对日本开放水上飞机？当海军给出肯定的答案时，没有人感到惊讶。

尽管如此，报告得出的结论是，总统应该为包括大多数数控机床在内的几个领域提供一些帮助。在报告提交给总统之前，商务部长将其提交给了国家安全委员会进行评估。该报告清晰地揭示了美国国家安全理论的两面性。

国家安全委员会关注的领域是政治和军事关系。航空母舰和苏联是大事，贸易和产业经济严格来说是小事。就日本来说，当务之急是维护和谐关系，以便继续使用在日本的军事基地，同时获得日本在更广泛政治和军事问题上的支持。近年来，越来越重视说服日本增加国防预算的工作。华盛顿密切关注日本国防预算的年度辩论，是占其国民生产总值的 0.90% 还是 0.99%（美国的花费比例是 7%），只要有增长便会得到美方赞许。同样，当日本宣布将在距其海岸 1 000 英里的海域进行防御时，美国也很高兴。除此之外，美国还指望日本对联合国的支持和对菲律宾这类国家的金融援助。最后，美国希望日本参与战略防御计划和拟议的空间站。

所有这些都被视为国家安全问题，比美国机床产业的处境重要得多。这种看法，加上对所有贸易限制举措的反感，导致美国国家安全委员会将这份报告压了数月之久。在此期间，日本制造商将其在数控机床市场的份额提高到 85%，而美国在关键技术领域的能力却萎缩了。

1985 年秋季工作组的设立，为重新讨论机床问题创造了机会。随着美国机床产业的快速衰落，美国国防部开始把注意力从确保与日本的军事合作（无论如何，这从来没有被质疑过），转向如果完全依赖外国机床供应商的国防后果上。它开始和美国商务部一样关注此事，并联合敦促美国国家安全委员会向总统提交一份行动建议。

一场新辩论就此开始了。许多经济学家过去曾反对重振美国产业的任何努力，那个时候振兴美国产业可能更容易；而今他们却认为依赖技术落后、成本相对较高的美国产业只会损害下游用户利益。但那实际上同样可能削弱美国的军事实力。他们的逻辑无法自洽了。最初，有人认为美国不应该对旨在取得关键行业领导地位的外国产业政策做出任何回应；有人说那样做是对自由市场的无理干涉，实际上可能阻止美国产业变得更有竞争力；对国家安全的担忧被视为粗暴的保护主义。后来，在（外国）产业政策发挥预期效果、美国产业失去了领先地位之后，有人说美国不应该做出反应，以免低效的美国产业危及国家安全。

（里根）总统不接受这样的逻辑。最终，美国国家安全委员会向他提交了贸易建议，他指示我们与日本谈判，达成一项自愿限制（出口）协议。但日本在 1983 年也是这样提的。（自愿限制协议）当时遭到（美方）拒绝，理由是那将是一种保护主义。现在它被接受的理由是，该产业的持续健康发展对国家安全至关重要。

双方最终同意，日本（机床在美国市场）的份额将回落到 1983 年的水平，或约占该市场的 50%。[19] 但由于许多美国公司已经破产，因此要重振这一行业，仅仅减少从日本进口的数量是不够的。正如半导体行业一样，机床产业也正在发生结构性变化。要维持现状也并非易事。由于美国没有准备好采取必要的措施来确保经济复苏（这将包括不受欢迎的政府干预），结果之一就是日本公司将更多的业务转移到了美国。虽然这是一个积极的举措，但协议并没有要求他们向美国转让技术，而国防部在很多创新技术方面仍依赖日本。

这里有一个严重的自相矛盾经历。由于担心疏远一位主要盟友，并且以不接受战略产业概念的自由贸易信条为名，我们没有在乌达耶公司案中采取行动。而今，同样是以国家安全的名义，我们又说存在战略产业，并通过有效地推翻此前对盟友有利的决定而冒犯了对方。此外，由于最初的不作为，我们最终削弱了自己的地位，变得更加依赖于行业内的外国公司，而我们很久以前就宣称这个行业对我们的国家安全至关重要。经济理论和战略理论的脱节实际上导致了两者的失败。

这显然是个鱼和熊掌的问题。促进或保护特定战略产业，似乎与主流经济理论所界定的有效经济的更高要求背道而驰。因此，维持重要的国防工业的必要措施可能对整体经济有害，长远来看，对国防也有害。

解决这个两难要从经济学理论所依据的假设入手。正如麻省理工学院著名经济学家保罗·克鲁格曼所指出的那样，大多数假设都是无效的。[20]这些理论假定市场是完全竞争的，也就是说，单个生产者对整体生产水平或价格没有影响。这适用于许多农产品，但不适用于汽车、半导体或大多数其他贸易商品。它进一步假定规模经济（工厂越大，生产成本越低）、经验曲线现象（生产每增加 1 倍，成本就减少 20%）以及进入或离开某一行业的成本并不存在，或仅仅是不重要的市场缺陷。但事实是，大多数商业活动和贸易谈判恰恰与这些因素有关。与这些问题打交道，而不是与理论上完全竞争的市场打交道，构成了经济活动的主流。

显然，一旦认识到这一点，正如克鲁格曼所言，最终很可能存在战略领域。在这里，“战略”一词被广泛地用来表示某些产业可能比其他产业贡献更多，不仅体现在国家安全方面，还体现在纯粹的经济福利方面。因此，一些美国经济学家开始认识到日本人一直都很清楚的事情。这种认识解决了前述的矛盾。如果存在经济和军事上都具有战略意义的产业领域，那么对其进行特别推广，就不需要在国防和经济之间或在消费者和生产者之间做出痛苦选择。问题就变成了手段，而不是目的。

军费负担

乌达耶公司请愿被驳回后的那些鲜为人知的产业政策讨论中，日本人认为其“经济安全”政策是合理的，美国的国防政策为美国提供了同样的利益——这一观点也被美国的一些军事和经济界广泛接受。在后来的半导体辩论中，（美国）几位高级官员同意国防推动了技术发展；与日本人观点一致的是，美国的军事开支是一种补贴，将确保美国在技术和产业领域的领导地位。如果美国不是领导者，那大多数观察家会认为，美国人无能的管理是唯一的原因，而不去考虑其他因素。

“衍生”概念有其道理。一些军用开发的确产生了具有商业价值的产品。如果世界上没有其他参与者回应、跟进，那“衍生”模式可能会确保美国技术的领先地位。但日本做出了回应。美国没有把本国经济和战略理论相结合，但日本把这两者同自身的经济安全概念结合了起来。如果“衍生品”给美国带来某些产业优势，美国会感到高兴，但它并不以这些优势为目标。事实上，它认为这样做是错误的。但日本认为产业能力和美国人认为的军事能力一样，都是国家实力的重要来源，因此致力于创造一个友好、降低风险的产业环境。制定经济政策是为了服务于产业目的。国防政策也是如此，它将昂贵的军品合作生产视为产业力量的另一个来源。

这种差别微妙，却影响很大。表面上看，两国似乎都在采取措施促进本国机床产业的发展。但日本人的做法全面、持久，而美国人关注面窄、分散。比较日本和美国在半导体研究方面的项目也说明了这一点。在日本，通产省和NTT选择了几家公司，为政府支持的研究项目提供服务。政府资金很重要，但数量不具有压倒性优势。除此之外，NTT是稳定的采购来源，带来了巨额利润。日方选择的研究方向，都是专门针对最终开发出具有商业价值的产品。被选中的公司是那些主要向消费者和商业市场销售产品的标的，后者既有销售此类产品的动机，又有营销和销售能力。这些特点使其值得投入一些自有发展资金。组织这些项目是为了确保尽可能广泛地传播技术。

相比之下，美国国防部有一个旨在开发先进半导体的“高速集成电路项目”。有一些商业导向的公司入选，但许多参与者是大型国防承包商，既没有开发和销售商业产品的动机，也没有能力。研究目标是针对特定的国防需求，这些需求可能与商业活动有关，也可能无关。事实上，在某些情况下，比如要求半导体具有很高的抗辐射能力，国防需要与商业要求相互冲突。就该项目可能产生的所有用于商业用途的技术，几乎没有做什么努力去传播。

日本和美国间做法的不同，势必使日本在开发具有商业价值的技术方面具有优势。因为美国没有一个整体安排，甚至没有投入多少关注，两国产业的大格局开始由日本决定，后者有整体的方案，并且给予了极大关注。关于这两种做法的差异及其后果，最引人注目的例子是在合作（军品）生产安排下的日本军事技术领域。很少有人考虑到这种转移对美国整体产业实力的影响。但正如审计总署在其早前提到关于合作生产的报告中所指出，在日本，主要动机是利用其中的技术来加强整个产业基础。随着时间的推移，这样的结果不可避免。

国防开支和生产非但没有发挥引领作用，反而严重阻碍了美国的产业实力。比较统计数据显示，美国在研发上的支出约占国民生产总值的 2.8%，与日本和德国等国的 2.9% 相差无几。[21] 但美国大约一半的研发是军用。[22] 随着武器的日益复杂，越来越多的此类研发对商业价值不大。因此，与竞争对手相比，美国在有用的商业研发方面，投入委实要少得多。此外，它将可能具有商业用途的军事研发转移给了日本的组织，这些组织能够比美国的国防承包商更有序地进行商业开发。

同样，国防采购也是一个陷阱和错觉。它确实为经济注入了大量资金，并给洛克希德、罗克韦尔和通用动力等公司带来了可观业务。但其基本上没有（商业方面的）生产性影响。这些公司向美国国防部交付的产品大多是昂贵的准定制机器，无法支撑起美国经济的生产基础。但这些公司雇用了大量最优秀的科学家和工程师，如果后者从事其他领域，可能会取得更多成果。除此之外，对于那些非国防材料主要厂商的公司来说，美国国防部的业务并不具有吸引力。与 NTT 的情况不同，美国国防部的一切业务都是在招标和严格的公众监督下完成。这些公司不能确定得到这笔生意；而且，即便参与了也并不总是有利可图。罗伯特·加尔文向我指出，总体上，摩托罗拉与美国政府间的业务盈利不如其非政府业务。

因为美国的经济学家和军人都认为整个产业体系布局不具有任何战略价值，美国正在建造更多的产业，完全是为了供应军需。而军事市场还不够大，无法实现真正的经验曲线经济。例如，在 20 世纪 60 年代早期，国防采购占半导体市场的一半以上；1987 年，这个比例还不到 10%。[23] 一个只向美国国防部供货的制造商，其销量将不足以实现成本最优，也不足够有竞争力。此外，由于采购周期很长，武器往往无法体现最新技术。只向美国国防部出售的半导体供应商不会生产尖端芯片。因此，正如诺曼·奥古斯丁在美国国防科学委员会的半导体报告中所敦促的那样，为了保持为国家战略利益服务的领先能力，必须具有竞争性的商业能力。与公认的国防驱动民用技术的观点相反，现在的事实证明民用技术驱动国防。

然而，拥有领先的商业能力，需要解决经济和国家安全要务之间的矛盾。美国得停止将其产业衰退归咎于“公司”事务，并认识到商业环境和其他国家政策的影响。如果事实证明它无法做到这一点，那未来的数字会更难看。正如日本国际贸易研究所的坂本雅弘所指出的，1983 年，美国占美、日、联邦德国、法、英五国国民生产总值总和的 40%，却承担了五国国防开支总额的 57%。日本的这一数字则分别为 14%和 3%。[24] 美国每年在国防上的开支大约是 3 000 亿美元。从生产的角度，这些钱大部分被浪费掉了，而很多可能有用的资金，被转移到了能更有效地组织使用这些资金的外国实体。日本国防上的开支仅为美国的 1/10，很少浪费，转移到国外的也很少。在这种情况下，美国持续的技术和产业衰退不可避免；在这个过程中，它保卫两国安全的能力，以及提供必要的有生产潜力的经济以确保其公民福利和稳定的世界环境的能力，都将大为减弱。

第九章

美国贸易谈判：参与者

为什么不是最好的？

——埃利奥特·理查森，1987

美国尝试通过一系列贸易谈判，一方面避免其贸易政策与安全承诺间的矛盾，另一方面也避免经济衰退。不愿承认系统性的弱点，导致人们将这些问题视为不相关；尽管一再宣布谈判取得成功，但随着国家经济的加速衰落，问题也成倍增加，导致谈判越来越频繁。当20世纪60年代初谈判开始时，谈判涉及纺织品，贸易逆差为10亿美元。里根任期结束时，几乎未间断的谈判涉及半导体、汽车和金融，贸易赤字飙升至近600亿美元。[1]

美国国会

"施特劳斯—牛场"协议（1978）

美国国会是美国和日本谈判的核心机构。如果不是美国国会，两国间根本不可能有任何谈判。战后美国历届政府都不愿大力争取美国的商业优势，在执行美国贸易法方面也一直犹豫不决。与半导体和机床案例一样，贸易问题总是在其他事务看似更紧迫的背景下提交给白宫。美国希望日本人在保护其本国海上航道方面承担更多责任，希望日本谴责在阿富汗的苏联，希望得到日本在波斯湾的支持。这些国家安全问题总是比几美元的贸易更重要。因此，如果行政部门拒绝给予实质性支持，那些因重要或不公平贸易而受到伤害的公司就会向国会求助，这是因为国会无法通过直接谈判来解决问题，通常只能以其能采取的唯一方式来回应选民的抱怨：提出威胁阻止外国商品进入美国市场的议案。

美国政府通常会给这些措施贴上“保护主义”标签，并加快谈判进度，但其主要目的并不是解决问题，而是显示出有进展的样子，这样，并非真想对贸易伙伴采取打压行动的国会，就可以找到一个借口不这么做。随后因屈从于政治现实签署了一些协议，协议限制美国对敏感领域进口的增长，但最终并没有减少；这些协议还希望努力使日本对有竞争力的美国商品开放市场，来展示自由贸易的优势。通过这种方式，历届美国政府都希望向国会表明他们正在“做事”，并向日本表明他们并没有违反自由贸易原则，其所作所为只是为了应付政治需要。这个复杂博弈涉及多个层面：有时国会的威胁真实存在；有时，那些威胁只为施压那些不情愿的政府去采取行动；有时，政府会主动要求受到威胁，这样它就可以指出国会行动的危险性，并将其作为谈判工具。

20 世纪 70 年代末的卡特政府时期，形成了时下的谈判模式。随着对日贸易逆差从 1975 年的 17 亿美元上升到 1978 年的 116 亿美元，[2] 美国国会威胁要实施报复性立法，包括对电视机加征进口关税，以阻止日本对美国电视业的冲击。美国贸易代表、前民主党全国委员会主席罗伯特·施特劳斯为阻止这项被其称为“保护主义”的立法，与日本谈判达成协议。他经常说，虽然自己对贸易一无所知，但对政治很了解。第一个协议是 1977 年达成的所谓有序营销安排，根据该协议，日本同意限制其对美国市场的电视出口量；另一个是与日本大使牛场信彦达成的协议，称为“施特劳斯—牛场”协议。根据该协议，日本同意在增加制成品进口和扩大严格的农业配额的同时，向美国产品对等开放日本市场准入。日本同时“紧急”进口飞机和战略金属，以粉饰其即期贸易统计数据，并同意刺激国内经济，实现 7% 的国民生产总值增长，以便通过增加进口，成为世界经济增长的火车头。在东京，美国大使迈克·曼斯菲尔德称赞该协议结束了美国同日本间的贸易问题；在华盛顿，施特劳斯说不再需要立法。[3] 作为回应，国会放弃了其议案。

汽车协议（1981）

这种模式在 1981 年初再次出现。1979 年和 1980 年，日本汽车大量涌入美国市场，造成失业和财务损失，导致国会威胁要对日本汽车采取进口限制。这进而引发了里根政府的第一个贸易协议，并在接下来的 7 年里不断重复这一谈判模式。

实际上，这是一份非协议式的协议。1981 年 5 月 1 日，为了回应美国国会对配额立法的威胁，日本宣布将在未来两年内自愿限制向美国市场的汽车出口。达成自愿约束是天谷离开通产省前的最后一项行动。事实上，后来有人说协议的缔结加速了他的去职，因为按照日本的惯例，作为负责人，他必须为一项不受欢迎的举措承担责任。由于他在谈判中的努力，东京的一些汽车巨头称他为美国人的“走狗”。事实上，他理应获得一枚奖章，因为他表现出了杰出的产业政治家风范，其专业水准仅东京的大歌舞伎方可比肩。

里根政府进退两难。作为比前几届政府更坚定的自由贸易拥护者，它不希望在任期之初就用保护主义配额来违背自己的（自由贸易）原则。与此同时，它面临着国会可能推翻（总统）否决的现实可能性。还有一个政治因素是大量失业的汽车工人，他们中的许多人都把票投给了共和党。限制日本进口品，无论从美国政治还是产业长期生存的角度来说都是恰当的，虽然后者并非一个主要考虑因素。因此，如何在不强迫或不要求的情况下获得这种（出口）限制就成了当时的问题——天谷（通产省负责国际事务的副相）也清楚这些。

对天谷来说，日本汽车工业的长期地位是重中之重，为此，他准备在自由贸易原则问题上采取灵活态度。如果美国国会准备实施配额制，国会就要决定日本在什么条件下、多长时间内、在美国卖多少汽车。此外，如果美国人聪明的话，他们会加征关税，并获得因供应受限导致日本汽车价格上涨所带来的超额利润。而如果是日本自愿限制出口量，那数量、期限和条件都将通过谈判决定，日方的控制力更强。而此时价格上涨的好处将由日方获得，日本也将获得一个筹码，即在未来与美国的谈判中放弃这种（自愿）限制的可能性。最后，（不管哪种安排）通产省将管理这一事务，其权威将因捍卫国家利益而得到加强。

接下来是一段音调复杂的小舞曲。通产省知道（美国）政府想要采取限制，但出于理念原因不愿提出要求，该省随即提到过去曾使用过的自愿（出口）限制。美国政府在 1981 年初知会通产省，如果日本提出这样一项措施，美国政府不会反对。日本开始就（出口）限制规模提出双方可能认可的数字。最终，双方达成了每年 167 万辆汽车的额度协议。日本以务实的态度对待自由贸易，掌握主动权和资金；美国保持了一个自由贸易国的名头，却没有成为一个真正的自由贸易国。讽刺的是，这个名头的维持依赖于日本的产业政策和通产省的权威，而对于后两者，美国并不认可，要么反对、要么否认。美国政府无法告诉企业该进口或出口多少汽车，且一直称通产省不应该或也没有这种权力。但现在，这恰恰成了美国政府赖以摆脱痛苦困境的权威力量。

和以往的情况一样，1981 年国会闹得沸沸扬扬部分是由于进口的影响。美国各地都越来越相信日本贸易是不公平的，这也是一部分原因。日本经济从未达到施特劳斯和牛场所承诺的 7% 的增长率，许多被报道已解决的问题仍然存在，对日本的不满情绪与日俱增，因为其市场仍然无法进入，对不公平贸易的投诉在华盛顿堆积如山。与之前的历届政府一样，里根政府关注此事但坚决反对任何报复性的行动，它通常会通过再次说服日本开放市场，竭力安抚国会和公众。第一步是制定议程。

美国对贸易的管理

贸易代表办公室

制定贸易谈判议程，是美国国内不同贸易事务组织（间博弈）的结果，它反映并造成了美国在国际经济问题上的不确定性。原则上，美国贸易代表办公室负责制定贸易政策并执行所有的贸易谈判。作为总统行政系统的一部分，其约 150 名职员负责协调政府其他部门来制定政策并形成谈判立场。贸易代表办公室还执行一些（但非全部）处理不公平贸易问题的法律。

该办公室最初成立于 1962 年，目的是领导美国在肯尼迪回合的多边关税削减谈判，以进一步开放国际市场。关税当时被认为是主要的贸易壁垒，谈判的目的是在全面对等的基础上降低关税。美国的关税削减战略取代了通过出口促进关键产业发展的政策，变成了平衡竞争利益的安排。我们是否该在棒球问题上做一些让步，从而在牛肉问题上换取些好处？当然，必须权衡始终存在的外交政策考量。

美国贸易代表办公室因此是一个协调者、一个高效精干的精英机构，可以跨政府部门，对美国商业利益的诉求做出快速反应。虽然对这类参与多边关税谈判的美国机构来说可以谈的事情很多，但这种多边谈判到目前为止已经基本完成。如今，大多数谈判不再涉及关税方面的讨价还价，也不再是多边谈判。协调概念的潜在弱点因此日益明显。

贸易代表通过主持一系列部门间委员会进行协调，最终形成一个内阁级委员会，向总统提出建议。为确保在制定所有贸易政策时考虑到涉及的全部利益，几乎所有政府机构因此都成为这些委员会的成员。这一程序非常强调共识。不要求全体意见一致，但要尽最大可能倾听不同的声音。因为大多数相关部门的主要利益都与贸易无关，贸易政策提案最终往往会被淡化，这也是不可避免的。

这与其他政策领域形成了鲜明对比。比如，财政部是美国国际金融政策的唯一决定者和谈判者。尽管汇率是影响美国贸易的最重要因素之一，但这些谈判没有美国商务部、农业部或美国贸易代表办公室的代表参与。此外，当总统参加经济峰会时，美国贸易代表、商务部部长和农业部部长都不参加，陪同总统的是国务卿和财政部长。

在反垄断和国家安全方面也是如此。合作生产的安排导致海量技术被转让，但美国贸易代表也没有参与。诸多国家安全政策以各种不同方式影响着贸易，但美国贸易代表和商务部（的关切）并不包括在国家安全委员会的考虑范围内。直接介入国防事务的人才是国防安全委员会的组成人员，这一事实意味着防御问题不会牵涉非主要关切，实际上也因为议题具有排他性而凸显出防御问题（在国家中的）位次。贸易政策仅是一个协调众多部门利益的问题，这种观点隐含着这样一层含义：它是次要的。贸易议程因此变成了边缘议题。因此，美国的贸易政策似乎总是会带来进行广泛谈判的呼声，目的是要求外国市场开放，至于如何开放则并不明确。这是美国一方唯一能够达成的共识。

要考虑的各种因素涉及的权力极为分散，要制定一个全面的贸易政策议程因此变得更加困难。尽管是美国贸易代表负责制定贸易政策，但是商务部负责执行其中的大部分政策。例如，反倾销和反补贴法是一种被广泛使用、具有巨大潜在影响力的贸易政策工具，它引发了一些最重要的贸易谈判，比如半导体贸易谈判。由于商务部负责执行这些法律，鉴于商务部的法律权威和专业知识，它通常会成为事实上的谈判者。

商务部还为美国大使馆的商务部门配备工作人员，为出口和高科技产品颁发许可证，向总统建议出于国家安全目的应该保护哪些产业，并促进美国出口。实际上，商务部控制着一个真正的统合贸易战略所需要的许多工具。但它并不拥有所有工具，因为尽管它本应促进美国出口，但为此类出口提供融资的进出口银行和为投资提供保险的海外私人投资公司是两个独立实体；农业部有其外事部门；而航空公司的谈判则由国务院和交通部负责。

因此，几乎没有真正的协调。个别谈判和议题可能会被所有参与部门审查，但由于责任分散和美国贸易代表协调作用有限，不可能找到一个真正全面的方法来利用美国政府的所有工具和手段。相反，由于每个部门都试图制定自己的贸易政策，部门之间经常会发生地盘之争。大量的时间和精力被消耗在各机构间的沟通上，这显然会影响谈判。正如在半导体案中，美国贸易代表办公室官员不愿看到商务部发挥更大作用，这在一定程度上导致其在支持鲍德里奇的倾销案上的犹豫不决。这样的内耗并不体面，且有破坏性——当然在这样的格局下也是不可避免的。

这种地盘之争严重削弱了美方在谈判中的地位，因为日本和其他国家知道他们可以利用美国政府机构间的分歧来各个击破：希望美国国务院不要让一些紧迫的贸易问题破坏美日整体关系的呼吁，总会获得同情；如果外国政府明确表示更愿意同美国商务部打交道，那就可以有效地剥夺美国贸易代表在贸易谈判中的领导能力，反之亦然。通过分散权力，美国创造了许多（同外国沟通的）渠道，日本因此得以选择其喜欢的沟通机构。为了在谈判中发挥主导作用，美国各机构间会通过竞争来争取日方好感，每个机构都试图比其他机构更通情达理。一个重要例子是前面讨论过的 NTT 案例。根据所谓的 NTT 协议，NTT 理论上已于 1981 年向外国投标者开放采购。但到 1983 年要续签该协议时，（前一期协议下）几乎没有什么实质性的采购，部分原因是与新供应商建立关系需要时间，但也有部分原因是 NTT 继续抵触这样的采购（NTT 前主席秋叶德吉说，1982 年，NTT 唯一能从国外采购的商品就是电线杆、水桶和拖把）。在谈判续约时，美国贸易代表立场强硬，极力要求一个具体的采购目标。令华盛顿许多人感到惊讶的是，通常属于鹰派的美国商务部反对这一政策。但 NTT 并不意外。它精心拉拢美国商务部官员，试图离间商务部与贸易代表办公室同僚的关系。

虽然日本省厅间也有地盘之争（日本政府部门拥有更大的权力，因此其间有些博弈的程度比美国的大得多），但在大多数谈判中，日方比美方团结得多，因为日本省厅管辖范围更大，而且对省厅来说，没有什么比国家安全问题更重要。例如，当美方就一个产业问题进行谈判时，日方谈判者不是一个跨部门的代表团，而是通产省。通产省把美国在商业、贸易代表和其他机构之间划分的责任统一起来。美方把贸易放在国家安全之后，而通产省则认为贸易就是国家安全。因此，美方要对日方实施各个击破的机会要少得多。例如，我本人代表美方就半导体问题进行谈判，而 NASA 将处理空间站问题的谈判，国防部将牵头联合生产或两用技术的谈判。但在日本，通产省负责处理这一切。因此，在任何情况下，日本谈判者都比美国人拥有更广阔的视野和更多的手段。

美国各部门间的冲突，反映了国会内部的意见不一和美国在贸易问题上的思维混乱。美国国会至少有 7 个委员会拥有某种贸易监督权，还有其他许多委员会不时地加入进来。国会缺乏一种理念，即将贸易视为确保美国长期繁荣和实力的综合经济政策的一部分，因此，它只能组织起来处理局部问题，而不是整体问题。某委员会制定一项法案，将促进贸易发展的责任赋予商务部，而另一个委员会则将制定贸易政策的权力授予美国贸易代表。没有人努力将两者联系起来。

国会同样不断地重申贸易的次要地位。所有这些一直威胁要严格执行的不公平贸易法案，均赋予了总统自由裁量权，即如果总统认为执行这些法案可能会损害美国国家安全利益，那他可以忽略这些法案。因为几乎所有事务都可以被解释为可能损害国家安全利益，使得那些法案很少会被用到。这样一来，国会就使得历届政府不能也不会制定出一项议程，对国会提出的针对贸易问题采取行动的要求做出满意的回应。

公务员：贸易政策的制定者

美方不仅有部门分治的问题，人事方面同样是处处掣肘。日本官员是经过层层选拔和培养，由专业人士组成精英团队，但美方团队则由完全不同的官员构成，他们以一种非常不同的方式准备博弈。

我 1983 年遇到的一个问题就说明了这种差别。“你所说的行政指导是什么意思?”一位即将成为美国重要贸易谈判人员的新任商务部助理部长问道。我花了大半个上午的时间向他解释，但并不容易说清楚。他容易相处，有华尔街的光鲜背景，但没有国际经验，对贸易知之甚少，对我们最重要的贸易合作伙伴日本一无所知。此外，他告诉我他在商务部就是个过渡，他在等财政部更好的机会。他在白宫的强大关系网很快让其成为财政部中的一员，之后又成为白宫的贸易专家。正是在最后那个位置上，他后来回应了游说者对日本半导体产业的请求，试图命令商务部撤销《联邦公报》中对美国 256K 主存倾销案的通告。

和日本的省厅一样，美国政府各部的工作人员都是职业公务员。但与日本不同的是，美国行政系统前 4 级职位的大约 3 000 个岗位往往由与总统或其政党有政治联系的外部人士担任。虽然从理论上来说，这个神圣的传统允许总统引进有才能的人来忠实地执行其政策，但实际上这个制度在国际谈判方面弊端严重。

首先，各部人员的平均任期只有两年左右。例如，1981 年至 1988 年，商务部有 4 名负责贸易发展的助理部长。即便是天资聪慧也要花时间熟悉情况，这意味着美国官员总是在接受培训。这种形势的弊端已经是很明显了，若国际谈判中对手方有专业人员，麻烦就更大了。

这对内部沟通、团队精神和协调配合的影响同样显而易见。即使他们是天才，这些刚刚上岗的人和彼此的关系通常都比较陌生。权力的划分为地盘之争创造了条件，这往往使他们处于与其他政府部门竞争的境地；作为选拔过程的结果，这种竞争通常不会受到长期交往或友谊的影响。我经常看到一个部门的官员或是不向其他部门介绍情况，或是向新闻界泄露消息，或是试图阻止一个部门中才华横溢的官员加入一个代表团，这一切都不是为了超越对手，而是为了在美国的决策过程中获得最高话语权。有限的任期更加剧了内部竞争的趋势。官员们知道他们的任期很短，因此渴望迅速获得公众关注、提高个人资历，以便在不久的将来转向私营行业或事务。

机构记忆（缺失）是另一个大麻烦。日本人利用这一弱点多次向美国谈判者兜售同一个想法。他们知道如果一个问题拖得足够长，其间美国的参与者就会换人，日本人因此有机会再次提出旧提议。正是由于缺乏连续性，美国方面很少有人记得，迟至 1988 年还在讨论的一些问题，“施特劳斯—牛场”协议中早已经解决了。我们在东京的议题仅对美国谈判者而言是新的。

美方的无知和（部门）分割使得日方形成了一个最顺手的策略，即立即瞄准美方一位新官员，并努力将后者与经验更丰富的同事和下属隔离开来。在我参与的一次重大谈判中，美国代表团的领队刚上任约两个月。他以前是一家大公司的老板，对谈判议题和谈判的日本人完全不熟悉，但他为自己的谈判技巧感到自豪。谈判期间，多年来一直参与谈判的日本代表团团长突然提议，除了美方牵头人、他本人和另一位担任翻译的日方官员外，所有人都不要进入会议室。美方牵头人接受了这一建议，从而在谈判问题的认识、人数和语言方面将自己置于劣势地位。他在另一项事业上取得成功这一事实本身，不会让他承认谈判这事超出了其能力范围。这一插曲并没有产生具体结果，但美方这位牵头人已经向日方暗示，他是未来个人沟通时的首要人选。日方肯定会告诉他和其他人，他是一位伟大的谈判者，称赞他对日本的惊人了解。

美方每一位谈判者都知道日本人是一个有着持久记忆的群体，每个人的一言一行都会储存在那个记忆库中，以便日后用来对付对手。美方也知道己方人员的不断更替不会留下任何记忆库，同事们可能会像支持一个人一样轻易地抛弃另一个人。因此，尽管从个人角度美国人谈不上什么希望或恐惧，但反过来就不同了——这种环境对美国谈判人员施加了某种微妙的约束，使他们变得更加谨慎。

美国的制度有一些弊端，即便偶有优秀的公职人员[①]，但并非所有被任命的公职人员都是优秀的。许多人是政治活动人士或捐助者，白宫需要回馈其过去的贡献。由于其政治关系，他们很难信得过。他们缺乏知识，这使其对在相关领域知识渊博的人缺乏安全感并充满怀疑，特别是对职业公务员，他们可以而且经常通过控制绩效评估来让这些公务员的生活变得不堪，他们喜欢阿谀奉承的人。最重要的是，他们在对问题的了解和对计划的承诺方面，与日本同行形成了尴尬的对比。

职业公务员是贸易谈判中的无名英雄。如美国商务部日本办公室主任莫琳·史密斯和美国贸易代表办公室唐纳德·阿贝尔森这些人，是唯一的机构记忆来源。在政府任职近 20 年的时间里，他们几乎参加了其间所有的贸易谈判。其他像他们一样的公务员，工作时间长、水平高、倾力奉献，但报酬很少。但不幸的是，各部高层官员的快速更替，意味着领导们几乎没有时间培训和发展职业官员。即使是最优秀的被任命高

① 指总统直接任命的官员。——译者注

官也没有这样做的动机，毕竟，他们必须关注两年后离开政府时的去向。所有这些因素导致的结果是，在与日本的贸易谈判中，美国处于劣势。美方谈判者们总要面对一个人员更精良、训练更有素、组织更完善的对手。他们要能成功反而是不正常了。

媒体与公共关系

技能差异在公共关系领域尤为明显、重要。日本人倾注大量精力通过媒体、讲座和研讨会来讲述他们的故事。大多数与美国打交道的日本官员都能说一口流利的英语，还有一些如驻纽约总领事内川英寿等官员，英语口语到了母语水平。日本人关注美国媒体对他们的所有评论，不落下任何细节，并经常做出反驳。1985 年 12 月，内川和我一起参加了电视节目《亚当 · 斯密的金钱世界》，他和其他日本外交官是美国访谈节目的常客。此外，他们经常去美国大学演讲，参加美国权力精英会议。日本人也的确是这个精英阶层的一部分，他们同美国国内利益集团一样，在华盛顿穿梭、打交道。几名日本官员就以观察员的身份在 1984 年参加了美国政党大会。

日本各省厅支持日本企业海外业务的精力和水平之高超也无可匹敌。日本对外贸易组织（JETO）在世界各地的主要城市都有大量员工。此外，日本使领馆官员非常了解其产业机构的需要，不断寻找有用信息。最近，加州大学伯克利分校曝光了一个创造性情报收集的极佳案例，当时几名日本研究生向查默斯 · 约翰逊教授报告，日本驻旧金山领事官员要求他们提供关于该校生物技术发展的报告。[5]

在美国卷入法律纠纷的日本公司，总可以借助日本政府官员的帮助。倾销投诉通常由一家私营公司针对另一家公司提起。在这种情况下，美国政府不会给美国公司提供建议，但日本政府却会给日本公司提供建议。在涉及日本公司的任何倾销、专利侵权或其他贸易案件中，通产省将会协调对策，包括选择合适的律师和说客，并对其进行全面指导。通产省愿意提供帮助，鼓励了日本产业界对其保持信息灵通，这反过来又使通产省成为一个微妙而重要的影响和力量来源，无论是在日本国内，还是相对那些通常信息不那么灵通的美国官员来说都是如此。

精美的杂志和半官方期刊被源源不断地免费送给美国有影响力的人。这些纸质媒体显然配合得很好，似乎在同一时间说着同样的话。通常不向日本大学或慈善机构捐款的日本企业，在美国被鼓励进行此类捐助。几乎所有对日本稍有兴趣的美国大学和智库都接受了日本的资助。这种做法的效果显而易见：除了少数例外，这些机构的研究和出版物往往都回避对日本的批评。有一次，华盛顿一家智库的一位高级官员甚至告诉我，鉴于日本的资金来源，该智库可能会避免招募任何批评日本的人士。这并不意味着他们的日本捐助者对其捐赠施加了什么要求。我相信他们没有。相反，这是一种自我审查，当然，从日本人的角度来看，这种做法比施加要求好得多。

资深日本观察家伊万·霍尔目前在东京庆应义塾大学任教，他将这种现象称为“相互理解产业”[6]的一个方面。他指出关于美日关系的一个持久假设是，其主要问题在于美国对日本的无知。为改变这一假设，两国政府资助并鼓励建立了一个全国性的日美社会网络，旨在扩大美国对日本的了解。霍尔说，这样做的结果是形成了一个强大的游说团，其中包括双方大多数重要评论员，他们都有维持这一假设的既得利益。这符合日方利益，因为它使日本不必处理自己的错误。日本可以把一切都归咎于美国的误解，并让许多地位显赫的美国人同意这一看法，后者一边同意，一边自鸣得意地哀叹本国同胞可悲的无知；这样一来，这些显赫的美国人会声称自己是“少数有见识的人”中的一员。这样的安排符合美国专家的利益，因为这是一个资金充足的行当。

正如霍尔所说，问题在于，一种主要向美国人解释他们是多么无知和愚蠢的“相互理解”是不存在的。在日本几乎没有美日社团，在日本大学里也几乎没有美国研究项目。事实上，长期以来，外国教授在日本拥有正式教职是违法的。尽管它最近被合法化了，但大多数大学仍然与外国教授签订临时合同。在某些情况下，在某一机构任教超过 10 年的教授被告知他们得离开。[7]

美国贸易代表办公室的格伦·福岛博士于 1985 年 9 月在东京美国商会的一次演讲，道出了那些对美国的无知耿耿于怀的专家不为在日美国教授挺身而出，也没有以其他方式评论日本错误认识的原因：“如果你是一个对日本过于挑剔的外国人，你的信息、资金或朋友资源很快就会枯竭。”[8] 霍尔也同意这种看法：“日本组织那种要么全心全意、要么毫无瓜葛的情感纽带模式，使其无法容忍不同意见。”[9]1987 年初冬，荷兰记者卡雷尔·范沃尔夫伦发表在《外交事务》上的一篇评论性文章《日本问题》也说明了这一点。[10] 作为一名在日本居住了 20 年的观察家，范沃尔夫伦的文章成为电视黄金时段讨论的焦点，他本人也因此受到日本政界和媒体要人的广泛批评。另一边，在之后不久的 1987 年夏，一所美国名校研究生院院长向新潟国际大学的一位听众表示，美国商务部的官僚是造成贸易问题的主要根源，他们常常利用这些问题来发展他们的事业[11]。

维持良好形象的努力还延伸到跟踪美国官员的言论。我在商务部任职期间，无论何时何地发表演讲，总能从日本大使馆听到一些关于演讲的评论。我说（日本）好话时，他们会称赞我；我批评别人时，他们会表示失望。他们这样做并没有错，至少我知道他们对我感兴趣，但这也是一种微妙的压力，目的是鼓励我在公开发言时尽量表现得友好。①

---

① 这是日本人有时会走得很远的一个例子：迈克·班内菲尔（Mike Benefiel）是美国商务部一位日语流利的中层官员，在日本待了 10 年。他于 1986 年 10 月 10 日在密西西比州发表了一个演讲。现场听了演讲的日本总领事反对迈克的观点，随后便写信给会议组织者，批评他们找了一个反日的演讲者。——译者注

这种情况更令人不快的一面，是日本人由于强调个人关系而倾向于制造（他们眼中的）英雄和恶棍。在日本，关于贸易问题的讨论总是个人化（指向个人）的。如果出现问题，日本官员会寻找他们认为造成问题的美国官员。他很快就获得了“鹰派”标签，并立即通过日本媒体成为全日本的恶棍。

我于1982年春陪同副总统乔治·布什访问远东时，就亲历了这一待遇。在离开美国前，我接受了《日本经济新闻》的采访。我在东京羽田机场走下空军二号时，一位记者拍下了我的照片，照片在第二天早上上了头版。尽管报道据称是一个传记性的梗概，但大多数说法都是错误的，正如说我是造成日美间贸易关系紧张的罪魁祸首的结论是错误的一样。然而，即便是在今天，初次见面的日本人也经常会提到这个报道。在美国，日本官员通常不会遇到这样的麻烦。

反过来，美国谈判代表根本无法做同样的事情。东京美国大使馆的工作人员中，只有大约10%会说日语，且只有一两个说得流利。派驻中国或者苏联的人员必须具备语言能力，但在日本，这可能是一个明显劣势，因为不会说日语的上级有时会对说日语的下级感到不舒服。因此，美国官员不会出现在日本的脱口秀节目中，也不会出现在大学里，通常甚至不会和日本的权力精英讲话，更不用说与他们交往了。此外，大多数美国官员甚至不愿在日本做公关，因为他们担心被指责干涉日本内政。不管怎么讲，日本社会为外国人提供的参与机会要少得多。讨论日本的美国团体总希望听到日本人的观点。在日本，情况则并非如此。美国的情况因此在日本很少有人讲，美国的做法在日本公众看来往往是不理性的，甚至是充满报复性的。

游说和说客

除了努力营造良好的整体环境，日本人还非常重视直接影响美国政府，因此在很多层面上都付出了巨大努力。例如，1984 年日本政府发表了一份题为《国会工作人员在美国政策决策中的作用》的研究报告，分析了 3 万多名美国国会工作人员的职业模式及其在政策制定中的作用。[12]1986 年晚些时候，美国官员在通产省的年度预算提案中发现了一个在美国开展的“基层活动”项目，其目的显然是影响国会议员。

日本的私营企业也在努力。索尼等公司指派重要高管进行近乎全职的游说活动，而日本经济团体联合会甚至在州一级也非常活跃。20 世纪 70 年代，以加州为首的许多州通过了统一的税法，对在该州经营的公司的全球销售收入征税，以防止通过公司内部定价来避税。在美国政府鼓励下，日本经济团体联合会派出了一波又一波企业高管前往各州立法机构游说，并威胁称如果州立法机构不修改法律，就会停止对本州的投资。大多数法律最终被废止。如果美国商人反过来做同样的尝试，他们会因干涉日本内政而受到严厉谴责。

美国制度的透明促进了这一活动。在日本各省厅间闭门进行的立法起草、内部辩论和妥协，在美国国会则是在完全公开的情况下进行的。美国国会上的证词是在公开会议上发表的，法案的最终文本或“命名、编号”也是公开进行。日本人是这类博弈的正式参与者，因为他们在美国的公司是美国合法成员。他们因此事先对美国可能的事态发展有充分了解，从而能够在必要时组织反对。

再者，除了可能比以色列人稍逊，日本人在华盛顿的游说活动中出类拔萃。美国政府高官的事业路径，通常是从政府转到华盛顿的一家法律事务所或游说公司。根据美国司法部 1985 年公布的数据，这类公司中，当时有 182 家是为日本利益服务而正式登记，合计获得近 2 300 万美元费用。[13] 另据估计，约有 200 名未登记游说者为日本人服务，总开支约为 5 000 万美元，另有估计称高达 2 亿美元。[14]

这些钱被用来聘请美国前重要官员。在 20 世纪 50 年代末期的纺织品贸易战中，日本公司聘请了前总统候选人托马斯·杜威。从那以后，日本在美国前高官离任后雇用他们或其公司成为一种普遍现象。其中最著名的包括前参议员爱德华·布鲁克斯、参议院外交关系委员会前主席弗兰克·丘奇、中央情报局前局长威廉·科尔比、前国家安全顾问理查德·艾伦、美国前贸易代表和民主党前主席罗伯特·施特劳斯和美国前贸易代表威廉·埃伯利。此外，美国贸易机构中的二、三级官员也有很大一部分最终被日方雇用。一位公司高管最近就当面向我抱怨说，在华盛顿很难找到一家律师事务所代理他的案子，因为所有律师事务所都在为日本公司工作。

《华盛顿邮报》1987 年 8 月 22 日的一篇报道中报道了一次游说活动：共和党全国委员会主席弗兰克·华伦科普夫也代表丰田公司安排该公司与美国商务部高级官员进行会晤。[15] 日本的游说技巧在 1987 年表现得淋漓尽致，美国国会当时威胁禁止进口东芝公司产品，以报复东芝公司旗下一家子公司向俄罗斯出口潜艇螺旋桨铣床。东芝公司的主要客户被动员起来，为东芝公司及其在美国的数千名员工作证。与此同时，东芝公司聘请的说客名单读起来就像华盛顿的名人录：总统林登·约翰逊的前助理、来自俄克拉荷马州的前国会议员詹姆斯·琼斯；马里兰州前国会议员迈克尔·巴恩斯；美国前副贸易代表威廉·沃克和尼克松总统时期的白宫法律顾问伦纳德·加门特。与此相关的公司中，NEC 还聘请了民主党全国委员会前主席查尔斯·马纳特，日本贸易公司伊藤商事聘请了证券交易委员会前主席、时任国家安全顾问弗兰克·卡卢奇的前老板罗德里克·希尔斯。[16]

另一个例子是大约同一时间环球美国公司的故事，这是华盛顿一家人脉很广的游说公司。环球美国受聘于几家日本大公司，包括 FANUC、小松和京瓷 [17]。1987 年夏，环球美国增加了一个新客户，即通过“围标”阻止外国公司竞标大阪新机场大部分合同的日本建筑公司联合会。

鉴于美国的压力，该联合会支付的游说费用达到22.5万美元，是其最终与柏克德公司签订的工程咨询合同金额的2倍。[18]

就像东芝一案一样，日本公司有时会独自聘请顾问，但日本政府经常参与其中。日本大使馆向格雷公司支付了20多万美元，用于处理日本重要政治人物二介堂进1985年访美期间的公共关系[19]。海军（前）上将丹尼尔·墨菲是该公司副总裁之一，他曾是副总统乔治·布什的前办公厅主任。半导体案实际上是日本政府选择说客的另外一例，尽管在该案中是半导体公司付的费。

在恰当的时间找到恰当的人是游说者的关键所在，代表日本的游说者经常能很好地使用这种技巧。例如，1986年冬，美国政府准备对日本限制进口铝的做法进行报复。1986年2月26日，有消息称白宫将批准一项行动建议。最后一刻的游说将该建议从次日的议程中移除。

但比干预更重要的是分析和预测。在美国，权力的分割意味着决策是在不同参与者之间不断变换联盟的背景下做出的。知道谁在背后支持谁做什么，是制定对策的关键信息，尤其是在掂量国会的真正意图方面。人脉广泛的说客和他们自身的协调能力，往往能使日本人比大多数美国参与者更好地了解美国政府正在发生什么。

另一个元素更微妙，但非常强大。由于游说者的政治活动和个人关系，在其打交道的政府部门中，游说者经常比该部门的中下级公务员更容易接触到白宫和该部门中由总统任命的重要官员。因此，这些部门的中下级人员经常被迫与那些观点已被说客影响的上司打交道。通过这种间接的方式，日本人得以参与美国战略制定。

未来被日本聘为说客的可能性也会影响官员在任期间处理问题的方式。众所周知，在华盛顿，为日本人工作可以走上致富之路。在1986年和1987年期间，贸易谈判的主要问题之一是开放日本的汽车零部件市场。美国商务部负责汽车事务的助理副部长罗伯特·沃特金斯一直反对美国采取强硬做法。1987 年 10 月,《华盛顿邮报》报道称，沃特金斯曾致信日本的汽车公司，建议后者聘用他，代表这些公司在华盛顿游说。[20] 尽管沃特金斯由于这次曝光辞去了其政府高官的职务，但这个例子揭示了一种有时在更高层面、更高赌注下玩得更微妙的游戏。

国会听证会为日本人提供了另一种介入途径。许多针对拟议的贸易立法在国会作证的专家，都曾是贸易官员或政治人物，如今都被日本人聘用。国会之所以要求他们作证，是因为他们以前的职位和专业知识，但其证词显然有可能受到现有客户的影响。此外，由于听证会是公开的，讨论美国战略时，日本人可以旁听。在最近的一次听证会上，当我就如何处理即将到来的谈判作证时，日本代表团的团长就坐在观众席上旁听。

官员任命也是一个可能产生微妙影响的领域。白宫通常会向政治活动人士寻求建议，他们也是关键职位任命人选的游说者。因此，就贸易领域的官员任命而言，日本人可能会通过其说客来决定未来与之谈判的人选。此外，他们还可能左右谈判议程。美国贸易代表的议程和策略，由贸易谈判咨询委员会正式提出建议，贸易谈判咨询委员会是一个由私营行业代表组成的小组。日本的游说者就曾在该委员会任职。

当然，美国公司也有自己的游说者，有时和日本公司所聘说客为同一拨人，他们做着同样的努力、用同样的策略，所有这些都符合美国利益集团政治活动的神圣传统。游说者有时有助于促进交流，使双方能够准确地理解对方的意图。一个不能回避的问题是，为日本人游说是否正当。

这是一个很难回答的问题，答案取决于人们如何看待这个问题。一位著名的游说者曾向我解释说，外国利益方有权在法庭上行使自己的权利，这一点无疑是正确的。另一方面，一位著名的日本商界人士向我吐露，华盛顿就像雅加达:“你只需知道该向谁付钱。”无论对错，美日体系的相互作用毫无疑问使美国谈判代表处于守势。日本人可以打入美国体系，但反过来要困难得多，因为日本前官员通常不会成为外国利益的游说者。他们不必这样做，因为正如前面所指出的，他们服务过的省厅会妥善安置他们，并且待遇很好。因此，日本人是美国国内辩论的参与者，但日本国内的辩论则具有排他性。战斗总是发生在美国本土。

谈判的边界

辩论和博弈最终都落到谈谈停停不间断的谈判，贯穿美日间这些谈判的是一些基本假设和态度。1985 年秋，日本一位驻美使馆官员向我讲述了日本人的基本看法。他说美国就像一头老狮子，它可能正在变老，牙也掉了，但仍然很危险。因此，仔细观察狮子很重要，当狮子被唤醒时，要避免在它前面奔跑。所以日本人一直在观察、试探和测量狮子的体温。这位官员在谈判过程中明确告诉美国代表团，日本绝不会让其贸易逆差像美国那样急剧扩大。事实是，在日本人眼里，美国人信奉的经济原则对美国来说近乎灾难，他们无法相信美国人会一直照此原则继续下去。日本人因此密切关注美国变化走势。最后，日本人对美国人有些不理解。正如一位大使馆官员告诉我的，“华盛顿没有政府，只是一堆利益集团”。

指导美国行动的基本观点是，日本不仅是美国最好的朋友之一，而且与美国在经济和贸易方面看法相同。美方的主导假设是，日本与其世界观和经济观是一致的，谈判的目的是在朝着共同目标努力的同时消除误解。然而，这并非一致的看法。美方主要参与者的态度和动机如下。

国会

国会希望保护其选民的利益，并希望他们在世界贸易中得到公平对待。与此同时，国会相信自由贸易，担心被贴上“保护主义者”的标签。本质上讲，国会对自身（对贸易的）影响也有顾虑，甚至在谈判之初就倾向于接受任何新的贸易协定，以此作为不采取保护美国商业利益行动的理由。处理国会威胁的经典做法是开始一次谈判，然后提示国会其自身的注意事项，哪些做法不可为，以免伤及谈判。

美国贸易代表办公室

大部分面对面的谈判由美国贸易代表办公室主导。该机构往往想坚定捍卫美国的商业利益，但作为一个协调者，该机构必须经常压制自己的想法，以便成为诚实的撮合人、协调者。其工作人员认为日本不认同美国的经济原则，但该机构的谈判过程却被（美国）那种主导假设趋势，表现得好像日本认同美国的经济原则一样。贸易代表经常与其他机构争夺势力范围，且由于缺乏员工支持而受到阻碍。虽然它支持自由贸易，但并不教条。

商务部

美国商务部同意美国贸易代表办公室的大部分观点，在不需要协调的情况下，是美国商业利益更强有力的捍卫者。同样作为自由贸易的非教条支持者，商务部经常卷入与贸易代表的官僚竞争中。

国务院

美国国务院认为自己是与日本保持全面友好关系的主要维护者。它对产业一无所知，对经济也知之甚少，并且认为这些问题不如政治和军事问题重要。美国国务院认为贸易问题主要是美国的过错，特别是懒惰的美国商人的过错。它经常与日方合作，来“控制美国政府（即商务部、美国贸易代表办公室和国会）中的疯子”，有时它还向日本传递机密信息。该机构一定程度上是自由贸易理论的教条式支持者，并认为美国必须努力改变日本的思维方式。

美国驻东京大使馆

在美国国务院的领导下，美国驻东京大使馆甚至比国务院更支持日本的立场，因为讲日语的官员在外事工作中前途暗淡，所以人数不多；大部分使馆工作人员对日本知之甚少。过于重视正面报道。那些写电报批评日本的官员通常很难被上级理解，那些经常批评日本的官员则会被派往别处。无论是大使还是其大部分工作人员，都不认为打入日本市场是一件重要的事情。多年来，随着美国对日本贸易赤字的增长，大使一直阻止向东京派遣更多的商务官员。大使馆一贯反对对日本采取强硬态度。

国家安全委员会工作人员

美国国家安全委员会的工作人员是美国国务院在白宫处理这些（贸易）问题的前哨。

国防部

自相矛盾的美国国防部主要关心的通常是维持和谐的军事关系，但它越来越担心美国失去技术领导地位。该部通常不支持商业活动。

财政部

美国财政部在处理对日贸易问题时，倾向于采取高度理论化的方法，但涉及金融问题时除外。它在保护美国银行业利益时可能非常强硬，但通常更愿意基于自由贸易程序进行谈判。

经济顾问委员会

经济顾问委员会完全是经济学上的教条主义者，总是想为自由贸易进行谈判，但从未准备好在无法获得自由贸易时做出应对。

农业部

农业部最接近美国版的“通产省”，它就像通产省制定了一项全面产业政策一样，制定了一项美国全面农业政策，并且积极维护美国农民的利益。它根本不涉及经济学理论，其影响力使美国谈判代表过分地强调次要的农业问题。

中央情报局

在华盛顿的所有机构中，美国中央情报局对日本的看法或许是最清晰、最全面的。其分析和预测通常被事实所证实。它不相信日美两国在经济问题上看法一致，同时预测美元贬值和刺激日本经济都不能解决美日间的贸易问题。它尤其担心美国对（日本）技术的依赖日益加深，并敦促大力支持美国产业。中央情报局的报告基本上被忽略了。国务院或国家安全委员会通常要求中央情报局对一个已经研究过的主题进行新的研究。这被视为一种有效的拖延战术。

第十章

美国贸易谈判：一位内部人士报告

自由贸易是出口利益方的伪装，是攀登者在到达顶峰时把梯子踢开的聪明办法。

——查尔斯·金德尔伯格，经济学家

1981 年秋，里根政府在美国贸易代表办公室召开了第一次会议，讨论开放日本市场的方案。我刚刚作为贸易谈判者加入政府，以下是我对华盛顿经历的记录。

在华盛顿制定议程（1981）

长长的与会者名单已经预示着成功的可能性，在华盛顿举行会议的规模通常与其重要性成反比（当议题是与苏联进行军事谈判时，只有少数几个机构被邀请参加；当议题涉及对日贸易时，会议室对很多部门开放）。同大多数此类会议一样，这次会议也是临时召集的。我后来了解到，简报通常在会议召开前才分发，这与其说是管理不善，不如说是工作量过载的结果。与普遍的看法相反，美国政府高官工作量巨大。商务部长鲍德里奇曾告诉我，与担任商务部长相比，企业首席执行官非常轻松。由于事务庞杂，在下一个部门间会议开始之前，通常只有一小时的时间讨论另一个主题。结果便是讨论和议程都浅尝辄止。

虽然被称为战略会议，但这次在美国贸易代表办公室针对日本议程举行的会议几乎没有讨论战略，也没有就目标给出结论。虽然大家都知道我们的目标是打开日本市场，但我们没有讨论“开放”的含义、能够打开市场这种想法是否现实，以及如果美国得到了想要的，美国对日贸易逆差是否会下降。对于日本可能对美国某些举措做出的反应，参会者考虑得甚至更少。而且没有人考虑所有谈判都涉及的主要问题：如何明智地交替使用胡萝卜和大棒来实现目标。

在讨论的两个选项中，一种是欧洲经济共同体（共同市场）的贸易专员艾蒂安·达维尼翁最近在东京访问时提出的，他在那里呼吁日本人为制成品进口确立一个总体目标。他提出这一要求的动机在于，日本制成品的进口量与瑞士相当，而瑞士人口约占日本人口的5%。[1]日本的制造业呈现出一种奇怪的状况，例如，德国既是机床、汽车和其他机械的进口大国，又是出口大国。除日本外，其他工业国也是如此。只要日本有一个强大的出口产业，该产业的进口就可能接近于零。[2]达维尼翁得出的结论是，这是因为日本的产业结构倾向于杜绝进口。因此，为了纠正日本的贸易顺差，他极力敦促制定进口目标这一结构性解决方案。

尽管这次会议上的一些与会者建议美国应该与欧洲一道采取这种做法，但这一提议很快就被驳回。美国经济顾问委员会、管理和预算办公室以及财政部都表示该提议违反了自由贸易原则，而美国国务院和国家安全委员会则表示，美国不应冒“与欧洲人结盟”而损害与日本良好关系的风险。另一个受欢迎的选项是攻击具体、可识别的贸易壁垒，其前提是，如果贸易没有按照西方理论所说的那样往来，那么一定存在一些可识别的障碍，如果这些障碍被清除，就会带来新贸易。

参会者并没有系统分析美国哪些产业在日本拥有最佳机会，或日本哪些壁垒对美国的潜在销售最为重要。每个机构参会时都带上一份问题清单，这些问题来自过去的谈判或是各公司及其游说者的抱怨。这些现在已经列入议程。显然，美国贸易代表办公室主要是一个协调机构，工作人员有限，而且需要得到其他部门和机构的合作，因此只能进行表面的分析工作，无法采取与大多数机构不同的立场。这样一来，它能做的就只是收集清单，然后跑去谈判。几个例子说明这样制定议程的特点。

1. 进口配额。由于农民的政治力量，尽管日本的价格是世界价格的5倍，而且在国际贸易中配额是违法的，但日本仍对如大米，橙子和牛肉等22种农产品实行配额制。

2. 认证和标准。如前所述，正是由于缺乏适当的安全认证印章，美国棒球球拍才无法进入日本。由于日本不接受美国的安全标准或检测数据，运往日本的设备在通关前通常会被拆解和重新组装。

3. 烟草专卖。由于高关税及销售限制（只能在25万个销售点中的2万个中销售），美国公司的市场份额不到2%。在自由的中国香港市场，美国烟草有大约40%的市场份额。

4. 对律师的限制。美国律师实际上被禁止进入日本。例如，一位美国律师要在日本会见其在美国提供服务的客户，他必须出示客户的邀请函才能获得签证。

这样的例子不胜枚举。所有这些都是现实问题并值得关注，但很少有人触及难以参与日本市场的核心问题，也很少有人触及美国对日本敌意日深的根源。就在我们讨论的时候，日本的半导体行业在主存市场上迅速超越美国，其造纸业刚刚成立了一个进口商协会，其中包括了大部分的生产商，目的在于进口增加时“避免市场混乱”。日本石化产业正在考虑建立一个衰退卡特尔，其政府资助的研究中心继续推迟购买超级计算机，直到一款日本型号的计算机上市。尽管这些问题都不在清单上，但对美国出口和美国产业健康发展的影响比清单上列举的许多问题都更重要。

当美国代表团准备前往东京时，我突然想到，美国议程上的许多议题在 1978 年签订的“施特劳斯—牛场”协议中已经解决了。

东京会谈（1981）

除了议程不充分和参与谈判的贸易部门分散外，美国还受到大多数谈判地点的不利影响。美日间大约 80% 的贸易谈判在东京举行，部分原因是日本人知道主场的价值，部分原因是美国谈判代表往往把行动等同于进展。从华盛顿到东京成田机场需要 16 个小时。访日者到了成田机场会发现，日本传说中的长期规划并不总是奏效，机场离市区 60 英里。根据交通状况，到达酒店并看到一张久违的床可能需要一个半到三个小时。

但在 1981 年秋执行打开日本市场的任务中，我才得知美国谈判人员都没办法休息。我刚走进浴室，电话铃就响了。所有美国谈判人员都下榻在东京的大仓酒店，酒店在这方面考虑得很周到，在淋浴间旁边放了一部电话。一位通产省官员邀请我共进晚餐。他真是聪明，我边找借口边想。他知道我累坏了，但他认为他有可能让我接受邀请，这样就可以对我施以疲劳战术。就在这时，电话铃又响了，是美国大使馆打来的，通知我两小时后有一个代表团会议。很显然，我们的领队也希望我们处于疲劳状态。

美国贸易谈判代表是体力充沛的代名词。他们随时准备去世界各地出差，既不打盹也不睡觉。对去如东京这般远的差旅，他们有权休息一天。但果真享受这个待遇那就成了懦夫。深夜的代表团会议，随后凌晨打往华盛顿的电话，成了一种谈判综合征。我最终开始相信，我们在谈判中往往表现不佳的一个原因是我们总是处于半睡眠状态。

所有新代表团领队刚刚抵达东京的第一件事，都是礼节性地拜访美国驻日本大使。迈克·曼斯菲尔德一直是我心目中的政治英雄之一。他是他那个时代的传奇人物，被誉为远东问题专家，年轻时曾在美国远东部队服役。从那时起，他从一名矿工一路成为大学教授、美国参议员、参议院多数党领袖，最后担任美国驻日本大使。我们去拜访他时，这位年过八旬的大使在没有文字提示情况下，用 15 分钟时间简要总结了形势，我们认真聆听，想要获得一些指引或战略见解。曼斯菲尔德指出，美过对日本约 100 亿美元的贸易逆差实在太大，但他表示他特别担心来自美国国会的噪声。尽管他曾称赞说“施特劳斯—牛场”协议是美日贸易问题的最终解决方案，但他现在敦促我们理解日本人需要更多时间来开放市场。他说我们需要坚定，但不是不讲道理，我们必须不惜一切代价阻止国会采取任何保护主义行动，他似乎认为那才是问题的真正根源。

曼斯菲尔德受到日本人的尊敬，他的这番话着实使当时率领美国代表团的美国副贸易代表戴维·麦克唐纳为难。除了受到国会的威胁，他手中既没有用来引诱日本人的胡萝卜，也没有用来吓唬日本人的大棒。他的任务主要是通过握手和热情洋溢的微笑来获得对方贸易上的让步。赴日之前，麦克唐纳曾发表过几次坚定的声明，既反映了国会的强硬态度（他最终不得不对国会的态度做出回应），也给了自己一点讨价还价的筹码。现在曼斯菲尔德警告他要冷静一点。麦克唐纳对大使的提醒表示感谢，然后我们就上了大使馆的面包车，前往日本内阁所在地东京霞关地区。

告别大使后，我们去了日本外务省，一众电视摄像机在那里等着欢迎我们。这将成为东京电视晚间新闻的头条。但在华盛顿这甚至不会出现在报纸上。

在接下来的 5 年里，我逐渐熟悉了我们在日本用到的会议室格局。会议室的一侧是给来访者准备的，桌子旁边的一排椅子供代表团负责人使用，还有两排备用椅子给代表团其他成员。美方不需要这些备用椅子。美国人崇尚“至精至简”，我们 9 位负责人每人只有一位助手。日本人则不同，房间主场一侧坐了至少 150 名官员。日方队伍的庞大在美方谈判人员间成为笑谈，但真正成为笑柄的是我们。日方的那些助手总有一天会坐谈判桌前，现在他们正在学习。他们在学习时，为其负责人提供所有可能的统计数据和信息。而美方一边，3 年后甚至很少有人还会在政府，由于我们不关心可量化的目标，我们几乎不需要数据，也不需要收集数据的人。

日方总是对我们缺乏数据和分析感到惊讶。有一次，经济企划厅一位官员问我们如何制定谈判议程。他说企划厅已经仔细研究了美国各个产业的竞争力，在他看来，美国有比清单上更重要的问题要解决。我邀请他参加我们接下来的代表团会议。

麦克唐纳任务的分量在会谈开始后不久就显示出来。他在开场演讲中警告说，除非不公平问题得到解决，否则美日关系将遭到破坏。他认为在一个接一个的壁垒上讨价还价并非一种有效的方法，呼吁日本积极采取行动，确保外国更广泛地参与日本经济。他强调，不管原因如何，日本企业可以购买纽约证交所的席位、收购美国公司，并可在不接受美国海关检查的情况下将汽车和其他货物运往美国市场，而美国在日本的企业不可能做同样的事，这势必带来麻烦。

当然，双方立刻开始讨价还价，花了整个上午的时间阅读对方的谈判要点。在标准的谈判形式中，美国人会阅读对方一份议题文件，比如关于纯碱卡特尔的文件，并要求移除令人不快的障碍（本案中是卡特尔）。日本人回应说美国人是误解了。日方坚称不存在卡特尔，并将问题归咎于美国纯碱质量的低劣和缺乏销售努力。这并不是谈判，这是一种仪式。

尽管日本官员宣称致力于自由贸易和开放市场，但他们的风格是，只在最后一刻且面对最大的压力之下，才可能做出一点点的让步。尽管我们没有向日方要求任何美方不曾给过他们的东西，但很明显，美方的大多数要求都是直接针对谈判桌对面的官僚权力，他们不会为了一个称为自由贸易的理论而放弃这些权力。还有一个更深层次的问题，我称之为“黑船心态”。日本媒体总是将本国官僚塑造成保卫神圣岛屿不受侵犯的角色。日本公众和政府官员都将贸易视为一场零和游戏[①]，尽管保持美国市场开放的必要性迫使他们必须使用西方的自由贸易言论，但在没有公开表明别无选择之前，所有珍视个人声誉的日本官员都不会考虑做出让步。禁止进口公牛精液就是一个很好的例子。进口上限不能超过500万美元，这几乎影响不了日本国内任何一方的利益。尽管如此，我们还是读到一篇关于取消禁令可能会威胁日本整个畜牧业的论文。日本的等级制度给每个人都带来了巨大的压力，要求他们各司其职。精英阶层的合法性来自他们防止社会结构动荡的能力。如果做不到这一点，精英就没有存在的价值了。因此，精英不能接受改变，除非面临胁迫。这种特点创造了一种谈判风格，在一段时间后，这种风格本身就成为造成贸易紧张局势的一项主要因素。日本的让步总是太少、太迟，而美国的谈判者也越来越不愿意参与那种旨在开放市场的谈判，日本人不仅无意开放市场，而且即使他们愿意也无法开放市场。外界的经济学家和评论

① 在零和博弈中，一方胜则另一方败，是一个胜败选项。

员经常批评美国代表团过于苛刻。但当我们把来自总统经济顾问委员会的代表加入美方谈判团队后，他们很快变成了最强硬的人。

午餐休息后，下午的环节又重复了一遍上午的过场，只是现在轮到日方表达他们对美方的不满了。虽然所有此类会议都严格遵循这一程序模式，似乎只为体现公平（美国人很快就会以公平对待的名义接受任何建议），但实际上这是一个聪明的策略，巧妙地改变了整个讨论的基础。日本对美国已然是庞大的贸易顺差，会谈的全部目的就是要打开日本市场，而不是美国市场。在讨论美国的贸易壁垒时，美方实际上是默认了这两个国家市场同样难以介入。会谈的目的因此就从开放日本市场变成了相互开放，而美国发现自己处于守势，试图解释它为什么没有进口更多商品，果真进口更多了，其贸易逆差就会更大。

在本次会议中，一个引人注目的例子是，AT&T 正在建设华盛顿和波士顿间的新光纤干线，富士通在该项目的大宗物资竞标中落败。富士通公司抱怨尽管它出价较低，但由于“购买美国产品”的政治压力，它还是未能入围。富士通说的基本没错。但要美国向一个多年来一直将美国光纤制造商全面排除在其本土市场之外的国家解释在这个问题上的立场，这似乎是不合理的。考虑到富士通公司在美国赢得了其他竞标，而此前甚至没有一家美国公司被允许在日本竞标，这似乎更加不合理。我被派去做回应，日本对其市场为何如此难以介入的解释为我提供了现成的说辞。我指出价格只是其中一个需要考虑的因素，此外还有质量、交付和服务，显然 AT&T 认为美国国内供应商可以提供更好的服务。

这些会议都以两场独立的新闻发布会结束。次日早上，我一边吃早餐，一边看《日本经济新闻》，我了解了这种发布会方式的原因。其中有篇报道说，美国基于误解提出了一些要求，但日本人已经解释了真实情况，美国人现在满意了。这就是日方想要讲的故事。这给了日本公众这样一种印象：他们的官员控制着一切，把不知情的外国人拒之门外。

我冲进美国大使馆，问大使是否知道这篇报道，以及我们是否要发表一个反驳声明。馆内有人告诉我，几乎没有大使馆官员知道这个报道，因为报道还没有被翻译成英文。我还被告知，发表一项反驳声明的可能性不大，因为这条新闻是（日方）标准的操作程序，没有什么值得担心的。多年来，我发现日本人在宣传上几乎总是占上风。他们的省厅新闻俱乐部是一个有力的武器。

制定一项美国战略（1982）

1982 年 1 月，日本自民党领导人江崎在向鲍德里奇提交其 99 项市场开放措施的一揽子计划时，提出了“美国想要什么”这个著名的问题。1982 年春，美国政府内部再次提出这个问题。随着日本在半导体、机床和其他高科技产业的迅速发展，美国对日本贸易逆差持续攀升。美国国会做出了反应，威胁要通过参议员约翰·丹福斯提出的对等法案。尽管该法案实际上只是要求日本履行此前达成的“施特劳斯—牛场”协议，但这项法案被贴上了“保护主义”的标签，因为法案提出，如果双方在合理时间内未能谈判达成对等待遇，美国可能会对进口自日本的商品实施制裁。

作为回应，美国政府内部召开了对日新战略会议。商务部长鲍德里奇和副部长奥尔默指示商务部制订一个全面计划，以替代旧的问题清单。这项“聚焦结果”的建议基于这样一种信念，即美国商品在日本市场上实实在在的销售，会比任何临时性的解除壁垒更能平息国会议员的愤怒。方案指出，正如欧洲领导人达维尼翁早前提到的，日本通过有意识地推行进口替代政策（努力用国内商品取代进口品）建立了出口经济，而这些政策现在已经成为日本经济结构的一部分。实现变革的唯一途径，是日本开始主动进行结构调整。因此，方案认为美国应系统分析本国产业，以确定谈判成功将对哪些领域产生重大影响。

该方案同时建议巧妙地使用胡萝卜加大棒政策，建议政府不要仅仅因为国会的不满就敦促日本采取行动。行政当局应该表达自身的不满，且明示准备在必要时自行采取行动。此外，该提案还呼吁协调美国对日政策，例如，合作生产谈判应该与贸易谈判协调，NASA 对日本人参与太空项目的提议也应该如此；鉴于日方对美国公司参与日本政府研究项目的限制，美方也应该评估日本科学家参与美国国立卫生研究院（当时有 300 多名日方研究者）[3] 的研究安排。

也是在这个时候，鲍德里奇给通产相安倍晋太郎写了一封长信，详细地解释了他的要求。他强调虽然大家都愿意看到削减具体关税等措施，但关税并非问题核心。鲍德里奇说关键是平等对待："我们希望你们能像我们给日本人机会一样，给我们机会。"

鲍德里奇没有收到回信，两次内阁会议也对方案中的策略给出了否定意见。美国经济顾问委员会和财政部表示此举违反了自由贸易原则，美国国务院则称不宜将各种威胁联系在一起。另一个起作用的因素是政府各部门对权力范围的守护。这种协调战略将威胁若干部门的行动自由，没有部门希望本部门的权威被削弱。政府因此决定反对拟议的对等立法，同时在另一轮谈判中，敦促日方更加坦诚。就这样，在日本电子业于《科学美国人》上宣布获胜（见第二章）的几个月后，在乌达耶机床案（见第八章）提交前不久的 1982 年 3 月，我们又重返东京，进一步讨论牛肉、橙子、烟草、律师、纯碱，以及一份仍未聚焦重大议题的清单上的其他项目。

东京统战（1982）

在东京，我们同日本外务省会谈之前再次与曼斯菲尔德大使见面。

随着美国对日贸易赤字快速攀升至160亿美元，再加上江崎一揽子措施在华盛顿反响不佳，美国国会的威胁声音越来越大。美国驻日大使馆如今非常担心。其工作人员感觉（美国国内）气氛高涨，大使敦促我们冷静下来，心平气和地解决问题。麦克唐纳再次对他的帮助表示感谢，我们接下来又重复了一次同此前一样毫无结果的谈判过场。在看不到进展的情况下，麦克唐纳动用了他唯一的手段：威胁称除非日本做出一些让步，否则国会将通过贸易保护主义立法。这一被美国谈判人员屡次提及的大棒威胁，早就失去了可信性。但是别无选择，对国会采取实际行动还是抱有一点点希望。

这是一种自降身份的谈判方式。麦克唐纳和其他高官在华盛顿作证时反对（贸易保护主义）立法提案，总统说过他会否决它。而为了说服日本人做出让步，我们却不得不以此来吓唬他们，即尽管我们做了最大努力，但可能还是无法约束国会。我们暗示自己出于共同的原因同日本人联系在一起，且制造了一种错觉，即双方的自由贸易者都在与美国国会中的坏人做斗争。谈判因此改变了方向：起初是美国政府提出要求，后来变成了共同商量需要何种行动才能阻止美国国会的问题。美国贸易团队不再是谈判代表，而是成为日本政府处理与美国国会关系的顾问。

这一趋势在1987年春达到顶峰，当时美国贸易代表公开安排日本和其他外国政府的代表游说反对贸易立法，这个贸易立法也是美国政府所反对的。这已经变成了常态，没有人表示哪怕一点迟疑。但世界上没有哪个政府会考虑动员外国利益集团来反对本国的立法机构。

壁垒问题

美国政府不愿采取坚定立场，也难以制定一项全面议程，这在某种程度上反映了美方对可能产生结果的矛盾心理。美日之间关于贸易争端的持久争论之一是，如果日本撤销所有贸易壁垒，结果会怎样？日本和大多数美国经济学家声称影响很小。1981 年，当美国对日本贸易赤字达到 100 亿 ~160 亿美元时，这些专家普遍认为取消所有贸易壁垒只会使得美国出口增加 10 亿 ~20 亿美元。1985 年，由于美国赤字猛增，有分析认为日本仅取消对烟草销售的限制就可以让美国企业增加 10 亿 ~20 亿美元收入，该估计数字后被修改为 80 亿 ~100 亿美元。[4] 但美国当年的（对日）贸易赤字已逼近 600 亿美元。在那些至少部分是由日方资金资助的研究中，复杂的计量经济模型被用来证明，只要智商正常，就能认识到日本的贸易平衡和模式符合预期。这意味着，无论什么时间贸易壁垒都不是真正重要的，美国政府在这些问题上烦扰日本是欺凌弱小的行为。

我们的议程反映并支持了这一态度。消除壁垒目标明确，可操作性强，且符合西方经济学的经典模型，我们因此专注于消除关税、配额和标准等传统壁垒，而不是消除衰退卡特尔、行业目标等做法的影响。如果日本在解除传统壁垒方面完全达到美方要求，美国对日本出口的确有可能只会增加几十亿美元。但真正的问题涉及辩论背后的假设和对“障碍”的定义。在一篇精彩的计量经济学分析文章中，约翰·霍普金斯大学的贝拉·巴拉萨发现之前的研究并不充分，因为基于的假设是错误的。他的研究证实日本的贸易模式是非典型的，受到发挥壁垒作用的结构性因素和态度的影响而变得扭曲。例如，1975 年至 1983 年期间，美国市场上的进口制成品平均渗透率从 7% 上升到 10%，在德国从 24% 上升到 35%，法国和意大利的比例与德国类似，而日本的这一比例仅从 4.9% 上升到 5.3%。[5]

美国商务部的分析远没有巴拉萨的研究那么复杂。但其 1982 年在赤字接近 190 亿美元时所做的内部估计仍显示，假设美国产品在日本的市场份额与在其他主要市场的份额相当，那么美国产品在日本市场的销售额有可能超过 200 亿美元。[6] 纯碱就是一个很好的例子。日本对进口纯碱不征关税，官方也没设配额。但如前所述，一个非正式的卡特尔将美国对日本纯碱年出口量维持在 6 万吨，而在该组织因命令而终止后，美国对日纯碱出口激增。不过，计量经济学模型假设日本纯碱进口方面并不存在壁垒，且从距离和其他宏观经济因素方面解释了美国纯碱在日本市场销量不高的原因。

说我们在谈判中忽视了非传统壁垒的影响并不完全正确。如前所述，乌达耶请愿的一个结果是开展了长达 1 年的产业政策对话，我们在对话中讨论了这些壁垒对贸易的影响。对话结束后，美国团队撰写了一份尚未发表的报告，结论是日本的产业政策和结构确实对进口形成了重大壁垒。从这份报告可以得出的逻辑判断是，美方的谈判议程将不得不大幅改变。但传统思维的控制力过于强大。大多数美国谈判人员的真正目的不是取得成果，而是通过展示行动来安抚国会。他们的期望很低，所以他们不准备采取全面、坚定的方法，当然，他们获得的收益也很少。

“炸鱼和薯条”政策（1982）

就在双边东京会谈进行之时，一项包括共同应付美国国会在内的举措的影响正在北太平洋地区显现，同时显现出来的还有经济模型的缺陷。没有一个模型预见到美国向日本出口鱼类产品的巨大潜力。1982 年春，美国限制了日本在阿拉斯加水域的捕鱼权。根据 1980 年颁布的渔业管理法，美国按季度向在美国水域捕捞的外国渔民分配配额。在通过该法案时，国会声明其目的是建立美国渔船队（美国版的产业政策）。为了实现这一目标，负责执行该法案的美国商务部遵循了所谓的“炸鱼和薯条”政策。在日本同意从美国渔船购买一定数量的鱼之前，美国停止向日本分配捕鱼配额。这样就给美国的捕鱼业提供了一个有保证的市场，并鼓励美国人冒险扩大海洋捕捞船队。现在轮到日本通产省奔赴美国地界了，有效果。每年都是一轮艰苦谈判，日方同意增加从美国购买的鱼类数量，甚至同意从美国进口鱼类加工品。

当然，具有讽刺意味的是，虽然美国正在利用产业政策建立本国海洋捕捞船队，但它认为这些政策对于高科技产业来说并不适用且无效。因此，当日本政府积极推动半导体和其他产业发展时，美国政府是真的钓鱼去了。

贸易谈判和首脑峰会（1982夏）

钓鱼当然只是一种业余爱好。1982年春，当美日两国政府合力阻止丹福斯在国会的对等立法时，美国还没有意识到这种阻止行为导致的更严重的负面影响。天谷的预见正在变成现实。日本人认为，尽管美国人一直在谈论开放市场，但美方真正关心的是保护如汽车等境况不佳的行业。1982年3月，日方宣布将汽车出口自愿限制再延长1年，限制数量与前一年持平。如果美方最初实行配额制，而不是在1981年建议并接受日方提出的自愿限制协议，日本现在根本不可能用一纸声明作为缓解贸易紧张的工具，而丝毫不增加进入其市场的机会。

紧接着，就在西方世界领导人于1982年5月在凡尔赛举行峰会之前，（日方）提出了第二个一揽子措施。数字又让人心动：削减198种工业品和17种农产品的关税。按百分比计，这些品类上的关税削减比例达到了50%。只是，那些关税原本就已经很低了。没有厂商能因这次关税降低来增加相关产品的销售。[7]零的50%还是零。

烟草销售也将从2万个网点扩展到7万个，而全部可用网点是25万个。但禁止性关税仍然存在。铝制棒球拍案第二次得到解决，日本重申了此前达成的“施特劳斯—牛场”协议，允许外国生产商参与标准的制定程序。最后，日本同意支持美国政府呼吁的开展新一轮多边谈判，以开放国际服务贸易市场，这是美国的一个主要目标，因为它坚信美国经济的未来在于服务业。

美方贸易谈判人员评估认为，该一揽子措施没有回应美方要求，因为它忽略了美方清单上的大多数关键产品。但峰会即将召开，还要安抚保护主义的国会。日本代表称即使美方不完全满意，也应该对（日方）所做的努力表示赞赏。他们说，否则那些考虑打开日本市场的人会灰心丧气并停止努力。这是一个非常精明的建议，因为他们并没有要求美国人称赞这一揽子措施，而只是感谢日本人的努力。美方怎么能如此无礼，不感谢日方的努力呢？不过，一旦你感谢了某人，那就很难再去批评他了。此外，这让日本看起来是在帮美国的忙，而不仅仅是在履行原本的义务。

美国国务院和国家安全委员会强调，需要创造一种和谐的峰会氛围，美方因此决定（对日方）表达谢意。鲍德里奇和布洛克也就没有去唱反调，而是说如果执行一揽子措施，那将会很有帮助。这是一种面子上的称赞，但随着国会的压力舒缓，对等法案在夏天夭折了。

罗—康关系（1982—1983）

峰会多是被安排得一团和气。西方领导人 1982 年夏的凡尔赛会晤上，贸易紧张局势因此有所缓解。但到 9 月份，美方谈判人员每月一次的日本之旅让他们确信，布洛克和鲍德里奇所说的“执行”（一揽子措施）并没有真正实施。10 月，美国贸易代表向国会提交了一份综合报告，汇总了日本的贸易壁垒情况，并将其列为潜在的贸易壁垒产业政策和日本产业的大财团结构，这一归类在美国政府文件中还是第一次出现。来自国会的压力开始再次积聚，美国政府官员警告日方，除非日本进一步开放市场，否则他们可能无法再反对国会的限制性立法。

就在这个当口，1982 年 11 月，中曾根康弘出任日本首相，他上任后的一项重头活动就是访美。政府首脑出访会带礼物，中曾根也不例外。他的礼物就是回应美国此前系列要求的新一揽子措施，内容包括继续削减关税、承诺进一步简化进口程序（一揽子措施里列出来的程序，看起来像是子弹头列车那般快速），以及承诺修改某些涉及标准的法律。该措施里还第三次提到解决铝制棒球拍案。尽管所有措施都有用，但还是没有一项措施能很好地改变总体状况；就在日本向美国提出这些措施时，日本国内正准备重新修订使卡特尔合法化的萧条产业法，日本也刚刚通知美方其公司不能购买美国卫星，且要继续严格保护其农业。也是在当时，两国刚刚首次达成半导体协议，日方在协议中只同意“寻求确保”平等的市场机会。

但里根总统对中曾根康弘颇有好感，后来著名的“罗—康友谊”就此开始。处理好同美国的关系，是所有日本首相的基本责任。日本人认为里根和中曾根康弘相互直呼对方名字，这对后者来说如同政治上的定海神针。这也意味着美方对这个新的一揽子措施表示赞赏，批评之声随之减弱。

在拒绝了乌达耶请愿后，美国总统准备在 10 月份访日，这中间有回应中曾根康弘 1983 年 4 月邀访请求的因素。总统内阁成员随即在他周围发生了一次建议之争。布洛克和鲍德里奇希望总统大力推动解决贸易问题，但他们遭到内阁其他成员的反对。总统简报中出现了分歧。奥尔默指出，（美国对日本贸易）赤字正接近 200 亿美元，而日本拒绝购买美国卫星或回应美国的其他要求，这表明总统有必要采取坚定措施。国务卿舒尔茨给出了反对意见，认为美国与日本的整体关系从未像现在这样好，中曾根康弘是美国在日本最大的希望，总统应该呵护这种关系。舒尔茨的观点占了上风。

里根总统抵达日本后又收到一个一揽子措施，中间再次简化进口手续，同时削减了更多的关税（这些措施总包含削减关税，因为关税已经不再是重大壁垒。因此，对日方来说，这是一种数字很好看却无关痛痒的方式）。在卡特时代的遗留问题上，日方再次重申其刺激经济的承诺，努力使日本成为世界经济增长的火车头。日本又再次打出“汽车牌”，表示将连续第4年限制汽车出口（美国）；最后，日本表示将逐步开放金融市场。也正是在这个时候，第二个半导体协议被誉为开放日本市场的最终解决方案。

为了呵护罗—康关系，美国政府也对这一揽子措施给予热情欢迎，尽管日方在向美方交付这些措施时正在起草一项法律，实际上将禁止外国公司进入其电信市场，并打击美国计算机公司的软件优势。此后，美国贸易政策是否有效，很大程度上取决于其对中曾根康弘的影响。当中曾根面临大选时（日本选举频繁），美国贸易官员接到勿施压日本的消息。中曾根则向其官僚机构施压，劝后者更加坦率，制定更多一揽子措施。美国方面的一些观察人士怀疑中曾根是否和他们一样沮丧、无奈。

美国特别工作组（1983—1984）

1983年秋，里根总统从日本回国后，指示副总统布什跟进他与中曾根讨论过的贸易问题。副总统成立了一个特别咨询工作组，我是其中一员。时机不错。在日本稳步推出开放市场一揽子措施的同时，还伴有其他重大进展。就在1982年，日立公司和三菱电机被发现试图非法获取IBM的专利软件。大约在同一时间，富士通公司也被发现侵犯IBM的软件版权。

这对日本计算机产业及其支持者通产省是一个沉重打击。制造与

IBM 兼容的硬件并试图搭载其软件的战略事与愿违，日本产业界吹嘘能够超越老对手的说法看起来很空洞。作为回应，通产省立即起草了一项法案，以修改与计算机软件有关的日本版权法。由文部省执行的现行法律对知识产权的保护期是 50 年，但没有登记或许可要求。通产省提出的特别新法仅适用于电脑软件（不包括书籍和音乐），并将版权保护期限限制在 15 年以内，要求注册，且要在通产省的指导下提供强制许可。

这是通产省最复杂、最大胆的产业政策策略之一。在计算机硬件领域，日本已经比肩美国，但在软件方面仍然落后。通产省的新法案将迫使美国公司对日本授权软件，而软件恰是美国公司的优势所在，对日本而言这可谓一蹴而就，且几乎不用花一分钱。此举非常巧妙，以至于美国政府中的许多人完全忽视了其重要性。美国人不相信日本会对美国的计算机产业宣战，并试图将其视为专家们的专业问题而忽略它。但最终，美国大使馆一名官员报告了他同一位通产省时任高官的消息人士的对话，讲述了通产省采取该行动的原因。他援引该高官的话称："我们不相信我们的电脑公司能追上 IBM，因为软件方面的劣势太大了。"我们永远不会知道他为什么承认这一点，因为这与通产省的官方说法相矛盾。无论如何，这表明，在日本产业结构委员会瞄准 IBM 近 30 年后，追赶的动力依然存在，并促使美国政府采取行动。

追赶的动力也不仅限于计算机领域。就在当时，日本邮政事业厅正在准备一项法案，旨在解除对日本电信业的管制，将 NTT 从政府垄断企业转变为私营企业。通过其在华盛顿的办公室了解后，日本邮政事业厅对美国撤销管制和拆解 AT&T 感到惊愕。美国人怎么能故意采取这种让自身处于国际贸易不利地位的措施呢？邮政事业厅的官员对此感到疑惑。日本断不会有这种做法。普遍认为美国电信业比日本更先进，特别是在增值网络等软件领域（航空服务预定和信用卡验证系统均属于增值网络）。为确保日本这一领域的落后不会导致令人畏惧的外国公司主导市场，新法案草案规定，所有日本电信企业中的外国股本总额不得超过 20%；且进一步明确，作为规范市场准入的手段，对增值网络实行严格的许可制度。

就这样，日本通过实际行动使美国在其认定的 21 世纪两个关键产业中的优势化为乌有。这些都是非常重要的步骤。如果日本成功了，它完全可以在这些领域重复钢铁、汽车和消费电子产品的故事。该不会有人感到惊讶：通产省和邮政事业厅只是在追求它们一直追求的目标和政策。但除这些措施之外，日本还在继续拒绝采购美国卫星，继续保护牛肉和橙子等农产品市场，继续在产品认证和测试程序方面缺乏对等。这些做法同日本首相在其市场开放一揽子措施中的承诺差之千里，这令华盛顿官员感到震惊，也驳斥了产业政策在日本已不再重要的论点。

这些问题因此成为布什副总统工作的核心。他希望通过 1984 年 5 月访问东京解决这些问题。特别工作组清楚，日本人希望将布什的访问视为日方一个成功标志，因此于 1983 年 12 月明确表示，除非就议程上的所有问题获得满意答复，布什副总统不会通过访问东京来制造成功假象。

这个工作组一开始进展缓慢，因为国务院和贸易代表办公室为回应组织得力的农民游说团，把重点放在了贸易总额不到 5 亿美元的牛肉和橙子上。对于美国提出的有关软件和电信法案进展情况的要求，日本政府表示在法案草案提交给日本国会之前，日本政府不能对其进行讨论——当然，法案的通过将是板上钉钉。这就是美方的巨大劣势。反过来，日方会早就得知所有美国类似法案的内容，且会动员游说者反对法案。但换了美国，那就要等到最后一刻才能得到消息。在官僚机构毫无工作进展的情况下，我于 1984 年 2 月赶往东京，并很快得出结论：通产省的软件法案和邮政事业厅的电信法案都很有可能成为法律。两项法案均得到产业界和自民党领导人的大力支持。如果美国不迅速采取行动，其产业领导地位将很快遭受重大打击。但还不算太晚，因为我发现日本国内的支持并不一致。由于文部省管理着版权法，通产省的软件法案触及了前者的权力范围，文部省心有不甘，正考虑通过制定本省法案来反对通产省。

但真正的斗争发生在通产省和邮政事业厅那些老对头之间。多年来，通产省一直是聪明的小弟，邮政事业厅则是愚蠢的大哥。但时下的通信技术给了邮政事业厅一个雪耻的机会。如果邮政事业厅以特定方式制定电信立法，则其行政指导权限可以扩展到整个信息产业领域；反过来，如果电信领域完全解除管制，通产省现有的信息产业权力，也将帮助其将实力范围扩大到电信传输领域。这将成为这两个大省之间激烈斗争的新舞台，两者已经为争夺日本省厅的主导地位持续争斗了 100 年。通产省支持一个完全开放的电信市场，而邮政事业厅则努力争取最大限度的监管权力，双方都向其政治和商业支持者寻求支持。

通产省的势力在大电子公司和行业协会，通产省对它们有管理权。通常情况下，这个基本盘几乎是不可战胜的，但在本案中有一个特殊弱点。由于日本的技术不如美国，一个不受监管的开放市场增加了 IBM 和 AT&T 占领大量市场份额的可能性。正是为了拉拢通产省的基本盘，邮政事业厅利用了这一特殊弱点，对外资参与电信业务设定了 20% 的股权上限。这一策略一定程度上取得了成功，邮政事业厅得到了大企业的大力支持。但通产省并非没有资源。早前向我们解释产业政策的河永庆一刚刚被任命为副相，有说法称这是因为他对主要政治人物的强大影响力。两省均需要为各自选择找一个公共说辞。邮政事业厅给出的是国家安全。通过其媒体俱乐部，邮政事业厅提出了在 IBM 和 AT&T 接管日本整个电信行业（或如邮电省所说，国家的中枢神经系统）情况下的“黑船”和外国资本入侵的担心。通产省则反驳称如果日本关闭市场，就会受到美国保护主义抬头的威胁。

与这两省相比，文部省的权力要小得多，但日本是两项国际版权公约的签约国，通产省的法案可能违反这两项公约。此外，美国商务部和贸易代表办公室目前已经引发美国国会关注，后者威胁说如果通产省的法案获得通过，将取消美国市场对日本软件的版权保护。因此，文部省也指出美国保护主义的可能性，从而用通产省的观点反驳了通产省。必须强调的是，这两个省主要关注的都不是美国的观点，而是各自利用这些观点来达到自己的目的。

正是日本省厅间的这种互相拆台，我和美国其他谈判人员受邀就国际经济问题向由林中佑主持的自民党委员会作证。这是日方第一次提出这样的要求。此前从未有外国人在日本的立法过程中作证。我并不完全了解这一邀约背后的利益冲突，但它为美方提供了一个少有的机会，使美国人能够像日本人在美国那样，参加日本的辩论。

在2月中旬返回华盛顿时，我惊讶地发现了反对接受日方邀请的声音。美国国务院担心接受邀请将构成对日本内政的无理干涉。更重要的是，贸易代表办公室提出了反对意见，坚持认为我们应该等着看法案是否通过再做出回应，且我们应该依赖正常的贸易谈判渠道同日方沟通。他们认为，法案的通过将清楚表明日本的贸易保护主义，从而使得美国能够大力反击。这场争论明显表明，美国各自为政的贸易管理机构间不可避免的地盘之争，委实威胁到了美国的经济利益。事实上，整个事件表明了美国贸易政策的偶然性，以及美国产业所处的极其不确定的环境。

日本正在审议的法案可能会严重削弱美国最重要的两个产业，美国政府只是在商务部经济学家威廉·菲南从东京发回报告后才意识到全面危险，菲南早前曾预测美国高技术产业将会衰落，奥尔默和我安排他跟进第二个半导体协议，他有机会去了东京。此前，美国大使馆出于无知或希望避免更多贸易摩擦，忽视了关于这些进展的报道。贸易代表办公室如今已经充分了解情况，它反对接受日本的邀请，主要是因为这会提升商务部的谈判作用（商务部也有类似态度）。在正常情况下，贸易代表的反对意见会占上风，但副总统布什后续的访日安排恰好碰上日方邀请。同布什关系密切的商务部长鲍德里奇告知布什，除非美方直接且立即进行干预，否则日本的议案很可能会通过，对美国造成不利。布什指示助理贸易代表詹姆斯·墨菲和我立即前往日本，并采取一切必要措施阻止议案通过。

我们的访日任务从日本经济团体联合会（日本大企业联合会）1984 年 3 月 6 日的会议上开始。就在会议召开前 1 周，该组织发表了一份措辞清晰的宣言，呼吁日本领导人放弃对农业的保护，以支持自由贸易。我们要求召开这次会议，是希望能够为增值网络和其他电信业务的自由贸易以及严格的软件版权方面争取到同样的支持。

我们得到的回应令人失望。日本商界领袖明确告诉我们，他们无法支持开放电信服务业市场。他们解释说，美国有 IBM 和 AT&T（后被拆解）这样的"大型相扑公司"，而日本只有小型"婴儿"公司。他们认为，"婴儿"无法与"大型相扑手"摔跤，"首先，它们需要成长，然后我们才能打开市场，它们才能摔跤"。他们在软件问题上的态度也是如此。一些人谈到当时在日本市场排名第二的 IBM 的垄断地位，以及在计算机领域引入更多竞争的愿望。我很震惊。那些公司繁荣甚至生存都要归功于美国市场的日本企业家则一直沉默。那些花大钱聘请说客以防止在美业务受到限制的企业家，那些经常猛烈抨击美国保护主义危险的企业家，那些经常批评美国管理层不努力的企业家，也都保持沉默。更糟糕的是，一些最杰出的企业家实际上指示说客使华盛顿相信，后者又一次误解了日本。

没有日本自由贸易者的支持，墨菲和我两人去游说日本关键省厅和政治人士。我们上午会见了文部省的官员，商量如何互相帮助，之后去了通产省，一方面表达了我们反对其议案的态度，同时讨论我们如何共同反对邮政事业厅的议案。接下来我们去了邮政事业厅，讨论如何共同反对通产省的议案。我们会见了所有政界重要人士。我尤其记得同金丸信的会面，他是日本政坛幕后大佬，也是所谓的电信“族”（日本用来形容那些在某个领域有知识和影响力的人）成员。70 岁高龄的金丸是日本版“教父”，花白平头，大手粗糙，是邮政事业厅的主要支持者。助手们恭恭敬敬地看着他，年轻女士们忙着端上咖啡，他则静静地听着我们的要求，向我们保证他确保一切都会好起来。在离开他在国会大楼的办公室时，我还在疑惑：对谁来说好起来？

此行的精彩时刻是我们在林中佑小组委员会前作证，这将对执政自民党的最终决定产生重要影响。我们敦促出席会议的许多国会议员和官员，以自由贸易的名义否决通产省和邮政事业厅的法案，这些人员曾不断发誓支持自由贸易。他们也对日本的国家安全表现出极大关切。他们重申电信是国家神经系统，问我们是否真希望他们允许外国公司主导日本市场。我们指出电信服务在美国是一个开放市场，美国和日本一样担心国家安全。他们再一次提到 IBM 在软件方面的垄断力量。很明显，日本许多国会议员对外国资本有着强烈的恐惧，而国家安全意味着把美国的大型公司挡在市场之外。

也就是在这时，我意识到整个贸易谈判是多么扭曲。谈判总是在美国保护主义抬头的威胁下进行。但根据过往几年的记录，美国国会即便在其最具保护主义色彩的时刻，也从未考虑过像日本正在考虑的议案那样具有限制性。我认识的许多美国国会议员和参议员经常被媒体痛斥为贸易保护主义者，但他们中没有一个人像过去几天我在日本遇到的那些议员那样表达强烈的沙文主义情绪。整个对话框架似乎基于这样一种假设，即自由贸易意味着美国应该开放市场，不管其他地区的做法如何。

在我们后续活动中，墨菲和我争取掌握主动。这对美国官员来说是第一次，我们挑战了日本省厅通过影像媒体来左右舆论的能力。我们不开新闻发布会，但每天都会接受独家专访。我们的目标是每天在一家重要报纸上详细地介绍我们的态度和信息。

我们很快便了解到，管辖权是通产省的主要目标。后者愿意采取灵活措施，且如果我们满意，可以将（知识产权）保护期限从 15 年延长至更长时间。如果我们同意在赋予通产省管辖权的新法律下保护软件产权，通产省准备做出许多让步。我们拒绝了，因为我们知道一旦通产省有了自己的地盘，它就可以制定另一项法律或条例。在通产省眼里，软件本质上就像所有其他批量生产的产品一样，应该受到类似专利法保护，而不是受到版权法保护，后者涵盖书籍、音乐和艺术作品。而我们认为软件就像一本书或一个乐谱，是一种非常适合版权保护的独特思想表达方式。这种差别至关重要。专利比版权更难获得，因为专利需要一个独特概念，而版权只需要独特表达，通产省的法律包括强制许可，而版权则不包括。我们的支持极大地加强了文部省的地位，而势头对通产省不利。

我们与邮政事业厅的谈判围绕两个条款展开。我们希望完全取消电信服务业务对外资的股权上限限制，并取消进入增值网络业务的许可要求。我们担心日本传统的多层防御策略。如果恰是提议股权限制的人通过执行自由裁量的许可程序来控制市场准入，那么取消股权限制便毫无意义。

1984 年 3 月初，我们应邀参加了在新大谷饭店举行的一次秘密会议，与会者有一位是电信业改组中的关键政治人物。身着华丽绿色皮衣的桥本龙太郎戏剧性地抛出了一个妥协方案，他要求严格保密，说有这个方案不容易，但他认为如果我们同意一类增值网络实施注册制，另一类增值网络实施通知制，他就能保证取消所有股权限制并取消发牌许可程序。这就是典型的日本谈判：如果对手同意不攻击内墙，就放弃外墙。我们表示乐见取消股权限制，但必须就注册的想法征求华盛顿的意见，因为这似乎是另一种形式的许可程序。

在我们返回华盛顿后的几个星期里，软件和电信问题一直悬而未决。通产省调兵遣将，在最后一刻倾尽全力阻止邮政事业厅。邮政事业厅指控通产省向美国人出卖日本利益，是国家的耻辱。华盛顿也争得不可开交。一些人表示，“只为统计目的”的注册听起来并没有那么糟糕。许多人不明白，在日本官员手中，所有要求提交的文件都可能成为提供指导的借口。此外，美国国务院敦促达成妥协。我们已经要日本取消了股权限制，这听起来是成功的进展。华盛顿开始动摇。当通产省感到其盟友动摇时，我接到了通产省高级官员的疯狂来电，敦促我让美国人坚持自己的立场。他们问，难道美国官员不明白真正的控制是官僚程序，而不是股权限制吗？

与此同时，通产省也在为挽救软件议案做最后努力，我们的游说努力，加上文部省的活动，已经危及这一议案。但通产省最终未能获得足够的支持而撤回了该议案。虽然这对美国来说是个好消息，但并不是一次完胜，因为墨菲和我担心美国方面缺少机构记忆和政策连续性，所以我们坚持让日方承诺未来不会再次提出类似议案——我们没有得到这样的承诺。通产省知道改天再战的好处。

随着双方的关注点转向电信领域，日本驻华盛顿大使馆也加入了这一行动。副总统身边一位重要工作人员在同日本大使馆商务参赞交谈时表示，如果双方焦点仅在注册一事上的话，那美国不会对注册有什么异议。他明确表示，美国将反对任何需要获得许可才能开展业务的程序，他不明白为什么在日本注册通常意味着许可。就在双方主要政界人士和官员热议之际，该参赞给东京的电报被泄露给了媒体。日本外务省是否在同邮政事业厅联手对抗通产省？我们永远也不会知道，但是泄露的电报捅了马蜂窝。电报似乎表明美国人可以接受一些限制。我的电话响了一整夜，通产省的电话催促我从美国政府那里给出一份相反的声明。几位日本关键政治人物给我打电话核实美国的立场。我和美国其他几位官员坚持美国的立场没有改变。但影响已经产生。该议案继续推进，取消了股权限制，但保留了注册制和通知制。

这次谈判在美国被誉为一次胜利，墨菲和我也因为我们的策略而受到称赞。但在 1984 年 4 月 4 日晚，日本邮政事业厅在其总部大楼（紧邻通产省）11 楼举行了一场胜利大会。只是他们庆祝的并不是战胜美国——那只是碰巧，他们这次战胜的是通产省。[8]

当时有另外两件事后续影响深远。一件是续签了 NTT 向外国投标者开放采购的协议，另一件是中曾根康弘宣布日本未来的国防开支可能超过国民生产总值的 1%。NTT 协议表明了这种开放的长期化。尽管接受外国公司投标，但 NTT 进口额仍只占其总采购量的 2%~3%。这两项声明在华盛顿均受到称赞，副总统当时正关注总统给其安排的这项工作。

4 月下旬，副总统在其办公室召开了一次会议，评估他跟进任务的进展情况，并决定是否应通过访问东京来表明美国对日本的努力感到满意。又是一通激烈的辩论，商务部和贸易代表办公室再次联合，表示不同意这种表态，并继续坚持“除非美方所有要求得到满足否则不去东京”的最初决定。我们觉得美方在软件和电信方面只达到了一半目标。此外，尽管日本已同意民营公司可以购买美国卫星，但政府实体仍然不能购买。对牛肉和橙子的配额是有增加，但数量很少。不过，美国国务院强调了此次访问的必要性，表示我们不应因贸易上的强硬态度损害美日间的整体关系。

两边意见僵持，因为反对这次访问的人似乎占了大多数。美国国家安全委员会的一名核心成员突然拍了一下他的椅子扶手，他曾精心呵护罗—康关系，后来成为美国国务院的高级官员。“我们必须得有那些基地。这是眼下的底线。”他强调说。他的意思是，随着越南金兰湾落入苏联之手，美国在菲律宾的基地受到威胁，日本为美军提供了夏威夷以外唯一的安全基地。了解日本的人都不相信日本人会让我们离开。但国家安全委员会的工作人员担心美国将被赶回夏威夷，因此压制基于贸易而反对此次访日的意见。多数人又转向支持他，副总统于5月初前往东京。压力又一次减轻了。公正地说，副总统的访问比其他人更成功。

一项新策略：市场导向/特定部门（1984—1985）

但1984年底，美国对日本贸易赤字飙升至340亿美元，日本向美国转让军民两用技术的协议还没有产生一笔转让，半导体价格开始暴跌，NTT采购的卫星所需的传输波段分配方案被邮政事业厅拒绝，美国国会再次威胁要采取行动。为阻止美国国会的动议，中曾根康弘再次要求与里根总统会晤，双方安排于1985年1月2日在洛杉矶举行。会晤的筹备也预示着新一轮关于过程与结果的争论。

美国商务部和贸易代表处提议，里根总统建议中曾根康弘制订一项计划，设定进口目标。他们的提议有几个依据：自汤森德·哈里斯时代以来，美国一直与日本就开放市场进行谈判，但收效甚微。美方无法识别日本的所有障碍，即便能够识别，美方也无法将其全部清除。整个谈判过程具有破坏性，迫使美方不断指责日方不公平。它破坏了美方一直试图通过避免采取严厉的贸易措施而维持的两国关系。日本人确实不认同美方对开放市场的理解，但他们是世界上最伟大的规划者和实用主义者。如果美国人告诉日本人，美国行政系统想要特定的目标，而不是经常用国会之狼来威胁他们，双方可以商讨出具体的结果。而且，双方将有更好的关系。

这个建议遭到了其他部门的反对，因为有人说其违反了自由贸易原则。通过接连不断的谈判，美国财政部刚刚获得日本开放金融市场的承诺。财政部没有意识到日本金融业之所以希望实现自由化，是因为它需要将积累的现金投资到更多地方，而财政部却将双方达成协议归因于其自身的谈判风格。财政部现在提议在其他领域举行类似谈判。具体的想法是，选择几个美国具有竞争力的关键产业部门，进行密集的高级别谈判，以消除该行业的所有障碍，包括企业财团关系、萧条卡特尔和其他产业政策。

商务部对此表示反对，指出实际上我们提出的建议只是彻底重整日本社会。商务部称我们不会派遣上帝的传教士到日本，那为什么要派经济学家去谈判？但其他部门同意了财政部的意见，我们确定了市场导向的特定部门策略。总统就此提议在电信、电子、林材、医疗设备和药品领域展开密集会谈，中曾根康弘接受了。商务部副部长奥尔默受命牵头电信谈判，而我则负责日常谈判。

电信再次成为一个主要议题，这证明美方部分人士早期的担忧已然成真。显然，到 1985 年 1 月，新法律的注册和通知要求将使电信服务业受到严格控制。此外，一个新机构将负责进口设备的测试和认证，该机构由日本电信设备制造商出资并配备人员，它将拒绝接受外国的测试数据并确定详细的技术要求（例如电话的语音质量标准），这些要求在过去曾被用来将外国商品拒之门外。这意味着，与美国（美国接受外国的测试数据，并允许所有不会对电信网络造成损害的设备接入）相比，日本市场将保持相对封闭，尽管美方早些时候曾宣布成功地开放了日本市场。

过去 6 个月里，美方在这些问题上的反对声音被当作了耳旁风，但新的 MOSS 谈判为美方提供了一个抨击这些问题的机会。第一次 MOSS 会议于 1985 年 1 月在东京举行。邮政事业厅副相森雅小山是日方首席谈判代表。小山在 1979 年和 1980 年崭露头角，当时他担任邮政事业厅秘书长，代表该省调查涉及日本国际电话电报公司负责人的一起走私事件。他在新闻发布会上不置可否的态度表现为他赢得了“循环磁带”的绰号。[9]由于美国对贸易赤字的失望情绪全压在他身上，他现在的处境更加艰难。

美方的目标是在电信企业、设备标准和认证方面获得与美国类似的环境。有三件事最能说明其中的困难和情绪。第一件事，在一次媒体采访中，邮政相佐藤茂警告说这不是“占领时代”，日本是一个主权国家，可以决定自己的政策。[10]第二件事是我与国会议员仓成正的讨论，他后来成为日本外务大臣，他是美国真正的朋友。他表示日本对美日公司一视同仁，他问为什么美国人担心日本官僚可能不公平。他强调根本不存在歧视。我同意他的说法，但我告诉他美国官员对待日本公司的态度比日本官员对美国公司的态度更宽容。如果国民待遇不一样，那实际上就是不公平的。

第三件事涉及语音质量标准。与美国“对网络无害”的标准相反，日本的标准要求成为谈判的主要症结之一。邮政事业厅一位高官有一次表示：“如果我们取消这些标准，我们的市场可能会充斥着来自韩国和新加坡的廉价、劣质电话。人们会因为质量差而责怪我们。”我认为这是自私的，但当天晚些时候，我问了一位与此事毫无关系的日本老朋友的意见。“哦，是的，”他说，“我们不希望市场上充斥着低质量的电话，即使它们并不贵。”他同意邮政事业厅有责任做出决定，但在美国则由消费者决定。整个贸易问题可以用一句话概括，即两国关于公民与政府关系的理念完全不同。

随着美国参议院以 92 票对 0 票的表决结果要求日本开放市场，在巨大的压力下，小山最终同意了美国的大部分要求，但没有改变音质和其他技术标准。3 月下旬，面对愤怒的国会，美国总统内阁官员开会考虑，如果日本不同意建立一个像美国一样开放的电信市场，需要对其采取什么报复措施。会议的结果是决定指派国家安全委员会高级官员加斯顿·西格尔和莱昂内尔·奥尔默前往东京，执行一项紧急的总统任务，与西格尔的老朋友中曾根康弘交换意见。

西格尔和奥尔默周末乘空军专机去了东京。1985 年 3 月 31 日星期日，全世界都注意到日本首相紧急会见美国总统的两名高级代表，讨论日本电话的音质问题。中曾根康弘承诺将在未来 60 天内评估此事。第二天，奥尔默和西格尔返回华盛顿并立即发表声明，称谈判取得了成功。奥尔默告诉国会，日本市场会像美国市场一样开放，国会再次放弃了强硬立法。

美方很快发现，奥尔默的声明显然是高兴得太早。我们发现，美方刚刚谈妥对其他设备免除的要求，仍然适用于无线电设备，后者受到另一项名为“无线电波法”的法律管制。于是谈判又开始了。到 1986 年 1 月，我们终于完成了所有程序的谈判，使其一定程度上反映了美国的程序。现在轮到我汇报开放日本市场的进展情况了，真是百感交集。我们做出了比以往所有美国谈判人员都更大的努力。日本市场比过去更加开放，美国公司已经开始销售以前不可能销售的产品。通过聚焦具体目标，我们取得了一定程度的成功。但市场并不像美国人所理解的那样开放，而且永远不会。这一点在接下来的一年中得到了证明，因为邮政事业厅指示计划进入日本寻呼机、车载电话和国际有线电视业务的外国公司推迟申请，而与此同时，邮政事业厅考虑建立一个它能接受的公司财团。许多美国公司认为这不公平，也有悖于协议。但问题不在于道德规范。更确切地说，日本人走向了另一个方向。

正是日本这种方向不同的选择，以及美国没有认识到这一点，导致了美国国内对日本的批评，后来被称为“抨击日本”。不断重复的谈判周期、收效甚微的结果，只会导致恼怒。许多支持日本和自由贸易的人认为，这些批评是企图让日本成为美国失败的替罪羊。这种观点当然有一定道理，但持有该观点的人有一种倾向，即相当随意地所有表达对日本政策不满的人贬称为“抨击者”。随着时间的推移，这个标签变成了一种蛊惑人心的工具。给某人贴上“抨击者”的标签就是诋毁他的名声，并自动中断讨论。

这种情况对美国谈判人员尤为不利。他们的任务性质决定了他们有必要批评日本的政策，并威胁其可怕的后果，特别是因为美国要求就程序而不是可量化的目标进行谈判，且不得有使用谈判之外其他手段的想法。美国谈判人员被迫高声疾呼，正是因为他们手里只有一根小树枝，没什么筹码。他们面临的选择是，要么履行自己的职责，因为他们招致的麻烦而被贴上“抨击者”和“保护者”的标签；要么只是做做样子，与日本人串通，努力使国会保持沉默。

讽刺的是，正是那些视己为日本之友的人所青睐的程序性、逐项解决的方式，招致了严厉的批评，尽管解决方案接连不断，但问题在持续增加。实际上，日本真正的朋友是那些努力实现具体目标的人，是那些坚持把日本人当作成年人而不是被保护者来对待的人。这一点没有得到广泛认可，注定了两国要不断地重复谈判过程。

第四部分

展望未来

Part 4

第十一章

觉醒

> 我们正驾着没有前照灯的车行驶在一条黑暗的路上。
>
> ——内海诚，日本大藏省官员

如果我们成为第四世界国家，所有的资产都在国外，我们的政治、经济甚至休闲决策是不是都得在国外做？再次成为殖民地的危险是什么？或者，我们是不是正进入一个新的经济学时代，这个时代往往会打破国界、习俗和忠诚度？

当下形势

40 多年来，一系列复杂动因使美日两国都在思考这些问题（作家弗莱彻·克奈贝尔在 1987 年冬天接受《华盛顿邮报》采访时特别提出）。[1] 在官僚精英领导下，日本同质化的群体导向型社会，努力提高生活水平，避免依赖外来者或外来者的干涉。通过拒绝西方的假设和理论，并将极大精力集中于建设一个具有比较优势和议价能力的产业结构上，日本做到了这一点。这种在对日本极为有利的国际环境中运作的战略，带来了无与伦比的产业效率，征服了世界市场，但也招致了极大不满。

美国社会的特点及美国政府的政策和责任，很大程度上促进了日本这台机器的成功。美国这个国家是为同化外来者而建，其社会和市场很容易渗透。以其战后产业优势为保障，美国提供防御并努力使其阵营内国家富裕起来。美国的经济运行主要是为了消费者短期利益，并刺激其盟国的经济发展，没有关注经济实力与国家安全之间的关系。它沉溺于过度消费，很少或根本没有关注企业必需的运营环境。当企业表现不佳时，分析师们会指责企业管理层，而政府推行的贸易政策只会使环境更加恶劣，因为这些政策是建立在对日本的特点、目标和政策完全的误解之上的。

大多数经济学家和评论家常常将美国的衰退完全归咎于强势美元和里根时代的巨额预算赤字，因此有必要再次强调，到 1981 年，也就是在美元走强或财政赤字对日本产生影响之前，结果就已经很清晰了。不仅日本电子业宣布了胜利，而且日兴研究中心发布了一份报告称，日本的产业已经彻底击败大多数美国同行。报告预测日本将上演“直接正面挑战美国”，这将导致双边关系进一步紧张。[2]

20 世纪 80 年代不智的强势美元和预算赤字虽然不是美国问题的根源，但确实大大加快了日兴预言的实现。没过几年，美国便失去了过去一个世纪所积累的产业和金融实力。

由于产业的空心化，从陶瓷半导体封装到自行车轮胎再到录像机等数以百计的产品，已经不再在美国生产。大多数经济学家在 1985 年预测，如果美元兑日元从 240 跌至 200，贸易问题将自行得到解决，但到 1987 年底汇率已跌至 1∶125 时，美国才勉强将对日贸易逆差稳定在 600 亿美元。无论以什么价格都买不到美国货。具有生存意识的日本公司选择保住市场份额，而不是提高美国市场的价格；在日本，美元兑日元贬值近 50%，只使得来自美国的进口品增加了 10%~15%。贸易结构上看,美国越发像是一个发展中国家。它从日本进口高科技产品和资本，除了飞机和一些大型计算机及零部件外，美国主要向日本出口原木和大豆等大宗商品及半成品。

美国越发落后的最新例子来自高清晰度电视领域，它使用眼下电视机两倍的线数，创造出清晰度类似于35mm镜头照片的电视画面。高清晰度电视是电视技术的下一波浪潮。欧洲和日本计划于1991年引进高清电视，且计划进展顺利，反观美国，仍仅限于研究活动。欧洲人和日本人陷入了一场谁将决定至关重要的标准和协议定义的斗争，因为谁决定，谁就将朝着主导该行业迈出关键一步。美国人甚至都没有参与这场博弈，美国没有出现在权力的谈判桌上。

贸易条件对美国不利，美国不得不出口更多的廉价商品，只为继续购买其无法再生产的固定数量的商品。《大西洋月刊》的詹姆斯·法洛斯等评论家认为，要继续坚持自由贸易原则，就不可能改变这种状态。[3]

但贸易问题如今已不再是主要关注焦点。显然，美元再这么跌下去，有一天什么外国货都会买不了。东京好酒店的早餐已经涨到了40美元，习惯了坐头等舱的美国人正在寻找更便宜的住处。美元极度贬值可能最终会扭转贸易逆差，但到那时，美国可能会成为一个非常贫穷的国家。孟加拉国也没有贸易逆差。疲软的美元本应使日本的出口品更昂贵，但实际上并没有，反而使美国的资产变得便宜了。凭借从出口中赚取的巨额美元，日本和其他国家现在正以闪电般的速度收购这些资产。仅在1986年，就有60亿美元的日本资金进入了美国房地产市场，这些资产包括埃克森大厦、美国广播公司大楼和曼哈顿的蒂芙尼大楼。[4]据估计，到1987年，洛杉矶市区近一半写字楼将落入日本人手中，也有预测称日本未来将成为美国房地产市场的主导力量。日本秀和（Shuwa）公司创始人小林茂表示，“美国拥有发展中国家的魅力”（他指的是廉价）。同一年，日本对美国公司的投资直线上升，达到100亿美元，这增加了华尔街的资金实力，一家接一家投资银行宣布将部分股权卖给日本资方（当然，很少有美国公司能够入股日本公司）。这仅仅是个开始。《日本经济新闻》在 1987 年预测，日本的海外净资产在 1980 年为 115 亿美元，在 1986 年为 1 800 亿美元，到 1995 年将攀升至 8 530 亿美元；大部分的投资将会流向美国，而美国将进一步陷入高达 4 000 亿美元的债务。[5]

正在形成中的殖民地：美国

大多数分析人士对日本的投资持积极态度，认为其将像战后美国在欧洲的投资一样，可以振兴美国产业。包括克奈贝尔在内的其他人则对此表示怀疑。住在檀香山的他观察到日本游客搭乘日本航空公司航班、乘坐日本旅游巴士到市中心的日本酒店，且在日本餐馆用餐。在旧金山，这种做法被称为“闭环”，当地旅游公司以反垄断为由提起诉讼。

1987 年 4 月，《芝加哥论坛报》通过一系列关于日本投资美国的文章提出了这一问题。[6] 第一篇文章聚焦于肯塔基州乔治城的丰田新工厂，指出建造工厂的建筑公司是日本的大林谷美株式会社；供应商也是日本公司，多是丰田在日本企业集团中的成员；在新厂附近，托皮工业计划为其生产车轮，而日立也在附近建了一家工厂；接下来是崔尼蒂（日本公司，尽管名字听起来不像）正在修建喷漆设施。与此同时，融资由三井银行完成，该银行同丰田一样同属三井财团。

这篇文章中提到，这种垂直投资模式，通过将国内的企业财团系统转移到美国，来巩固已然强大的市场地位。这同美国在欧洲或欧洲在美国的投资模式有很大不同，美欧投资模式的目的是通过获得或发展当地的联系来进入市场。尤其是，美国投资往往通过整体制造和大量技术转让来寻求进入市场，而日本目前的投资多为建组装厂，关键技术还在其国内。另一个关键区别是，欧洲和美国间是投资双向流动，而对日本来说则基本上是一条单行线。美国公司或房地产被卖给日本，反向的情况则很少。这种非对等的现状是日本投资问题的核心所在。

这篇文章的结论是，日本正在美国建立一个独立的经济体，除了其垂直的产业链特点之外，还有以下特点：拥有年轻、无工会的劳动力，美国地方和州政府竞相为了吸引日本企业给予慷慨补贴，使用最现代化的工厂和设备，由日本的银行和国家产业收入债券提供廉价资金。这种新的日—美经济将比旧的美—美经济拥有更大的竞争优势。据估计，在美日本工厂每创造一个工作岗位，一家美资的竞争性工厂就将丧失两个以上的工作岗位。《芝加哥论坛报》指出，通常与投资有关的收益，更多地限于日资项目，因为日本企业多是一个封闭运行系统。

除了垂直特点外，日本企业投资还具有国家目的的感觉，以及协调各种意见和投资计划的特点——正如1986年9月日本经济团体联合会举行的一次会议上所揭示的那样，与会者包括索尼的盛田昭夫、日本兴业银行的黑泽洋、日产汽车总裁大限正明、富士通总裁山本拓信[7]。这次会议的目的是讨论日本在美国的投资形式和规模，会议毫无恶意。与会者对美国经济健康状况的关注，及对日本在美国发展过快过大所带来的潜在危险的不安均令人感动。

正是这种含蓄引人注目。第一，会议反映了几个事实，美国没有类似的企业高管组织开会讨论过在日本的投资策略；第二，与会者对其超越美国产业的能力充满信心。对他们来说，开会讨论如何在美国市场扩张而不是“是否扩张”是很自然的事。盛田昭夫很好地总结了他们对美国的看法。他说，一位银行家最近告诉他，不需要担心美国制造业务转移到海外，盛田预测，如果美国继续这样想，它将不再是一个工业国。山本强调“美国公司如今没有能力打败日本，因为他们不了解日本的竞争”。大限同意这一观点，但他警告说：“在美国，我们必须避免像在日本那样的流血竞争。”山本称虽然“强者应该踮起脚尖走路”，但宜对在美国的合资企业进行研究。

通产省也在考虑这些问题。一位高官在1987年秋告诉我，几个政府行业委员会正在研究如何构建日本的海外投资结构（日本持续关注结构问题，即便涉及海外产业也是如此）。另一位通产省官员就对我说，“我们可能会把产业政策带到美国”。这中间同样并无恶意，但显然日本人的计划将以其自身利益为出发点。通产省和经济团体联合会的人可能会谨慎行事，在考虑如何重建美国时，他们不打算碰钉子伤着自己。日本人的这些讨论进一步表明，美国正在迅速把经济霸权移交给日本。就是在这种情况下，一些分析人士还喋喋不休地谈论美国手中的谈判筹码——日本需要美国的市场。而美国对日本资金的需求要迫切得多。正如《商业周刊》1987年11月16日发表的文章中所言，即使美元继续贬值，深陷债务窠臼的美国出口也会受到压制。该刊指出，月度国债拍卖时等着日本出钱的华盛顿很难向日本施压，“你不会与你的银行家争来吵去，尤其是如果他还是你的房东和雇主时”。[8]

政治影响已经很明显。1987年初，我参加了在田纳西州纳什维尔召开的一次会议，州长拉马尔·亚历山大在会上讲，过去4年里，他到东京比到华盛顿还频繁:“在那里，我们可以得到真正的帮助。”[9]不久之后，肯塔基州州长玛莎·莱恩·柯林斯称，她在一次访日行程中，遇到了另外14位州长[10]。田纳西州参议员詹姆斯·萨塞尔此间指出，日产在最近的选举中支持他的对手，他警告说，日本人会惩罚那些持日本人不喜欢立场的美国政客。[11]美国众议院共和党领袖罗伯特·米歇尔称，日本和其他外国投资者可以获得美国公司无法获得的让步。[12]也是在1987年初，经济学家C.弗雷德·伯格斯滕总结了当时的情况（似乎是在回答克奈贝尔的问题）：美国的确越来越受到日本在外交政策和经济问题上的决策的影响。[13]

随着时间的推移，这一状况变得越发明显。1987 年夏天，小森印刷机械接洽 AM 国际，提出一项由小森控股 AM 的哈里斯设计部门的计划[14]，AM 拒绝了这一提议。但到了秋季，小森带着新的合资计划找到 AM 并通知后者，小森正在收购 AM 的股票且持股比例已经接近 7%。11 月，AM 宣布将开始谈判哈里斯和小森之间的合作协议。坊间猜测，日本企业未来将更多地采用这种策略。与此同时，在东京有很多关于需要“反驳美国”的言论。一篇文章提到，要做到这一点，日本必须更加独立于美国。[15] 另一篇文章中，日本银行顾问真野辉彦尖锐地指出，“如果我们愿意，我们可以将那些在美国的资产换成黄金或其他商品”。[16]

这是美国衰落的自然结果，要不是美国还继续承担着传统霸权国家的沉重军事责任，没有人会在意美国。这肯定是历史上第一次，一个被殖民的领土在为捍卫殖民者的权力买单。这是一种充满潜在紧张和危险的非自然状态，且有背叛的嫌疑。

成功的双刃剑：日本

日本的情况也很奇怪。尽管日本有贸易顺差，主导许多关键产业，人均国民生产总值目前也高于美国，但日本国民没有其他富裕国家所享有的生活条件和福利。虽然日本很富有，但日本人并不富裕。1987 年 9 月接受《华尔街日报》采访的东京家庭主妇江内吉村抱怨说：“我们住在小房子里，土地太贵，我们买不起。要休个假太难了。”[17]

日本的平均住房面积还不到美国的一半。距东京一个半小时火车车程的两居室公寓价格接近 60 万美元。要买这样一套公寓，一对日本夫妇须支付约 30% 的首付款，贷款总额相当于其年收入的 6 到 10 倍，贷款最终要到他们孩子那一代成人才能还清。[18] 此外，住房抵押贷款利息不可抵税。大多数日本人每个月至少有两个周六需要上班，全月休息时间不到一周。因为设施缺乏，当他们休假时，娱乐和休闲的机会有限。

比如，东京草地网球俱乐部的新入会者要等上40年；高尔夫俱乐部的会员资格已成为投资工具，售价高达300万美元。[19]

家庭周末和假日外出如噩梦一般，因为通往度假区的道路交通拥堵。几年前的一个周六，我开车去海滨度假胜地镰仓。尽管该镇距离东京仅60英里，但我花了6小时才开到，回程用了7小时（路上没有施工影响）。对于东京市民来说，这种漫长的娱乐之旅很常见。日本的电视机、照相机和其他商品价格比在纽约或香港要高，购物也谈不上乐趣。

土地（政策）和顽固地维持现状是问题核心。保护这个世界上成本最高的农业，导致日本稀缺土地中一半被用来种植水稻，94%的非农居民挤在另一半土地上逼仄度日。此外，日本的税收制度不鼓励土地销售买卖，而建筑法规严格限制高层办公楼和公寓，其结果是世界最高的粮食价格（大米售价是世界市场价格的5~10倍）和全球最高的土地价格（因几个地块价格被哄抬，整个土地市场价格继续飙升）。东京市中心一平方英尺优质商业用地目前报价是40 000美元，对应的华盛顿特区仅为1 200美元；日本全国房地产价值是美国的两倍，而美国的国土面积是日本的25倍。[20]此外，旨在保护数千家“夫妻店”的法律严格限制了大型零售商店的数量。这种情况反过来又产生了对多层销售体系的需求，增加了所有商品的成本。

企业集团模式对股票价格的影响，就如同农业和税收系统对土地价值的影响。多数股票是关联持股，且从不交易，因此那些在市场上交易的股票就被哄抬至天价。东京证券交易所股票平均市盈率超过60倍，而纽约证券交易所的只有20倍左右。[21]日本巨额贸易顺差带来的流动性，推动了日本土地和股票价格的上涨，也推动了日本对美国债券和资产的投资。

如果这一泡沫破裂，可能导致世界经济萧条。不管从哪个角度讲，世界对大前研一所称的日本的双重标准——一方面鼓吹自由贸易，另一方面却在开放本国市场方面进展缓慢且实行经济民族主义——的不满与日俱增。[22] 因此，日本在其最伟大的胜利时刻毫无喜悦可言。

两难

随着美国的衰落，它越来越面临这样的选择：是继续支持不干涉主义的自由贸易政策，还是确保重要产业的持续健康发展。美国不想放弃自由贸易，也不愿开始以发展战略产业为目标，但美国也对失去技术领先地位感到不安。英国的经历让美国感到忐忑，在思考未来时，拿英国做对比会让人不安。事实上，美国的处境可能比英国更糟，因为日本自己也承认，既不能也不愿承担美国的领导责任。因此，美国一面不得不扛起难以承受的负担，同时还必须找到解决办法。

根据美国现行的理念和法律，除非因国家安全因素或其他国家的不公平活动，否则不得有悖于自由贸易理念。长期以来，美国基于一个假设，即其他市场经济体的原则同美国相同，这种情况下，美国并没有一个处理不同理念的务实方法。因此，随着日本基于完全不同的经济理论取得的成功不断扩大，美国越发倾向于出于国家安全目的保护本国产业，同时指责日本不公平，要求日本这个非消费立国的经济体通过开放市场、刺激消费，把美国这个因自身愚蠢而落后的国家拯救出来。很少有人意识到，这种对日本挑战的反应只不过是一声痛苦的呐喊："请像我们一样！"

日本人从基于美国观念的国际贸易体系中获利巨大，但日本的那些政策和实践又在许多方面同该贸易体系的假设相悖，日本陷入自身的两难。某种程度上，日本的成功源自它能够在不遵守国际制度或不接受制度义务的情况下利用国际制度。当日本经济规模相对较小时，这种非正常现象影响不大。但随着日本和美国位次转换，这个体系变得越发紧张，而今在矛盾重压下有崩溃的危险。这对日本来说将是一场灾难。另一方面，要改变长期以来的政策和基本的社会假设是极其困难的，可能会被视为更严重的灾难。

这其中，决定性的因素是日本对自身的定义。正如彼得·德鲁克在最近一篇文章中所指出的那样，一百多年来，日本的政策一直致力于将其置于现代世界，但又不是现代世界的一部分。[23] 日本视本国为独一无二，这就要求它在某种程度上有所不同，以便保持真正的日本特色。但克服其日益严重的问题需要一系列的举措，这些举措则要求更多的融合。

日本人不愿面对这一两难，于是开始寻找替代选择。就像对美国来说简单的方法是指责日本人不公平，对日本人来说，简单的办法就是指责美国人不够努力，这和美国人的警告一样："请像我们一样！"这个要求对两国来说是行不通的。随着问题的增加，这只会导致更多的相互指责，而这两个国家都不关注真正的原因所在。两国都必须面对艰难的抉择。

未来的处方：美国

首先，美国必须确定两件事，一是需要做什么，二是行动得是合法的。随着美国的衰落，在一些圈子里，煞有介事地问美国是否有必要在所有事情上都保持第一已经成为一种时尚。询问的方式意在表明，只有傻瓜或绝望的沙文主义者才会给出"不"之外的其他答案。虽然美国可能不再是各个领域的世界第一，但我们没必要任由其衰落。

技术和产业领导地位带来了财富和权力。西方世界的整体秩序基于美国领导地位这个假设而建立。即使日本有意愿，其与他国隔绝的感觉也会阻止其填补美国的空缺。但在不断衰退和依赖性增加的情况下，美国无法领导西方世界，也将不再是一个充满机会的社会。为了坚守对本国和世界的承诺，美国必须保持富裕和强大。没有人比天谷这样的日本领导人更清楚这一点，他在 1987 年秋天向我表达了他的观点：美国的领导地位无可替代。他同前文中的河永、盛田等其他日本领导人一样，完全同意我的观点，即美国必须采取行动阻止其衰落。一些日本专家认为，这一判断也符合日本的利益，因为只要美国担起领导责任，日本就没有了这一压力。但阻止美国衰落不应意味着再走老路。

美国第一步必须是削减预算赤字并增加储蓄。只要美国存在巨大的借贷需求，所有其他的担忧都将变得无足轻重，因为这一失衡扭曲了世界经济。恢复平衡局面的方法，是将增加消费税（如汽油税和增值税）与削减国防和福利等主要开支相结合。指数化的社会保障和政府养老金必须修改。许多老年人根本不需要社会保险，退休军官领取的退休金比现役军官的收入还要多，这极不妥当。最重要的是，必须鼓励储蓄。消费者信贷规则应该收紧，禁止房屋净值消费贷款和二套房抵押贷款的税收减免，并考虑基于公司业绩相关的激励建立薪酬体系。设定免征利息税的储蓄比例，利润征税不应超过一次。但说了这么多，我们必须认识到，尽管整顿我们的财政秩序是所有其他事务的先决条件，但仅靠这些行动还不足以恢复美国的活力。问题是多方面的、深层次的，必须全部解决。

一个先行事项就是停止把一切都归咎于企业高管的无能和贪婪。合理的批评当然有必要，但我们得认识到，即便是最优秀的管理者，如果处在不友好的环境中也会遇到困难。我们生活在一个充满竞争的世界里，这些国家并不总是认同我们的价值观或经济假设。生存、长期的权力地位和民族自豪感，都是经济决策中的权衡因素。只要这些因素存在，竞争环境就不可能公平。每个参与者都会设法使竞争环境对自己有利，而那些出于原则或无知而无视环境生态的参与者，会发现其他参与者圈出来的条条框框。

美国国内关于产业政策的争论大多跑题了。必须认识到，微观和宏观经济政策密不可分。事实是，美国的持续影响力对世界和平、繁荣和稳定至关重要。如果无法在众多产业领域保持领导能力，那这种影响力是无法持续的。完全或主要基于军售有助于维持美国的实力，但这种模式无助于那些产业的生存发展。支撑美国实力的产业结构必须在世界商业市场上具有竞争力。美国要保持其实力，就必须解决世界领导力的需求同政府对支撑这种领导力的经济结构缺乏关注之间的矛盾。解决方式是要认识到，在一个市场不完善的世界里，在关键产业发挥领导作用既能带来经济效益，也能带来战略效益。就比如，拥有世界领先的飞机工业不仅增强了美国的军事力量，还带来了快餐服务等行业不可能产生的工资和利润水平。

真正的问题是，我们要为经济创造什么样的环境。争论的焦点不是纯粹的自由贸易或完全的保护主义——我们从来没有也永远不会做单一选择，而是要把自由贸易和管理贸易相组合。这不是美国政府是否干预经济的问题——美国确实且将大规模干预，而是美国政府是以有益还是有害的方式进行干预的问题。一些评论家认为我们不能抄袭日本人。当然不会，抄袭和学习是有区别的。我们必须向日本学习我们能学到的东西，使我们自己的系统运作得更好。

最关键的一点是给予重视。与日本一样，保持国家的产业、技术和金融实力必须是国家议程的重中之重。下一任总统给予贸易和产业领导问题同军事谈判一样的关注，因为如果不能维持美国的经济实力，他最终将没有可谈判的武器。

重定主次

实际操作中，这一目标要求对结构和程序进行大幅调整。比如，目前提交给总统的大多数经济文件都应由国家安全委员会审阅，委员会工作人员都应是跨部门经济事务委员会的成员，但实际情况并非如此。五角大楼的计划对美国的研发方向有巨大影响，且指导着成千上万名科学家的工作，但经济或贸易政策小组从未就这些计划对美国经济竞争结构的影响进行过评估。这种情况在司法部同样存在。AT&T 的拆解和美国电信业的全面重组是基于一次反垄断诉讼，在一位联邦法官的指导下完成，而他之前唯一的电信知识就是如何拨打电话。美国政府的贸易机构从未评估过这个决定对贸易的潜在影响。因此，分拆和重组向外国制造商开放了美国市场，而对方市场没有对等开放。禁止贝尔子公司生产意味着，如果他们不想从 AT&T 购买设备，就必须进口外国设备代替其他美国生产商，这导致美国电信贸易在一夜之间出现巨额逆差。

为了让美国能够参与竞争，必须从可能产生竞争影响的角度来评估这些问题。主要经济机构的成员，应该允许参与评估五角大楼、司法部和其他机构那些将对美国经济和产业领导地位产生影响的举措。就像所有提交给总统的决定都要从国家安全和政治角度进行评估一样，这些决定也应该从经济竞争角度进行评估。总统所有决策文件，都应该包含一个关于决策对美国经济和产业领导地位潜在影响的描述。

1984 年，日美商人会议关于美国和日本产业政策的报告发现，美国政府有许多影响产业的政策，但这些政策多是不协调且相互矛盾的，因此总体上没有价值。[24] 比如，我无意指责商务部的“炸鱼和薯条”政策（见第十章），而是想指出，我们致力于促进渔业发展，却没有采取任何举措来帮助更为关键的半导体或机床产业。但与此同时，我们为一个空间站编列了数十亿美元的预算，而这个空间站充其量只能说有个大致的目标。

几乎所有人都同意高科技对美国未来的重要性。但政府为此耗费的大量资源在提高美国竞争力方面毫无方向。NASA 每年在不发射的火箭和其他太空项目上的花费大约为100亿美元，这些项目的商业或科学价值有限。位于加州利弗莫尔、新墨西哥州洛斯阿拉莫斯及阿尔伯克基的桑迪亚的国家实验室，是其他国家无可匹敌的美国无价资产。但它们对把有趣的技术转化为产业应用几乎毫无方向。这些机构的国际关系同美国的贸易方向也毫无协调。因此，正如第五章中提到的，在1982年和1983年，当美国谈判人员向日本施压，要求其向美国超级计算机开放市场时，劳伦斯利弗莫尔国家实验室正在帮助日本人测试他们的新设计。

当然还有五角大楼。其高级研究计划局（DARPA）是美国重要尖端研究的主要支持者之一，该局过去的工作创造了全新产业，如人工智能、系统分时和互联网。但它现在正专注于更窄的军事目标，如战地管理系统和供战斗机飞行员使用的专业系统。再者，五角大楼一方面投入进行技术研发，另一方面还经常通过合作生产项目将技术转移到国外。与此同时，出于国家安全考虑，它经常反对哪怕使用过时技术的产品出口，从而损害了许多美国公司的竞争力，把市场让给了那些使用美国技术的日本公司。结果是，美国从研发开支中获得的好处微乎其微。美国不仅商业研发支出占国民生产总值的比重低于竞争对手，而且从研发投入中获得的回报也更少。①

美国必须更合理地组织研发项目。五角大楼经常以可能衍生的商业效应来证明项目的合理性，当我们真的获得商业收益时，会为这样的结果高兴。如果我们不是坐等衍生效果，而是有意识地组织起来开发民用技术，并最大限度地造福美国人，那国家将会得到更好的服务。

除了要重夺半导体行业领导地位的Sematech项目外（参见第142—144页），超导领域也朝着正确的方向迈出了一步——在瑞士和美国的实

① 美国民用研发开支占国民生产总值的比重为1.6%，日本为2.9%。[25]

验室宣布取得重大进展后，这一步也在 1987 年初成为新闻头条。超导体能够在没有常规导体（如铜）电阻的情况下导电，可以使计算机运行得更快、家电耗电量极低、电缆在全球范围内输电。在过去，超导只有在接近绝对零度时才有可能实现。这些进展表明，超导可能很快就能在室温下实现。就在这一突破宣布之后，媒体立即报道日本正努力建立政府资助的研发联盟。《华尔街日报》报道称，东京正在竭尽全力追赶美国，并努力推动商业应用。[26] 与此同时，日本还一如既往地努力为该项目建立全民共识。美国以往的标准操作模式是，为超导的军事用途提供资金，并希望其产生商业溢出效应，但忽视日本的做法。最终，当我们拥有了一种特殊武器时，日本人正顺利夺取最大的商业市场份额；美国这时会派出一组谈判代表，去告诉日本人他们的项目不公平，并恳请日方控制这一项目及其衍生的产业体系。

但这一次，正是出于对这种情况的担忧，里根总统宣布了一项新计划，旨在确保美国获得这项新技术的商业成果。[27] 根据这项计划，五角大楼将增加研究经费，"快速启动"拨款用于商业方面，放宽反垄断法，允许合资生产，暂停信息自由法，这样政府实验室的重要技术就不必向在美的外国子公司公布。此外，该计划还要求由商务部、能源部以及 NASA 成立一个产业咨询小组和研究中心。

正如所宣布的那样，这一个项目远远不够（1987 年秋天，美国国家科学院呼吁开展一个更具雄心的十年计划，第一年的启动资金为 1 亿美元），五角大楼在商业应用方面错误不断，可谓错误之源。[28] 但该计划同 Sematech（也有类似的弱点）一起是一个里程碑。该计划推翻了行政系统自己反对政府干预的论点，确立了政府与企业间为实现特定产业目标而进行合作的合法性。计划明确，因为我们知道超导是一项具有巨大经济效益的关键技术，且美国的国家力量取决于产业和经济实力，我们应该毫不犹豫地加强它，就像我们毫不犹豫地发展武器技术一样。

如果这种逻辑适用于超导或半导体，它同样该适用于其他领域。系统的方法是唯一合乎逻辑的结论。

问题是，我们该用什么标准来选择拟促进的项目和产业。1987 年 10 月，《华盛顿邮报》发表了一篇勉强支持 Sematech 项目的社论，认为就负面影响程度而言，支持该项目要优于保护主义，这种态度一改该报长期以来对政府与产业合作的反感，且就选择标准给出了三个极好的建议：得是关键产业，产业得有研究计划，得承担一半的费用开支。[29] 这是一个好的开始。我们知道有些产业和技术对美国的国防至关重要。如果这些产业的存续发展取决于商业市场，那么我们就有必要确保美国公司的竞争能力。此外，日本人的一些标准可能用得上。知识密集型产业将创造全新领域，这些领域有利于技能提升并带来高薪酬。高增长、高需求弹性且影响许多其他产业的产业，将更有利于经济增长和生产力提高：显然，鼓励这些产业发展比多年来受青睐的房地产业要好。

促进产业发展并不一定就是给补贴。广泛传播技术、降低风险、连续性和目标稳定性，是成功的产业促进政策的关键要素。例如，据估计，假冒的美国高科技产品在 1987 年造成美国工人损失了 75 万个工作岗位。[30] 如果美国的专利或版权受到侵犯，美国公司不应为获得赔偿而证明自己受到了损害：这种侵权行为本身就应该被视为具有伤害性，那些国内案件就是这样处理的。此外，公司尤其是小公司不应该为保护自身财产而不得不面对高额的法律费用。美国政府应积极干预，防止侵犯知识产权的做法。这方面的有效立法和执法的成本很低，但对美国产业来说则意味着数十亿美元的价值。同样，从贸易的角度重新审视 AT&T 的拆分不会有什么成本，但可能使我们能够获得比现在更好的谈判筹码来开放外国电信市场。评估军事合作生产项目也花不了多少费用，但可以防止那些无价技术的泄露。因此，关键不是补贴，而是思想。一旦我们清楚了重要领域，就可以系统地评估政府目前的活动，以确保这些做法是协调安排，并提供最大限度的支持。

要做到这一点，就必须优化处理产业和贸易问题的政府工作人员的构成，有必要培养一批类似于军事和外交部门的产业、金融和贸易专家。虽然目前的美国和外国商务服务部门有这个理念，但时下还胜任不了这项工作。该部门负责管理商务部在国内各地的办事机构，以及美国驻外使领馆的商务活动。之所以胜任不了，是因为其工作仅限于促进出口，且其员工多年来沾染了懒散的官僚习气。不过，它可以作为发展以执行战略经济政策为广泛目标的精英服务的基础。就像军官或国务院外事官员一样，其成员可能于不同时间在国会、国家安全委员会，以及五角大楼、国务院、财政部或者联邦储备委员会工作。

这样一个部门的一项重要任务是传播技术，美国的传播速度比日本慢得多。多年来，我们成功地建立了赠地学院和农业推广服务机构，发展和推广农业技术。美国现在应该考虑在工业上采用同样的方法，并建立一套机制，尽可能快地将技术推向广泛的商业用途。

这类机构的工作人员应该是最优秀的。美国政府开办军事学院和后备役军官训练营项目，公费教育青年人，确保军队人员充足。假设我们的产业同我们的军队一样重要，为什么不能有一些为政府事务领域培养服务人才的项目呢？目前，全美商学院的 MBA（工商管理硕士）毕业招聘时，商务部和其他政府机构都不参与。另外，如果招到顶尖人才，我们必须给他们机会。担任政府大部分部门高职的政治任命人数应该限制，以便培养和聘任那些能够连续任职并留下机构记忆的高端专业人士。这些部门的前四级高官职位中，政治任命者不应超过一半。

要制定和管理这些计划和政策，需要有一个指导和协调机制。近年来，关于设立美国国际贸易和产业部应对日本通产省的讨论很多。1983 年和 1984 年，鲍德里奇曾考虑合并商务部和贸易代表办公室，但失败了。问题是，某特定部门的官僚提议往往建立在部门和国会既得利益集团的基础上。事实上，哪个部门提出建议并不重要，在那些成功的诸多部门建议中，所有部门都存在同样的利益问题。

第一，必须得有人负责。无论是财政部长、贸易代表、商务部长，还是一个新设职位的某个人选，都无关紧要，但无论是谁，都必须是总统在这一领域的代理人。第二，负责人必须拥有一个有影响力的机构，能够在华盛顿的政治和官僚斗争中独当一面。这个机构可以是一个大部门，也可以是像国家安全委员会工作团队这样的小组织，但它必须拥有权力，必须参与向总统提交决策文件的工作。第三，这个部门绝不能是可以立刻扭曲整个方案的国防部。危险在于，国防部自动承接了这一领域的责任（而不是给出什么积极的政策），比如，它在 Sematech 和超导方面就是这样的角色。第四，这项努力必须将财政部、商务部、国防部、能源部、司法部、贸易代表办公室、进出口银行、国家实验室和 NASA 的许多活动联系起来。把它们联系起来意味着，无论谁负责，他必须对这些机构的资源有调配能力，并有能力给这些机构指明方向。第五，如果国会同时重组其内部各委员会，这将极大地有利于这个新组织。

贸易政策与谈判

至于贸易问题，改善美国政策的第一步，是制定一个贸易事务同国内计划相结合的全面议程。贸易议程不应由时下的各种投诉决定，而应以美国的整体利益和优先事项为基础。如果用我前述的标准，我们已经确定了对美国来说最重要的产业、金融和商业领域，那么它们将成为美国贸易议程的基础。这并不是说政府应该忽视那些合理的抱怨——在任何情况下，我们的法律都不允许这样做，但我们不能把所有时间都花在相对次要的问题上。

我们的谈判应该都要有结果。为了获得一个定义不明的“开放”市场而就外国文化的程序进行谈判，只会招致失败和挫折。我们可以通过谈判阻止对方通过某项法律，可以就市场份额、具体销售额或递进规模进行谈判，可以就所有可辨别的具体事务进行谈判。思想或观念不能谈，也不应该去尝试。

我们绝不能在没有大棒和胡萝卜的情况下把谈判人员派到国外，不能总指望他们的魅力在国外像在国内一样有效；不应该再把他们塑造成国会里的异类；谈判者应该有一个包含具体目标的重要议程。要实现这些目标，目标首先得有切实的威慑力。美国不会安排军事谈判代表在没有谈判筹码的情况下进行谈判。就贸易谈判者而言，我们也不应该这样做。

两党总统均认为，不应取消他们在贸易问题上进行报复的自由裁量权。他们说，出于国家安全考虑，他们需要灵活性。只要把国家安全置于贸易之外且看得比贸易更重要，美国在贸易问题上就永远做不好。总会有某项战略防御计划或政治利益，美国不想因为一些看似微小的贸易事件而去危及这些利益。事实上，如果对某些贸易行为必须实施报复，总统将拥有更大的自由裁量权，因为这样美国的贸易伙伴就知道他们必须进行谈判。现在他们知道他们没有被报复。

要处理这一事项及其他问题，国会必须做三件事。首先，必须内部协调。行政部门回应国会的特别委员会，如果国会内部意见不一，行政部门就无法真正地协调配合。其次，国会必须开始将贸易视为美国经济和国家安全政策的一个组成部分，必须从道德意义上的公平—不公平范式转向更实用和包容的角度。最后，国会必须停止那种虚伪的做法，即一边要求采取行动，一边又继续制定不可能执行的有国家安全方面漏洞的法律。

如果能实现这些改变，美国的贸易管理机构就会运转得更顺利。即便如此，仍需要进行大刀阔斧的改革。贸易政策、谈判、推广和金融自然联系在一起，并从行政管理角度更好地相互配合、支持。美国的谈判人员必须能够手握一副好牌坐在谈判桌前。美国的开放和分权使其容易受到外界那种目标导向的协调一致的活动影响。我们必须努力与竞争对手一样协调一致。

在这方面，我们也应该保护自己免受外国利益的操纵。他们的游说活动不同于国内利益集团的诉求，因为他们在享受美国制度带来的好处的同时，并没有承担太多的义务，他们的目标往往就是以牺牲美国的整体利益为代价。外国利益方有权由其外交官合法代表，并享有美国法律规定的公平待遇。但是他们不应该被允许购买影响力，或者恐吓、诱惑美国官员。甚至不应该有这样的机会，即美国官员在任期间为外国利益行方便，以便在离任后中饱私囊。

学会同日本竞争

美国和日本注定紧密相连。我们的任务是找到一种方法，在不被日本经济碾压的情况下，将日本经济与美国经济、世界经济融合在一起。在处理好本国事务之后，我们应该迅速采取行动，与日本展开全面谈判。关贸总协定已不再是同日本做生意的全面基础，即便它曾经发挥了这样的角色。两国关系的整体框架及其所依据的假设已不再适用。我们必须在全面指导方针的基础上发展一种新结构，这种指导方针须涵盖军事、政治和经济的全面关系。两国的会谈应包括美国的国会议员、日本主要政治领导人以及两国行政部门官员。

对美国来说，第一步是抛弃日本市场与美国市场相似的观念，放弃只要日本人停止不公平做法就会开放且以类似美国方式运作的想法。日本人的心态和社会经济结构会存续。既不公平，也不是不公平，需要在清楚了解其可能影响的情况下，按其本来面目加以处理。在贸易和经济问题上继续对日本扮演传教士的角色会适得其反。我们必须摆脱关于自由贸易和保护主义那种老套的争论。有一种中间路线，假使没有，那两国间就不会有那么多的贸易。美国不可能也不应该试图成为一个受保护的岛屿，但也不应该袖手旁观，眼睁睁地看着本国产业因日本和其他国家的产业雄心而消亡。

我们与日本的谈判必须实事求是，必须基于对两国几个产业实际情况的评估。对于其中的一些谈判，我们可以将国际航空公司谈判作为一种模式。国际航空服务并非基于自由贸易，因为除美国外，多数国家的航空公司都受规制，而且许多为国有。在大多数国家，航空公司是国家的象征，决定其运营是国家主权事务，而不是消费经济学问题。因此，试图就这一领域进行自由贸易谈判是徒劳的，美国也没有这样做。美国开展广泛且赢利的航空服务贸易——在对等的基础上谈判交易。我们每周有几个航班飞日本，他们给我们几个返航航班。这不是一个开放市场，但在对等框架内，的确出现了大量竞争。

另一个有趣的例子是银行业。过去几年，美国在放松管制的同时，一直在敦促其他国家的金融市场更加开放。但当日本和其他国家的银行因海外资本要求降低导致成本降低而快速占据美国市场时，美国财政部立即做出了反应。美国财政部没有呼吁自由贸易或消费者权利。相反，它认识到银行业是一个关键领域，于是开始谈判，说服外资银行增加资本金，从而创造一个“公平的竞争环境”。实际上，财政部通过建立公平的竞争框架，为美国的银行提供了有限的保护。想象一下，如果我们要求日本的半导体公司承担与美国公司相同的资本成本，反对保护主义的呼声会多强烈。但这两种做法区别在哪里？只是财政部认为银行业有着半导体产业所没有的全国性意义。财政部认为，“如果半导体行业应付不了入侵者，那就由它去吧”，但不会这样对待银行业。

正如我前面提到的，在日本和其他国家，半导体、卫星、光纤、计算机和飞机等产业与航空、银行和农业同等重要。民族主义因素对这些产业有深远影响，我们不能指望完全开放的市场，因为这些领域确实是不可谈判的。除了这些国家的一流产业外，出于结构性和社会方面的原因，外资进入其他产业几乎也是不可能的。例如，日本汽车公司不太可能进口大量零部件。所以，要求开放市场、指责不公平只会带来失望。

这些案例中，实事求是地分析形势使我们得出这样的结论，不可能有真正的自由贸易，我们应该像在航空公司或银行谈判中那样讨价还价，尝试建立这类结构模式——保留较多竞争要素，但又不使我们的产业受制于其他国家主权政策。有人可能会反对说，这条路会让我们陷入没完没了、棘手的双边谈判，对此的回答是，我们已经陷入了困境，只是现在的谈判满是敌意，近乎失控。由于政治压力和法律诉讼，我们被迫不断进行双边谈判，而这些问题十分尖锐，几乎无法解决。但这些情况大多可以预见，比如，由于在未来肯定会遇到工业陶瓷、飞机、金融服务和生物技术方面的贸易问题，现在尽早着手处理这些问题是明智的。

从现在开始，投资决策对我们未来的影响可能会比标准的贸易活动更重要，尽管这两者密切相关。未来 20 年，日本将大举投资美国。美国能够从中获益良多，但同时也面临克奈贝尔提到的那些风险。我们必须制定政策以获得利益、规避危险。第一步是知识。目前，日本政府比美国政府更了解日本在美国的投资，更了解美国在日本的投资。美国需要某种事先知会制度，应该有一个事前磋商机制，而不是迫使富士通事后放弃仙童。日本在美国的投资布局不应仅由通产省、经济团体联合会连同五角大楼里的间歇性偏好来决定。

除此之外，美国与日本的磋商应包括投资指导方针。如果我们知道（也应该知道）某些产业和技术对美国至关重要，那么明智的做法，就是以提高而不是丧失我们能力的方式指导日本在这些领域的投资。例如，在一些领域可能应该鼓励合资而不是独资经营。应该更欢迎像本田汽车这样期望与美国供应商合作，且向供应商转让技术和技能的日本投资者，而不是那些仅考虑低附加值组装业务的投资者，或那些计划把在日本的企业联盟带到美国的投资者。我们应该确保，美国工人的技能将得到提高，美国将学到日本人要教的一切，并将此作为投资的结果。

技术事关美国的未来。我们是一个富有创造力的国家，拥有无与伦比的基础技术基础设施。但只有当我们从这些设施所带来的所有技术进步中最终获得一些商业回报时，我们对其持续投资才算是合理的。我们万不可无视技术流动，不能为了一点蝇头小利或暂时的政治收益而放弃那些需要大量付出才能创造出来的成果。应该要求那些利用美国公共资源资助的技术基础设施的国家对这些基础设施做一些投入，并对关键领域的技术流动进行监控。我们应该坚持以明确、具体的方式获得外国技术，操作上可类比美国授予技术的方式。

例如，每年约有 330 名日本科学家借助美国政府资助项目参加美国国立卫生研究院的生物技术研究。[31] 但日本没有类似项目：一方面，日本没有国立卫生研究院；另一方面，日本公司在政府支持的项目中没有做太多的生物技术研究，而来美国国立卫生研究院工作的正是这些公司的科学家。美国应该坚持派研究人员参加那些派科学家来美国工作的日本公司的项目。美国至少应该坚持日本通过这些项目形成的技术要完全回流美国。美国如今得向一个国家乞求技术，而该国的成功很大程度上要归功于美国唾手可得的低成本技术，这对美国来说既荒谬又失颜面。在技术流动中建立公平、平衡的方法应该是全面讨论的主要内容。

另一个必须面对的概念是国民待遇。这一国际贸易体系的支柱对美国不利。虽然各国对本国公司、外国公司一视同仁的理念听上去公平、平等，但在实践中，最开放、最自由的社会总处于不利地位。例如，要求日本给予美国公司全面过敏待遇的半导体协议就没有帮助，因为日本在本国公司间就实行不同的待遇。因此，美国公司一直被视为三流的日本公司。真正需要的是一项双方商定的处理原则，在两国平等适用且易于被所有人理解。前述的银行监管规定可能是这一安排的前奏。

最后但同样重要的是，要承担西方世界体系的公共成本。美国承担其中的主要部分而日本几乎不承担，这种状况不能再持续，况且也不正常。目前的局势在美国造成了对日本搭便车的不满，在日本造成了持续的自卑感——被转化为对被认为是美国欺凌的怨恨的感觉。两国必须真正平等地合作，这个微妙的问题须直接面对。日本在 1987 年 10 月提出支付美国波斯湾巡逻的部分开支，这是一个值得欢迎的举动。不过，1 000 万美元的金额的确就是个象征，尽管这在一定程度上改变了一个荒谬格局，即美国守卫着本国几乎滴油未得的水域，日本的大部分用油则依靠该海湾，但没有为该水域安全支付过一分钱。

如果日本支付全部巡逻费用，并承担驻日美军的全部费用，那就更慷慨了。事实上，日本可能会考虑承担美国在亚洲全部防务开支的一半，同时大幅增加对欠发达国家和国际机构的援助和贷款。在一个 2 万亿美元的经济体中，每年贡献 5% 即 1 000 亿美元（对比目前的 200 亿 ~300 亿美元）作为维持西方世界体系的公共成本，看上去是合理的。

提升商业实力

在与日本的竞争中，美国产业最大的弱点不是管理上不努力，而是缺乏财务后劲。我们的资本太昂贵且缺乏耐心。降低政府预算赤字会有所帮助。除此之外，美国必须通过鼓励提高储蓄率来创造更多的资本。正如我建议的，重要的积极行动是取消所有消费税，并通过允许从税收中扣除所涉借款利息来停止对公司收购的补贴。

应该通过限制性更强的公司收购规则，以及对短期资本利得征收高额税收来鼓励长期资本。还可以研究其他方法，例如设置不同类别的股份，将投票权限于那些股权长期持有者。可以放宽银行持公司控股权的限制。美国证券交易委员会也可以将财报要求从季度改为年度；另外应重新评估企业整体财务分析体系，更加重视非财务因素。不应总将高债务视为风险、将低债务视为安全，情况有时恰恰相反。如果一家有代表性的无杠杆美国蓝筹公司与一家高杠杆的日本大企业激烈对垒，那么给前者的债券 AAA 级评级是愚蠢的。日本公司通常会赢。

美国国内的两大阵营必须从敌对转为合作。如果产业界和政府仍坚持一贯的相互怀疑和敌意，美国就不可能成功。提高经济和产业事务的重要性，将极有助于两者关系的改善。尤其是，反托拉斯法应根据国际现实进行评估、改革。比如，最近有关空中客车和麦道公司间联系的讨论。现行的反垄断法允许这两家公司合并，却会阻止麦道同波音公司合并。但从美国整体利益的角度考虑，后一种安排更有利。除了新的反垄断法规外，有必要成立一个产业咨询委员会，与所有相关政府部门密切合作，以促进美国经济和产业的领导地位。

如果劳资关系仍然紧张、不合作，美国也不可能赢。必须采取步骤，在劳资双方之间建立更紧密的利益认同。双方谈判的重点是涉及工资和工作规则灵活性的工作保障。这也是日本公司的重点，事实证明非常有效。增加罢工和裁员的难度，薪酬应该与公司生产力和经营绩效紧密联系。鼓励经常进行培训和再培训。政府应制定指引政策，积极推动改变劳资关系的整体格局，增加对话、减少对抗。美国的政策应促进公司和员工之间的共同利益。必须消除劳资双方是自然敌对关系的假设。公司和员工应该看到他们彼此间利益攸关，如果有必要，应通过修改美国劳动法来消除所有影响这种理解的障碍。

美国商界和商学院必须认真审视自身价值观，以及它们所教授的关于商业目的的内容。是为了让股东价值最大化吗？它只会导致短期的金融骗局。还是通过提高生产率和发展技术来创造财富？这只能由那些专注于股价以外的事情的组织来完成。

最后，美国商界必须更加努力，必须聘用懂日本的人，必须用日语培训最优秀的人才，正如盛田昭夫在20世纪50年代把家搬到美国一样，美国的高管也必须在日本待上一段时间。我们必须建立在日本起作用的人际关系，并像日本了解我们一样了解日本的制度。

美国商界必须学会从产业和商业治国方略的角度思考问题，并有能力在东京和华盛顿都做到游刃有余。因为谁制定了规则，谁就控制了比赛。

未来的处方：日本

日本的情况如何呢？随着其国内房地产和股市投机日盛、国外不满增加，曾经取得巨大成功的政策和做法如今似乎正威胁着这种成功。日本如何才能从民族自豪感的死胡同中挣脱出来，而不是通过将这些问题归咎于他人的冷漠而无视问题？

当今世界正处于萧条边缘，其严重程度甚至可能超过20世纪30年代。美国巨大的贸易逆差推动了世界经济的增长，这种情况不能再继续下去了。某种程度上，美国必须实现贸易顺差，这意味着其国际收支账户得有约2 000亿美元的调整。如果世界经济不想陷入停滞，其他国家必须收拾起这个烂摊子。作为世界第二大经济体，日本得有所行动：华盛顿因此不断要求日本刺激其国内经济。尽管日本不太可能大幅削减美国的贸易逆差，但潜力巨大。虽然日本的人均国民生产总值现在已经超过美国，但汽车、电话、电视机和类似消费品的人均拥有量，只有美国的一半左右。因此，极具讽刺意味的是：当日本人认为美国的要求过分，并以悲观、厄运和牺牲这些字眼来讨论这些要求时，美国主要的要求只是日本提高其公民的物质生活水平。实际上，世界之所以处在悬崖边缘，很大程度上是因为日本人顽固地坚持保护本国农民、小店主和出口商的传统生活方式。日本要想提高生活水平，就必须进行革命性的变革，这真是双重讽刺。日本的强大之处在于，日本有绝对的信心，可以做到比其他国家更严苛、更严厉，而今，它必须努力减少这种苛刻。

土地改革

日本需要进行第二次土地改革。当屋子里只有三四个小房间时，就没必要也没有空间装几部电话或电视机了；当周日外出 60 英里车程需要 6 小时时，人们最不想要的就是一辆新车了，尤其是当开车要去的高尔夫球或网球俱乐部的会员资格有一个长达 40 年的等待名单和 300 万美元的会员费时。土地改革需要政治改革。日本的选区是在大部分人口都居住在农村时划定的，选区划分从未修改过，所以农民的政治影响力与其人数不成比例。这些选区应该按最高法院的指引进行修订；与此同时，应考虑为政治活动提供公共资金，并对特殊利益集团的政治捐款实行更严格的规定。随着这种特殊利益集团力量的削弱，日本应该放弃对其农产品市场的保护及对农业的补贴。同时，应该废除不鼓励向农业外目的出售土地的税收和土地使用规则；工业厂区应迁出东京市中心，同时修订建筑法规，允许建造更多高层公寓。日本甚至可能重新考虑在许多地区阻止高层建筑的光照权规定。

帮助消费者

日本应该开始把住房视为一个战略性产业，就像计算机或半导体产业一样。应考虑实施一些措施，比如允许低首付购房、减免抵押贷款利息税、增加其他住房补贴。取消农业补贴省下来的钱可以用于这个目的。为了简化错综复杂的销售体系，应该取消建设大型零售店的限制；同时，通过赋予日本公平交易委员会更大的权力、更多的预算和工作人员，来放松大型制造商对销售体系的控制。应允许私人损害诉讼或以反垄断为由提起上诉的类似规定。

贸易和投资

在贸易和投资方面，日本必须成为一个重要的国际市场。这不仅意味着日本必须增加进口，而且进口必须不受日本公司的控制。日本市场必须要有越来越多的外国公司。这种结果不会自然产生，日本应该考虑采取平权政策。在进行产业结构规划时，日本应有意识地考虑到外国参与者。日本政府应与本国企业合作，制定外国商品的采购目标。特别是像汽车公司这样的大型出口商，应该被要求发展重要的外国供应商。同时，应鼓励外国投资者收购日本公司；在海外投资方面，日本应该重视合资企业和集成制造基地的建设，而不是组装厂。应劝阻制造商在做新的投资时不要带上他们的传统供应商。

共担西方世界的成本

日本必须承担更多的维护西方世界体系的成本。日本的援助和军事支出总额不到国民生产总值的 2%，而美国的这一比例约为 8%。正如我所建议的，5%（1 000 亿美元）是日本的合理目标。

最后，日本身处现代世界，也必须是现代世界的一员。态度的改变至关重要，原有的态度将日本隔绝开来，并在其他国家中引发怨恨。首先，日本人应该减少对种族纯洁性和独特性的强调。日本这个国家独一无二，美国同样也是。[32] 根据定义，每个国家都是独一无二的。如果日本能够正视这一现实，它与其他国家打交道的能力将大大增强。一个很有象征意义的举措是改变成田机场的标志，那里的护照检查分为日本人和“外国人”。也许可以把“外国人”改成“非日本人”，就像欧洲那里是分为欧共体护照和非欧共体护照那样。其次，日本的学校和媒体必须放弃“没有自然资源的小岛国”的咒语，这根本不相关。最后，必须改变以“我们与他们”的角度来看待一切的倾向。如果这种态度持续的时间足够长，它就会变成一个自我实现的预言。

国际化最近成为东京的口号。在日本，每个人都认为这是必要的。但日本明白这意味着什么吗？国际化意味着日本不再对外国居民进行指纹采集，东京大约10%~20%的写字楼掌握在外国人手中，成千上万的外国学生进入日本的大学，一家日本大公司有一位外国总裁，一家日本大银行或公司被外国公司收购。国际化的意思是不那么排外。日本能做到吗？

结论：团结一致

在援引投资减少、目光短浅、劳资关系对立以及其他几点因素后，1981年的《日兴报告》在其分析美国衰落的结论中写道：“美国社会有许多根深蒂固的不利因素，如职业道德水平下降、犯罪率上升，教育以及社会规则和秩序的恶化。这一事实必须得到充分承认、彻底理解，这一点至关重要。”[33]

的确。如果背后的价值观和态度存在缺陷，那么所有的灵丹妙药和政策变化都将收效甚微。在华盛顿的七年教会了我很多。其中最重要的一点是，国父们的精神存留至今。两百年来，他们对自由的渴望一直驱动着美国，也许永远如此。自由、个人权利和平等机会是这个国家立国之基。它们是伟大的价值观，我们永远不应考虑放弃。但任何一种哲学都可能被滥用。在对个人权利的执迷中，美国忽视了另一个早期价值观。我们如此彻底地接受了牛仔的神话，以至于我们忘记了我们大多数人都是移民的后代，不管他们是东西部的早期殖民者，还是后来在城市定居的移民。

如果一个国家的政府和消费者认为生产者的成败与自己没有利害关系，而生产者和工人又不认为有什么共同利益和共同义务，付给年轻的企业并购行家的报酬是付给资深教师的 20~30 倍，而且经常诉诸法律解决争端，那么这个国家就陷入了困境。如果缺乏根本的价值观，再多的政策修补也于事无补。美国现在正在经受考验，它此前历史上经历的考验不多。现在的问题是，“这个国家，或者所有秉持这般思维并践行的国家，是否能够长久存续下去”。美国必须再次决定它想成为什么样的国家，想扮演什么样的角色。是人人为己，还是人人为我、我为人人？

需要重申我们国家的格言“合众为一”。国父们认为，只有在一个承认责任、义务和权利的社会框架内，才可能有自由。本杰明·富兰克林一开始就说得很好：“我们必须团结一致，否则我们肯定会被一个个绞死。”[34]

注 释

引言：当今大国——日本

1. Akio Morita and Shintaro Ishihara, A Japan That Can Say No (New York: Kodansha, 1989).

2. Richard J. Samuels and Benjamin C. Whipple, “Defense Production and Industrial Development: The Case of Japanese Aircraft,” unpublished paper, Massachusetts Institute of Technology, 1988, p. 12.

3. O. R. Hall and R. E. Johnson, “Transfers of United States Aerospace Technology to Japan,” in R. Vernon, ed., The Technology Factor in International Trade, (New York: National Bureau of Economic Research, 1970) , pp. 305-63, as cited in ibid., p. 9.

4. “Japanese Airlines Try, Try Again,” The Economist, 8 April 1989, p. 72.

5. Ichiro Akashi, “On One Trillion Yen FSX Business,” Seikai Orai, August 1987, pp. 38-45.

6. Shunji Taoka, “Oreta？ Nichibei Yuko no Tsubasa,” Aera, 23 May 1989, P. 30.

7. “F-1 to Serve Three More Years, Making Domestic Development in Time for FS-X,” The Wing Newsletter, 12 December 1984, p. 1.

8. 作者 1989 年 6 月 24 日访谈 James Auer。

9. 作者 1989 年 6 月 15 日访谈 Gregg Rubinstein。

10. Casper Weinberger, press conference reported in Nihon Keizai Shimbun, 5 May 1986, p. 3.

11. Kazuhisa Ogawa, “Home Production of FSX Will Save the Crisis of Japan,” Seikai Orai, November 1986, pp. 48-62.

12. 作者 1989 年 6 月 16 日访谈 Gerald Sullivan。

13. 在与一位不愿透露姓名的前国防部官员的采访中，他向作者说明了此事。

14. Stephen Kreider Yoder, “Japan Picks General Dynamics Fighter,” Asian

Wall Street Journal, 22 October 1987, p. 3, as cited in Richard P. Lawless and Therese Shaheen, "Airplanes and Airports: The Subtle Skill of Japanese Protectionism," SAIS Review 8 (Winter-Spring 1988) : 111.

15. "Draft U. S.-Japan FS-X MOU," memorandum from Deputy Undersecretary of Defense Stephen D. Bryen to Undersecretary of Defense for Policy. 19 January 1988.

16. "This Is the Secret Memo for Japan-U. S. Semiconductor Agreement," Bungei Shunju, May 1988, pp. 124-37.

17. "Little Old Agreement on F-16," Newsweek, 30 January 1989, p. 34.

18. Clyde Prestowitz, "Giving Japan a Handout," Washington Post, 29 January 1989, p. D1.

19. 三位不愿透露姓名的国务院官员告知作者。

20. Kevin Kearns 于 1989 年 6 月 29 日告知作者。

21. "Japan's FSX Fighter: Technology and Competitive Impact of Development Options," Technology and Industrial Competitiveness Division, C. I. A., 3 March 1989.

22. "Japanese Airliners Try, Try Again," p. 72.

23. 美国国务卿詹姆斯 · 贝克同日本驻美大使 Nobuo Matsunaga 口头声明和互换信件中的话。

24. "Japan's Aircraft Strategy," Japan Economic Journal, 28 April 1989.

25. "Japanese Quest for U. S. Market Share," ENR, 3 March 1988, p. 30.

26. Mike Sesit and James White, "Japanese Firms Have Yen for U. S. High-Tech Investment Skills," Wall Street Journal, 11 July 1989, p. C1.

27. "Tutoring Japanese on Takeovers," New York Times, 23 May 1989, p. D1.

28. Simon Pyuwer, "Invisible Hands & Secret Plans," Business Tokyo, November 1988, p. 35.

29. "Japan Is Buying Its Way into U. S. University Labs." Business Week, 24 September 1984, p. 72.

30. "Is the U. S. Selling Its High-Tech Soul to Japan ?" Business Week, 26 June 1989, p. 97.

31. "Why Tokyo's Stock Market Is Still Soaring After All These Years." Business Week, 25 July 1988, p. 56.

32. Pyuwer, "Invisible Hands & Secret Plans," p. 35.

33. William Kresnak. "Foreign Investment in Isles Debated," Honolulu Advertiser, 8 August 1989, p. A3.

34. Norman J. Glickman and Douglas P. Woodward, The New Competitors (New York: Basic Books, 1989), ch. 5.

35. “Foreign Investment: Growing Japanese Presence in the U. S. Auto Industry,” General Accounting Office, March 1988.

36. “Impact on Employment of Japanese Transplants,” United Auto Workers, 1988.

37. Glickman and Woodward. The New Competitors, p. 131.

38. “Third Survey of Japanese Overseas Subsidiaries,” Ministry of International Trade and Industry, 1988.

39. Douglas Frantz and Catherine Collins, Selling Out (Chicago: Contemporary Books, 1989), p. 303.

40. Robert Reich, “Japan Inc., U. S. A. ,” New Republic, 26 November 1984, p. 19.

41. Michael S. Flynn, Sean McAlinden, and David S. Andrea,” The U. S.-Japan Bilateral 1993 Auto Trade Deficit,” unpublished report, Office for Study of Automotive Transport, University of Michigan, June 1989.

第一章　美国世纪的终结

1. Theodore White. “The Danger from Japan,” New York Times Magazine, 28 July 1985, p. 19.

2. Dennis Healey, quoted in “Wake Up America,” Business Week, 16 November 1987, p. 170.

3. Francois Froment-Meurice, 同上 ., p. 170.

4. Albert Bressand, “Chaos: Strategic Tool,” The International Economy, November 1987, p. 44.

5. National Academy of Engineering, Strengthening U. S. Engineering Through International Cooperation: Some Recommendations for Action (Washington, D. C.: National Academy Press, 1987).

6. New York Times, 7 November 1986, p. D11.

7. Moody' s Bank and Finance Manual, 1982 (New York: Moody' s Investors Service, 1982), p. I: a2.

8. Moody' s Bank and Finance Manual, 1987 (New York: Moody' s Investors Service, 1982), p. I: a2.

9. “Florio Warns Foreign Bank Holdings in U. S. Poses Problem for Economy,” news release from Congressman James J. Florio, U. S. House of Representatives, 11 March 1987 (photocopy).

10. “BIS Says Japan Has Passed the U. S. in Share of International

Banking," Wall Street Journal, 31 January 1986, p. 25.

11. "Japan on Wall Street," Business Week, 7 September 1987, p. 85.

12. "Japanese to Invest in Bank of America," Washington Post, 27 August 1987, p. E1.

13. First Manhattan Consulting Group analysis, May 1987.

14. Office of Japan, International Trade Administration. Department of Commerce.

15. Ministry of International Trade and Industry The Vision of MITI Policies in the 1980s (Tokyo: MITI, March 1980), p. 1.

16. Nikko Research Center, lapan's Cooperation for the Revitalization of American Industry (Tokyo: Nikko Research Center, 1981), pp. 1, 9.

17. 作者 1987 年 6 月访谈 Frank Vargo, economist at U. S. Department of Commerce, International Trade Administration。

18. U. S. Department of Commerce, International Trade Administration," An Assessment of U. S. Competitiveness in High Technology Industries" (Washington, D. C., February 1983).

19. Frank Vargo, International Trade Administration, Department of Commerce.

20. Robert Bennett, "Economists Caution on Risks in Continued Drop of Dollar," New York Times, 28 November 1987, p. 1.

21. "Can America Compete ?" Business Week, special survey, 20 April 1987, pp. 45-49.

22. Business Week, 16 November 1987, p. 165.

23. Richard Koo, quoted in Edwin A. Finn, Jr. , "In Japan We (Must) Trust," Forbes, 21 September 1987, p. 34.

24. Bruce Nussbaum, "And Now the Bill Comes Due," Business Week, 16 November 1987, pp. 160-63.

25. Mayahoshi Hotta, quoted in Steven Schlossstein, Trade War (New York: Congdon & Weed, 1984), p. 104.

第二章　芯片败局——半导体产业

1. U. S. Department of Defense, Office of the Undersecretary of Defense for Acquisition, Report on Semiconductor Dependency, prepared by the Defense Science Board Task Force (Washington, D. C., February 1987), pp. 1-10.

2. Marie Anchordoguy, "The State and the Market: Industrial Policy

Towards Japan's Computer Industry," Ph. D. dissertation, Harvard University, 1986, pp. 68-69.

3. 同上，72页。

4. "American IC Manufacturers Moving for Investments in Japan," Nihon Keizai, 27 March 1971.

5. Anchordoguy, "The State and the Market," p. 91.

6. "IBM Is a Tiger Turned Loose in a Field," Bungei Shunju Zasshi. September 1982, pp. 94-105.

7. "Tension Mounts from Planned U. S. Entry into IC Industry," Japan Economic Journal, 27 April 1971.

8. "Texas Instruments Poses Threat to IC Makers," Japan Economic Journal, 4 January 1972, p. 11.

9. Japan Electronic Industry Development Association, Monthly Report of the Electronics Industry 18 (January 1976).

10. Verner et al., The Effect of Government Targeting on World Semiconductor Competition (Cupertino, Calif.: Semiconductor Industry Assoaation, 1983), pp. 72-73.

11. "Pluging into IC Liberalization" (translated by Semiconductor Industry Association), Nippon Kogyo, 12 December 1974.

12. Gene A. Gregory and Akio Etori, "Japanese Technology Today" Scientific American, October 1981, pp. 15-46.

13. Semiconductor Industry Association, The U. S. Crisis in Microelectronics (San Jose, Calif.: Semiconductor Industry Association, 1987), appendix A, exhibit II-6.

14. "Semiconductor Firms Are Slated to Make Capital Expenditures of About Y140 Billion," Nihon Keizai, 6 May 1980, p. 6.

15. Verner, Liipfert, Bernhard, McPherson & Hand, The Effect of Government Targeting, p. 37.

16. U. S. Department of Defense, Report on Semiconductor Dependency, p. 46.

17. 同上，57页。

18. Verner, Liipfert, Bernhard, McPherson, & Hand, The Effect of Government Targeting, p. 58.

19. 同上，59页。

20. 同上，40页。

21. 同上，43页。

22. "Pushing for Leadership in the World Market," Business Week, 14

December 1981, p. 61.

23. Dan Morgan, "Battling to Innovate and Emulate: Intel vs. Nippon Electric," Washington Post, 2 May 1983, p. 1.

24. U. S. Department of Commerce, "Agreement of the High Technology Working Group on Semiconductors." Office of Japan, International Trade Administration (Washington, D. C., November 1982).

25. U. S. Department of Commerce, "Second Agreement of the High Technology Working Group in Semiconductors." Office of Japan, ITA (Washington, D. C., December 1983).

26. U. S. Department of Defense, Report on Semiconductor Dependency, p. 20.

27. 同上，74 页。

28. Regis McKenna, Inc., ECONS, Republished Graphics on Economy, Trade and Issues Affecting Technology Industries (Palo Alto, Calif., 18 December 1986).

29. Mark Potts, "U. S. Chip Industry's Gloomy Future," Washington Post, 10 May 1987, p. H1.

30. Petition of the Semiconductor Industry Association Pursuant to Section 301 of the Trade Act of 1974, as amended for relief from the effects of industrial targeting practices of the government of Japan (San Jose, Calif., Semiconductor Industry Association, June 1985).

31. "Semiconductor Makers Resigned to Sharp Drops in Profit," Nihon Keizai, 30 July 1985, p. 5.

32. William F. Finan and Chris B. Amundsen, "An Analysis of the Effects of Targeting on the Competitiveness of the U. S. Semiconductor Industry," a study prepared for the Office of the U. S. Special Trade Representative, the Department of Commerce, and the Department of Labor (Washington, D. C.: Quick Finan & Associates, 1985 [photocopy]).

33. William F. Finan and Chris B. Amundsen, "Report on Estimating U. S. Market Share in Japan," a report to the SIA (Washington, D. C.: Quick Finan& Associates, 8 November 1985 [photocopy]).

34. U. S. Department of Commerce, Import Administration, "Preliminary Finding of Dumping: Japanese EPROM," 51 Federal Register 9087, 17 March 1986;and "Preliminary Finding of Dumping: Japanese 256K DRAMs," 51 Federal Register 9475, 19 March 1986.

35. U. S. House of Representatives Resolution 4800, Congressional Record, 21 May 1986.

36. Office of the U. S. Trade Representative, Arrangement between the Government of Japan and the Government of the United States of America concerning Trade (Washington, D. C., 2 September 1986 [photocopy]).

37. White House announcement on semiconductor sanctions, 27 March 1987.

38. Quick Finan & Associates, "Forces for Change in Semiconductors," multi-client study (Washington, D. C., 24 September 1986 [photocopy]).

第三章　认知鸿沟："不公平"贸易与"开放"市场

1. U. S. Department of Commerce, International Trade Administration, "Market Access Indicator," April 1987 (photocopy).

2. Yearbook of U. S.-Japan Economic Relations 1982 (Washington, D. C.: Japan Economic Institute of America, 1983), p. 47.

3. Todanabu Tsunoda, The Japanese Brain (1978).

4. Shinji Ito, "Nakasone Apologizes to U. S. over Controversial Remarks," Japan Times, 27 September 1986, p. 1.

5. Lafcadio Hearn, Japan: An Interpretation (Tokyo: Charles E. Tuttle, 1970), pp. 168-69.

6. See Takeo Doi, The Anatomy of Dependence (Tokyo: Kodansha, 1986) ;

Jared Taylor, Shadows of the Rising Sun (New York: William Morrow, 1983) ;and Chi Nakane, The Vertical Society (Tokyo: Kodansha, 1967).

7. Ellen Frost, For Richer, For Poorer (New York: Council of Foreign Relations, 1987), p. 26.

8. U. S. State Department Office of Refugee Affairs, September 1987.

9. Shumpei Kumon, address given at the Woodrow Wilson Center, Washington, D. C., 21 June 1987.

10. E. S. Browning, "Unhappy Returns: After Living Abroad, Japanese Find It Hard to Adjust Back Home," Wall Street Journal, 6 May 1986, p. 1.

11. "Japan' s Farmers Try to Beef Up Quantity and Quality," Nihon Keizai, 3 April 1984, p. 7.

12. "Hong Kong Appeals to Japan for More Trade," Journal of Commerce, 13 December 1984, p. 5a.

13. Commission of the European Communities, "Revised List of Requests to the Japanese Authorities" (Brussels: European Economic Community, April 1984 [photocopy]).

14. “Tokyo’s Protectionism. Time to Fight Back,” Singapore Monitor, 18 January 1985, p. 15.

15. “ASEAN’s Trading Relationship with Japan and Australia Requires Review,” Japan Economic Journal, 5 June 1984, p. 24.

16. 作者 1986 年 9 月访谈 Herbert Cochran。

第四章　政界要员：日本强势省厅

1. Richard Samuels, The Business of the Japanese State: Energy Markets in Comparative and Historical Perspective (Ithaca: Cornell University Press, 1987), p. 224; and a memorandum from Samuels to the author, 29 June 1985.

2. “We’ve Nothing More to Say to Japan but ‘Open the Door’,” Los Angeles Times, 31 March 1985.

3. Chalmers Johnson, MITI and the Japanese Miracle (Stanford: Stanford University Press, 1982), p. 37.

4. E. Herbert Norman, Origins of the Modern Japanese State: Selected Writings of E. H. Norman, ed. John W. Dower (New York: Pantheon, 1975), p. 225.

5. 同上，232–33 页。

6. 同上，234–42 页。

7. Chalmers Johnson, “MITI, MPT, and the Telecom Wars” (Berkeley Roundtable on the International Economy, working paper no. 21, University of California, Berkeley, 11 September 1986 [photocopy]), p. 15.

8. 同上，16 页。

9. Johnson, MITI and the Japanese Miracle, pp. 98–110.

10. 同上，132 页。

11. 同上，118, 169, 172, 309 页。

12. 同上，173–74 页。

13. 同上，194–95 页。

14. 同上，210 页。

15. Bruce R. Scott, John W. Rosenblum, and Audrey T. Sproat, Case Studies in Political Economy (Boston: Harvard Business School, 1980), p. 190.

16. Covington & Burling, Petition to the President of the United States through the Office of the United States Trade Representative for the Exercise of Presidential Discretion Authorized by Section 103 of the Revenue Act of 1971 (Washington, D. C.: Houdaille Industries, 1982), p. 112.

17. Norman, Origins of the Modem Japanese State, p. 457.

18. Johnson, “MITI, MPT, and the Telecom Wars,” p. 22. .

19. 同上，45 页。

20. 同上，33 页。

21. Hans Berwald, Party Politics in Japan (Boston: Allen&Unwin, 1986), pp. 12–33.

第五章 官僚战略：日本的产业政策

1. Business Week, 9 August 1982, p. 42.

2. Ministry of International Trade and Industry, “Note on U. S. Industry Related Policies,” Industrial Policy Dialogue, Tokyo, 12 September 1983 (photocopy).

3. Ministry of International Trade and Industry, The Vision of MITI Policies in the 1980s, p. 15.

4. Hiroya Veno, quoted in Marie Anchordoguy, “The State and the Market: Industrial Policy Towards Japan ' s Computer Industry,” Ph. D. dissertation, Harvard University, 1986, p. 21.

5. Organization for Economic Cooperation and Development, Japan Economic Survey (Paris: OECD, July 1984), pp. 84, 88.

6. National Science Board, Science Indicators 1986 (Washington, D. C.: National Science Board, 1987), p. 192.

7. Joseph A. Schumpeter, Capitalism, Socialism, and Democracy, 3rd ed. (New York: Harper & Brothers, 1950), p. 84.

8. 同上，84 页。

9. Bruce R. Scott and Peter Fuchs, “Japan as No. 1,” case study (Boston: Harvard Business School, 1986).

10. Miyohei Shinohara, Industrial Growth, Trade, and Dynamic Patterns in the Japanese Economy (Tokyo: University of Tokyo Press, 1982), pp. 21–57.

11. Long Term Credit Bank, Annual Report 1981, Tokyo, 1982.

12. For more discussion, see The Yearbook of U. S. -Japan Economic Relations

(Washington, D. C.: Japan Economic Institute of America, 1979–80).

13. International Trade Commission ruling on Fiber Optics, Coming Glass Corp. v. Sumitomo (18 April 1985 [photocopy]).

14. Stuart Auerbach, “U. S.-Japan Trade Cable Released by Rep.

Dingell." Washington Post, 28 April 1987, p. Cl.

15. 作者 1987 年四月访谈克雷研究公司的 Michael Dickey。

16. Space Activities Commission, "Outline of Japan's Space Development Policy," unofficial translation, rev. ed., 23 February 1984 (Tokyo: Space Activities Commission [photocopy]), p. 7.

17. Ministry of International Trade and Industry, Report of the Aircraft Machinery Industries Council (Tokyo: MITI, April 1985), p. 5.

18. Comptroller General of the United States, U. S. Military Coproduction Programs Assist Japan in Developing Its Civil Aircraft Industry. Report to the Chairman, Subcommittee on Trade, Committee on Ways and Means, U. S. Congress, House of Representatives (Washington, D. C.: General Accounting Office, 1982), p. ii.

19. 同上，19-21 页，及 Dan Morgan, "Is It Sharing Know-How or Selling the Store ?" Washington Post. 4 May 1983, p. 1。

20. Morgan, "Is It Sharing Know-How or Selling the Store ?," p. 24.

21. Japan Metal Bulletin, 6 october 1977, cited in Verner, Liipfert, Bernhard, McPherson & Hand, Japanese Government Promotion of the Steel Industry: Three Decades of Industrial Policy. Study prepared for U. S. Steel Corporation and Bethlehem Steel Corporation (Cupertino, Calif.: Semiconductor Industry Association, 1983), p. 39.

22. Japan Metal Bulletin, 25 Au8rust 1979, cited in Verner et al., Japanese Government Promotion of the Steel Industry, p. 17.

23. "Fair Trade Commission Investigates Steel Price Hikes," Japan Economic Journal, 11 May 1982.

24. Nihon Keizai, 7 January 1981, cited in Verner et al., Japanese Government Promotion of the Steel Industry, p. 34.

25. "Papermakers Engage in Joint Activity," Japan Economic Journal, 10 September 1981, p. 4.

26. Industrial Structure Council, Japan's Petrochemical Industry in the 1980s (Tokyo; Ministry of International Trade and Industry, 1981), p. 4.

27. See Richard J. Samuels, "Industrial Destructuring of the Japanese Aluminum Industry," Pacific Affairs 56 (Fall 1983) : 498.

28. Frank Upham, "Legal Framework of Structurally Depressed Industry Policy," mimeographed paper, Boston College Law School, 1983, p. 12.

29. See OECD Report on Positive Adjustment of Mature Industries (Paris: Organization for Economic Cooperation and Development, 1982).

30. Yoshizo Ikeda, "How Tokyo Can Regain Its Credibility," New York

Times, 23 October 1983, p. 2.

第六章　株式会社：在日本做生意

1. Terutomo Ozawa, “Japan’s Industrial Groups,” Michigan State University Business Topics 28 (Autumn 1980) : 34. .

2. Dodwell Marketing Consultants, Industrial Groups of Japan (Tokyo, 1987).

3. Nippon Electric Company (NEO Yuka Shoken (Japanese version of Securities Exchange Commission 10K Report) (Tokyo: Ministry of Finance, 1983).

4. Ozawa, “Japan’s Industrial Groups,” p. 38.

5. Bruce R. Scott John W. Rosenblum, and Audrey T. Sproat, Case Studies in Political Economy (Boston: Harvard Business School, 1980), pp. 229–30.

6. 我从对克雷、日产和日本政府官员的采访中收集了这些线索，1986 年 9 月。

7. Technocrat (Tokyo, March 1975).

8. Department of Commerce, “Soda Ash Analysis,” November 1981 (photocopy). See also soda ash reports done by Thomas Howell of Dewey Ballantine, Washington, D. C., 1986–87.

9. Japan Fair Trade Commission, “Soda Ash Investigation,” August 1982–March 1983 (photocopy).

10. 作者 1986 年 9 月访谈，美国国家纯碱公司 (American National Soda Ash Corporation) 总裁 John Andrews。

11. Kozo Yamamura and Gary Saxonhouse, eds., Law and Trade Issues of the Japanese Economy (Seattle: University of Washington Press, 1986), p. 241.

12. James C. Abegglen and George Stalk, Jr., Kaisha: The Japanese Corporation (New York: Basic Books, 1985), pp. 176–77.

13. NEC Yuka Shoken (Japanese version of SEC 10K Report) (Tokyo: Ministry of Finance, 1985).

14. 同上。

15. U. S. Department of Defense, Report on Semiconductor Dependency, p. 59.

16. Semiconductor Industry Association, “Performance of the U. S. Semiconductor Industry, 1975 to 1985” (Cupertino, Calif.: Semiconductor Industry Association, 1986), p. 16 (photocopy).

17. 同上。

18. Nomura Investment Report (Tokyo: Nomura Research, Inc., March

1987), p. 7.

19. George Hatsopoulos, High Cost of Capital: Handicap of American Industry(Washington, D. C.: American Business Conference, 1983), p. 3.

20. 1987 年春访谈 NEC 高管时获得的数据。

21. NEC Yuka Shoken, 1983.

22. 1986 年 9 月访谈通产省官员。

23. Abegglen and Stalk, Kaisha: The Japanese Corporation, p. 74.

24. Semiconductor Industry Association, The U. S. Crisis in Microelectronics (San Jose: Semiconductor Industry Association, 1987), p. 25.

25. Abegglen and Stalk, Kaisha: The Japanese Corporation, p. 121.

26. 同上, 124 页。

27. 同上, 127 页。

28. 同上, 124 页。

29. U. S. Department of Defense, Report on Semiconductor Dependency, p. 56.

30. Abegglen and Stalk, Kaisha: The Japanese Corporation, p. 143.

31. Japanese Technology Evaluation Program, Panel Report (LaJollar Calif.: Science Applications International Corporation, June 1985).

32. NEC Yuka Shoken, 1985.

33. 同上。

34. Naohiro Amaya, Seisui no Sentaku(Tokyo: PHP Research Center), p. 26.

35. "IBM: The Untruth of the Black Ship Uproar," Nihon Keizai, 12 December 1985, p. 6.

36. Nihon Keizai, 1 August 1978 cited in Verner, Liipfert, Bernhard, McPherson & Hand, The Effect of Government Targeting, p. 17.

37. "The Tightest of Closed Shops," Far Eastern Economic Review, June 1987, p. 17.

38. 同上, 17 页。

39. Steven P. Galante, "Japanese Have Another Trade Barrier: They Favor Business With Japanese," Wall Street Journal, 12 April 1984, p. 36.

第七章　人人为己：在美国做生意

1. Jean Jacques Servan-Schreiber, The American Challenge, trans. Ronald Steel(New York: Atheneum, 1968).

2. “The Hollow Corporation,” Business Week, 3 March 1986, p. 56.

3. Robert Z. Lawrence, Can American Compete ?(Washington, D. C.: Brookings Institution, 1984).

4. Lewis H. Young, “Technology Going East,” New York Times, 10 August 1986, sec. 4, p. 2.

5. Bud Newman, “Brock Scolds ‘Turkey’ Management,” Washington Post, 16 June 1987, p. C2.

6. David Halberstam, The Reckoning(New York: William Morrow, 1986).

7. Harry M. Petrakis, The Founder’s Touch(New York: McGraw-Hill, 1965), p. 136.

8. Motorola, Annual Report 1986.

9. 同上。

10. Naohiro Amaya, Seisui no Sentaku (Tokyo: PHP ReseaKh Center), p. 41.

11. See Robert Christopher, Second to None.

12. “How to Beat Japan,” U. S. News and World Report, 24 August 1987, p. 44.

13. James Fallows, “Playing by Different Rules,” The Atlantic, September 1987, p. 26.

14. Harvard Business School, Zenith Radio Corporation v. The United States: 1977 (Boston: HBS Case Services, Harvard Business School, 1978), p. 27.

15. John Zysman and Laura Tyson, eds., American Industry in International Competition(Ithaca: Cornell University Press, 1983), p. 117.

16. 同上，118 页。

17. Harvard Business School, Zenith Radio Corporation v. The United States: 1977, p. 27.

18. Marvin J. Wolf, The Japanese Conspiracy (New York: Empire Books, 1983), pp. 22-61. See also Kozo Yamamura and Gary Saxonhouse, Law and Trade Issues of the Japanese Economy (Seattle: University of Washington Press, 1986), pp. 238-70.

19. Yamamura and Saxonhouse, Law and Trade Issues, p. 259.

20. 同上，256 页。

21. 同上，263 页

22. Harvard Business School, Zenith Radio Corporation vs. The United States: 1977, p. 5.

23. 同上，8-9 页。

24. 同上，9-10 页。

25. See Yamamura and Saxonhouse, Law and Trade Issues, pp. 238-70.

26. Zysman and Tyson, American Industry in International Competition, p. 115.

27. Business Week, September 1984.

28. Motorola Annual Reports and NEC's Yuka Shoken.

29. Robert Lipsey and Irving Kravis, The Competitiveness and Comparative Advantage of U. S. Multinationals, 1957-83, working paper 2051 (Cambridge, Mass.: National Bureau of Economic Research, 1987).

30. "Can America Compete?" Business Week, 20 April 1987, p. 45.

31. "Japan, U. . S. A;," Business Week, 14 July 1986, p. 49.

32. "Japan, U. S. A. ," Business Week, p. 45.

33. ABC News Broadcast, 28 March 1987.

34. Advisory Council on Japan-U. S. Economic Relations, Understanding the Industrial Policies and Practices of Japan and the United States: A Business Perspective (Washington, D. C.: Advisory Council on Japan-U. S. Economic Relations, July 1984), p. 3.

35. Lipsey and Kravis, The Competitiveness and Comparative Advantage of U. S. Multinationals, p. 8.

第八章　贸易商还是武士：经济与国家安全间的冲突

1. Covington & Burling, Petition Under the National Security Clause, Section 232 of the Trade Expansion Act of 1962 (19 U. S. C. 1862), For Adjustment of Imports of Machine Tools, submitted by National Tool Builders Association, Washington, March 1983, p. 76.

2. 同上，68 页。

3. 同上，41 页。

4. Department of Commerce, "Comparison of the U. S. and Japan Machine Tool Industries," June 1982, p. 10 (photocopy).

5. 同上。

6. Covington & Burling, Petition to the President of the United States through the Office of the U. S. Trade Representative for the Exercise of Presidential Discretion Authorized by Section 301 of the Revenue Act of 1971, submitted by Houdaille Industries, Washington. D. C., 3 May 1982, pp. 55, 76, 81.

7. Covington & Burling, Comments by the Petitioner, 31 July 1982, Washington,

D. C., p. 10.

8. National Academy of Engineering, The Competitive States of the U. S. Machine Tool Industry, Washington, D. C., 1983, p. 21; see also Japan Machine Tool Builders Association Annual Reports, Tokyo.

9. National Machine Tool Builders Association, "Statistics and Analysis," McLean, Va., March 1983 (photocopy).

10. Covington & Burling, Houdaille Petition, pp. 123-36.

11. 同上，160-65 页。

12. See section 103, U. S. Revenue Act of 1971, 26 U. S. C., Para. 48 (a) (7) (D).

13. Department of Commerce, Houdaille Petition Machine Tool Analysis, February 1983 (photocopy).

14. Cravats, Swaine & Moore, Computer-Aided Manufacturing: The Japanese Challenge, comments submitted to the U. S. International Trade Commission in Investigation no. 332-149 under 19 U. S. C. 1332 (b), Washington, D. C., 1982, p. 3; see also U. S. Department of Commerce, Ll. S. Competitiveness in High Technology Industries, Washington, D. C., February 1983.

15. Reports on bidding results supplied by Siemens Allis, 21 June 1983.

16. Presentation by Boeing Corporation to the Department of Commerce, March 1984.

17. Covington & Burling, Petition Under the National Security Clause, Section 232 of the Trade Expansion Act of 1962, p. 138.

18. Cravath, Swaine & Moore, Computer-Aided A4anufacturing, p. 3.

19. White House press release, 16 December 1986.

20. Paul R. Krugman, ed., Strategic Trade Policy and the Nero International Economics (Cambridge, Mass.: Massachusetts Institute of Technology Press, 1987), pp. 12-15.

21. "Military Spending and Industrial Performance," New York Times, 11 November 1986.

22. David H. Brandin and Michael A. Harrison, The Technology War (New York: John Wiley, 1987), p. 130.

23. U. S. Department of Defense, Report on Semiconductor Dependency, p. 49.

24. Tom Wicker, "How We Got There," New York Times, 16 November 1987, p. A19.

第九章 美国贸易谈判：参与者

1. Bureau of the Census, U. S. Merchandise Trade, 1986 (Washington, D. C.: Department of Commerce, 1986), p. 3.

2. 同上。

3. See Yearbook of U. S.-Japan Economic Relations, 1978, p. 52.

4. Business Week, 9 August 1982, p. 42, cited in Verner, Liipfert, Bernhard, McPherson & Hand The Effect of Government Targeting on World Semiconductor Competition (Cupertino, Calif.: Semiconductor Industry Association, 1983), p. 85.

5. 作者 1987 年 2 月访谈 Chalmers Johnson。

6. Ivan Hall, "How Mutual Understanding Keeps Japan closed," unpublished manuscript(Tokyo: Keio University, June 1987), p. 10.

7. Wall Street Journal, 6 July 1987, editorial page.

8. Glen S. Fukushima, "The U. S-Japan Trade Conflict: A View from Washington," Bulletin of the International House 6 (Spring 1986) : 7.

9. Hall, "How Mutual Understanding Keeps Japan Closed," p. 10.

10. Karel van Wolferen, 'The Japan Problem," Foreign Affairs, Spring; 1987.

11. "Nichi-bei Tomo Ni Kosu o Kiri Kaeru Toki" ("Time for Japan and America to Change Course"), Japan Press Club Bulletin (Tokyo), 9 June 1987, p. 2.

12. National Institute for Research Advancement, The Role of Congressional Staff in U. S. Policy Decision Making (Tokyo: National Institute for Research Advancement, June 1984).

13. Report of the Attorney General on Administration of the Foreign Agents Registration Act, 1985 (Washington, D. C.: Department of Justice).

14. David Osborne, "Lobbying for Japan, Inc," New York Times Magazine, 4 December 1983, p. 131.

15. Thomas B. Edsall, "GOP Chairman Helped Clients Contact Government Official," Washington Post, 22 August 1987, p. A2d.

16. Stuart Auerbach, "Japan Tries to Blunt Toshiba Scandal" Washington Post, 3 September 1987, p. B1.

17. Edward T. Pound and David Rogers, "Savvy Lobbyists Gain Clout in Washington for Foreign Clients," Wall Street Journal, 14 July 1986, p. 1.

18. Report of the Attorney General on Administration of the Foreign Agents Registration Act, 1985.

19. Pound and Rogers, "Savvy Lobbyists," p. 1.

20. James Rowley, “U. S. Trade Official Asked Japanese Car Makers for Job,” Washington Post, 6 october 1987, p. D3.

第十章　美国贸易谈判：一位内部人士报告

1. United Nations, Commodity Trade Statistics. Statistical Papers, Series A (New York: United Nations, 1983).

2. For more discussion, see Bruce R. Scott and George C. Lodge, eds., U. S. Competitiveness in the World Economy (Boston: Harvard Business School Press, 1985), pp. 75-91.

3. 作者 1982 年 7 月访谈美国国立卫生研究院人事处。

4. C. Fred Bergsten and William R. Cline, The United States-Japan Economic Problem (Washington, D. C.: Institute for International Economics, 1985), p. 124.

5. Bela Balassa, “Japan' s Trade Policies,” paper presented at the conference on “Free Trade in the World Economy towards an Opening of Markets,” Institute of World Economics, Kiel, Germany, 24-26 June 1986, p. 11.

6. U. S. Department of Commerce, Japan Office estimates, 1983 (photocopy).

7. For details of package, see Yearbook of U. S.-Japan Economic Relations, 1982, p. 50.

8. James Rowley, “U. S. Trade Official Asked Japanese Car Makers for Job,” Washington Post, 6 october 1987, p. D3.

9. Chalmers Johnson, “MITI, MPT, and the Telecom Wars” (Berkeley Roundtable on the International Economy, working paper no. 21, University of California, Berkeley, 11 September 1986 [photocopyl]), p. 23.

10. Nihon Keizai, 16 March 1985.

第十一章　觉醒

1. Hobart Rowen, “Japan Has a Yen for U. S. Property,” Washington Post, 25 January 1987, p. K1.

2. Nikko Research Center, Japan' s Cooperation for the Revitalization of American Industry (Tokyo: Nikko Research Center, 1981), p. 1.

3. James Fallows, “Playing by Different Rules,” Atlantic Monthly, September

1987, p. 29.

4. First Manhattan Consulting Group analysis, May 1987.

5. "Japan's Future Foreign Investment," Nihon Keizai, 13 January 1987, p. 5.

6. Robert Kearns, " Japan-America, Inc. ," Chicago Tribune, 15 April 1987, p. 1.

7. Originally in Keidanren Geppo (in Japanese) , September 1986, pp. 2-25, translated in Japan Report (Springfield, Va.: Foreign Broadcast Information Service, 3 February 1987) , pp. 30-31.

8. Bruce Nussbaum, "And Now the Bill Comes Due," Business Week, 16 November 1987, p. 161.

9. Lamar Alexander speech, January 1987, Nashville, Tennessee.

10. Martha Layne Collins, on Adam Smith's Money World, 2 March 1987.

11. Martin Tolchin, "Foreign Investment in U. S. Mutes Trade Debate," New York Times, 8 February 1987.

12. 同上。

13. C. Fred Bergsten, on Adam Smith's Money World, 2 March 1987.

14. Michael R. Sesit and Judith Valente, "Komori's Pact with A. M. International Shows New Muscle of Japanese Firms," Wall Street Journal, 23 November 1987, p. 8.

15. Masahiko Ishizuka, "Japan Weighs Its Proper Distance from the U. S. ," Japan Economic Journal, 17 october 1987, p. 27.

16. Teruhiko Mano, quoted in "Wake Up America," Business Week, 16 November 1987, p. 170.

17. Kathryn Graven, "Japanese Housewives Grow More Resentful of Executive Spouses," Wall Street Journal, 30 September 1987, p. 1.

18. Kenichi Ohmae, "If They Fall, So Will Our Stock Markets," New York Times, 11 october 1987, p. 3.

19. Fallows. "Playing by Different Rules," p. 29.

20. Margaret Shapiro "Tokyo's Land Madness: $12 Million Condos or Two-Hour Commutes," Washington Post, 20 September 1987, p. A33.

21. Fallows, "Playing by Different Rules," 29.

22. Kenichi Ohmae Beyond National Borders (Homewood, I11.: Dow JonesIrwin, 1987) , p. 9.

23. Peter F. Drucker, "Japan's Choices," Foreign Affairs 65 (Summer 1987) : 923-41.

24. Advisory Council on Japan-U. S. Economic Relations, Understanding

the Industrial Policies and Practices of Japan and the U. S., July 1984, p. 4.

25. National Science Board, Science Indicators 1986, p. 192.

26. Stephen K. Yoder, "Racing to Commercialize Superconductors," Wall Street Journal, 20 March 1987, p. 4.

27. Kathy Sawyer, "Commercializing Superconductors," Washington Post, 29 July 1987, p. A3.

28. National Academy of Sciences, Report on Superconductivity (Washington, D. C.: National Academy of Sciences, October 1987), p. 6.

29. "Who Pays for High Tech ?" Washington Post, 21 September 1987. p. A14.

30. David H. Brandin and Michael A. Harrison, The Technology War (New York: John Wiley, 1987), p. 61.

31. Testimony of Undersecretary of Commerce Bruce Smart before the Subcommittee on Science and Technology, U. S. Senate Finance Committee, 15 october 1987.

32. Ohmae, Beyond National Borders, p. 67.

33. Nikko Research Center, Japan' s Cooperation, p. 5.

34. Benjamin Franklin, cited in John Bartlett, Familiar Quotations (Boston: Little Brown and Company, 1980), p. 348.

参考书目

Abegglen, James C., and George Stalk, Jr. 1985. The Japanese Corporation. New York: Basic Books.

Advisory Council on Japan-U. S. Economic Relations. 1984. High Technology Position Papers. Washington, D. C.: Advisory Council on Japan-U. S. Economic Relations.

----. 1984 The Trade Effects of Japan' s Industrial Policies: An American Business Perspective. Washington, D. C.: Advisory Council on Japan-U. S. Economic Relations.

----. 1984. Understanding the Industrial Policies and Practices of Japan and the United States-A Business Perspective. Japan-U. S. Businessmen' s Conference Joint Study. Washington, D. C.: Advisory Council on Japan-U. S. Economic Relations.

Amaya, Naohiro. 1984. Seisui no Sentaku (Choosing Rising or Falling). Tokyo: PHP Research Center.

American Chamber of Commerce in Japan. 1980. U. S. Manufacturing Investment in Japan: White Paper. Tokyo: Radio Press.

Anchordoguy, Marie. 1986. "The State and the Market: Industrial Policy Towards Japan' s Computer Industry." Ph. D. dissertation, Harvard University.

Baerwald, Hans. 1986. Party Politics in Japan. Boston; Allen & Unwin.

Balassa, Bela. 1986. "Japan' s Trade Policies." Paper presented at conference on Free Trade in the World Economy towards an Opening of Markets, Institute of World Economics, 24-26 June, Kiel, West Germany.

Baranson, Jack. 1981. The Japanese Challenge to U. S. Industry. Lexington, Mass.: Lexington Books.

Benedict, Ruth. [1946]. 1974. The Chrysanthemum and the Sword. Reprint. New York: New American Library.

Bergsten, C. Fred, and William R. Cline. 1985. The United States-Japan

Economic Problem. Washington, D. C.: Institute for International Economics.

Bloom, Justin L. 1984. Japan' s Ministry of International Trade and Industry as a Policy Instrument in the Development of Information Technology. Cambridge, Mass.: Harvard University Program on Information Resources Policy, Center for Information Policy Research.

Botkin, James W., Dan Dimancescu, and Ray Stata. 1982. Global Stakes: The Future of High Technology in America. Cambridge: Ballinger.

Brandin, David H., and Michael A. Harrison. 1986, The Technology War. New York: John Wiley.

Brandin, David, et al. 1984. Japanese Technology Evaluation Program Panel Report on Computer Science in Japan. LaJolla, Calif.: Saence Applications International Corporation.

Bressand, Albert. 1987. "Chaos: Strategic Tool." The International Economy, November, p. 44.

Brown, Warren. 1986 "Q & A: Kenneth Iverson." Washington Post, 3 August, p. F4.

Bureau of the Census. 1986. LI. S. Merchandise Trade, 1986. Washington, D. C.: Department of Commerce.

Business Week Team, Bruce Nussbaum, Edward M. Mervosh, Jack Kramer, Lenny Glynn, Lewis Beman, William Wolman, and Lewis H. Young. 1980. The Decline of U. S. Power. Boston: Houghton Mifflin.

"Can America Compete ?" 1987. Business Week, 20 April, pp. 44-69.

Cannon, Lou, and Stuart Auerbach. 1987. "Stop 'Hemming and Hawing' on Trade, Reagan bids Japan, Also Warning Hill." Washington Post, 28 April, p. A4.

Christopher, Robert C. 1986. Second to None. New York: Crown.

Cohen, Stephen D. 1985. Uneasy Partnership. Cambridge, Mass.: Ballinger.

Cohen, Stephen D., and John Zysman. 1987. Manufacturing Matters. New York: Basic Books.

Commission of the European Communities. 1984. "Revised List of Requests to the Japanese Authorities." April. Brussels. Photocopy.

Comptroller General of the United States. 1982. U. S. Military Coproduction Programs Assist Japan in Developing Its Civil Aircraft Industry. Report to the Chairman, Subcommittee on Trade, Committee on Ways and Means, U. S. Congress, House of Representatives. Washington, D. C.: Government Accounting Office.

Computer White Paper 1986 Edition. 1986. Trans. John McWilliams. Tokyo: Japan Information Processing Development Center.

Covington & Burling. 1982. Comments by the Petitioner. Washington, D. C.: Houdaille Industries.

----. 1982. Petition to the President of the United States through the Office of the United States Trade Representative for the Exercise of Presidential Discretion Authorized by Section 103 of the Revenue Act of 1971. Washington, D. C.: Houdaille Industries.

----. 1983. Petition Under the National Security Clause, Section 232 of the Trade Expansion Act of 1962 (19 U. S. C. 1962) , for Adjustment of Imports of machine Tools. Submitted by the National Tool Builders Association. Washington, D. C.

Crandall, Robert W. 1981. The U. S. Steel Industry in Recurrent Crisis. Washington, D. C.: The Brookings Institution.

Cravath, Swaine & Moore, 1982. Computer-Aided Manufacturing: The Japanese Challenge. Washington, D. C.: Cravath, Swaine & Moore. 1982.

Davidson, William Harley. 1984. The Amazin8 Race. New York: John Wiley.

Dewey, Ballantine, Bushby, Palmer & Wood. 1985. "Brief of the Semiconductor Industry Association before the Section 301 Committee, Office of the United States Trade Representative." 22 october, Washington, D. C. Photocopy.

Dodwell Marketing Consultants. 1987. Industrial Groupings in Japan. rev. ed. Tokyo: Dodwell.

Doi, Takeo, M. D. 1986. The Anatomy of Dependence. Trans. John Bester. Originally published as Amae no kozo (Tokyo: Kobundo, 1971) . Tokyo: Kodansha.

Drifte, Reinhard. 1986. Arms Production in Japan. Boulder, Colo.: Westview Press.

Drucker, Peter F. 1987. "Japan' s Choices." Foreign Affairs (Summer) .

Edsall, Thomas B. 1987. "GOP Chairman Helps Clients Contact Government Officials." Washington Post, 22 August, p. A2.

Electronics International Corporation. 1986. Electronics in the World-Europe/United States/Japan. New York: E. I. C.

Fallows, James. 1987. "Playing by Different Rules." Atlantic Monthly, September, pp. 22-32.

Fields, George. 1983. From Bonsai to Levi' s. New York: Macmillan.

Finan, William F., and Chris B. Amundsen. 1985. "An Analysis of the Effects of Targeting on the Competitiveness of the U. S. Semiconductor Industry." A study prepared for the Office of the United States Special Trade Representative, the Department of Commerce and the Department of Labor. Washington, D. C.: Quick Finan & Associates: Photocopy.

----. 1985. "Report on Estimating U. S. Market Share in Japan." Report to the Semiconductor Industry Association. November. Washington, D. C.: Quick Finan & Associates. Photocopy.

Finan, William F., Perry D. Quick, and Karen M. Sandberg. 1986. "The U. S. Trade Position in High Technology: 1980-1986." A Report Prepared for the Joint Economic Committee of the U. S. Congress. October. Photocopy.

Finn, Edwin A., Jr. 1987. "In Japan We (Must) Trust." Forbes, 21 September, p. 34.

Frost, Ellen. 1987. For Richer, For Poorer. New York: Council on Foreign Relations.

Fukushima, Glen S. 1986. "The U. S. -Japan Trade Conflict: A View from Washington." Bulletin of the International House 6 (2) : 7.

"Future Direct U. S. Investment Discussed." 1987. Translated. (Originally in Japanese, in Keidanren GEPPO, September 1986, pp. 2-25.) Springfield, Va.: Foreign Broadcast Information Service, 3 February, pp. 30-49.

Galante, Steven P. 1984. "Japanese Have Another Trade Barrier: They Favor Business with Japanese." Wall Street Journal, 12 April, p. 36.

Gibney, Frank. 1979. Japan: The Fragile Super Power. Rev. ed. Tokyo: Charles E. Tuttle.

Global Competition: The New Reality 1985. The Report of the President's Commission on Industrial Competitiveness. 2 vols. Washington, D. C.: Superintendent of Documents.

Graves, Harold M., et al. 1984. Changes in the U. S. Telecommunications Industry and the impact on U. S. Telecommunications Trade. Report to the Committee on Finance, U. S. Senate, on Investigation no. 332-172, under Section 332 of the Tariff Act of 1930. Washington, D. C.: U. S. International Trade Commission Publication 1542.

Gregory, Gene A., and Akio Etori. 1981. "Japanese Technology Today." Scientific American, October, pp. 45-46.

Gresser, Julian. 1984. Partners in Prosperity. New York: McGraw-Hill.

Halberstam, David. 1986. The Reckoning. New York: William Morrow.

Hall, Ivan. 1987. "How Mutual Understanding Keeps Japan Closed." Keio Univ., Tokyo, June. Unpublished manuscript.

Harvard Business School. 1978. Zenith Radio Corporation v. the United States: 1977. Boston: HBS Case Services, Harvard Business School.

Hatsopoulos, George. 1983. High Cost of Capital: Handicap of American Industry. Washington, D. C.: American Business Conference.

Hatter, Victoria L. 1985. U. S. High Technology Trade and Competitiveness Staff Report. Prepared by the Office of Trade and Investment Analysis, U. S. Department of Commerce, International Trade Administration. Washington, D. C.

Hearn. Lafcadio. 1970. Japan: An Interpretation. Tokyo: Charles E. Tuttle.

Hofheinz, Roy, Jr., and Kent E. Calder. 1982. The Eastasia Edge. New York: Basic Books. "The Hollow Corporation." 1986. Business Week, 3 March.

"Hong Kong Appeals to Japan for More Trade." 1984. Journal of Commerce, 13 December, p. 5a.

"How to Beat Japan." 1987. U. S. News and World Report, 24 August 1987, p. 44.

Hufbauer, Gary Clyde, Diane T. Berliner, and Kimberly Ann Elliott. 1986. Trade Protection in the United States: 31 Case Studies. Washington, D. C.: Institute for International Economics.

Hufbauer, Gary Clyde, and Howard F. Rosen. 1986. "Trade Policy for Troubled Industries." Policy Analyses in International Economics, Series 15. Washington, D. C.: Institute for International Economics.

Hufbauer, Gary Clyde, and Jeffrey J. Schott. 1985. "Trading for Growth: The Next Round of Trade Negotiations." Policy Analyses in International Economics. Washington, D. C.: Institute for International Economics. Ishizuka, Masahiko. 1987. "Japan Weighs Its Proper Distance from the U. S." Japan Economic Journal, 17 0ctober, p. 27.

Japan Electronic Industry Development Association. 1976. Monthly Report of the Electronics Industry 18 (January 1976).

Japanese Government Policy for the Computer Industry. 1979. Tokyo: Japan Electronic Computer Corporation.

Japanese Laws, Government and Industry Documents, and Press Reports Relating to Japan' s Promotion of Its Semiconductor Industry, 1967-83. 1983. Cupertino, Calif.: Semiconductor Industry Association.

Japanese Technology Evaluation Program. 1985. Panel Report. La Jolla, Calif.: Science Applications International Corporation.

Japan Fair Trade Commission. 1983. "Soda Ash Investigation." March. Tokyo: Photocopy.

Japan Information Processing Development Center. 1985. Present Situation of Information Processing in Japan. Tokyo: JIPDEC.

"Japan on Wall Street." 1987. Business Week, 7 September, p. 85.

"Japan's Strategy for the '80s." 1981. Business Week, 14 December, pp. 39–120.

Johnson, Chalmers, ed. 1984. The Industrial Policy Debate. San Francisco: Institute for Contemporary Studies Press.

----. 1982. MITI and the Japanese Miracle. Stanford: Stanford University Press.

----. 1986. "MITI, MPT, and the Telecom Wars." Berkeley Roundtable on the International Economy Working Paper no. 21. Berkeley: Roundtable on the International Economy, 11 September, University of California.

Kearns, Robert. 1987. "Japan-America Inc." Chicago Tribune, 15 April, sec. 7, pp. 1, 7.

Krugman, Paul R., ed. 1987. Strategic Trade Policy and the New International Economics. Cambridge, Mass.: Massachusetts Institute of Technology Press.

Lawrence, Robert Z. 1984. Can America Compete Washington, D. C.: Brookings Institution.

Lazlo, John J., Jr. 1985. The Japanese Semiconductor Industry. San Francisco: Hambrecht & Quist.

Lincoln, Edward J. 1984. Japan's Industrial Policies. Washington, D. C.: Japan Economic Institute of America.

Lipsey, Robert, and Irving Kravis. 1987. The Competitiveness and Comparative Advantage of U. S. Multinationals, 1957–83. Working; Paper no. 2051. Cambridge, Mass.: National Bureau of Economic Research.

Long Term Credit Bank. 1981. Annual Report. Tokyo.

Magaziner, Ira C., and Robert B. Reich. 1982. Minding America's Business. New York: Harcourt Brace Jovanovich.

Marris, Stephen. 1985. "Deficits and the Dollar; The World Economy at Risk." Policy Analyses in International Economics, Series 14. Washington, D. C.: Institute for International Economics.

McCraw, Thomas K., ed. 1986. America Versus Japan. Boston: Harvard Business School Press.

McKenna, Regis. 1986 ECONS, Republished Graphics on Economy, Trade and Issues . Affecting Technology Industries. Palo Alto: McKenna.

Ministry of Finance, Japan. NEC Yuka Shoken 1980–85. Tokyo.

Ministry of International Trade and Industry, Japan. 1983. "Note on U. S Industry-Related Policies." Industrial Policy Dialogue, 12 September. Photocopy.

----. 1985. Report of the Aircraft Machinery Industries Council. Tokyo: MITI.

----. 1980. The Vision of MITI Policies in the 1980s. Tokyo: MITI.

----. 1984. White Paper on International Trade 1984. Tokyo: MITI.

----. 1985. White Paper on International Trade 1985. Tokyo: MITI.

----. 1981. Industrial Structure Council. Japan's Petrochemical Industry in the 1980s. Tokyo: MITI.

Monsanto Elechonic Materials Company. 1985. "Japanese Barriers to U. S. Silicon Imports." 22 July. Photocopy

Moody's Investors Service. 1982. Moody's Bank and Finance Manual 1982. New York: Moody's Investors Service.

----. 1987. Moody's Bank and Finance Manual 1987. New York: Moody's Investors Service.

Motorola Corporation. 1986. Annual Report 1986. Schaumburg, Illinois: Motorola Corporation.

Nakamura, Takafusa. 1981. The Postwar Japanese Economy Trans. Jacqueline Kaminski. Tokyo: University of Tokyo Press. Originally published as Nihon Keizai: Sono Seicho to Kozo, 2nd ed. (Tokyo: University of Tokyo Press, 1980).

Nakane, Chi. 1967. The Vertical Society. Tokyo: Kodansha.

Nanto, Dick K., et al. 1985. Japan's Economy and Trade with the United States. Selected papers submitted to the Subcommittee on Economic Goals and Intergovernmental Policy, Joint Economic Committee, U. S. Congress. Washington, D. C.

National Academy of Engineering. 1983. The Competitive Status of the U. S. Machine Tool Industry. Washington, D. C.: National Academy Press.

----. 1987. Strengthening U. S. Engineering Through International Cooperation: Some Recommendations for Action. Washington, D. C.: National Academy Press.

National Academy of Science. 1987. Report on Superconductivity. Washington, D. C.: National Academy of Science.

National Institute for Research Advancement. 1984. The Role of Congressional Staff in U. S. Policy Decision Making. Tokyo: National Institute for Research Advancement.

National Machine Tool Builders Association. 1983. "Statistics and Analysis." NMTBA, McLean, Va. Photocopy.

National Science Board. 1987. Science Indicators 1986. Washington, D. C.: National Science Board.

"Nichi-bei Tomo Ni Kosu o Kiri Kaeru Toki" (Time for Japan and America to

Change Course). 1987. Japan Press Club Bulletin, 9 June, p. 2.

Nikko Research Center. 1981. Japan's Cooperation for the Revitalization of American Industry. Tokyo: Nikko Research Center.

Nomura Research, Inc. 1987. Nomura Investment Report. Tokyo: Nomura Research, Inc.

Norman, E. Herbert. 1975. Origins of the Modern Japanese State: Selected Writings of E. H. Norman. Ed. John W. Dower. New York: Pantheon, 1975.

Nussbaum, Bruce. 1987. "And Now the Bill Comes Due." Business Week, 16 November, pp. 160-63.

Office of the U. S. Trade Representative. 1986. "Arrangement between the Government of Japan and the Government of the United States of America concerning Trade." Washington, D. C., 2 September. Photocopy.

Ohmae, Kenichi. 1987. Beyond National Borders. Homewood, Ill.: Dow Jones-Irwin.

Organization for Economic Cooperation and Development. 1984. Japan Economic Survey. Paris: OECD.

Ozawa, Terutomo. 1980. "Japan's Industrial Groups." Michigan State University Business Topics 28 (4) : 33-40.

Panel on Advanced Technology Competition and the Industrialized Allies. 1983. International Competition in Advanced Technology: Decisions for America. Washington: National Academy Press.

Patrick, Hugh T., and Ryuichiro Tachi, eds. 1986. Japan and the United States Today. New York: Center on Japanese Economy and Business.

Pennar, Karen. 1987. "The New Economy: Say Hello to the Lean Years." Business Week, 16 November, pp. 164-66.

Pepper, Thomas, Merit E. Janow, and Jimmy W. Wheeler. 1985. The Competition: Dealing with Japan. New York: Praeger.

Perry, John Curtis. 1980. Beneath the Eagle's Wings: Americans in Occupied Japan. New York: Dodd, Mead.

Petrakis, Harry M. 1965. The Founder's Touch. New York: McGraw-Hill.

Program on U. S. -Japan Relations. Center for International Affairs. 1983. U. S.-Japan Relations: New Attitudes for a New Era. Cambridge, Mass.: Harvard University, 1983.

Public Law 84, 1978. ("Kijoho") Extraordinary Measures Law for Development of Specific Machinery and Information Industries. July, Tokyo.

"Pushing for Leadership in the World Market." 1981. Business Week, 14 December, p. 61.

Reischauer, Edwin 0. 1981. Japan: The Story of a Nation. 3rd ed. Tokyo: Charles E. Tuttle.

Report of the Japan-United States Economic Relations Group. 1981. Tokyo: Japan-U. S. Economic Relations Group.

Rosecrance, Richard. 1986. The Rise of the Trading State. New York: Basic Books.

Samuels, Richard. 1987. The Business of the Japanese State: Energy Markets in Comparative and Historical Perspective. Ithaca: Cornell University Press.

----. 1983. "Industrial Destructuring of the Japanese Aluminum Industry." Pacific Affairs 56(3): 498.

Sansom, George. 1963. A History of Japan 1615-1867. Stanford: Stanford University Press.

Schlossstein, Steven. 1984. Trade War. New York: Congdon & Weed.

Schumpeter, Joseph A. 1950. Capitalism, Socialism, and Democracy. 3rd ed. New York: Harper and Brothers.

Science and Technology Agency. 1981. 1981 White Paper. Tokyo.

Scott, Bruce R., John W. Rosenblum, and Audrey T. Sproat. 1980. Case Studies in Political Economy. Boston: Harvard Business School, Division of Research.

Scott, Bruce R., and George C. Lodge, eds. 1985. U. S. Competitiveness in the World Economy. Boston: Harvard Business School Press.

Semiconductor Industry Association. 1985. "Briefing Materials on Semiconductor Trade with Japan for MOSS Electronics Negotiating Team." April. Photocopy.

----. 1981. The International Microelectronic Challenge. Cupertino, Calif.: Semiconductor Industry Association.

----. 1985. "Japanese Market Barriers in Microelectronics." Memorandum in Support of a Petition Pursuant to Section 101 of the Trade Act of 1974, as amended. Cupertino, Calif.: SIA. Photocopy.

----. 1985. Japanese Protection and Promotion of the Semiconductor Industry. Cupertino, Calif.: SIA.

----. 1986. "Performance of the U. S. Semiconductor Industry, 1975 to 1985." Cupertino, Calif.: SIA. Photocopy.

----. 1983. Petition of the Semiconductor Industry Association before the Section 301 Committee, Office of the United States Trade Representative. Cupertino, Calif.: SIA.

----. 1985. Petition of the Semiconductor Industry Association Pursuant to Section 301 of the Trade Act of 1974, as amended, for relief from the effects of industrial targeting practices of the government of Japan. San Jose, Calif.: SIA.

----. 1987. The U. S. Crisis in Microelectronics. San Jose, Calif.: SIA.

Semiconductor Trade and Japanese Targeting. 1985. Hearing before the Subcommittee on International Finance and Monetary Policy. Washington, D. C., 30 July.

Sesit, Michael R., and Judith Valente. 1987. "Komori' s Pact with A. M. International Shows New Muscle of Japanese Firms." Wall Street Journal, 23 November, p. 8.

Shinohara, Miyohei. 1982. Industrial Growth, Trade, and Dynamic Patterns in the Japanese Economy. Tokyo: University of Tokyo Press.

Smith, Adam. 1987. "Money World" television broadcast, 2 March.

Space Activities Commission. 1984. "Outline of Japan' s Space Development Policy." 23 February. Photocopy.

Statler, Oliver. 1963. The Black Ship Scroll. Tokyo: John Weatherhill.

----. 1969. Shimoda Story Tokyo: Charles E. Tuttle.

Suomela, John W., et al. 1983. Foreign Industrial Targeting and Its Effects on U. S. Industries, Phase 1: Japan. Report to the Subcommittee on Trade, Committee on Ways and Means, U. S. House of Representatives. Washington, D. C.: U. S. International Trade Commission Publication 1437.

Tanaka, Ritger, & Middleton. 1985. Reply Brief of the Electronics Industries Association of Japan before the Office the United States Trade Representative. Washington, D. C. November.

Taylor, Jared. 1983. Shadows of the Rising Sun. New York: William Morrow.

"The Tightest of Closed Shops." 1987. Far Eastern Economic Review, June, p. 71.

Tyson, Laura, and John Zysman, eds. 1983. American Industry in International Competition. Ithaca, N. Y.: Cornell University Press.

United Nations. 1983. United Nations Commodity Trade Statistics. Statistical Papers. Series A. New York: United Nations.

U. S. Congress, Office of Technology Assessment. 1983. International Competitiveness in Electronics. Washington, D. C.

U. S. Department of Commerce, International Trade Administration. 1983. An Assessment of U. S. Competitiveness in High Technology Industries. Washington, D. C.

----. 1983. High Technology Industries: Economic Indicators. Washington,

D. C.

----. 1987. "Market Access Indicator." Washington, D. C. April. Photocopy.

----. Office of Japan, International Trade Administration. 1982. "Agreement of the High Technology Working Group on Semiconductors." Washington, D. C. November. Photocopy.

----. 1982. "Comparison of the U. S. and Japan Machine Tool Industries." Washington, D. C. June. Photocopy.

----. 1983. "Houdaille Petition Machine Tool Analysis." February Photocopy.

----. 1983. "Second Agreement of the H18; h Technology Working Group on Semiconductors." Washington, D. C. December. Photocopy.

----. 1981. "Soda Ash Analysis." Washington, D. C. November. Photocopy.

----. Office of Telecommunications. 1984, A Competitiveness Assessment of the U. S. Fiber Optics Industry. Washington, D. C.: U. S. Government Printing Office.

----. 1986. United States Trade: Performance in 1985 and Outlook. Washington, D. C.: U. S. Government Printing Office.

----. 1985. 1985 U. S. Industrial Outlook. Washington, D. C.: U. S. Government Printing Office.

U. S. Department of Defense, Office of the Undersecretary of Defense for Acquisition. 1987. Report on Semiconductor Dependency. Prepared by the Defense Science Board Task Force. Washington, D. C. February.

----. Office of the Undersecretary of Defense for Research and Engineering. 1984. Report of Defense Science Board Task Force on Industry-to-Industry International Armaments Cooperation, Phase II-Japan. Washington, D. C.

U. S. Department of Justice. 1977-1985. Foreign Agents Registration Reports. Washington, D. C.: Department of Justice.

----. 1986. Report of the Attorney General on Administration of the Foreign Agents Registration Act, 1985. Washington, D. C.: Department of Justice.

U. S. General Accounting Office. 1983. Assessment of Bilateral Telecommunications Agreements with Japan. Washington, D. C.

----. 1982. Industrial Policy: Case Studies in the Japanese Experience. Report to the Chairman, Joint Economic Committee, U. S. Congress. Washington, D. C. October.

U. S.-Japan Advisory Commission. 1984. Challenges and opportunities in United States-Japan Relations. A Report Submitted to the President of the

United States and the Prime Minister of Japan by the United States-Japan Advisory Commission. Washington, D. C.: Office of Public Communication, Department of State.

U. S. -Japan Trade Study Group. 1984. Progress Report 1984. Tokyo: U. S. -Japan Trade Study Group.

"U. S. Military Coproduction Programs Assist Japan in Developin8; Its Civil Aircraft Industry." 1982. Report to the Chairman, Subcommittee on Trade, Committee on Ways and Means, U. S. Congress, House of Representatives. Washington, D. C. March.

Upham, Frank. 1983. "Legal Framework of Structurally Depressed Industry Policy." Mimeographed paper. Boston College Law School.

van Wolferen, Karel. 1987. "The Japan Problem." Foreign Affairs (Spring).

Verner, Liipfert, Bernhard, and McPherson & Hand. 1983. The Effect of Government Targeting on World Semiconductor Competition. Cupertino, Calif.: Semiconductor Industry Association.

----. 1983. "Japanese Government Promotion of the Steel Industry: Three Decades of Industrial Policy." Study prepared for U. S. Steel Corporation and Bethlehem Steel Corporation. Washington, D. C. July. Photocopy.

Vogel, Ezra F. 1979. Japan as Number One. New York: Harper & Row.

"Wake Up America." 1987. Business Week, 16 November, p. 170.

White, Theodore. 1985. "The Dan8er from Japan." New York Times Magazine, 28 July, p. 19.

Wicker, Tom. 1987. "How We Got There." New York Times, 16 November, p. A19.

Wolf, Marvin J. 1983. The Japanese Conspiracy New York: Empire Books.

Yamamura, Kozo, ed. 1982. Policy and Trade Issues of the Japanese Economy. Seattle: University of Washington Press.

----, and Gary Saxonhouse, eds. 1986. Law and Trade Issues of the Japanese Economy. Seattle: University of Washington Press.

----, and Jeanette Van Den Berg. "Japan's Rapid Growth on Trial: The Television Case."In Law and Trade Issues of the Japanese Economy, edited by K. Yamamura and G. Saxonhouse. Seattle: University of Washington Press, 1986.

Yearbook of U. S. -Japan Economic Relations 1978. 1979. Washington, D. C.: U. S. -Japan Trade Council.

Yearbook of U. S. -Japan Economic Relations 1979. 1980. Washington, D. C.: U. S. -Japan Trade Council.

Yearbook of U. S. -Japan Economic Relations in 1981. 1982. Washington, D.

C.: Japan Economic Institute of America.

Yearbook of U. S. -Japan Economic Relations in 1982. 1983. Washington, D. C.: Japan Economic Institute of America.

Zysman, John, and Stephen S. Cohen. 1983. "Double or Nothing: Open Trade and Competitive Industry." Foreign Affairs 61 (Summer) : 1113-39.

----, and Laura Tyson, eds. 1983. American Industry in International Competition. Ithaca: Cornell University Press.